Coordenadores
Thaianne Moraes
William Akerman

COLEÇÃO
ROTEIROS DE PROVA ORAL

DELEGADO DE POLÍCIA CIVIL E FEDERAL

3ª edição
Revista, ampliada e atualizada

Autores
André Uchôa
Bernardo Guidali Amaral
Eduardo Augusto Maneta
Marcus Vinícius Lopes Montez
Maurílio Coelho Lima
Mauro Cesar da Silva Júnior
Paulo Francisco Soares Pereira
Rafael Ferreira de Souza
Samuel Neri
Thaianne B. de Moraes Cavalcante
Thiago Renz da Rocha
William Rodrigues Cavalcante

2024

EDITORA JusPODIVM
www.editorajuspodivm.com.br

EDITORA
*Jus*PODIVM
www.editorajuspodivm.com.br

Rua Canuto Saraiva, 131 – Mooca – CEP: 03113-010 – São Paulo – São Paulo
Tel: (11) 3582.5757
• Contato: https://www.editorajuspodivm.com.br/central-de-relacionamento

Capa: Marcelo S. Brandão *(santibrando@gmail.com)*

D346 Schiavi, Mauro.
Delegado de Polícia Civil e Federal / Coordenadores Thaianne Moraes e William Akerman – 3.ed., rev., atual. e ampl. – São Paulo: Editora JusPodivm, 2024.

480 p.

(Coleção Roteiros de Prova Oral)
Inclui Bibliografia
ISBN: 978-85-442-4698-6

1. Combinadas. I. Moraes, Thaianne. II. Akerman, William. III. Título.

CDD 341. 33312

BIBLIOTECÁRIA RESPONSÁVEL

Ana Carolina Ribeiro Mois – CRB7 – RJ 007348/0

3.ª ed., *2.ª tir.:* mar./2024; *3.ª tir.:* ago./2024; *4.ª tir.:* nov./2024; *5.ª tir.:* mai./2025.

DEDICATÓRIA

Dedico esta obra à Priscila Pereira Machado, como se, em lugar do seu nome, dissesse ar.

William Akerman

AGRADECIMENTOS

Aprendi, ainda nos bancos da faculdade, com as lições do Ministro Luís Roberto Barroso sobre a vida e o direito, que é preciso agradecer.

Como também já anotou Ana Paula de Barcelos, na maior parte das vezes a questão é ter olhos de ver o que se tem recebido e humildade para reconhecer que, sozinhos, somos pouco mais que nada.

Agradeço a cada um dos autores pela confiança ao se lançarem à elaboração deste Roteiro e pela fortuna de podermos trabalhar juntos.

A todos os amigos da Defensoria Pública do Estado do Rio de Janeiro e da Procuradoria do Estado do Paraná, pelo incentivo constante e pelas generosas trocas de ideias ao longo do caminho.

Ao Ministro Marco Aurélio Mello, por ter confiado a mim a honra de ser seu assessor no Supremo Tribunal Federal.

Aos amigos dos diversos gabinetes do Excelso Tribunal, pela acolhida e por todo conhecimento compartilhado.

Aos professores da nossa UERJ, em especial à Maria Celina Bodin de Moraes, Carlos Edison do Rêgo Monteiro, Heloisa Helena Barboza, Flávio Galdino, Patrícia Glioche, Carlos Eduardo Japiassú, Paulo Rangel, Patrícia Baptista, Paulo Braga Galvão, Marcelo Leonardo Tavares, Marcus Abraham e Ricardo Lodi, pelas sólidas bases lançadas na graduação, que determinaram o que viria a seguir.

E ao Colégio Militar do Rio de Janeiro, pela felicidade – e incomparável conquista – de ter sido seu comandante-aluno e pelos sete cintilantes anos em que pude – mais do que disciplina – aprender valores como resiliência e determinação. Zum Zaravalho!

William Akerman

AGRADECIMENTOS

APRESENTAÇÃO

A convocação para uma prova oral pode causar, depois da alegria inicial, grande preocupação para qualquer candidato.

Ele se questiona: o que ler nesse pequeno espaço de tempo? O que priorizar? Onde encontrar aquelas questões "básicas" que sempre são objeto de questionamento em provas orais?

Pensando nisso, foi criada a *Coleção Roteiros de Provas Orais*.

A Coleção tem como objetivo fazer uma revisão ampla dos temas que comumente são abordados em provas orais dos mais diversos concursos públicos.

Para tanto, selecionamos questões inéditas e de provas anteriores, todas comentadas por integrantes das carreiras a que se referem os volumes e que poderão auxiliar os candidatos que estão justamente se preparando para uma fase oral.

As obras seguem uma organização bem didática: questões separadas por disciplinas e, dentro de cada matéria, temos a separação por temas principais.

Boa leitura a todos.

Recife, outubro de 2019.

Mila Gouveia

William Akerman

Coordenadores da Coleção.

PREFÁCIO

Talvez não exista nada mais assustador para um candidato do que a realização de uma prova oral. Nesse momento, nos vem à cabeça um misto de sentimentos. Será que estou suficientemente preparado? As pessoas que estão ao meu redor ficarão observando minhas respostas? Alguém perceberá o meu nervosismo? Aperto a mão do examinador? Comprei o terno certo? Minha gravata é muito chamativa? Ou, no caso das mulheres, meu vestido é adequado? Minha maquiagem está carregada?

Enfim, participo do universo dos concursos públicos desde 1994, quando fui convidado para ser o coordenador de direito penal da então criada Escola Superior do Ministério Público de Minas Gerais. Depois dessa experiência, lecionei em diversos cursos preparatórios para concursos públicos, onde simulávamos a realização de provas orais, justamente para fazer com que o candidato ficasse familiarizado com esse tipo de experiência.

Ali, tentávamos municiá-lo com todo tipo de informação importante, desde à sua entrada no recinto onde seria examinado, até a despedida do examinador. Fazíamos isso exaustivamente pois, como dizemos no meio policial, "treinamento duro, combate fácil", e o candidato tinha que demonstrar agir naturalmente, como se estivesse em seu *habitat*, e não no "terreno inimigo".

Naquela época, éramos completamente carentes de livros que orientassem os candidatos, e tentávamos pesquisar as inúmeras questões que já haviam sido exigidas nas provas orais e hoje, para minha alegria, surge um manual que cumpre, com perfeição, essa finalidade.

Assim, é com imensa satisfação que tenho o privilégio de ler, antecipadamente, a obra destinada, especificamente, aos candidatos ao cargo de delegado de polícia civil e federal, dentro da coleção *Roteiros de Prova Oral*, coordenada por dois professores especialistas nesse tema, Mila Gouveia e William Akerman.

Foi realizada uma compilação de perguntas e respostas, extremamente importantes e exigidas nos concursos para delegado de polícia civil e federal. Dessa forma, são abordados o Direito Constitucional, o Direito Administrativo, o Direito Penal (parte geral e parte especial), a Legislação Penal Extravagante, o Direito Processual Penal, a Medicina Legal, a Criminologia, o Direito da Infância e Juventude, além do Direito Civil.

Trata-se, portanto, de uma importante ferramenta que, com toda certeza, auxiliará, sobremaneira, aqueles que pretendem ingressar na tão almejada carreira policial, tendo em suas mãos uma coletânea de perguntas e resposta que, certamente, em algum momento, voltarão a se repetir durante a realização dos exames orais.

Rogério Greco

Pós-doutor, doutor e mestre em direito.

Professor de direito penal.

Autor de diversas obras jurídicas.

SOBRE OS COORDENADORES E AUTORES

COORDENAÇÃO

Thaianne B. de Moraes Cavalcante

Delegada de Polícia Civil do Estado do Rio de Janeiro. Vice-Presidente da Fundação de Apoio ao Ensino e Pesquisa da Polícia Civil. Diretora Jurídica do Sindicato dos Delegados de Polícia do Estado do Rio de Janeiro. Professora da ACADEPOL-RJ. Professora de diversos cursos preparatórios pelo Brasil. Professora de Pós-Graduação. Mestre em Direito pela Universidade Veiga de Almeida (UVA). Pós-graduada em Direito Público pela Universidade Católica de Petrópolis (UCP). Autora de diversas obras jurídicas.

William Akerman

Defensor Público do Estado do Rio de Janeiro (DPE/RJ). Assessor de Ministro do Supremo Tribunal Federal (STF). Ex-Procurador do Estado do Paraná (PGE/PR). Ex-Especialista em Regulação de Aviação Civil (ANAC). Ex-Técnico Judiciário do Tribunal Regional Eleitoral do Rio de Janeiro (TRE/RJ). Ex-Técnico Judiciário do Tribunal de Justiça do Estado do Rio de Janeiro (TJRJ). Aprovado em concurso público para Defensor Público do Estado da Bahia (DPE/BA), para Advogado do Banco Nacional do Desenvolvimento Econômico e Social (BNDES) e para Advogado da Financiadora de Estudos e Projetos (FINEP). Mestrando em Ciências Jurídicas pela Universidade Autónoma de Lisboa (UAL). Pós-graduado em Direito Público pela Universidade Católica de Petrópolis (UCP). Graduado em Direito pela Universidade do Estado do Rio de Janeiro (UERJ). Integrante da banca de penal e processo penal do I Concurso para Residência Jurídica da Defensoria Pública do Estado do Rio de Janeiro. Autor e coordenador de obras jurídicas pelas Editoras Juspodivm e Revista dos Tribunais. Professor de cursos preparatórios para concursos. Sócio-fundador do Curso e da Editora Sobredireito.

AUTORES

André Uchôa

Delegado de Polícia do Estado do Rio de Janeiro. Ex-Papiloscopista da Polícia Federal. Aprovado para Delegado de Polícia/ES. Aprovado para Agente da Polícia Federal. Aprovado na Polícia Rodoviária Federal. Aprovado para Economista da Petrobras. Graduado em Economia (UFF). Graduado em Direito (UGF). Mestre em Direito Público (UVA).

Bernardo Guidali Amaral

Delegado de Polícia Federal com atuação nos inquéritos criminais que tramitam no Supremo Tribunal Federal. Especialista em Direito de Polícia Judiciária pela Escola Superior de Polícia (CESP/ANP). Graduado em Ciências Jurídicas e Sociais pela Pontifícia Universidade Católica do Rio Grande do Sul (PUCRS). Professor da Academia Nacional de Polícia (ANP/PF).

Eduardo Augusto Maneta

Delegado de Polícia Federal. Ex-Capitão da Polícia Militar do Distrito Federal. Aprovado para Delegado de Polícia Civil dos Estados do Maranhão, Goiás e Paraná. Bacharel em Direito e Bacharel em Ciências Policiais e Segurança Pública. Pós-graduado em Direito Penal. Professor de cursos preparatórios para concursos.

Marcus Vinícius Lopes Montez

Delegado de Polícia Civil do Estado do Rio de Janeiro. Mestre em Direito Penal pela Universidade Estácio de Sá (UNESA). Graduado em Direito pela Universidade Estácio de Sá (UNESA). Professor de cursos preparatórios em Direito Penal, Direito Processual Penal e Medicina Legal. Autor de obras jurídicas.

Maurílio Coelho Lima

Delegado de Polícia Civil do Distrito Federal. Ex-agente da Polícia Civil do Distrito Federal (PCDF). Pós-graduado em Investigação Policial pela Universidade Católica de Brasília (UCB/DF). Graduado em Direito pelo Centro Universitário de Brasília (UniCEUB). Integrante da banca de direito penal da prova oral de Delegado de Polícia Federal realizada em 2018. Professor de curso preparatório para provas orais de concurso público (2019).

Mauro Cesar Júnior

Delegado de Polícia Civil do Estado do Rio de Janeiro. Aprovado para Delegado de Polícia Civil no Estado do Espírito Santo e Defensor Público no Estado do Tocantins. Bacharel em Direito (FND – Faculdade Nacional de Direito/UFRJ). Pós-graduado em Ciências Penais (Universidade Anhanguera). Mestre em Direito Penal (UERJ – Universidade do Estado do Rio de Janeiro). Professor da Academia de Polícia Civil Sylvio Terra (Polícia Civil do Estado do Rio de Janeiro). Professor de cursos preparatórios para concursos.

Paulo Francisco Soares Pereira

Delegado de Polícia Civil do Distrito Federal. Aprovado no concurso de Analista Processual do MPU. Graduado em Direito pela Fundação de Ensino Eurípides Soares da Rocha (Univem).

Rafael Ferreira de Souza

Delegado de Polícia Civil do Distrito Federal. Assessor de Ministro do Supremo Tribunal Federal (STF). Pós-graduado em Ordem Jurídica e Ministério Público (FESMPDFT). Graduado em Direito pela Universidade Católica de Petrópolis (UCP).

Samuel Neri

Delegado Titular de Polícia Civil do Estado de Minais Gerais. Aprovado no concurso de Inspetor de Polícia Civil da PCERJ. Professor da Academia de Polícia de Minas Gerais das disciplinas de Investigação Criminal, Inteligência Policial e Legislação Penal. Professor da Pós-graduação e da Graduação da Universidade Estácio de Sá (RJ). Professor convidado da Pós-graduação da Universidade Castelo Branco (RJ). Professor convidado da Pós-graduação da Universidade Unisuam (RJ). Professor convidado da Pós-graduação da Universidade Santa Úrsula (RJ). Professor convidado da Pós-graduação da Universidade Instituto Vianna (MG). Atuação nas Disciplinas de Direito Penal e Processo Penal. Professor de cursos preparatórios para concursos públicos e para OAB. Professor do curso Ênfase. Possui titulação de Pós-graduação em Direito Público e Direito Privado. Bacharel em Direito pela Universidade Estácio de Sá.

Thaianne Moraes

Delegada de Polícia Civil do Estado do Rio de Janeiro. Vice-Presidente da Fundação de Apoio ao Ensino e Pesquisa da Polícia Civil. Diretora Jurídica do Sindicato dos Delegados de Polícia do Estado do Rio de Janeiro. Professora da ACADEPOL-RJ. Professora de diversos cursos preparatórios pelo Brasil. Professora de Pós-Graduação. Mestre em Direito pela Universidade Veiga de Almeida (UVA). Pós-graduada em Direito Público pela Universidade Católica de Petrópolis (UCP). Autora de diversas obras jurídicas.

Thiago Renz da Rocha

Delegado de Polícia Civil do Distrito Federal. Professor do Curso Mege. Aprovado no concurso de Delegado de Polícia Civil do Estado de São Paulo (2015). Aprovado no concurso para Agente de Polícia Civil no Distrito Federal (2013). Aprovado no concurso para Escrivão de Polícia Civil no Distrito Federal (2013). Aprovado no concurso para Inspetor de Polícia Civil no Rio Grande do Sul (2013). Graduado pela Faculdade de Direito PUCRS.

William Rodrigues Cavalcante

Aprovado para Delegado de Polícia do Estado do Rio de Janeiro. Pós-graduado em Direito Constitucional pela Universidade Cândido Mendes. Pós-graduado em Direito Público pela Universidade Cândido Mendes. Comissário de Polícia Civil do Estado do Rio de Janeiro.

SUMÁRIO

1. **Direito ConstitucionaL** 19
Thaianne Moraes

2. **Direito Administrativo** 75
Thiago Renz da Rocha (Atualização: Thaianne Moraes)

3. **Direito Penal – Parte Geral** 121
Maurílio Coelho Lima

4. **Direito Penal – Parte Especial** 177
Marcus Vinícius Lopes Montez

5. **Legislação Penal Extravagante** 235
Eduardo Augusto Maneta (Atualização: Mauro Cesar da Silva Júnior)

6. **Processo Penal – Primeira Parte** 279
Bernardo Guidali Amaral

7. **Processo Penal II – Segunda Parte** 303
Samuel Neri

8. **Medicina Legal** 349
André Uchôa

9. **Criminologia** 381
Maurílio Coelho Lima

10. Direito da Infância e Juventude **405**
Paulo Francisco Soares Pereira e Rafael Ferreira de Souza

11. Direito Civil **443**
Rafael Ferreira de Souza (Atualização: William Rodrigues Cavalcante)

Referências Bibliográficas **479**

1

DIREITO CONSTITUCIONAL

Thaianne Moraes

Sumário: I – Teoria da constituição (conceito, classificação e elementos) – **II** – Poder constituinte – **III** –Eficácia e aplicabilidade das normas constitucionais – **IV** – Interpretação constitucional – **V** – Constitucionalismo – **VI** – Direitos fundamentais – **VII** – Nacionalidade – **VIII** – Direitos políticos e partidos políticos – **IX** – Organização do estado – **X** – Organização dos poderes – Poder legislativo – Poder executivo – Poder judiciário – **XI** – Funções essenciais à justiça – **XII** – Da defesa do estado e das instituições democráticas – Estado de defesa e estado de sítio – Segurança pública – **XIII** – Controle de constitucionalidade.

I - TEORIA DA CONSTITUIÇÃO (CONCEITO, CLASSIFICAÇÃO E ELEMENTOS)

1. Quais as acepções existentes para definir a expressão CONSTITUIÇÃO?

As principais acepções/sentidos são:

Sentido sociológico – De acordo com o qual a legitimidade da Constituição se relaciona com a representação em seu texto dos chamados "fatores reais de poder". Ou Seja, forças sociais que detêm expressão naquele ambiente e constituem o poder. Caso não haja essa representação, a Constituição não passaria de uma mera "folha de papel". Acepção defendida por Ferdinand Lassalle no livro "O que é uma Constituição".

Sentido político – Aqui, a Constituição é a "decisão política fundamental". Aquela decisão que parte do titular do poder constituinte e versa sobre estrutura do Estado e Direitos Individuais, por exemplo. Carl Schmitt é o seu idealizador e ele distingue Constituição de lei constitucional. Leis constitucionais, por sua vez, seria tudo aquilo que não se inserisse na noção de decisão política fundamental. O referido cientista político desenvolveu sua teoria na obra "Teoria da Constituição".

Sentido jurídico ou formal – Já para a concepção jurídica, ou formal, a Constituição tem dois espectros:

Lógico jurídico (Constituição como uma norma "hipotética fundamental" – No plano suposto) e jurídico positivo (onde a Constituição adota uma posição de superioridade em relação às demais normas jurídicas – no plano posto/positivado, as quais extraem dela seu fundamento de validade).

Esta teoria foi desenvolvida por Hans Kelsen, na obra "Teoria Pura do Direito".

Sentido culturalista – Acepção atribuída à J.H. Meirelles Teixeira, segundo a qual a Constituição é produto da cultura produzida por determinada sociedade e, ao mesmo tempo, influencia na própria sociedade que a produziu. Esta concepção induz à noção de "Constituição Total", que abrange aspectos econômicos, sociológicos, jurídicos e filosóficos em uma perspectiva unitária.

2. Quais as principais classificações das Constituições?

As principais classificações das Constituições são: quanto à forma; quanto ao modo de elaboração; quanto à origem; quanto à estabilidade; quanto à extensão e quanto ao conteúdo.

a) Quanto à forma – são divididas em escritas (sistematizadas em um texto único) e não escritas (formadas por textos esparsos, costumes, jurisprudências, convenções e etc.);

b) Quanto ao modo de elaboração – dogmáticas (é necessariamente escrita e reflete em, seu texto dogmas e ideologias do momento de sua confecção) e históricas (estas, não escritas, resultam do cenário social e evolução histórica daquele determinado seio);

c) Quanto à origem – outorgadas (impostas à revelia da participação popular), promulgadas (advêm de uma Assembleia Constituinte, que atua em nome do povo), Cesarista (também chamada de Bonapartista, são impostas unilateralmente e posteriormente submetidas à consulta popular com o fito de conferir algum ar de legitimidade ao texto constitucional) e pactuada (reflete um compromisso instável entre duas forças políticas rivais);

d) Quanto à estabilidade – rígidas (são Constituições que, para serem alteradas, devem observar um processo mais dificultoso do que aquele destinado à alteração dos demais diplomas normativos), flexíveis (são Constituições que podem ser alteradas pelo mesmo processo que se utiliza para alterar as leis e demais diplomas), semirrígidas (ou semiflexíveis, possuem uma parte rígida e outra flexível, variando a forma de modificação da constituição conforme a parte que se analisa) e, por fim, parcela da doutrina assinala ainda a existência de Constituições super rígidas, as quais seriam aquelas que trazem em seu texto cláusulas pétreas (e têm núcleos essenciais intangíveis). Mas a doutrina majoritária prefere prestigiar apenas as três espécies mencionadas acima;

e) Quanto à extensão – Sintéticas (somente se ocupam de princípios fundamentais e normas estruturais do Estado, conferindo ao texto constitucional maior estabilidade e durabilidade) e analíticas (ao contrário das sintéticas, ocupam-se de princípios fundamentais e normas estruturais, bem como de diversas famílias de matérias que poderiam vir veiculadas pela via legal. Assim o fazem com o objetivo de conferir maior proteção à assuntos que considera caros à sociedade. E, exatamente em razão disso, apresentam uma instabilidade muito maior);

f) Quanto ao conteúdo – Materiais (traz em seu corpo matérias de conteúdo efetivamente constitucional, como o exercício e a divisão do poder, organização do Estado e direitos individuais) e formais (traz regras que são ditas constitucionais unicamente pelo fato de virem veiculadas no texto da Constituição, mas que não cuidam de matéria constitucional).

3. O que são os chamados elementos da Constituição? Quais são eles?

Trata-se de sistematização feita pela doutrina de José Afonso da Silva para organizar os diversos assuntos tratados pela Constituição. Dessa forma, temos na nossa norma suprema:

Elementos orgânicos – são normas que organizam o Estado, o poder, o orçamento público, a tributação, as forças armadas e a segurança pública;

Elementos limitativos – limitam o poder do Estado. Ex.: Normas que definem direitos e garantias fundamentais;

Elementos socioideológicos – denotam a ideologia da Constituição e estão reveladas nas normas sobre direitos sociais, ordem econômica e financeira, bem como naquelas que versam sobre a ordem social;

Elementos de estabilização constitucional – são normas voltadas a suportar momentos de crise ou conflitos constitucionais, preservando a sua estabilidade, supremacia e a própria Democracia. Ex.: normas que tratam da intervenção federal, Estado de Defesa e Estado de Sítio;

Elementos formais de aplicabilidade – são normas que orientam a aplicação de outras normas constitucionais. Geralmente desprovidas de conteúdo material, apenas voltam-se para questões formais. Ex.: Ato das Disposições Constitucionais Transitórias.

4. Como é composta a estrutura da Constituição de 1988?

É composta de um preâmbulo, de um corpo (com 250 artigos) e do ato das disposições constitucionais transitórias (ADCT).

5. Qual a natureza jurídica do preâmbulo da Constituição?

Em que pese haver diversas correntes na doutrina, o STF já se posicionou no sentido de que o preâmbulo da Constituição não contém norma jurídica (ADI 2076). Ou seja, não se trata de norma do Direito, mas de norma que se situa no campo político e reflete uma ideologia. Dessa forma, não cria direitos ou obrigações.

6. Considerando a resposta acima, qual seria a consequência desta natureza jurídica para efeitos de controle de constitucionalidade?

Por não ser considerada norma jurídica, em que pese compor a estrutura da Constituição, não pode servir de parâmetro para o controle de constitucionalidade.

7. O fato de haver a invocação de Deus no preâmbulo acarreta algum comprometimento à laicidade do Estado Brasileiro?

Não. Exatamente por se tratar de norma irrelevante do ponto de vista jurídico. Desta forma, no que toca a laicidade, deve ser observada a redação do artigo 5º, inciso VI CRFB.

Aprofundamento:

Sobre o tema, julgado clássico do STF: "Preâmbulo da Constituição: não constitui norma central. Invocação da proteção de Deus: não se trata de norma de reprodução obrigatória na Constituição estadual, não tendo força normativa. (STF, Pleno, **ADI 2.076**, rel. min. Carlos Velloso, j. 15-8-2002)

8. Para que serve o ADCT?

O ADCT é uma das partes que estrutura a Constituição e é voltado para disciplinar a transição entre o ordenamento jurídico anterior e o novo de modo a neutralizar eventuais efeitos nocivos sobre a sociedade.

II – PODER CONSTITUINTE

9. O que é poder constituinte?

É o poder de criar uma nova Constituição ou reformar uma Constituição já existente.

10. Quem é o titular do poder constituinte?

No Brasil, o titular do poder constituinte é o povo, seguindo influência do Direito norte americano.

Entretanto, no mundo há Estados em que o titular do poder constituinte é a nação, como na experiência francesa.

11. Quais as espécies de poder constituinte?

O poder constituinte pode ser:

a) Originário – Cria a Constituição, instalando e estruturando o Estado em uma nova ordem jurídica;

b) Derivado – Deriva do poder constituinte originário e subdivide-se em:

Poder constituinte derivado reformador – Este, volta-se para a alteração do texto constitucional existente. Pode se dar através da emenda constitucional ou da revisão.

Poder constituinte derivado decorrente – Volta-se para os Estados federados, tratando-se da possibilidade de estes criarem ou modificarem as suas próprias Constituições Estaduais. O poder constituinte derivado decorrente tem fundamento nos artigos 11 ADCT e 25 da Constituição, que positivam a capacidade de auto-organização dos Estados.

Modernamente, a doutrina passou a apontar também a existência das seguintes espécies de poder constituinte:

Poder constituinte difuso – É um poder que, diferentemente do poder constituinte derivado reformador, não se verifica de modo formal; trata-se de um poder de fato. Por isso difuso – informal e espontâneo. É supedâneo para a verificação da ocorrência da mutação constitucional.

Poder constituinte supranacional – Busca o estabelecimento de uma Constituição supranacional, remodelando o conceito de soberania. Aqui, volta-se para uma cidadania universal, com plúrimos ordenamentos jurídicos e foco na integração. A melhor doutrina o aponta como tendência mundial, ao lado do desenvolvimento do transconstitucionalismo para a melhor solução dos problemas de direitos fundamentais e organização do poder.

12. Quais as características do poder constituinte originário?

Inicial (inaugura uma nova ordem jurídica), Autônomo (as regras da nova Constituição são determinadas autonomamente), Incondicionado (não se submete a formas prefixadas de manifestação) e Ilimitado (esta ilimitação é meramente jurídica: não devendo observar limites impostos pelo ordenamento jurídico anterior. Isto porque, existe corrente na doutrina corrente que aponta limites meta jurídicos – como por exemplo, limites políticos e de direito natural).

13. Quais as características do poder constituinte derivado?

Secundário (decorre do originário), condicionado (deve observar as formas prefixadas de manifestação), limitado (no que toca aos parâmetros impostos) e desprovido de autonomia.

14. Fale sobre os limites ao poder constituinte derivado reformador:

A reforma constitucional pode ser feita pela via da Emenda Constitucional e da Revisão. No que toca às emendas Constitucionais, existem limites impostos no artigo 60 CRFB, *ex vi*:

Limites formais subjetivos – Artigo 60, incisos I; II e III (legitimados para a propositura da PEC);

Limites formais objetivos – Art. 60, §2º (quórum para votação e aprovação da PEC);

Limites circunstanciais – Art. 60, §1º (circunstâncias sob as quais a Constituição não pode ser emendada);

Limites materiais explícitos – Art. 60, §4º (cláusulas pétreas);

Limites materiais implícitos – Aqui não há consenso na doutrina, destacando-se a proibição de alteração da titularidade do poder constituinte; proibição de violar as proibições expressas (vedação à dupla reforma).

III – EFICÁCIA E APLICABILIDADE DAS NORMAS CONSTITUCIONAIS

15. Como é feita a classificação das normas constitucionais quanto à sua eficácia e aplicabilidade?

As normas constitucionais, neste ponto, são classificadas em:

a) Normas constitucionais de eficácia plena;

b) Normas constitucionais de eficácia contida;

c) Normas constitucionais de eficácia limitada.

16. Discorra sobre cada uma delas:

a) Normas constitucionais de eficácia plena – Possuem aplicabilidade direta, imediata e integral. Ou seja, entram em vigor aptas a produzir todos os seus efeitos, independentemente de integração pela via legislativa;

b) Normas constitucionais de eficácia contida – Possuem aplicabilidade direta, imediata, mas possivelmente não integral. Estas normas admitem restrição quanto à sua eficácia e aplicabilidade. É de se observar que estas restrições sobrevêm normalmente pela via legislativa, mas podem aparecer inclusive no texto constitucional;

c) Normas constitucionais de eficácia limitada – Possuem aplicabilidade indireta, mediata ou reduzida. Desse modo, não produzem todos os seus efeitos logo que a Constituição entra em vigor. Dependem de integração legislativa ou pela via de emenda constitucional para então regulamentadas e poderem produzir todos os seus efeitos.

Aprofundamento: Mesmo as normas de eficácia limitada produzem efeitos desde o seu nascimento, como por exemplo: vinculam o legislador ordinário a um dever de regulamentação da Constituição; condicionam a legislação vindoura; conferem a matiz e o sentido teleológico para a interpretação e aplicação das normas jurídicas; condicionam o atuar da Administração Pública e do Judiciário.

As normas constitucionais de eficácia limitada são divididas em normas de princípio institutivo e normas de princípio programático. As de princípio institutivo, também chamadas de organizativas, trazem comandos de estruturação de órgãos e entidades veiculados na Constituição. Ex.: Art. 33; 91, §2º e 125 CRFB. Já as de princípio programático, como o próprio nome faz supor, trazem programas com finalidade sociais a serem implementados pelo Estado. Ex.: Art. 6º; 215; 227 e etc.

17. Considerando-se a redação do artigo 5º, 1º CRFB como é tratada a eficácia das normas definidoras de direitos e garantias individuais?

De acordo com o artigo 5º, §1º CRFB, estas normas possuem aplicação imediata.

A doutrina diferencia aqui "aplicação" de "aplicabilidade". Sendo aplicabilidade analisada quando do tratamento das normas constitucionais de eficácia plena, contida e limitada.

"Aplicação" imediata seria a capacidade de pronta incidência aos fatos e acontecimentos regulados pela norma. Essa imediatidade é direcionada aos direitos e garantias INDIVIDUAIS. Desse modo, no que toca aos direitos sociais, há o entendimento de que é possível que venham a depender de providências ulteriores, no sentido de regulamentação, para só então atingirem a referida aplicação.

IV – INTERPRETAÇÃO CONSTITUCIONAL

18. O que se entende por norma jurídica?

Hoje a noção de norma jurídica foi ampliada, passando a abarcar regras e princípios.

Regras descrevem condutas para, diante da ocorrência de fatos, incidirem mediante a subsunção do fato àquela previsão abstrata. São rígidas e aplicadas mediante a noção de "tudo ou nada".

Princípios, por sua vez, são fluidos, com maior grau de abstração. Assim, não determinam condutas concretas. Por esta razão, os princípios podem ser satisfeitos em graus variados – não observando a máxima do "tudo ou nada". Na aplicação dos princípios podem ser utilizadas as técnicas da ponderação, balanceamento e sopesamento para sanar uma colisão aparente.

19. O que são postulados normativos?

Postulados normativos cuidam de uma conceituação atribuída à Humberto Ávila, de acordo com o qual existem "metanormas" ou "normas de segundo grau" – postulados normativos – que instituem o critério de aplicação de outras normas. Ex.: Ponderação, proibição do excesso, igualdade, razoabilidade e proporcionalidade.

20. Quais são os principais princípios de interpretação constitucional?

São eles:

Unidade da Constituição
Efeito integrador
Máxima efetividade
Harmonização (ou concordância prática)
Força normativa da Constituição
Correção Funcional
Interpretação conforme a Constituição
Proporcionalidade e Razoabilidade

21. Discorra sobre o princípio da Unidade da Constituição:

O referido princípio parte da premissa de que a Constituição é um sistema de único e harmônico, de modo que as suas normas devem ser interpretadas conjuntamente.

22. Discorra sobre o princípio do efeito integrador:

A interpretação constitucional deve primar pela integração dos diversos aspectos trazidos em seu bojo (político, social, econômico e etc.) através das suas normas fundamentais.

23. Discorra sobre o princípio da Máxima Efetividade:

A interpretação da Constituição deve ter o propósito de conferir a maior efetividade que o intérprete puder conferir às suas normas.

24. Discorra sobre o princípio da Harmonização (ou concordância prática):

O princípio da harmonização é utilizado sempre diante de um caso concreto em que aparentemente haja dois direitos em rota de colisão. É a harmonização que estabelecerá qual dos valores/direitos em jogo deverá prevalecer sobre o outro, bem como estabelecerá até que limite o valor/direito sacrificado poderá admitir legitimamente tal restrição.

25. Discorra sobre a origem do princípio da Proporcionalidade e da Razoabilidade, estabelecendo o tratamento dado hoje em dia no Brasil:

Os princípios da proporcionalidade e da razoabilidade têm origens diferentes.

O princípio da Razoabilidade surgiu no século XIX, nos Estados Unidos, a partir da jurisprudência da Suprema corte americana, analisando condutas estatais, dentro do devido processo legal substantivo. O escopo inicial era conter a intervenção estatal, especificamente na economia.

Em um segundo momento, ainda em solo norte americano, mais especificamente após o *New Deal*, sob a égide do governo de Franklin Roosevelt, foi adotado um grupo de medidas econômicas fortemente intervencionistas. A partir deste marco ocorreu a repaginação do propósito do princípio da razoabilidade, que antes era conter a intervenção estatal na economia, passando a buscar proteger liberdades civis não econômicas.

Já o princípio da proporcionalidade remonta ao Direito alemão, no Direito Administrativo (para ser mais preciso: Prússia do século XIX). Ele não foi um princípio que nasceu dentro do Direito Constitucional, ele nasceu no Direito Administrativo, para ser empregado quando da análise do exercício do poder de polícia e do controle do poder de polícia.

"*Leading case*": O caso das farmácias – Baviera, onde o estado alemão, de forma extremamente rigorosa, estabelecia exigências na manutenção e abertura de novas farmácias. Aquelas exigências se mostraram tão fortes, que inviabilizariam boa parte da prestação daquele serviço. Então, no contexto de controle através de poder de polícia, surgiu a discussão sobre o tema.

O Brasil não se aprofunda nessa diferenciação entre razoabilidade e proporcionalidade. Em razão da grande influência da doutrina constitucional alemã na jurisprudência da nossa Corte Constitucional, verifica-se que a referida diferenciação resta relegada a segundo plano.

No Brasil, o desenvolvimento do estudo do princípio da proporcionalidade é o princípio do devido processo legal substantivo (corrente majoritária). Ocorre que este também é o fundamento do princípio da razoabilidade, de origem norte americana. É aqui que reside a gênese da celeuma no STF. Ele não dissocia proporcionalidade de razoabilidade e encontra fundamentos razoáveis para isso (inclusive na doutrina, que traz como fundamento da proporcionalidade um fundamento que a rigor foi usado pela doutrina norte-americana na razoabilidade).

V – CONSTITUCIONALISMO

26. O que é constitucionalismo?

Trata-se de uma teoria ou ideologia que se baseia na limitação do poder do Estado como forma de garantia de direitos de uma determinada comunidade socialmente estruturada. Visa, portanto, conter o arbítrio estatal com a edição de Constituições escritas, que preveem regras de limitação do poder e um rol de direitos fundamentais.

27. Comente sua evolução de forma breve:

O constitucionalismo se desenvolveu adotando 4 grandes marcos temporais: o Constitucionalismo Antigo; o da Idade Média – chamado de clássico; o Moderno; o norte-americano; e o contemporâneo.

Observe-se que Karl Loewenstein aponta que na Idade Antiga é possível identificar indícios de constitucionalismo entre o povo hebreu. Isso porque o poder político era limitado pela atuação dos profetas, que detinham legitimidade para fiscalizar atos estatais que exorbitassem dos limites bíblicos.

Já na Idade Média, o grande marco do constitucionalismo foi a Magna Carta, editada em 1215 pelo Rei João Sem Terra, que conferia, mesmo que apenas formalmente, proteção aos direitos fundamentais face ao Estado.

No constitucionalismo Moderno foram editados alguns atos para a proteção de direitos individuais, como o Petition of Rights (1628), o Habeas Corpus Act (1679), o Bill of Rights (1689) e o Act of Settlement (1701), que passaram a admitir a participação popular, embora não universal, em atos do governo.

A Idade Contemporânea, é marcada pela edição de constituições escritas, dentre as quais se destacaram a norte-americana, de 1787, e a francesa, de 1791. Esta, inclusive, foi editada adotando os ideais da Revolução Francesa, movimento contra o absolutismo que reconheceu no povo o único titular do poder.

Onde se verificou um constitucionalismo liberal, percebeu-se o individualismo protecionista, a não intervenção estatal e a valorização da propriedade privada como valores basilares, o que possibilitou abusos daqueles que concentravam renda, acarretando exclusão social e a consequente necessidade de o Estado ser chamado a conter tais arbitrariedades e a limitar o poder econômico.

Foi nesse contexto que nasceu o Estado Social de Direito, de cunho intervencionista, com a necessária instituição de direitos sociais, ditos de segunda geração, que teve como marcos iniciais as Constituições do México (1917) e a de Weimar (1919).

28. O que é neoconstitucionalismo?

Neoconstitucionalismo é um movimento datado do início do século XXI, que tem como objetivo ampliar a ideia de limitação do poder político, antes adotada no constitucionalismo, para conferir eficácia à Constituição, a fim de, sobretudo, concretizar direitos fundamentais.

Dessa forma, o neoconstitucionalismo (ou pós-positivismo) enxerga a Constituição como norma jurídica dotada de imperatividade superior, que se baseia na dignidade humana e nos direitos fundamentais como valores supremos de uma sociedade.

O Estado passa a ser Constitucional de Direito, superando-se a ideia de Estado Legislativo de Direito, passando agora a Constituição ao centro do sistema, marcada por intensa carga de valores a influenciar tanto a atividade legislativa de edição das normas infraconstitucionais, quanto a atividade hermenêutica. Significa que, além de guardar estrita observância à forma prescrita na Constituição, as leis devem estar de acordo com seu caráter axiológico, seu espírito.

29. O que é o novo constitucionalismo democrático latino-americano?

Também chamado de "constitucionalismo andino ou indígena", o novo constitucionalismo democrático latino-americano tem como foco central a ideia do reconhecimento do direito à diversidade e à identidade cultural. Dessa forma, busca conferir o direito de participação à parcela do povo, notadamente a população indígena, historicamente excluída de processos de decisão, culminando na edição das Constituições do Equador (2008) e da Bolívia (2009).

VI – DIREITOS FUNDAMENTAIS

30. Como estão classificados os direitos fundamentais na Constituição de 1988?

Para a classificação dos direitos fundamentais, CRFB considera o objeto imediato do direito para efeitos de classificação dos direitos fundamentais. Desta forma, no que toca aos direitos individuais, eles estão assim dispostos: Direito à vida, à liberdade, à igualdade, à propriedade e à segurança.

31. No estudo do direito à vida, o que vem a ser "direito ao esquecimento"?

Trata-se do viés que, com origem no estudo do Direito Penal – especificamente voltado para a ressocialização dos apenados – analisa a forma e o tempo de utilização e veiculação de fatos passados referentes à vida de determinada pessoa. Observe-se apenas que tal prerrogativa não autoriza, por exemplo, reescrever a história da pessoa envolvida, porque isso violaria outros direitos igualmente fundamentais, como o direito à liberdade e o direito à informação.

Aprofundamento: O leading case sobre o tema é o CASO LEBACH (1973) – Alemanha. Nele, o Tribunal Constitucional Alemão proibiu a divulgação de um programa de TV sobre determinado crime bárbaro, ocorrido há quatro anos, exatamente porque ele iria ao ar um dia antes do livramento condicional do apenado. Os valores considerados pelo tribunal foram: A proteção constitucional à personalidade e a liberdade de imprensa. Com vistas à proteção à personalidade, a corte prestigiou o direito ao esquecimento, entendendo que o prejuízo à pessoa do condenado seria desproporcional, ameaçando, inclusive, sua reintegração social. Também foi considerado o fato de que não se tratava de fato atual, o que não autorizaria a apropriação por parte da imprensa da pessoa do condenado por tempo indeterminado.

Posteriormente, evoluindo na historicidade dos direitos fundamentais, verificou-se que a discussão se expandiu para além do ambiente das pessoas apenadas criminalmente, para a discussão passar a interessar aos direitos da personalidade de forma geral. Especialmente em tempos de evolução tecnológica e de obtenção de informações acerca de toda e qualquer pessoa através da internet, passou-se a considerar como potencialmente positiva, a possibilidade de obrigar servidores de busca eletrônica a não mais entregar (ou entregar mediante balizadores) determinado conteúdo especialmente desabonador sobre determinada pessoa. As decisões em âmbito internacional variam de acordo com a carga de efetividade que cada Estado soberano dá ao direito à informação e à liberdade de expressão.

No Brasil, o STF se posicionou em fevereiro de 2021 no sentido de que o direito ao esquecimento não seria compatível com a CRFB, fixando a seguinte tese: "É incompatível com a Constituição a ideia de um direito ao esquecimento, assim entendido como o poder de obstar, em razão da passagem do tempo, a divulgação de fatos ou dados verídicos e licitamente obtidos e publicados em meios de comunicação social analógicos ou digitais. Eventuais excessos ou abusos no exercício da liberdade de expressão e de informação devem ser analisados caso a caso, a partir dos parâmetros constitucionais – especialmente os relativos à proteção da honra, da imagem, da privacidade e da personalidade em geral – e as expressas e específicas previsões legais nos âmbitos penal e cível". RE 1.010.606, Plenário, 11/2/2021 (Sessão realizada por videoconferência – Resolução 672/2020/STF).

32. Como é tratado o direito à igualdade pela CRFB?

O direito à igualdade vem previsto no caput do artigo 5º CRFB, o qual menciona tanto a igualdade formal quanto a igualdade material.

Quando a CRFB fala que "todos são iguais perante a lei", ela está a cuidar da dita igualdade formal. Esta, volta seus olhos para a aplicação e aplicação dos diplomas normativos, não admitindo distinções que não decorram diretamente do ordenamento jurídico – aplicando-se a lei de maneira igualitária, apesar de eventuais discriminações.

Por outro lado, quando o artigo 5º elenca direitos fundamentais em espécies, na parte final de seu caput, ele se direciona ao trato da igualdade material – direito fundamental de segunda dimensão, com vistas à igualdade substancial. Aqui, os esforços se dirigem para uma isonomia desde a criação da lei até a sua aplicação, vinculando intérpretes e aplicadores dos diplomas jurídicos. A igualdade material autoriza tratamento diferente quando este vier para promover a isonomia.

Aprofundamento: O tema igualdade é muito importante para efeitos de concurso público, uma vez que abre uma farta gama de matizes. Dentre as principais, comumente cobradas estão:

- Igualdade entre homens e mulheres;
- Igualdade tributária;
- Igualdade de tratamento, sem distinção de origem, cor e raça;
- Igualdade de tratamento, sem distinção em razão de orientação sexual;
- Igualdade no acesso à justiça – através de assistência jurídica gratuita e vedação a tribunas de exceção.

33. O que se entende por ações afirmativas?

Ações afirmativas são programas públicos ou privados, que buscam reequilibrar e redistribuir, através de tratamentos diferenciados, segmentos particularizados no seio social. Neste campo, ganha especial relevo a noção de tratar igualmente os iguais e desigualmente os desiguais, na medida de sua desigualdade.

34. Ações afirmativas são utilizadas apenas com foco em pessoas naturais?

Não. Pode haver a elaboração de programa de ação afirmativa com vistas a promover pessoas jurídicas também. Exemplo do que se afirma são os incentivos fiscais que buscam reduzir distorções entre as regiões do Brasil.

35. Existem limites para o manejo das ações afirmativas?

Sim. O principal limite é o princípio da proporcionalidade – sua inobservância pode induzir a estabelecer um fator discriminante equivocado, conduzindo a medida à inconstitucionalidade. Outro limite é o princípio da provisoriedade – a medida adotada pela ação afirmativa deve deixar de ser adotada assim que a situação que a justificou restar elidida, sob pena de se transfigurar em privilégio injustificado e, por consequência, inconstitucional. Por isso, as ações afirmativas devem funcionar sob constante processo de revisão. Assim, devem cessar quando verificada a equalização do fator que implicava na diferenciação.

36. No que toca ao direito à liberdade, o que se entende por "hate speech"?

Hate Seepch, ou como tratado pela doutrina pátria, DISCURSO DE ÓDIO, está dentro do estudo dos abusos à liberdade de expressão e cuida desde os atos de conteúdo meramente ofensivos (como a prática da calúnia, injúria e difamação) até às palavras belicosas – aquelas que justificam eventual reação violenta e imediata como forma de retaliação.

Sua origem norte americana demonstra que há tratamento diferenciado entre as categorias do mero hate speech, o qual é tolerado sob o fundamento de não se dirigir a uma determinada pessoa, e as palavras belicosas, chamadas de Fighting words. As ditas Fighting words, são rechaçadas pela suprema corte norte americana, em especial, porque dirigem-se de forma especialmente provocativa a pessoa determinada. O fundamento para tal diferença no trato da matéria é a ideia de "freedom from the speech we hate" – de modo a garantir que mesmo o pensamento de ódio deve ter a sua liberdade preservada.

Observe-se que a Corte Constitucional brasileira não trabalha com a referida diferenciação, não conferindo sequer o discurso de ódio a chancela de compatibilidade com a Constituição.

Aprofundamento: Sobre o tema, ler o CASO ELLWANGER, julgado pelo STF (STF, Pleno, HC 82424/RS, rel. min. Maurício Corrêa, j. em 17/09/2003).

37. Ainda no estudo do direito à liberdade, como o STF entende que deve ser o ensino religioso em escolas públicas?

Por se tratar de escolas públicas, é de se considerar que o Estado brasileiro é laico. Portanto, não possui religião oficial. Observando a laicidade do estado a partir do prisma da liberdade religiosa, em julgado recente (ADI 4439/DF), o STF admitiu o ensino religioso em escolas públicas com natureza confessional. Assim, o ensino oferecido na rede pública, deve apresentar as diversas crenças aos alunos (observe-se que caberá ao Ministério da Educação fixar requisitos mais detalhados). Ainda no bojo dessa análise a corte admitiu que não existe propriamente neutralidade em sede de ensino religioso, mas deve sim existir o respeito à diferença dentro desta esfera.

Aprofundamento: Ler a ementa do acórdão que embasou a resposta acima. Tema de extrema incidência em provas de concursos!

> "ENSINO RELIGIOSO NAS ESCOLAS PÚBLICAS. CONTEÚDO CONFESSIONAL E MATRÍCULA FACULTATIVA. RESPEITO AO BINÔMIO LAICIDADE DO ESTADO/LIBERDADE RELIGIOSA. IGUALDADE DE ACESSO E TRATAMENTO A TODAS AS CONFISSÕES RELIGIOSAS. CONFORMIDADE COM ART. 210, §1°, DO TEXTO CONSTITUCIONAL. CONSTITUCIONALIDADE DO ARTIGO 33, CAPUT E §§ 1º E 2º, DA LEI DE DIRETRIZES E BASES DA EDUCAÇÃO NACIONAL E DO ESTATUTO JURÍDICO DA IGREJA CATÓLICA NO BRASIL PROMULGADO PELO DECRETO 7.107/2010. AÇÃO DIRETA JULGADA IMPROCEDENTE. 1. A relação entre o Estado e as religiões, histórica, jurídica e culturalmente, é um dos mais importantes temas estruturais do Estado. A interpretação da Carta Magna brasileira, que, mantendo a nossa tradição republicana de ampla liberdade religiosa, consagrou a inviolabilidade de crença e cultos religiosos, deve ser realizada em sua dupla acepção: (a) proteger o indivíduo e as diversas confissões religiosas de quaisquer intervenções ou mandamentos estatais; (b) assegurar a laicidade do Estado, prevendo total liberdade de atuação estatal em relação aos dogmas e princípios religiosos. 2. A interdependência e complementariedade das noções de Estado Laico e Liberdade de Crença e de Culto são premissas básicas para a interpretação do ensino religioso de matrícula facultativa previsto na Constituição Federal, pois a matéria alcança a própria liberdade de expressão de pensamento sob a luz da tolerância e diversidade de opiniões. 3. A liberdade de expressão constitui um dos fundamentos essenciais de uma sociedade democrática e compreende não somente as informações consideradas como inofensivas, indiferentes ou favoráveis, mas também as que possam causar transtornos, resistência, inquietar pessoas, pois a Democracia somente existe baseada na consagração do pluralismo de ideias e pensamentos políticos, filosóficos, religiosos e da tolerância de opiniões e do espírito aberto ao diálogo. 4. A singularidade da previsão constitucional de ensino religioso, de matrícula facultativa, observado o binômio Laicidade do Estado (CF, art. 19, I)/Consagração da Liberdade religiosa (CF, art. 5º, VI), implica regulamentação integral do cumprimento do preceito constitucional previsto no artigo 210, §1º, autorizando

à rede pública o oferecimento, em igualdade de condições (CF, art. 5º, caput), de ensino confessional das diversas crenças. 5. A Constituição Federal garante aos alunos, que expressa e voluntariamente se matriculem, o pleno exercício de seu direito subjetivo ao ensino religioso como disciplina dos horários normais das escolas públicas de ensino fundamental, ministrada de acordo com os princípios de sua confissão religiosa e baseada nos dogmas da fé, inconfundível com outros ramos do conhecimento científico, como história, filosofia ou ciência das religiões. 6. O binômio Laicidade do Estado/Consagração da Liberdade religiosa está presente na medida em que o texto constitucional (a) expressamente garante a voluntariedade da matrícula para o ensino religioso, consagrando, inclusive o dever do Estado de absoluto respeito aos agnósticos e ateus; (b) implicitamente impede que o Poder Público crie de modo artificial seu próprio ensino religioso, com um determinado conteúdo estatal para a disciplina; bem como proíbe o favorecimento ou hierarquização de interpretações bíblicas e religiosas de um ou mais grupos em detrimento dos demais. 7. Ação direta julgada improcedente, declarando-se a constitucionalidade dos artigos 33, caput e §§ 1º e 2º, da Lei 9.394/1996, e do art. 11, § 1º, do Acordo entre o Governo da República Federativa do Brasil e a Santa Sé, relativo ao Estatuto Jurídico da Igreja Católica no Brasil, e afirmando-se a constitucionalidade do ensino religioso confessional como disciplina facultativa dos horários normais das escolas públicas de ensino fundamental." (STF, Pleno, ADI 4439/ DF, rel. min. Roberto Barroso, j. em 27/09/2017)

38. O exercício da liberdade de reunião, previsto no artigo 5º, inciso XVI CRFB, demanda algum tipo de autorização do poder público? Justifique.

Não. O referido direito é individual de expressão coletiva, assegurado pela constituição e somente se exige "aviso prévio à autoridade competente". Existe menção literal no texto do inciso respectivo no sentido de que o exercício do direito de reunião independe de autorização.

Portanto, o aviso prévio não pode se confundir com autorização. Nesse sentido também é a jurisprudência do STF sobre o tema. O aviso prévio é um mero requisito formal, com vistas a não frustrar outra reunião que possa estar convocada para o mesmo local naquele dia, bem como visa viabilizar providências relacionadas à segurança e ordem pública no evento e seu entorno (como desvio do trânsito para vias alternativas e alocação de policiamento compatível com o número de participantes estimados).

Eventual falta de aviso prévio não pode induzir necessariamente à dissolução do evento. Caberá apenas a eventual responsabilização dos organizadores, a posteriori, em decorrência de ilícitos daí decorrentes.

Apenas para concluir, observe-se que a Constituição estabeleceu outros requisitos além do que ora se analisa, tais como: ser a reunião pacífica, sem armas e acontecer em locais abertos ao público.

Sobre o tema, veja-se jurisprudência recente do STF (Repercussão Geral – Tema 855) (Info 1003):

"A exigência constitucional de aviso prévio relativamente ao direito de reunião é satisfeita com a veiculação de informação que permita ao poder público zelar para que seu exercício se dê de forma pacífica ou para que não frustre outra reunião no mesmo local."

STF. Plenário. RE 806339/SE, Rel. Min. Marco Aurélio, redator do acórdão Min. Edson Fachin, julgado em 14/12/2020.

Atenção: O direito de reunião pode ser suspenso em caso de Estado de Defesa ou Estado de Sítio:

> "Art. 136 (...)
>
> § 1º O decreto que instituir o estado de defesa determinará o tempo de sua duração, especificará as áreas a serem abrangidas e indicará, nos termos e limites da lei, as medidas coercitivas a vigorarem, dentre as seguintes:
>
> I – restrições aos direitos de:
>
> a) reunião, ainda que exercida no seio das associações;"
>
> "Art. 139. Na vigência do estado de sítio decretado com fundamento no art. 137, I, só poderão ser tomadas contra as pessoas as seguintes medidas:
>
> (...)
>
> IV – suspensão da liberdade de reunião;"

Esta questão tem alta incidência nas provas de concursos públicos. Por esta razão, colacionamos aqui a ementa completa do julgado que deu origem à tese de repercussão geral exposta acima:

> "Ementa: RECURSO EXTRAORDINÁRIO COM REPERCUSSÃO GERAL. DIREITO CONSTITUCIONAL. DIREITO DE MANIFESTAÇÃO. DIREITO DE REUNIÃO E DE EXPRESSÃO. AVISO PRÉVIO. DESNECESSIDADE. PROVIMENTO DO RECURSO EXTRAORDINÁRIO.
>
> 1. Em uma sociedade democrática, o espaço público não é apenas um lugar de circulação, mas também de participação. Há um custo módico na convivência democrática e é em relação a ele que eventual restrição a tão relevante direito deve ser estimada.
>
> 2. O aviso ou notificação prévia visa permitir que o poder público zele para que o exercício do direito de reunião se dê de forma pacífica e que não frustre outra reunião

no mesmo local. Para que seja viabilizado, basta que a notificação seja efetiva, isto é, que permita ao poder público realizar a segurança da manifestação ou reunião.

3. Manifestações espontâneas não estão proibidas nem pelo texto constitucional, nem pelos tratados de direitos humanos. A inexistência de notificação não torna ipso facto ilegal a reunião.

4. A notificação não precisa ser pessoal ou registrada, porque implica reconhecer como necessária uma organização que a própria Constituição não exigiu.

5. As manifestações pacíficas gozam de presunção de legalidade, vale dizer, caso não seja possível a notificação, os organizadores não devem ser punidos por sanções criminais ou administrativas que resultem multa ou prisão.

6. Tese fixada: A exigência constitucional de aviso prévio relativamente ao direito de reunião é satisfeita com a veiculação de informação que permita ao poder público zelar para que seu exercício se dê de forma pacífica ou para que não frustre outra reunião no mesmo local.

(RE 806339, Relator(a): MARCO AURÉLIO, Relator(a) p/ Acórdão: EDSON FACHIN, Tribunal Pleno, julgado em 15/12/2020, PROCESSO ELETRÔNICO REPERCUSSÃO GERAL – MÉRITO DJe-053 DIVULG 18-03-2021 PUBLIC 19-03-2021)"

39. Dentro da análise das garantias processuais, fale sobre o direito à duração razoável do processo:

Trata-se de nuance incluída pela Emenda Constitucional 45/2004 – também chamada de reforma do Poder Judiciário, através do acréscimo do inciso LXXVIII no artigo 5º CRFB.

Entretanto, é de se ressaltar que antes mesmo de sua inclusão no rol de incisos do artigo 5º CRFB, o princípio da duração razoável do processo já poderia ser invocado, com base na cláusula do Devido Processo Legal. Em um segundo momento ainda, tivemos a sua positivação através do Decreto 678/92, que promulgou a Convenção Americana sobre Direitos Humanos (Pacto de São José da Costa Rica) e o apresenta em seu artigo 8º.

De acordo com o direito à duração razoável do processo, analisado pelo viés do indivíduo, ele é verdadeira garantia de acesso eficaz ao Poder Judiciário. Entretanto, a garantia não se restringe ao âmbito judicial, alcançando também o âmbito dos processos administrativos.

Por outro lado, analisando-se a sua utilização sob o prisma do poder público, é dado ao julgador obstar o manejo de estratégias eventualmente adotadas pelas partes com caráter meramente protelatório.

Observe-se ainda que a jurisprudência dos tribunais superiores admite a relativização da duração razoável do processo em face da reserva do possível. Na prática, essa relativização é feita quando considerado o excesso de trabalho existente à cargo de um único julgador.

40. Quais são as características dos direitos fundamentais?

São características dos direitos fundamentais:

Historicidade;

Universalidade;

Relatividade (ou limitabilidade);

Concorrência (ou cumulatividade);

Irrenunciabilidade;

Inalienabilidade;

Imprescritibilidade.

Historicidade: É a percepção da evolução do direito fundamental ao longo do tempo. Exemplo: vedação à pena de caráter perpétuo. Em seu nascedouro, essa garantia de vedação a penas de caráter perpétuo só alcançava a pena de caráter criminal. Após a Constituição de 1988, passou-se a consagrar que a pena administrativa também não pode ter caráter perpétuo.

Universalidade: Todos os homens (em sentido antropológico), fazem jus aos direitos fundamentais. Isso se dá pela mera qualidade humana, independentemente de qualquer outro predicativo. Essa característica decorre da dignidade da pessoa humana.

Concorrência (ou cumulatividade): Os direitos fundamentais não se excluem, eles podem coexistir.

Inalienabilidade: Os direitos fundamentais são bens fora do comércio. Portanto, são intransferíveis e inegociáveis.

Irrenunciabilidade: Os direitos fundamentais não podem ser renunciados. Isso porque eles interessam a toda a coletividade – são dotados de eficácia objetiva.

Observe-se que não se deve confundir irrenunciabilidade com não exercício de direito fundamental.

Imprescritibilidade: O desuso não pode conduzir a perda do direito fundamental.

Limitabilidade (ou relatividade): Não existe direito fundamental absoluto. Todos são relativos. Dessa forma, abstratamente, inexiste hierarquia entre direitos fundamentais. Ocorre que, no caso concreto, é necessário estabelecer qual direito irá preponderar em face do outro. Nesse sentido, a doutrina desenvolveu técnicas para resolver eventuais conflitos aparentes entre direitos fundamentais:

a) Princípio da Harmonização – Também chamado de cedência recíproca. Admite restrições maiores ou menores em direitos fundamentais, desde que em favor de outro direito igualmente fundamental e que eventual restrição não desnature o núcleo duro da proteção;

b) Teoria dos Limites dos Limites – Os direitos fundamentais são limites à atuação arbitrária do Estado (em seu nascedouro, na primeira dimensão dos direitos fundamentais, esta era a concepção adotada). Ocorre que eles também encontram limites. Estes são os outros direitos igualmente fundamentais.

41. Fale sobre a eficácia vertical, horizontal e diagonal dos direitos fundamentais:

Os direitos fundamentais surgiram com eficácia vertical. Isso porque eles eram uma proteção do particular em face dos árbitros Estatais. Como a relação público-privado é uma relação de cogência, o particular não está no mesmo patamar do poder público – ao revés, ocupa uma posição de inferioridade.

Com a evolução dos direitos fundamentais, o direito passou a tutelar valores como igualdade material, fraternidade. Então, nesse ambiente, verificou-se que não só o Estado, mas também o particular, pode ser violador de garantias fundamentais – passando-se a se admitir a eficácia horizontal dos direitos fundamentais.

Correntes existentes para a eficácia horizontal dos direitos fundamentais:

- Teoria da ineficácia dos direitos fundamentais nas relações privadas. Difundida nos EUA, esta corrente adota sobre o tema a doutrina do State Action (que equipara atos particulares a ato do Estado, mediante análise casuística);

- Teoria Da Eficácia Horizontal Dos Direitos Fundamentais – ela se subdivide em duas: Teoria da eficácia direta e Teoria da eficácia indireta dos direitos fundamentais.

a) Teoria da Eficácia direta: Os direitos fundamentais devem incidir diretamente nas relações privadas. Apesar da eficácia ser direta, ela é menos intensa do que a eficácia vertical. Isso porque deve ser respeitada a autonomia privada, no âmbito das relações privadas.

b) Teoria da Eficácia indireta: Para que haja a incidência dos direitos fundamentais nas relações privadas, é necessária a intermediação legislativa.

Por fim, no que toca à eficácia diagonal dos direitos fundamentais, verifica-se que ela é atribuída à doutrina chilena (Sergio Gamonal Contreras). Nela, embora haja uma relação privada, essas relações são estabelecidas por particulares que possuem situação de preponderância especial em face do outro particular – os dois particulares envolvidos não estão no mesmo patamar. Neste caso, a intensidade da proteção dos direitos fundamentais nessa relação deve ser maior do que na eficácia horizontal. Ao mesmo tempo, deve ser menor do que na eficácia vertical. No Brasil, o STF já reconheceu a aplicação da eficácia diagonal dos direitos fundamentais no âmbito das relações consumeristas e trabalhistas.

42. Quais são as gerações dos Direitos Fundamentais?

Inicialmente, observe-se que o termo gerações para a sistematização dos direitos fundamentais é atribuída a Karel Vasack, quando de uma aula magna na Universidade de Estrasburgo. A partir desta noção, os direitos fundamentais foram divididos em três gerações, onde cada uma delas era marcada por características peculiares.

Posteriormente, com a evolução dos estudos na matéria, percebeu-se que a melhor expressão para a referida sistematização seria o termo dimensões, em vez de gerações. Isso porque as dimensões podem coexistir, comportando a ideia de cumulatividade e continuidade do que toca aos ganhos em termos de direitos fundamentais.

Desta forma, temos as seguintes dimensões a serem analisadas:

Primeira dimensão – final do século XVIII:

Regiões que se destacaram – Inglaterra, França e Estados Unidos;

Contexto: Excessos e arbitrariedades estatais; resistência das bases sociais, em caráter de oposição;

Valores que se perquiriam: Liberdades negativas (postura de abstenção do Estado) em favor de direitos civis e políticos;

Segunda dimensão – final do século XIX, início do século XX:

Regiões que se destacaram – Weimar (Alemanha) e México;

Contexto: Ideologias socialistas e social democratas. Mazelas advindas da revolução industrial e a consequente linha de produção. Ausência do Estado nas relações sociais.

Valores que se perquiriam: Igualdade material. Direitos sociais, culturais e econômicos.

Terceira dimensão – Segunda metade do século XX. Pós II Guerra Mundial:

Regiões que se destacaram: Alemanha;

Contexto: Divisão entre estados desenvolvidos e subdesenvolvidos após o término da guerra.

Valores que se perquiriam: Fraternidade universal e solidariedade. Densificação dos direitos difusos.

Outras dimensões: Após a classificação da terceira dimensão, não existe consenso na doutrina sobre a quarta e a quinta dimensão. De maneira geral, fala-se em globalização; manipulação genética; realidade virtual; pluralismo; democracia; informação; supremo direito da humanidade e paz universal.

Já no que toca à sexta dimensão dos direitos fundamentais, existe certa aceitação no sentido de ser o direito a água potável seu principal foco.

Aprofundamento:

A partir do final da Segunda Guerra Mundial ocorreu a rematerialização das constituições ao redor do mundo. Com a ruína do formalismo jurídico (positivismo jurídico), passou-se a uma "releitura moral do direito" (expressão atribuída a Ronald Dworkin – Estados Unidos). Nesse contexto, começa a se estabelecer um diálogo entre Direito e Moral.

Passou-se assim ao que se denomina "pós-positivismo jurídico". Um reflexo imediato desta nova concepção é a consagração da dignidade da pessoa humana na maioria dos textos constitucionais dali por diante. Assim, a dignidade da pessoa humana deixa de ser um postulado meramente moral, passando a ser também um postulado jurídico.

Admitida a dignidade da pessoa humana como postulado jurídico e tábua axiológica para o ordenamento, obteve-se como consequência um extenso rol de direitos fundamentais, uma vez que o foco passou a ser o homem, e não mais o Estado – como fim em si mesmo. Os direitos consagrados nessa etapa, são de índole coletiva (direitos coletivos em sentido *lato),* subdividindo-se em três espectros:

- Direitos difusos;
- Direitos individuais homogêneos;
- Direitos coletivos em sentido estrito.

Observação: Paulo Bonavides assinala esta etapa foi a etapa como o nascimento do pós-positivismo jurídico.

Já Luís Roberto Barroso atribui, para o mesmo período, o nome neoconstitucionalismo. A doutrina faz algumas críticas a esta segunda expressão, especialmente em razão de não haver propriamente algo novo. Mas a rematerialização daquilo que já existia.

VII – NACIONALIDADE

43. O que é nacionalidade?

Nacionalidade é o vínculo jurídico-político de uma pessoa com um determinado Estado soberano, passando a integrar o conceito de povo.

Aprofundamento: No sistema interamericano de proteção dos direitos humanos existe o Pacto de São José da Costa Rica no sentido de o direito à nacionalidade ser direito fundamental (Art. 20: "Direito à nacionalidade é direito fundamental do indivíduo"). No âmbito da ONU também existe diploma cuidando sobre o tema no sentido de que que todo homem tem direito a uma nacionalidade (Art. 15 da Declaração Universal dos Direitos Humanos).

44. Quais são os tipos de nacionalidade e as formas de aquisição?

Existem dois tipos de nacionalidade: nacionalidade originária e nacionalidade secundária.

A nacionalidade originária (também chamada de nacionalidade involuntária, original, de origem ou natural) decorre de um fato natural – o nascimento.

Dentro da nacionalidade originária existem dois critérios de aquisição: o critério do solo e o critério do sangue – *ius soli ou ius sanguini*, respectivamente. Em ambos os critérios é o Estado soberano que atribui unilateralmente a nacionalidade ao indivíduo (trata-se de uma potestade do Estado).

A nacionalidade secundária (também chamada de nacionalidade voluntária, adquirida ou de eleição) é adquirida por um fato posterior ao nascimento, de natureza voluntária (manifestação da vontade). Os critérios para a sua aquisição são: o critério do domicílio (*ius domicilii)* e o critério do trabalho (*ius laboris).*

45. O que é cidadania?

Cidadania é a qualificação política da nacionalidade.

46. Existe alguma hipótese de haver cidadania sem nacionalidade? E o inverso?

Sim para ambas as hipóteses. A Constituição traz, com relação à cidadania sem nacionalidade o tratamento dos portugueses residentes no Brasil, quando a eles forem atribuídos os direitos fundamentais de brasileiros natos ou naturalizados (também chamados de portugueses equiparados a brasileiros). Já para a hipótese de nacionalidade sem cidadania, verificam-se duas possibilidades: tratar-se de brasileiros menores de 16 anos ou daqueles que estão sob os efeitos de perda ou suspensão de direitos políticos.

VIII – DIREITOS POLÍTICOS E PARTIDOS POLÍTICOS

47. Conceitue plebiscito e referendo:

PLEBISCITO:	REFERENDO:
Instrumento de consulta ao povo sobre assunto relevante	Instrumento de consulta ao povo sobre assunto relevante
O povo é consultado PREVIAMENTE à edição do ato que disciplinará o tema. Assim, poderá ou não ser iniciado o processo legislativo sobre o tema	O povo é consultado POSTERIORMENTE, ratificando ou não o ato legislativo produzido

48. Quais são as características do voto?

São características do voto ser ele: Direto, Obrigatório, Secreto (observe-se que, tecnicamente, o que é secreto é o escrutínio – modo como se exerce o direito de sufrágio), Personalíssimo, Igualitário, Universal (a melhor compreensão para essa universalidade é a de que ela se refere ao sufrágio – direito em si. Não ao voto, que é o meio pelo qual se exerce o direito.), Periódico, Livre.

49. Fale sobre alistamento eleitoral:

Alistamento eleitoral é o procedimento levado à efeito perante a Justiça Eleitoral cujo objetivo é a aquisição da condição de eleitor. Ele é obrigatório para os maiores de 18 anos e facultativo para os maiores de 16 anos, mas menores de 18, para os analfabetos e para os maiores de 70 anos.

Ainda sobre o tema, observe-se que a Constituição estabeleceu quais seriam as pessoas consideradas inalistáveis: os menores de 16 anos, os conscritos e os estrangeiros.

50. Quais são as formas de privação dos direitos políticos admitidas em nosso ordenamento?

O ordenamento jurídico brasileiro admite a suspensão e a perda como forma de privação de direitos políticos. A cassação é expressamente vedada pela Constituição, no seu artigo 15.

Hipóteses de suspensão dos direitos políticos	Hipótese de perda dos direitos políticos
Incapacidade civil absoluta	Cancelamento da naturalização por sentença com trânsito em julgado
Condenação criminal com trânsito em julgado	Recusa a cumprir obrigação a todos imposta (ou prestação alternativa) – DOUTRINA MAJORITÁRIA
Condenação por improbidade administrativa	
Serviço Militar obrigatório	

51. Conceitue e indique a natureza jurídica dos partidos políticos:

Trata-se de entidade que contribui para a formação política do povo; possui natureza jurídica de pessoa jurídica de direito privado e adquire personalidade jurídica com o arquivamento dos seus atos constitutivos no registro civil de pessoas jurídicas.

Observação: Os partidos políticos nascem com o arquivamento dos seus atos constitutivos no registro civil de pessoas jurídicas. Entretanto, é com o registro dos estatutos no TSE que o partido político poderá efetivamente participar do processo eleitoral, ter aceso gratuito ao rádio e TV, participar do fundo partidário e deter exclusividade sobre o nome e o símbolo.

IX – ORGANIZAÇÃO DO ESTADO

52. Como é composta a federação brasileira?

A federação brasileira se compõe de União, Estados, Distrito Federal e Municípios, conforme se extrai da exegese dos artigos 1º e 18 CRFB.

53. E os territórios federais? Eles não compõem a federação brasileira?

Não. Territórios Federais não são entes federados. Eles integram a estrutura administrativa da União. Portanto, são pessoas jurídicas de direito público interno, pertencendo à estrutura descentralizada da União.

54. Acrescente outras informações sobre os Territórios Federais:

Hoje não existem territórios federais no Brasil, mas podem ser criados por meio de lei complementar – artigo 18, §2º CRFB.

Uma vez criados, eles admitem a subdivisão em Municípios, conforme o artigo 33, §1º CRFB.

Eles são verdadeiras autarquias, uma vez que não possuem capacidade política, bastando-se nas capacidades administrativas. Por esta razão, não possuem representação no Senado Federal. Apenas na Câmara dos Deputados é que o território poderá vir a eleger parlamentares (Artigo 45, §2º CRFB).

Caso venha a ser criado, o território federal contará com um Governador para a chefia do Poder Executivo. Este será nomeado pelo Presidente da República, após passar pelo crivo do Senado Federal – Artigos 84, inciso XIV e 52, inciso III, alínea "c", CRFB.

No que toca ao poder judiciário, os territórios com mais de cem mil habitantes contarão com órgãos judiciários de primeiro de segundo graus, organizados e mantidos pela União (Artigo 21, XIII CRFB).

55. Fale sobre a União e os Estados federados:

A União é ente autônomo, dotada de personalidade jurídica de direito público interno e externo. Como são os órgãos da União que representam o Brasil no âmbito internacional e como o Presidente da República, no exercício das funções de chefe de Estado, representa a República Federativa do Brasil nas relações internacionais, a União goza de personalidade jurídica de direito público externo. E como a União é ente federal, titularizando direitos e obrigações e possuindo quadro de agentes e pessoal para o funcionamento da sua Administração Pública, goza de personalidade jurídica de direito público interno.

A União é o único ente da federação que têm representação no âmbito internacional, a qual se materializa na figura da República Federativa do Brasil – entidade a que a União pertence.

Já os Estados são entes dotados de autonomia com personalidade jurídica de direito público interno apenas. A autonomia atribuída aos Estados confere-lhes capacidade de auto-organização, autolegislação, autogoverno e autoadministração.

Os Estados não têm representação no âmbito internacional.

56. Sobre as autonomias atribuídas aos Estados membros, fale sobre cada uma delas:

Auto-organização e autolegislação:

A auto-organização é a possibilidade dos Estados se organizarem através das suas Constituições Estaduais. Como o Estado não é dotado de soberania, mas de autonomia apenas, suas Constituições devem observância àquilo que está disposto na Constituição Federal, em especial: aos princípios constitucionais sensíveis, princípios constitucionais estabelecidos e aos princípios constitucionais extensíveis.

Já a autolegislação está no nível normativo da legislação ordinária, emanada da atividade das Assembleias Legislativas. Estas, por sua vez, devem observar não apenas a Constituição Estadual respectiva, como também a Constituição Federal.

Autogoverno:

Pelo autogoverno, os estados podem estruturar seus Poderes Legislativo, Executivo e Judiciário próprios, sem interferência do ente federal.

Autoadministração:

Os Estados recebem competências diretamente conferidas pela Constituição. Para o cumprimento e execução destas, há o gerenciamento das atribuições administrativas, legislativas e tributárias recebidas. A isso, dá-se o nome de autoadministração. Ela se materializa através, por exemplo, dos estatutos de seus quadros próprios de pessoal, da sua capacidade de criar órgãos e entidades da sua administração pública estadual e etc.

Auto-organização e autolegislação:	Autogoverno:	Autoadministração:
Auto-organização - Constituições Estaduais; Autolegislação – Leis estaduais.	Poderes Executivo, Legislativo e Judiciário próprios.	Competências administrativas, tributárias e legislativas constitucionalmente conferidas aos estados.

57. Explique a existência dos Municípios no Brasil.

Os Municípios são entes federativos consagrados pela Constituição de 1988 e tratados pela doutrina pátria como entidade de terceiro grau no federalismo. Ressalte-se que não há, no mundo, nenhuma outra federação composta por Municípios; apenas a brasileira.

58. Como são as autonomias dos Municípios brasileiros, se houver?

Primeiramente há de se estabelecer que há sim autonomias conferidas pela Constituição aos Municípios brasileiros.

Partindo dessa premissa, são elas:

Auto-organização e autolegislação:

A auto-organização se materializa através das leis orgânicas, vulgarmente chamadas de constituições municipais e a autolegislação municipal emana dos trabalhos das Câmaras dos Vereadores, quando editam as leis municipais.

Autogoverno:

Aqui, há de se fazer uma diferenciação daquilo que foi exposto no âmbito estadual. Isso porque, os Municípios não contam com Poder Judiciário próprio. No âmbito municipal, só há a observância de Poder Legislativo próprio – materializado pelas Câmaras de Vereadores, com Vereadores eleito por voto popular – e Poder Executivo, que conta com Prefeito, igualmente eleito pelo voto popular.

Autoadministração:

A partir das competências administrativas, tributárias e legislativas recebidas pelos Municípios através da Constituição, estes gozam de autonomia para a consecução dos trabalhos no sentido de dar efetividade ao comando constitucional.

Auto-organização e autolegislação:	Autogoverno:	Autoadministração:
Auto-organização - Lei orgânica municipal; Autolegislação – Leis municipais.	Poderes Executivo e Legislativo próprios. Obs.: Não tem Poder Judiciário.	Competências administrativas, tributárias e legislativas constitucionalmente conferidas aos Municípios.

59. Dentro do que foi exposto até aqui, onde se situa o Distrito Federal?

O Distrito Federal não se situa dentro de nenhum dos entes até então apresentados. Trata-se de ente autônomo como os demais, dotado de competência parcialmente tutelada pela União e parcialmente tutelada por ele próprio.

No que toca às competências conferidas pela Constituição, verifica-se que esta destinou ao Distrito Federal ora competências que cabem aos Estados federados, ora competências que cabem aos Municípios. Em razão disso, a doutrina verifica que o Distrito Federal é um ente híbrido. A razão para esse hibridismo é o fato do Distrito Federal não poder se subdividir em Municípios por expressa vedação constitucional.

60. Como é a autonomia do Distrito Federal?

O Distrito Federal tem autonomia parcialmente tutelada pela União. Partindo desta premissa:

Auto-organização e autolegislação:

A auto-organização se materializa por meio da lei orgânica distrital e a autolegislação, por meio dos trabalhos levados à efeito na Câmara Distrital.

Autogoverno:

O Distrito Federal conta com poderes Executivo, Legislativo e Judiciário próprios. Cabendo apenas uma observação no que toca ao Poder Judiciário: Este é tutelado pela União e será destinado também aos territórios federais, caso sejam criados.

Autoadministração:

No exercício das competências constitucionalmente conferidas ao Distrito Federal, é de se perceber que existem algumas diferenças daquilo que é analisado no âmbito dos Estados e dos Municípios. Por exemplo, no que toca à competência administrativa de organizar e manter a polícia militar, a polícia civil e o corpo de bombeiros militar, o Poder Judiciário e o Ministério Público – vide artigos 21, inciso XIV e 22, inciso **XVII CRFB.**

Auto-organização e autolegislação:	Autogoverno:	Autoadministração:
Auto-organização - Lei orgânica distrital; Autolegislação – Leis distritais.	Poderes Executivo, Legislativo e Judiciário próprios. Obs.: O Poder Judiciário é tutelado pela União.	Competências administrativas, tributárias e legislativas constitucionalmente conferidas ao DF. Obs.: Artigo 21, inciso XIV e artigo 22, inciso XVII CRFB.

61. Discorra sobre o instituto da intervenção, indicando os tipos existentes no ordenamento jurídico pátrio e os princípios inerentes a ela:

É um mecanismo de defesa da federação brasileira diante de situações graves e taxativamente previstas na Constituição, que restringe a autonomia de ente determinado com vistas a preservar a soberania e a unidade do Estado brasileiro.

A Constituição de 1988 prevê a intervenção federal e a estadual. Não há previsão de intervenção distrital porque este não pode se dividir em Municípios.

Na intervenção federal, tem-se a União intervindo nos Estados-membros ou no Distrito Federal. Não é permitida a intervenção da União em Municípios. A única exceção é para os Municípios localizados em territórios federais, se houver.

Já a intervenção estadual confere a possibilidade de os Estados-membros intervirem nos municípios localizados em seus territórios.

Os princípios que regem o instituto da intervenção são os seguintes:

Princípio da não intervenção – A regra é que não haja intervenção de nenhum ente em outro. Apenas em casos excepcionais, expressamente previsto, é que se admite a sua decretação. Isso em respeito às autonomias federativas.

Princípio da temporariedade – A intervenção deve ser temporária. Sua duração deve observar a estrita necessidade de se restabelecer o equilíbrio do pacto federativo.

Princípio da proporcionalidade – Quando da análise de sua decretação ou não, deve-se verificar a imperiosa proporcionalidade para a adoção da medida interventiva. Por outras palavras, deve-se atentar para os três substratos do princípio da proporcionalidade (adequação, necessidade e proporcionalidade em sentido estrito).

Aprofundamento: Intervenção federal no estado do Rio de Janeiro na **área** da segurança pública: O decreto 9288 de 16 de fevereiro de 2018 decretou a intervenção federal no estado do Rio de Janeiro para pôr termo a grave comprometimento de ordem pública.

Nesta, restou nomeado interventor – observe-se que a referida nomeação não é obrigatória, pode ocorrer ou não (no caso do Rio de Janeiro ocorreu). Ainda de acordo com o decreto 9288 (art. 2º, parágrafo único), o cargo de interventor era de natureza militar.

62. Qual a natureza jurídica da intervenção?

➤ Para a doutrina majoritária, a intervenção é um ato de natureza política.

X – ORGANIZAÇÃO DOS PODERES

PODER LEGISLATIVO:

63. Como é estruturado o Poder Legislativo em cada esfera da federação?

➤ Em âmbito federal, o Poder Legislativo é estruturado no bicameralismo, onde existem duas casas legislativas – Câmara dos Deputados e Senado Federal, sem relação de hierarquia entre ambas. A cada uma das casas, a

Constituição conferiu atribuições e definiu o sistema de eleição de seus membros. As minúcias para levar a efeito os trabalhos legislativos são trazidas pela via dos respectivos regimentos internos de cada casa. Por fim, a reunião de ambas as casas nos trabalhos legislativos é o que se denomina de Congresso Nacional.

Em âmbito estadual, distrital e municipal, não se adota o bicameralismo, mas sim o unicameralismo. Ou seja, nos demais níveis da federação brasileira, o Poder Legislativo conta apenas com uma casa – Assembleias Legislativas, Câmara Distrital e Câmaras Municipais, respectivamente.

64. Fale sobre a CPI:

A Comissão Parlamentar de Inquérito é uma espécie do gênero Comissões, que são órgãos fracionários previstos constitucionalmente e funcionam dentro das casas legislativas. As CPIs são dotadas de poderes de investigação sobre fato determinado. Elas devem durar por prazo certo, mas a Constituição não define qual seja este prazo, ficando à cargo daquele que a instalar.

De acordo com a Constituição, no artigo 58, §3º, o quórum necessário para que se tenha o trabalho da CPI inaugurado é de 1/3 dos parlamentares da casa. Ou seja, é um instituto que prestigia as minorias parlamentares.

Por fim, as CPIs podem ser constituídas apenas na Câmara, no Senado ou em ambas as casas, conjuntamente.

65. Quais os poderes especiais de investigação de que a CPI é dotada?

Quando a Constituição fala em poderes de investigação próprios das autoridades judiciais, ela não está a conferir à CPI uma exceção à observância de matérias sujeitas à reserva de jurisdição. Assim, os poderes da CPI abrangem:

Quebra de sigilo fiscal
Quebra de sigilo bancário
Quebra de sigilo de dados
Condução coercitiva de testemunhas
Decretar prisão em flagrante
Colher depoimentos de autoridades federais, estaduais e municipais
Transportar-se aos lugares onde a sua presença se fizer mister

Por outro lado, não estão abrangidos pela CPI:

Interceptação de comunicação telefônica
Busca domiciliar
Decretação de prisões, EXCETO a prisão em flagrante
Decretação de indisponibilidade ou bloqueio de bens do investigado
Decretação de proibição de deixar o país

Aprofundamento:

CPIs estaduais, distritais e municipais:

É possível a criação de CPIs nas outras esferas da federação, desde que se observe os limites de cada uma das suas competências fiscalizatórias – de acordo com o STF, deve se cingir às investigações de interesse/competência do respectivo ente.

Quanto às prerrogativas, é aplicado o princípio da simetria em relação às CPIs instaladas no âmbito do Congresso Nacional (verificar tabelas acima para a enumeração dos poderes investigatórios das CPIs estaduais, distritais e municipais).

Outras comissões parlamentares existentes:

Comissões Permanentes	São organizadas em razão da matéria e subsistem através das legislaturas. Ex.: Comissão de Constituição e Justiça.
Comissões temporária (ou especiais)	São instaladas para durar o prazo máximo de uma legislatura e se manifestar sobre pontos específicos.
Comissões mistas	É a comissão que reúne as duas casas do Congresso Nacional. Estas comissões podem ser permanentes ou temporárias. Elas se destinam àquelas matérias que cabem ao Congresso Nacional decidir em sessão conjunta.
Comissões representativas	É a comissão que funciona durante o recesso parlamentar, na forma do artigo 58, §4º CRFB. Observe-se que a Constituição também previu uma comissão representativa para o acompanhamento de eventual estado de defesa e estado de sítio (artigo 140 CRFB).

66. Defina e comente o que são imunidades parlamentares.

Trata-se de prerrogativas conferidas ao parlamentar para assegurar o livre desempenho de seu mandato legislativo. Por esta razão não podem ser por ele renunciadas – eis que não são conferidas ao parlamentar em razão de suas concepções ou coisa que o valha, mas sim, em razão do mandato a que ele faz jus, com vistas ao livre exercício das atividades parlamentares de forma objetiva.

Por esta razão, a Constituição cuidou de estabelecer limites estritos ao gozo de tais prerrogativas, tais como a sua suspensão durante o período em que o parlamentar estiver afastado ou licenciado das funções e a expressa menção de que elas não beneficiam os suplentes dos Senadores da República (exatamente porque estes não exercem a atividade parlamentar. Mas, na hipótese de eventualmente entrarem em exercício no lugar do titular, adquirirão a imunidade).

67. Quais os fatos que são abrangidos pela imunidade material?

De acordo com o artigo 53, caput da Constituição, em sua redação atual, a imunidade material abrange o âmbito civil e penal das manifestações parlamentares.

Aprofundamento:

Antes do advento da EC35/2001, não havia menção expressa **às esferas civil e penal. Desse modo, sustentava-se que as opiniões**, palavras e votos indicados no caput do artigo admitiam também imunização para o âmbito administrativo (e político) – o que acarretava a irresponsabilidade quase que total do parlamentar.

A partir da redação dada pela EC 35/2001, com a expressa circunscrição ao âmbito civil e penal, tornou-se assente na doutrina e na jurisprudência a possibilidade de reprimendas administrativas (de caráter disciplinar), reforçando ainda mais a observância das hipóteses de quebra do decorro parlamentar.

Imunidade material dos Vereadores:

Os Vereadores devem observar o que dispõe o artigo 29, inciso VIII, CRFB, no sentido de que a sua imunidade material se restringe ao limite geográfico do Município em que exerce a vereança.

68. Fale sobre a imunidade formal dos parlamentares:

Trata-se de imunidade relacionada à prisão e processo criminal em face dos parlamentares, também com vistas a viabilizar o exercício do mandato.

Observe-se que os vereadores não gozam de imunidades parlamentares formais, apenas materiais.

No que toca às prisões, a imunidade prisional (formal) somente não alcança a prisão em flagrante por crime inafiançável. Todas as demais prisões cautelares estão por elas abrangidas. Com relação às prisões decorrentes de decisões definitivas (sem caráter cautelar), não há que se falar em alcance da imunidade ora em comento.

Já com relação ao processo criminal em face dos parlamentares, uma vez instaurado, a casa legislativa poderá sustar a tramitação deste por meio do voto da maioria dos seus membros.

Aprofundamento:

Antes da alteração da redação do artigo 53, §3º pela EC 35/2001, para a instauração do processo criminal em face do parlamentar, era necessária a autorização prévia da casa respectiva. A grande alteração trazida pela emenda foi exposta acima e é muito salutar, uma vez que a casa legislativa somente pode se manifestar no momento em que já há a existência de processo penal instaurado (após o recebimento da denúncia).

69. Quais são as fases do processo legislativo?

De acordo com a organização clássica, trazida por Manoel Gonçalves Ferreira Filho, o processo legislativo se divide em:

Fase Introdutória ou Fase da Iniciativa	
Fase Constitutiva	• Deliberação parlamentar • Deliberação executiva
Fase Complementar	• Promulgação • Publicação do ato legislativo

Fase da Iniciativa: É a proposta apresentada para a edição de diploma normativo novo. A iniciativa pode ser comum (ampla) ou reservada (quando a Constituição determina o personagem que pode deflagrar o processo legislativo).

Iniciativas que são reservadas a determinada pessoa:

- Presidente da República: Art. 61, § 1º da Constituição;
- Iniciativa Popular: Art. 61, § 2º da Constituição;
- Ministério Público: Art. 127, § 2º c/c Art. 128, § 5º da Constituição;
- Exclusiva do Presidente do STF: Art. 39, §§ 4º e 6º, Art. 48, inciso XV e Art. 96, inciso II, alínea b, todos da Constituição.

Fase Constitutiva:

Deliberação Parlamentar: Ela engloba a discussão, a emenda e a votação.

A discussão vem prevista no Art. 64 e começa, em regra, na Câmara dos Deputados. As emendas são as alterações feitas do texto originário. Estabelecido o texto final: Votação.

De acordo com o art. 47, deve ser observado o quórum de maioria absoluta para ser instalada a sessão de votação, e fala o quórum de maioria simples para a aprovação do projeto. Esta é a regra que a Constituição estabelece. Porém, ela mesma se excepciona, conforme elencado abaixo.

Quóruns peculiares na Constituição:

- 2/5: Art. 223, § 2º;
- Maioria Absoluta: Art. 69 (Lei Complementar); Art. 66, § 4º, Art. 67; Art. 136, § 4º; Art. 137, parágrafo único e Art. 167, inciso III;
- 3/5: Art. 5º, § 3º e Art. 60, § 2º;
- 2/3: Art. 51, inciso I c/c Art. 86, Art. 52, inciso I, inciso II e parágrafo único, e Art. 53, § 7º.

Deliberação executiva:

Sanção – É a aquiescência do Presidente da República com o projeto aprovado pelo Congresso Nacional. Pode ser expressa ou tácita (decorridos 15 dias úteis sem a manifestação presidencial). Pode ser também total ou parcial (concordando com o projeto na íntegra ou apenas parte dele).

Veto – É a divergência do Presidente da República com o projeto aprovado pelo Congresso Nacional. Pode ser: jurídico (por inconstitucionalidade) ou político (por contrariedade ao interesse público). O veto é sempre escrito (não pode ser oral) e no prazo de 48h devem ser informados os motivos ao Presidente do Senado Federal. Pode ser parcial (mas deve abranger um artigo, parágrafo, inciso ou alínea inteiro).

Observe-se a tese fixada no julgamento da ADPF 893: "O poder de veto previsto no art. 66, § 1º, da Constituição não pode ser exercido após o decurso do prazo constitucional de 15 (quinze) dias". STF. Plenário. ADPF 893/DF, Rel. Min. Cármen Lúcia, redator do acórdão Min. Roberto Barroso, julgado em 20/6/2022 (Info 1059).

Fase complementar:

Promulgação – Atesta a higidez do processo legislativo e a existência de lei – Aqui já se tem lei! É a sanção ou derrubada do veto que transforma o projeto em lei. Por isso fase complementar. Atenção: Existe posicionamento minoritário divergente (que afirma que é a. promulgação que transforma o projeto em lei).

Publicação – É a divulgação em veículo oficial de publicidade. Efeitos: Aplicabilidade (ou exigibilidade) e obrigatoriedade (ou executoriedade). De acordo com a LINDB, em regra, o diploma entra em vigor 45 dias após a sua publicação.

PODER EXECUTIVO:

70. Fale sobre o chefe do Poder Executivo em âmbito federal:

No âmbito federal, o Poder Executivo é chefiado pelo Presidente da República, que exerce as funções de chefe de Estado, Chefe de Governo e autoridade máxima na administração pública federal.

Ele é eleito para o cargo através do sistema majoritário de eleições, para exercer mandato de quatro anos, admitindo-se uma reeleição para o período subsequente.

71. Conceitue e diferencie os institutos da substituição e da sucessão do Presidente da República:

A sucessão é o instituto que se ocupa das hipóteses em que ocorre a vacância do cargo de Presidente da República. Quando se fala vacância, cuida-se de situação em que o Presidente deixa o cargo para não mais voltar, como na hipótese de morte, por exemplo. A única pessoa que sucederá o Presidente é o Vice-Presidente da República.

Assim, em eventual hipótese deste também não poder ocupar o cargo por razões definitivas deverão ser convocadas novas eleições. Neste caso, é de se observar o tempo remanescente para o exercício do mandato presidencial. Caso a vacância em comento ocorra dentro dos dois primeiros anos de mandato, serão convocadas novas eleições diretas. Porém, caso a vacância ocorra nos dois últimos anos do mandato, serão realizadas eleições indiretas, dentro do Congresso Nacional, na forma do que dispõe o artigo 81, §1º CRFB.

Já a substituição é instituto voltado para os casos de impedimentos temporários ou circunstanciais do Presidente da República, como uma viagem oficial ou uma doença, por exemplo. Neste caso, o primeiro a substituir o Presidente, naturalmente, é o Vice-Presidente da República. Entretanto, caso este não o possa fazê-lo, será convocada a ordem de substitutos estabelecida pela Constituição. Assim, verifica-se que, diferentemente da sucessão, na substituição há um rol de possibilidades. A linha de substituição é assim disposta pelo artigo 80 CRFB: Vice-Presidente da República, Presidente da Câmara dos Deputados, Presidente do Senado Federal e Presidente do STF.

Sucessão Presidencial	Substituição Presidencial
Vice-Presidente da República	Vice-Presidente da República
	Presidente da Câmara dos Deputados
	Presidente do Senado Federal
	Presidente do STF

72. Quais são as hipóteses de perda do mandato presidencial?

São elas: Cassação (em razão da prática de crime comum ou de responsabilidade), extinção (por advento da renúncia, morte, perda da nacionalidade e perda ou suspensão dos direitos políticos), em razão de permanência no estrangeiro por mais de 15 dias sem licença do Congresso Nacional ou por declaração de vacância do cargo em razão de não comparecimento, dentro do prazo de 10 dias, para tomar posse.

PODER JUDICIÁRIO:

73. Fale sobre as funções típicas e atípicas do Poder Judiciário.

Função típica (ou primária) pode ser entendida como a atividade-fim de determinado Poder. Tipicamente, a Constituição outorga ao Poder Judiciário a função jurisdicional, que consiste na aplicação do direito ao caso concreto, substituindo definitivamente a vontade das partes, com o escopo de pacificação social. Sendo assim, compete ao Judiciário dar a última palavra acerca de determinada lide social levada a seu conhecimento através de um processo regularmente instaurado, não sendo suas decisões sindicáveis por qualquer outro Poder.

A atividade jurisdicional encontra fundamento nas garantias da inafastabilidade do controle jurisdicional (art. 5º, XXXV, CF) e do juiz natural (art. 5º, LIII, CF).

Por outro lado, as funções atípicas não envolvem o núcleo da atuação do Poder Judiciário, mas atividades administrativas e até mesmo legislativas.

A fim de garantir a independência do Judiciário, a Constituição lhe confere autonomia administrativa e financeira (art. 99). Dessa forma, como consectário da autoadministração dos Tribunais, estes podem emitir atos administrativos relacionados às suas atividades executivas. Como exemplos dessa atuação administrativa podemos citar a realização de concursos públicos para provimentos de cargos; a concessão de licenças, férias ou outros afastamentos a Magistrados e servidores; e a organização de suas secretarias e de seus serviços auxiliares.

Com relação às funções materialmente legislativas exercidas pelo Judiciário existem os seguintes exemplos: elaboração de seus Regimentos Internos (art. 96, I, a, CF); a apresentação de projetos de lei de sua iniciativa constitucional; expedição, pelo TSE, de resoluções para regulamentar a legislação eleitoral; e a possibilidade de o STF editar Súmulas Vinculantes (art. 103-A, CF, incluído pela EC 45/04).

74. Qual o escopo do Conselho Nacional de Justiça? Pode o órgão exercer controle de constitucionalidade?

O CNJ é o órgão de controle interno do Poder Judiciário, criado pela EC 45/04, com a finalidade de controlar a atuação administrativa e financeira do Poder Judiciário e o cumprimento dos deveres funcionais dos juízes, além de outras atribuições conferidas pelo Estatuto da Magistratura (art. 103-B, §4°, CF). Trata-se, portanto, de órgão desprovido de função jurisdicional. Observe-se que ao CNJ não é dado conferir efeitos erga omnes às decisões que invalidam atos judiciais por ele fiscalizados, bem como desconstituir atos normativos genéricos e abstratos, com base na inconstitucionalidade das leis.

A partir do entendimento consagrado no julgamento da Pet. 4.656/PB, quando o Plenário do STF julgou válida decisão do CNJ que determinou a Tribunal de Justiça a não aplicação de lei estadual inconstitucional, passou a ser admitia a possibilidade de controle de constitucionalidade por parte de "órgãos administrativos autônomos, constitucionalmente incumbidos da tarefa de controlar a validade dos atos administrativos, tais como o TCU, o CNMP e o CNJ".

Jurisprudência recorrente no STF sobre o CNJ:

> "Nos termos do art. 102, I, "r", da Constituição Federal, é competência exclusiva do STF processar e julgar, originariamente, todas as ações ajuizadas contra decisões do Conselho CNJ e do CNMP proferidas no exercício de suas competências constitucionais, respectivamente, previstas nos arts. 103-B, § 4º, e 130-A, § 2º, da CF/88." STF. Plenário. Pet 4770 AgR/DF, julgado em 18/11/2020 (Info 1000). STF. Plenário. Rcl 33459 AgR/PE, julgado em 18/11/2020 (Info 1000). STF. Plenário. ADI 4412/DF, julgado em 18/11/2020 (Info 1000).

75. O que é o quinto constitucional? E o terço constitucional?

Trata-se de formas de provimento de cargos de Magistrados de determinados Tribunais. Enquanto os Tribunais Regionais Federais, os Tribunais de Justiça, o Tribunal de Justiça do Distrito Federal e Territórios, os Tribunais Regionais do Trabalho e o Tribunal Superior do Trabalho são providos na forma da regra do quinto constitucional (ou seja, 1/5 das vagas do referidos tribunais será preenchida não por magistrados de carreira, mas por membros vindos do MP ou advogados indicados de acordo com o que dispõe o texto constitucional), o Superior Tribunal de Justiça segue o comando do terço constitucional (onde 1/3 das vagas deste tribunal serão igualmente reservadas à pessoas oriundas da carreira do Ministério Público ou advogados, igualmente observados os requisitos constitucionais).

76. O que é Súmula Vinculante? Fale seus efeitos em relação aos demais Poderes da República.

Trata-se de atos normativos oriundos do STF acerca de reiterados entendimentos sobre matéria constitucional, que obrigam sua observância pelos demais órgãos judiciais e pela Administração Pública direta e indireta, nas esferas federal, estadual e municipal. Encontra previsão no art. 103-A da Constituição, regulamentado pela Lei 11.417/06.

Por outras palavras, são atos infraconstitucionais, editados pelo STF com a finalidade de dirimir controvérsias constitucionais a respeito da validade, da aplicação ou da eficácia de outras normas também de natureza infraconstitucional.

A eficácia material da súmula vinculante consubstancia-se no efeito vinculante que a mesma exerce sobre os demais órgãos judiciais e administrativos de todas as esferas federativas, sob pena de, via ação de Reclamação, o STF anular o ato administrativo ou cassar a decisão reclamada, determinando que outra seja proferida com ou sem a aplicação da súmula, conforme o caso. Trata-se de forma de manutenção da autoridade das decisões da Corte.

Assim, estão obrigados a adotar o entendimento sumulado aos casos pendentes e futuros, bem como a se abster de repetir práticas anteriores que contrariem o conteúdo do enunciado.

Além disso, deve a Administração Pública editar atos normativos regulamentares, caso assim seja necessário à fiel observância da súmula vinculante.

Cumpre ressaltar que os efeitos vinculantes do enunciado não se aplicam em relação ao Plenário do STF (somente às turmas e órgãos monocráticos), que podem rever o enunciado e, inclusive, cancelá-lo, na forma do art. 103-A, caput, CF. Também fica isento de tais efeitos o Poder Legislativo, no exercício de sua atividade típica, como forma de preservação da separação dos Poderes.

XI – FUNÇÕES ESSENCIAIS À JUSTIÇA

77. O que é e quais são as funções essenciais à Justiça?

São as atividades profissionais elencadas no Capítulo IV do Título IV da CF/88, sem as quais a função jurisdicional do Estado não apresenta qualquer efetividade. São elas:

Ministério Público
Advocacia Pública
Advocacia
Defensoria Pública

78. Quais são os princípios institucionais do Ministério Público?

Na forma do art. 127, §1°, CF, são a unidade, a indivisibilidade e a independência funcional.

Princípio da unidade – O Ministério Público forma um só corpo institucional. É uno.

Princípio da indivisibilidade – A atuação de seus membros é a atuação da própria instituição. É decorrência do princípio da unidade e induz à noção de que o vínculo no feito é do MP, não dos seus membros subjetivamente considerados. Por esta razão, seus membros podem ser livremente substituídos em caso de impedimento entre os pares, como ocorre na hipótese de férias.

Princípio da independência funcional – Estabelece que não há hierarquia entre os membros no que toca o exercício de suas atribuições constitucionais. Eventual hierarquia existente entre membros do MP se relaciona exclusivamente a aspectos administrativos da instituição.

79. Como é escolhido o Advogado Geral da União?

O Advogado Geral da União, chefe da AGU é escolhido por meio de livre nomeação do Presidente da República, dentre advogados com mais de 35 anos, notável saber jurídico e reputação ilibada.

Observe-se que não se exige que o Advogado Geral da União seja membro da carreira da AGU.

XII – DA DEFESA DO ESTADO E DAS INSTITUIÇÕES DEMOCRÁTICAS

ESTADO DE DEFESA E ESTADO DE SÍTIO:

80. O que se entende por sistema constitucional de crises?

Trata-se do conjunto de normas que estabelece medidas rígidas e excepcionais com vistas a manter ou reestabelecer a normalidade do regime constitucional.

Essas medidas somente serão adotadas diante de casos extremamente graves para a ordem constitucional e sempre de forma temporária. Ainda, é de se observar o princípio da proporcionalidade na adoção das medidas em comento.

81. Quais são os pressupostos do estado de defesa?

Pressupostos Materiais	Pressupostos Formais
Preservação da ordem pública ou paz social em razão de grave e iminente instabilidade institucional ou	Oitiva dos Conselhos da República e da Defesa Nacional;
Preservação da ordem pública ou paz social em razão de calamidade de grandes proporções na natureza.	Decreto expedido pelo Presidente da República especificando o tempo de duração da medida, as áreas abrangidas pela medida e as medidas coercitivas que serão adotadas no período.

82. Quais são os pressupostos do estado de sítio?

Pressupostos Materiais	Pressupostos Formais
Comoção de grave repercussão nacional	Oitiva dos Conselhos da República e da Defesa Nacional;
Ineficácia das medidas adotadas quando do Estado de Defesa	Solicitação ao Presidente da República e ao Congresso Nacional
Declaração do Estado de Guerra	
Resposta a agressão armada estrangeira	

SEGURANÇA PÚBLICA:

83. O que se entende por segurança pública?

➢ Segurança Pública é a atividade estatal que busca a manutenção da ordem pública interna e realiza a atividade de vigilância, preservação e repressão de condutas delituosas.

Trata-se de um direito social, previsto no artigo 6º CRFB, que opera como um mandamento de otimização. Ou seja: O Estado deve implementar políticas públicas neste segmento, sob pena de se justificar a interveniência do Poder Judiciário neste segmento (STF: RE 559.646 Ag.R, rel. Min. Ellen Gracie, j. 7-6-2011, 2ª T, DJE de 24-06-2011).

84. Quais são os órgãos constitucionalmente incumbidos da segurança pública?

➢ São os órgãos previstos taxativamente no artigo 144 CRFB.

POLÍCIA FEDERAL
POLÍCIA RODOVIÁRIA FEDERAL
POLÍCIA FERROVIÁRIA FEDERAL
POLÍCIAS CIVIS
POLÍCIA MILITAR
CORPO DE BOMBEIRO MILITAR
POLÍCIA PENAL (Inserida pela EC 104 de 2019)

Atenção: O rol de órgãos encarregados do exercício da segurança pública é taxativo (ADI 2827; ADI 1182; ADI 2575).

Esse modelo federal deve ser observado pelos estados-membros e pelo Distrito Federal.

Logo, os Estados-membros não podem criar órgão de segurança pública diverso daqueles previstos no art. 144 da Constituição (ADI 2827; ADI 1182; ADI 236).

85. Como se divide a atividade policial?

Ela se divide em dois grandes grupos: Polícia administrativa (preventiva ou ostensiva) e Polícia judiciária (de investigação).

Enquanto a polícia administrativa tem um olhar preventivo e ostensivo, a polícia judiciária tem um olhar para a investigação.

Observação: Poder de polícia administrativo – Tem a função de impedir a sobreposição do interesse particular, ao interesse público, quando estes estiverem em conflito. Esse poder alcança a toda a administração pública, de todos os poderes e de todas as esferas. Então, não é só a polícia que tem poder de polícia administrativo. Entretanto, como a polícia é parte da administração pública, ela tem poder de polícia administrativo. O que é muito diferente de você falar em polícia administrativa.

Polícia administrativa está em contraposição à polícia judiciária.

POLÍCIA ADMINISTRATIVA	POLÍCIA JUDICIÁRIA
POLÍCIA FEDERAL (Federal)	POLÍCIA FEDERAL (Federal)
POLÍCIA RODOVIÁRIA FEDERAL (Federal)	POLÍCIA CIVIL (Estadual)
POLÍCIA FERROVIÁRIA FEDERAL (Federal)	
CORPO DE BOMBEIROS (Estadual)	
POLÍCIA MILITAR (Estadual)	

Atenção:

- A polícia civil não tem atribuição de polícia administrativa, desempenha unicamente funções de polícia judiciária;
- A polícia Federal é a única das polícias que detém função de polícia administrativa e função de polícia judiciária;

- Todas as demais polícias somente concentram atribuições de polícia administrativa (polícia rodoviária Federal, ferroviária Federal, bombeiros, polícia militar e polícia penal).

86. Guarda municipal é órgão de segurança pública?

Não. Os órgãos de segurança pública são aqueles previstos no rol taxativo do artigo 144 CRFB. As Guardas Municipais vêm previstas no §8º do mesmo dispositivo.

Elas são destinadas à proteção de bens, serviços e instalações dos Municípios, "conforme dispuser a lei". A lei de que trata o § 8º é o estatuto geral das guardas municipais, Lei nº 13.022 de 2014. Porém a criação da guarda municipal especificamente, vai se dar por lei do município.

Aprofundamento: O Município não tem responsabilidade específica pela Segurança Pública. A responsabilidade dele é igual a qualquer outro órgão da administração pública (genérica), responsabilidade de todos.

Atenção: Não confundir com o Sistema de Segurança Pública, mecionado na jurisprudência do STF.

Veja-se alguns julgados sobre o tema:

ADPF 995: Decisão: O Tribunal, por maioria, conheceu da arguição, convolou o julgamento da medida cautelar em julgamento definitivo da ADPF e, no mérito, julgou procedente a presente ADPF, para, nos termos do artigo 144, § 8º, da CF, conceder interpretação conforme à Constituição ao artigo 4º da Lei 13.022/14 e ao artigo 9º da 13.675/18 declarando inconstitucional todas as interpretações judiciais que excluem as Guardas Municipais, devidamente criadas e instituídas, como integrantes do Sistema de Segurança Pública, tudo nos termos do voto do Relator, vencidos os Ministros Edson Fachin e Rosa Weber (Presidente), que não conheciam da arguição, e os Ministros André Mendonça, Cármen Lúcia e Nunes Marques, que não conheciam da arguição e, vencidos, divergiam do Relator para, no mérito, julgar procedentes, em parte, os pedidos, nos termos de seus votos. Plenário, Sessão Virtual de 18.8.2023 a 25.8.2023.

HC 830530: A Terceira Seção do Superior Tribunal de Justiça (STJ) estabeleceu que a guarda municipal, apesar de integrar o sistema de segurança pública – conforme afirmado pelo Supremo Tribunal Federal (STF) na ADPF 995, em agosto último –, não possui as funções ostensivas típicas da Polícia Militar nem as investigativas próprias da Polícia Civil. Assim, em regra, estão fora de suas atribuições atividades como a investigação de suspeitos de crimes que não tenham relação com bens, serviços e instalações do município.

ADI 5.780: Ação Direta de Inconstitucionalidade. 2. Lei Federal 13.022, de 8 de agosto de 2014. Estatuto Geral das Guardas Municipais. 3. Constitucionalidade formal. Inexistência de vício de iniciativa. Art. 61, caput, da Constituição Federal. 4. Atividade fiscalizatória de trânsito pelas guardas municipais. Possibilidade. 5. Exercício de Poder de Polícia administrativa pela guarda municipal. Precedente do STF. RE-RG 658.570, tema 472 da sistemática da repercussão geral: É constitucional a atribuição às guardas municipais do exercício de poder de polícia de trânsito, inclusive para imposição de sanções administrativas legalmente previstas. 6. Atividade de Segurança Pública pela guarda municipal. Possibilidade. Precedentes da ADC 38, ADI 5.538 e ADI 5.948. 7. Ação Direta de Inconstitucionalidade julgada improcedente para declarar a constitucionalidade da Lei Federal 13.022, de 8 de agosto de 2014, que dispôs sobre o Estatuto Geral das Guardas Municipais.

87. Fale sobre segurança viária:

A segurança viária foi introduzida no artigo 144, §10 CRFB em 2014, através da EC 82/2014, com vistas à segurança das vias públicas. Ela cuida de educação, engenharia de trânsito, fiscalização e cria a carreira do agente de trânsito.

Aprofundamento: No plano internacional existe a Resolução 64/255 da ONU sobre o tema. A ONU e a OMS definiram os anos de 2011 a 2020 como a década para as ações de segurança no trânsito. Então o §10, acima comentado, é fruto de um contexto muito mais amplo do que o cenário meramente interno.

A violência no trânsito é questão de saúde pública – uma das maiores causas de morte, principalmente entre jovens.

88. Fale sobre a escolha do diretor-geral de polícia e os requisitos estabelecidos pela Constituição, explicitando se os Estados podem estabelecer novos requisitos para o cargo.

De acordo com a Constituição, no Art. 144, parágrafo 4º, o chefe (ou diretor geral da polícia civil), deve ser delegado de polícia de carreira. Ou seja: não é um cago de livre nomeação. Apenas os membros daquela carreira podem vir a ocupar o lugar de chefia da instituição.

Ocorre que alguns estados da federação, além de observar essa exigência (ser delegado de polícia de carreira), exigem também que se trate de delegado que esteja no nível mais elevado da classe.

A discussão chegou até o STF para se estabelecer se este requisito a mais, trazido por algumas Constituições estaduais, estaria dentro da autonomia estadual ou se estaria extrapolando o que o constituinte originário determinou para o âmbito dos estados. Ocorre que, nas últimas décadas, o STF vem oscilando quanto à sua compreensão sobre o tema.

Sobre o assunto, analisar a seguinte linha do tempo:

ADI 132 (2003) – A expressão "da classe mais elevada" foi declarada inconstitucional, de modo que o Estado deveria seguir estritamente o que dispõe a Constituição.

ADI 3062 (2010) – O STF superou o precedente anterior – promoveu uma revisão jurisprudencial em prol do princípio federativo. Neste julgado restou determinado que desde que respeitado o mínimo constitucional (o chefe de polícia civil ser delegado de polícia de carreira), o Estado teria autonomia para estabelecer outros requisitos na escolha do chefe da instituição, desde que estes se mostrem razoáveis.

ADI 3.038 (2014) – Esta ADI tratou de um caso diferente. Havia a constituição do Estado exigindo que o chefe fosse delegado de polícia de carreira da classe mais elevada. Posteriormente, veio uma emenda e suprimiu a expressão "de carreira da classe mais elevada". Ou seja: não só retirou a exigência de que fosse da classe mais elevada, como também não observou o mínimo constitucional (ser delegado de polícia de carreira). Assim, a inconstitucionalidade da ADI 3.038 foi inconstitucionalidade de índole material – porque admitiria na chefia da polícia civil uma pessoa que não prestou concurso público para delegado de polícia.

ADI 5.075 (2015) – De acordo com o que restou consignado no item 1 da ementa, não é materialmente inconstitucional que o chefe de polícia civil ser delegado de polícia de carreira da classe mais elevada. Neste julgado a declaração de inconstitucionalidade não foi em razão do conteúdo material da norma, mas por questões formais. O problema analisado nesta ADI foi o fato da emenda à Constituição Estadual ter tido origem parlamentar, usurpando competência privativa do executivo.

ADI 3077 (2016) – Aqui ocorreu nova reviravolta no posicionamento do STF, voltando ao posicionamento da ADI 132 (no sentido de que não pode o estado ter o chefe de polícia estabelecido como o chefe, aquele que está na última classe na carreira).

89. O policial pode exercer direito de greve? Justifique.

Não. Em 2017, o STF fixou a tese de que o exercício do direito de greve, sob qualquer forma ou modalidade, é vedado aos policiais civis e a todos os servidores públicos que atuem na área da segurança pública.

Aprofundamento: Sobre o tema, ver Informativo 860 STF (Agravo Regimental 654.432 de 2017). Neste julgado, o STF entendeu que não se trata de um conflito entre o exercício do direito de greve e o princípio da continuidade do serviço público, mas entre o exercício do direito de greve e o direito de toda a sociedade, à Segurança Pública, ordem pública e paz social.

A Segurança Pública é um setor peculiar na administração pública, isso porque ela não encontra paralelo na iniciativa privada. Trata-se de atividade exercida exclusivamente pelo poder público. Essa ausência de paralelo serve tanto para o ônus, quanto para o bônus. "As carreiras de Segurança Pública são o braço armado do estado e responsáveis por garantir a Segurança Pública e a própria democracia".

XIII – CONTROLE DE CONSTITUCIONALIDADE

90. Conceitue controle de constitucionalidade?

Controle de constitucionalidade é a verificação de compatibilidade vertical e imediata entre o ato normativo (objeto) e a norma constitucional (parâmetro). A referida compatibilidade é necessariamente vertical – considerando-se a noção de hierarquia no plano normativo. Quando se afirma verificação de compatibilidade imediata significa que o ato normativo retira seu fundamento de validade diretamente da Constituição, ou seja, é um ato normativo primário. Atos normativos secundários, que são aqueles que apenas reflexamente ou secundariamente retiram seu fundamento de validade da Constituição observarão controle de legalidade, não controle de constitucionalidade.

91. Quais são os pressupostos do controle de constitucionalidade?

De acordo com o Clèmerson Merlin Clève, são pressupostos do controle de constitucionalidade que a Constituição seja:

- Formal, escrita e rígida;
- A Norma Jurídica Fundamental e Suprema (princípio da Supremacia da Constituição);
- Que haja um órgão com competência para o controle (**obs.:** esse órgão com competência para o controle independe se essa função de controle será uma função jurisdicional ou uma função política, cada sistema vai estabelecer a função desse órgão de controle). No sistema brasileiro, essa função é uma função jurisdicional via de regra.

92. O que é e quais são os tipos do controle de convencionalidade?

Controle de convencionalidade é a análise de compatibilidade dos atos internos em relação às normas internacionais. O controle de convencionalidade pode ser de dois tipos:

Controle de convencionalidade de Matriz internacional (autêntico ou definitivo);

Controle de convencionalidade de Matriz Nacional (provisório ou preliminar).

No controle de Matriz internacional, este é atribuído a órgãos internacionais, órgãos criados por tratados internacionais. No âmbito do controle de convencionalidade de Matriz nacional, a compatibilidade do ordenamento interno, perante as normas internacionais incorporadas, é realizada pelos juízes internos, os juízes no caso do Brasil, brasileiros, da magistratura brasileira, que devem deixar de aplicar o ato normativo que violar o referido tratado.

93. 4 – Quais são as formas de inconstitucionalidade?

Quanto às formas, a inconstitucionalidade pode ser por ação ou por omissão. Fala-se inconstitucionalidade por ação toda vez que a norma editada está em desconformidade com a Constituição. Ela pode ser de duas maneiras: material e formal.

- Inconstitucionalidade material (substancial): Ocorre quando o conteúdo insculpido na norma viola conteúdo protegido pela Constituição. Ela se relaciona, não com os aspectos formais, mas com o conteúdo do ato normativo.

- Já a inconstitucionalidade formal pode ser de dois tipos: inconstitucionalidade formal orgânica e inconstitucionalidade formal propriamente dita.

  a) Inconstitucionalidade formal propriamente dita: Ocorre toda vez que é violado o processo legislativo para edição de determinado ato normativo previsto constitucionalmente. Aqui pouco importa se o conteúdo do ato está ou não de acordo com a Constituição. Exemplos: violação da norma que prevê o quórum de votação, violação da norma que prevê o número de vezes que determinada casa deve votar, violação de normas relativas a processo legislativo como um todo.

  b) Inconstitucionalidade formal orgânica: Relaciona-se com a pessoa ou órgão com competência para iniciar o processo legislativo. É o vício de iniciativa. Determinadas normas da Constituição, como por exemplo, o Art. 61, traz iniciativas privativas para determinadas pessoas.

Já a inconstitucionalidade por omissão se dá, diante de normas constitucionais que dependem de regulamentação por parte do legislador – são as ditas normas constitucionais de eficácia limitada. A inconstitucionalidade por omissão pode ser total ou parcial:

- Inconstitucionalidade por Omissão Total: Ela ocorre quando não existe nenhuma norma regulamentadora acerca da matéria, sequer existe um ato normativo tratando daquele tema.
- Inconstitucionalidade por Omissão Parcial: Existe uma norma regulamentadora sobre determinada matéria, mas essa norma não regula o direito na sua plenitude, ela é incompleta. Esse tipo de inconstitucionalidade se subdivide em omissão parcial relativa e omissão parcial propriamente dita.

  a) Inconstitucionalidade parcial relativa: A lei existe. Porém, ela exclui determinado grupo que deveria constar do seu espectro de proteção. Desse modo, ela viola o princípio da isonomia.

  b) Inconstitucionalidade parcial propriamente dita: Neste caso, existe uma lei que não regula o direito em sua plenitude. Essa ausência da regulação na plenitude é direcionada ao conteúdo do ato (a lei é inadequada ou insuficiente).

94. Como é a classificação quanto ao momento do controle?

Quanto ao momento, o controle pode ser preventivo ou repressivo. O **controle de constitucionalidade preventivo** é feito antes de existir o ato normativo vigente. Ou seja, ocorre ainda no bojo do processo legislativo. Em regra, são o Poder Executivo e o Poder Legislativo que realizam o controle preventivo. O Poder Judiciário realiza controle preventivo somente como exceção – trata-se de mandado de segurança impetrado por parlamentar para assegurar o seu direito ao devido processo legislativo (processo legislativo tendente a abolir cláusula pétrea, por exemplo), esta é a única hipótese em que o Poder Judiciário irá realizar controle preventivo de constitucionalidade. Observe-se que a legitimação para esse mandado de segurança é **exclusiva** do parlamentar.

Já o controle de constitucionalidade repressivo é realizado após a vigência da norma. A regra no nosso ordenamento jurídico é que esse controle de constitucionalidade repressivo seja feito pelo Poder Judiciário. Apenas excepcionalmente o Poder Executivo e Legislativo exercerão o controle repressivo (Exemplo: Art. 62, § 5º e Art. 69, inciso V CRFB).

95. O que se entende por cláusula de reserva de plenário?

A cláusula de reserva de plenário: (também chamada de *full bench*) está prevista no art. 97 da Constituição, que fala que: *"Somente pelo voto da maioria dos seus membros ou dos membros do respectivo órgão especial os tribunais poderão declarar a inconstitucionalidade de lei ou ato normativo do Poder Público."*.

Observe-se o art. 97 não se direciona a juízos singulares. Ele somente se direciona ao tribunal.

Aprofundamento: Súmula vinculante 10 – Ela trata de uma hipótese de violação do art. 97, quando o órgão fracionário de tribunal não declarar expressamente a inconstitucionalidade, mas afastar a incidência da lei ou do ato normativo. Porque isso se traduz em burla ao art. 97. Eventual violação à referida súmula vinculante observará o ajuizamento de reclamação constitucional direto no STF.

Exceções A Súmula Vinculante Número 10 – são basicamente duas:

Quando a inconstitucionalidade é declarada com base em súmula ou em jurisprudência do plenário ou de ambas as turmas do STF.

Turma recursal dos juizados especiais – O STF reconheceu expressamente que o princípio da reserva de plenário não se aplica no âmbito dos juizados especiais do Art. 98, inciso I da Constituição (tema 805 de repercussão geral).

96. Quais são os legitimados para a propositura da Ação Direta de Inconstitucionalidade?

Os legitimados para a propositura da ADI estão previstos no art. 103 da Constituição, em rol taxativo.

São eles:

Presidente da República
Mesa do Senado Federal
Mesa da Câmara dos Deputados
Mesa de Assembleia Legislativa ou da Câmara Legislativa do Distrito Federal
Governador de Estado ou do Distrito Federal
Procurador-Geral da República
Conselho Federal da Ordem dos Advogados do Brasil
Partido político com representação no Congresso Nacional
Confederação sindical ou entidade de classe de âmbito nacional

Observação: No rol acima há legitimados ditos universais e legitimados que devem demonstrar pertinência temática para justificar o ajuizamento da ADI.

Legitimados Universais:	Legitimados que devem demonstrar pertinência temática:
Presidente da República	Mesa de Assembleia Legislativa ou da Câmara Legislativa do Distrito Federal
Mesa do Senado Federal	Governador de Estado ou do Distrito Federal
Mesa da Câmara dos Deputados	Confederação sindical ou entidade de classe de âmbito nacional
Procurador-Geral da República	
Conselho Federal da Ordem dos Advogados do Brasil	
Partido político com representação no Congresso Nacional	

Aprofundamento: No que toca a confederação sindical ou a entidade de classe de âmbito nacional existe importante precedente do STF (Informativo 826 do STF – ADPF 254 de 2016). No referido julgado, o STF afirmou que: "Associações que representam fração de categoria profissional não são legitimadas a provocar controle de constitucionalidade concentrado, de norma que extrapole universo de seus representados."

No mesmo sentido:

> 1. A jurisprudência do STF exige, para a caracterização da legitimidade ativa das entidades de classe e confederações sindicais nas ações de controle concentrado de constitucionalidade, que a entidade represente toda a respectiva categoria, e não apenas fração dela. 2. Sob esse enfoque, a Federação Nacional do Fisco Estadual e Distrital - FENAFISCO carece de legitimidade para a propositura da presente ação direta, na medida em que constitui entidade representativa de apenas parte de categoria profissional, já que não abrange os auditores fiscais federais e municipais. 3. Agravo Regimental conhecido e desprovido. (ADI 6465 AgR, Tribunal Pleno, julgado em 20/10/2020)

97. Quais os requisitos para que seja admitida a figura do *amicus curiae* no controle de constitucionalidade?

De acordo com o art. 7º, § 2º da Lei 9868 de 1999, o relator deverá verificar a relevância da matéria e a representatividade dos postulantes para poder admitir a figura do *Amicus Curiae.* Os requisitos para que seja admitida a figura do *Amicus Curiae* no processo são: ser a matéria em julgamento relevante, e que o postulante a figurar como *Amicus Curiae* goze de representatividade acerca do tema.

Observe-se que é o relator que vai decidir se admite ou não a figura do *Amicus Curiae,* através de despacho contra o qual não cabe recurso.

Sobre o tema, veja-se os julgados a seguir:

> "PROCESSUAL CIVIL. AMICUS CURIÆ. EXEGESE DO ART. 138 DO CPC. DECISÃO QUE INDEFERE INGRESSO DO COLABORARDOR DA CORTE. IRRECORRIBILIDADE. HIPÓTESES DE INGRESSO: RELEVÂNCIA DA MATÉRIA, ESPECIFIDADE DO TEMA E REPERCUSSÃO SOCIAL DA CONTROVÉRSIA. NÃO CUMPRIMENTO DA CONDIÇÃO. PEDIDO ANTERIOR À INCLUSÃO DO FEITO EM PAUTA. NÃO CUMPRIMENTO DA CONDIÇÃO. PRECEDENTES DO SUPREMO TRIBUNAL FEDERAL E DO SUPERIOR TRIBUNAL DE JUSTIÇA. AGRAVO INTERNO NÃO CONHECIDO. 1. Os amici curiæ são admitidos nos processos com a função de fornecer informações, subsídios e argumentos técnicos ao julgador (Código de Processo Civil de 2015, artigo 138). 2. Trata-se de discricionaridade do magistrado admitir ou não o amicum curiæ, decisão essa que é irrecorrível (REsp n. 1.696.396, Corte Especial). 3. Não basta que o peticionante demonstre interesse na causa, mas deve comprovar concretamente os requisitos de relevância da matéria, especificidade do tema e repercussão social da controvérsia (REsp n. 1.333.977, Segunda Seção). 4. A figura é prevista em processos de natureza objetiva, sendo

admissível em processos subjetivos apenas em situações excepcionais. (AgRg na PET no REsp n. 1.336.026/PE, Primeira Seção). Os amici curiæ não são admissíveis na hipótese em que o interesse da entidade pretenda ao resultado do julgamento favorável a uma das partes. Não pode o amicus curiæ assumir a defesa dos interesses de seus associados ou representados em processo alheio (EDcl na QO no REsp n. 1.813.684/SP, Corte Especial). 5. O amicus curiæ deve protocolar seu pedido de ingresso como colaborador da corte antes de o processo ser incluído em pauta de julgamento (REsp n. 1.152.218/RS, Corte Especial). 6. O amicus curiæ não tem direito subjetivo à sustentação oral (Questão de Ordem no REsp n. 1.205.946/SP, Corte Especial). 7. Agravo interno não conhecido. (AgInt no MS n. 25.655/DF, Primeira Seção, julgado em 16/8/2022, DJe de 19/8/2022.)"

"EMENTA: CONTROLE ABSTRATO DE CONSTITUCIONALIDADE – DECISÃO QUE FUNDAMENTADAMENTE NÃO ADMITIU A INTERVENÇÃO, COMO "AMICUS CURIAE", DE PESSOA FÍSICA – AUSÊNCIA DE REPRESENTATIVIDADE ADEQUADA – IMPOSSIBILIDADE DE DEFENDER, EM SEDE DE CONTROLE NORMATIVO ABSTRATO, DIREITOS E INTERESSES DE CARÁTER INDIVIDUAL E CONCRETO – LEGITIMIDADE DAQUELE QUE NÃO É ADMITIDO COMO "AMICUS CURIAE" PARA RECORRER DESSA DECISÃO DO RELATOR – AGRAVO INTERNO CONHECIDO – RECURSO IMPROVIDO.

(ADI 3396 AgR, Relator(a): CELSO DE MELLO, Tribunal Pleno, julgado em 06/08/2020, PROCESSO ELETRÔNICO DJe-248 DIVULG 13-10-2020 PUBLIC 14-10-2020)"

98. Fale sobre a Ação Direta de Inconstitucionalidade Interventiva:

Trata-se de ação de controle concentrado de constitucionalidade, prevista no Art. 36, inciso III da Constituição e na Lei 12.562/2011, que visa resguardar o pacto federativo. A ADI interventiva tem competência originária de julgamento no STF e a legitimidade é exclusiva do Procurador Geral da república.

Observação: A ADI interventiva pressupõe ofensa aos princípios do Art. 34, inciso VII da Constituição (que são os Princípios Constitucionais Sensíveis) OU o efetivo descumprimento pelo estado-membro da execução de Lei Federal. A isso dá se o nome de pressupostos da ADI Interventiva.

2

DIREITO ADMINISTRATIVO

Thiago Renz da Rocha
(*Atualização: Thaianne Moraes*)

Sumário: I. Introdução e princípios do direito administrativo – **II.** Organização administrativa – **III.** Serviços públicos – **IV.** Poderes administrativos – **V.** Ato administrativo – **VI.** Licitação e contratos administrativos – **VII.** Intervenção do estado na propriedade e desapropriação – **VIII.** Bens públicos – **IX.** Agentes públicos – **X.** Responsabilidade civil do estado – **XI.** Controle da administração pública – **XII.** Improbidade administrativa.

I. INTRODUÇÃO E PRINCÍPIOS DO DIREITO ADMINISTRATIVO

1. Conceitue Direito Administrativo.

Direito administrativo é o ramo do direito público que regula a organização da Administração Pública e a atividade administrativa prestada pelo Estado. É o ramo do direito público que tem por objeto os órgãos, agentes e pessoas jurídicas administrativas que integram a Administração Pública, a atividade jurídica não contenciosa que exerce, e os bens e meios de que se utiliza para a consecução de seus fins, de natureza pública.

Hely Lopes Meirelles define, também, o Direito Administrativo pelo critério da Administração, considerando-o como o "conjunto harmônico de princípios jurídicos que regem os órgãos, os agentes e as atividades públicas tendentes a realizar concreta, direta e imediatamente os fins desejados pelo Estado".

2. Quais são os pressupostos básicos do Direito Administrativo?

Na interpretação do Direito Administrativo deve se considerar três pressupostos: a desigualdade jurídica entre a Administração Pública e os administrados; a presunção de legitimidade dos atos da Administração; e a necessidade dos poderes discricionários para atender ao interesse público.

3. Conceitue "costume" como fonte de Direito Administrativo. Qual a relação dos "costumes" com o Direito Administrativo?

Costumes são praxes administrativas que atuam na lacuna da lei. São considerados fontes secundárias, podendo gerar direitos para os administrados, em razão dos princípios da lealdade, boa-fé e moralidade.

Afirmar que o costume administrativo não é fonte primária e vinculante de normas administrativas não é, portanto, o mesmo que dizer que o Poder Público não deve respeitar costumes eventualmente reconhecidos como fonte de normas vinculantes.

Em suma: o costume administrativo não é fonte relevante do Direito Administrativo, mas o costume, em geral, quando aceito como fonte, vincula a Administração Pública na medida em que constitui o bloco normativo que rege suas condutas em alguns setores.

Oswaldo Aranha Bandeira de Mello pondera que os defensores do costume no direito administrativo afirmam que "o Direito Administrativo se encontra em formação, com maior fundamento se abre ao costume campo de expansão, pois só uma parte dele está encerrada em normas jurídicas escritas, havendo amplo claro ainda não legislado para sua criação supletiva. Demais, há certos institutos que ainda não têm os seus contornos gizados na lei, e, então surge possibilidade efetiva para a ação esclarecedora do costume" (Princípios Gerais de Direito administrativo. 2ª ed. Rio de Janeiro: Forense, 1979, vol. I. p. 375/6).

4. Diferencie o princípio da autotutela do princípio da tutela ministerial.

Excelência, o princípio da autotutela consagra o controle interno que a Administração Pública exerce sobre seus próprios atos. Como consequência da sua independência funcional (art. 2º da CF), a Administração não precisa recorrer ao Judiciário para anular seus atos ilegais e revogar os atos inconvenientes ou inoportunos que pratica. Consiste no poder-dever de retirada de atos administrativos por meio da anulação e da revogação.

A anulação envolve problema de legalidade, a revogação trata de mérito. O PRINCÍPIO DA SINDICABILIDADE também aparece na doutrina como sinônimo para o princípio da autotutela. O princípio da autotutela é decorrência da supremacia do interesse público e se encontra consagrado em duas súmulas do Supremo Tribunal Federal: Súmula 356: "A administração pública pode declarar a nulidade dos seus próprios atos" e Súmula 473: "A Administração pode anular seus próprios atos, quando eivados de vícios que os tornam ilegais, porque deles não se originam direitos; ou revogá-los, por motivo de conveniência ou oportunidade, respeitados os direitos adquiridos, e ressalvada, em todos os casos, a apreciação judicial".

Por fim, convém destacar que autotutela não se confunde com tutela administrativa ou tutela ministerial. Esta última é o poder de supervisão ministerial exercido pela Administração Direta sobre entidades da Administração Indireta (art. 19 do Decreto-Lei n. 200/67).

5. Qual o caso histórico que marca a origem do direito administrativo?

Excelência, a origem do direito administrativo remonta ao célebre julgamento do "caso Blanco", datado de 1873, no qual uma criança de cinco anos (Agnès Blanco) foi atropelada por uma vagoneta pertencente à Companhia Nacional de Manufatura de Fumo. Neste caso, foi fixada a competência do Conselho do Estado para julgamento da causa, por considerar que o acidente decorreu de serviço público e necessitava de aplicação de regras publicistas.

6. Em que consiste o princípio da legalidade administrativa?

O princípio da legalidade encontra-se expresso no artigo 37, *caput*, da Constituição, tratando-se de um dos princípios administrativos basilares. A legalidade enquanto princípio da Administração Pública decorre do próprio Estado Democrático de Direito que foi adotado pelo constituinte, sendo indispensável que o agir estatal esteja condicionado à lei prévia que o autorize, sob pena de ilicitude. É posto como desdobramentos a **supremacia legal** e a **reserva legal.**

Neste ponto, observa-se diferença flagrante com os regimes jurídicos de direito privado, posto que enquanto neste campo é possível realizar tudo o que a lei não proíbe, no regime jurídico administrativo, necessariamente, o administrador somente pode atuar mediante prévia autorização legal. Por isso, diz-se que prevalece, na doutrina clássica e na praxe brasileira, a doutrina da vinculação positiva da administração à lei – na qual o administrador depende de prévia habilitação legal para atuar.

Importante destacar que, muito embora seja princípio inafastável da Administração, a própria Constituição traz situações excepcionais em que a atividade administrativa poderá ocorrer à margem de disposições legais, como no estado de defesa e no estado de sítio.

Ainda nessa linha de exceções à legalidade, parte da doutrina menciona a edição de Medidas Provisórias em matéria administrativa, enquanto norma expedida pelo Presidente da República, em caso de relevância e urgência, que tem força de lei. Diz-se que inova na ordem jurídica, cria obrigações à Administração e aos administrados, porém, não é lei em sentido estrito.

7. O que é o chamado princípio da indisponibilidade do interesse público?

O princípio da indisponibilidade do interesse público, contraface da supremacia do interesse público, representa a vinculação da Administração Pública às prescrições normativas protetivas e realizadoras do interesse público, impondo-lhe restrições especiais, diversas daquelas comumente aplicadas aos particulares. A lógica é que, sendo o Estado instrumento de realização do interesse público – do qual não é titular, já que pertencente ao povo –, deve ele obediência aos estritos limites legais, que são definidos democraticamente pelos representantes do povo congregados no Parlamento.

8. Discorra sobre o princípio da impessoalidade, pontuando eventual súmula a respeito do tema.

Pelo princípio da impessoalidade compreende-se que a Administração Pública não pode beneficiar ou prejudicar pessoas determinadas, sendo essa perspectiva um desdobramento da própria isonomia que deve nortear o agir estatal.

Ele é tratado mediante duas acepções: Isonomia e Proibição de promoção pessoal.

Isonomia, no sentido de garantir que a a administração pública destine tratamento isonômico e impessoal aos particulares, como regra geral.

Proibição de promoção pessoal, no sentido de não tomar as realizações públicas como feitos pessoais do agente, mas da entidade administrativa respectiva. A alcançar também qualquer publicidade dos atos do poder público que não sejam de caráter educativo, informativo ou de orientação social – sem que constem dela nomes, símbolos ou imagens que denotem promoção pessoal de autoridades ou servidores públicos.

Como exemplo da influência no ordenamento, podemos destacar a necessidade de aprovação em concurso público para ingresso no quadro de servidores. Na mesma linha, pode-se mencionar a regra geral de procedimento licitatório prévio à celebração de contratos administrativos.

Nessa esteira, é cediço que viola a impessoalidade a nomeação de cônjuge ou parentes para cargos públicos com função de direção, chefia ou assessoramento, uma vez manifesta a intenção de se valer das prerrogativas da Administração Pública para beneficiar pessoas determinadas. Essa prática é conhecida como "nepotismo" e é vedada no ordenamento, inclusive na modalidade "nepotismo cruzado", que envolve designações recíprocas, por força da Súmula Vinculante nº 13 do STF.

9. Em que consiste o princípio da moralidade?

O princípio da moralidade está insculpido no artigo 37 da Carta de 1988. Em que pese esteja expresso, tal princípio não tem uma conceituação simples conforme a maioria da doutrina. Nesse sentido, Marçal Justen Filho afirma que o princípio da moralidade consistiria em um princípio "em branco".

Conforme Hely Lopes Meirelles, o agente administrativo, dotado de capacidade de atuar, deve, necessariamente, distinguir o mal do bem, o honesto do desonesto. E ao atuar, não poderá desprezar o elemento ético da sua conduta. Assim, não terá que decidir somente entre o legal e o ilegal, o justo do injusto, o conveniente e o inconveniente, o oportuno e o inoportuno, mas também entre o honesto e o desonesto, para que siga a moralidade administrativa.

Portanto, a moralidade administrativa é norteada para uma distinção prática entra a boa e a má administração, trabalhando consigo a figura de um "administrador bom, ético e munido de boa-fé".

10. Em que consiste o princípio da autotutela?

O princípio da autotutela traduz a possibilidade que a Administração Pública tem de rever e anular os atos ilegais, e revogar os atos inoportunos e inconvenientes. Não há a necessidade de provocação para restabelecer uniformidade ao sistema, expurgando atos que, ou perderam a sua finalidade de existência, posto que discricionários, ou violaram o ordenamento, posto que vinculados manifestamente ilegais. A autotutela pode ser exercida mesmo após a impugnação do ato no Poder Judiciário

11. Há limites ao exercício da autotutela?

Conforme a inteligência do art. 54 da Lei 9.784/99, a Administração tem cinco anos para anular seus atos que tenham gerado efeitos favoráveis a particulares. Caso não seja exercida a anulação no prazo referido, ocorre o fenômeno da decadência administrativa, significando que o ato ilegal não mais poderá ser anulado, sendo essa uma limitação ao princípio da autotutela.

No entanto, se o particular estiver de má-fé, entende-se que a anulação poderá ser realizada a qualquer tempo. Outrossim, tampouco haverá decadência administrativa em situações de evidente inconstitucionalidade do ato praticado, como é o caso de admissão de servidores sem concurso público.

Da mesma forma, a autotutela encontrará limites quando for possível a convalidação ou sanatória do ato administrativo. Com efeito, temos aqui uma verdadeira ponderação de princípios, que acaba por relativizar o dever de anulação de atos ilegais em prol da realização de outros interesses de igual estatura. A convalidação, como regra, é opção discricionária do administrador. Dessa forma, cabe-lhe, no caso concreto, sopesar os interesses envolvidos, decidindo sanar ou anular o ato.

12. Discorra acerca do princípio da continuidade da atividade administrativa.

O princípio da continuidade da atividade administrativa consiste na prestação ininterrupta da atividade administrativa, de forma que a prestação de serviço público seja contínua, não causando prejuízo aos administrados. Esse princípio impacta no direito de greve do servidor público, posto que a continuidade e a paralização são conflitantes. Em relação ao regime geral, conforme já vimos, o STF entendeu por aplicar a lei geral de greve enquanto inexistente regime jurídico especial aplicado aos servidores.

Em relação à aplicação irrestrita da continuidade, pode-se mencionar a impossibilidade de militares realizarem movimentos paredistas e também de se sindicalizarem. No mesmo sentido, ao julgar o Mandado de Injunção nº 774, o Supremo Tribunal Federal firmou o entendimento que a mesma vedação dos militares se aplica à polícia civil, muito embora não sejam agentes públicos militares.

13. No que consiste o princípio da eficiência?

O princípio da eficiência foi introduzido na Constituição Federal por meio da Emenda Constitucional nº 19/1998, que tinha a pretensão de promover a Reforma no Estado. O objetivo precípuo de sua inclusão, ao menos em um primeiro momento, era garantir a qualidade na prestação de serviços públicos, tanto que, originariamente, no projeto, era denominado "princípio da qualidade do serviço prestado".

Por eficiência, portanto, deve-se compreender o exercício da função administrativa pelo Estado da melhor forma possível, alcançando o tripé quantidade, qualidade e economicidade. Ou seja, produzir muito, com elevada qualidade, e gastando pouco.

Para que se tenha uma atuação eficiente é necessário que a atividade administrativa seja realizada com presteza e bom desempenho funcional. Nas atividades estatais, procura-se sempre melhores resultados práticos com menos desperdício, pois, desta forma, toda coletividade é beneficiada.

14. Conceitue o princípio da supremacia do interesse público.

O princípio da supremacia do interesse público consagra a ideia de que o interesse público prevalece diante das necessidades individuais dos cidadãos, à guisa de satisfazer as necessidades coletivas, tutelando o bem comum. É ele que fundamenta as prerrogativas da Administração Pública que, para realizar o interesse público definido na Constituição e pormenorizado na legislação infraconstitucional, dispõe de poderes-deveres especiais, não cogitados no Direito Privado.

É um pilar do Direito Administrativo tradicional, da noção em que se fundamenta a ideia de Estado Organizado. Embora não esteja expresso na Constituição, ele se revela através de algumas disposições. Exemplo: Art. 5º, XXV, CF.

O interesse público é dividido em: Interesse público primário e secundário.

O primário se relaciona com a satisfação de necessidades coletivas e a prestação de atividades administrativas, como o serviço público, o poder de polícia, o fomento e a intervenção na atividade econômica.

Já o secundário, é o interesse do próprio Estado. Aqui, tomado como sujeito de direitos e obrigações. Sempre atrelada à ideia de interesse do erário e de instrumentalizar o interesse público primário. Exemplo: Atividades ligadas ao orçamento, aos agentes públicos e ao patrimônio público.

15. Diferencie o sistema inglês do sistema francês, no que tange o sistema de controle administrativo.

No sistema inglês, também chamado de sistema judiciário ou de jurisdição única/una, o exercício da jurisdição é reservado ao Poder Judiciário, a quem cabe, com exclusividade, aplicar o direito ao caso concreto com definitividade, com aptidão de formação de coisa julgada material. Nesse sistema, a Administração Pública, conquanto possua poder para controlar seus próprios atos (autotutela), não o faz de forma definitiva, sempre cabendo ao Poder Judiciário examinar a legalidade e legitimidade dos atos e processos administrativos.

A decisão administrava, portanto, jamais formará a chamada coisa julgada material, sendo amplo o acesso ao Poder Judiciário, a quem cabe dar a última palavra.

A seu turno, o sistema francês ou de dualidade de jurisdição confere jurisdição também à Administração Pública, atribuindo-lhe, com exclusividade (e definitividade) competência para decidir sobre matérias administravas, tornando-as infensas ao controle pelo Poder Judiciário.

Na França, a jurisdição administrava é encabeçada pelo Conselho de Estado, órgão integrante da Administração Pública, que analisa com exclusividade matérias relacionadas à função administrativa, retirando-a do âmbito de conhecimento da chamada "jurisdição comum", a quem cabe decidir sobre os demais litígios.

Neste sistema dual, não é possível o controle judicial dos atos administrativos. Ademais, existe coisa julgada material propriamente dita no âmbito da Administração Pública, a partir daquilo que é decidido pelo Conselho de Estado.

II. ORGANIZAÇÃO ADMINISTRATIVA

16. Diferencie desconcentração e descentralização.

A atividade administrativa pode ser prestada de duas formas, uma é a centralizada, pela qual o serviço é prestado pela Administração Direta, e a outra é a descentralizada.

A descentralização pode se dar por meio de outorga ou por meio de delegação.

Na descentralização por outorga, transfere-se a titularidade e a execução do serviço. Esse tipo de descentralização só é possível quando se tratar de pessoa jurídica de direito público (autarquias e fundações públicas de direito público), vez que a titularidade de serviço público não pode ser transferida para pessoa jurídica de direito privado. Ademais, a descentralização por outorga só se dá por meio de lei.

Na descentralização por delegação só há transferência da execução do serviço e, no caso das concessionárias legais (EP e SEM), ocorre por meio de lei;

enquanto, no caso de particulares, pode se dar por contrato administrativo (concessão e permissão) ou ato administrativo unilateral (autorização).

Ressalte-se que, na descentralização (por outorga e por delegação) a nova pessoa jurídica não fica subordinada à Administração Direta, pois não há relação de hierarquia, mas esta manterá o controle e fiscalização sobre o serviço descentralizado.

Por outro lado, a desconcentração administrativa é a distribuição do serviço dentro da mesma pessoa jurídica, no mesmo núcleo, razão pela qual será uma transferência com hierarquia. Assim, a desconcentração se aperfeiçoa por meio de órgãos, que são círculos de competências, despersonalizados e instituídos por lei, para o desempenho de funções estatais por meio de seus agentes, cuja atuação é imputada à pessoa jurídica a que pertencem.

17. À luz da disciplina federal, diferencie organizações sociais – OS'S (lei federal nº 9.637/1998) de organizações da sociedade civil de interesse público – OSCIP'S (lei federal nº 9.790/1999). De que forma os estados e municípios podem qualificar e celebrar parcerias sociais com OS'S e OSCIP'S? Diante da novel lei de parcerias sociais – lei federal nº 13.019/2014, ainda é possível recorrer às parcerias com OS'S e OSCIP'S?

Tanto as OS's quanto as OSCIP's se enquadram na noção de "**entes de cooperação**", tratando-se de entidades não estatais, sem fins lucrativos que, mediante determinado instrumento de colaboração com o Estado, recebem fomento público para o melhor desempenho de suas atividades de relevância pública, sujeitando-se, por conseguinte, a normas publicísticas derrogatórias de seu regime originariamente privado.

Ambas não são nova espécie de entidade privada no ordenamento jurídico brasileiro, mas uma **qualificação jurídica** outorgada pelo Estado àquela pessoa jurídica privada [sob uma das formas admitidas pelo Direito Civil] que atenda aos requisitos da lei, habilitando-as, então, à celebração de parceria com a Administração, com o recebimento de fomento público. Cuida-se, portanto, de um título habilitante ao emparceiramento com o Estado para o desempenho fomentado de atividades sociais.

Quanto às **diferenças** entre as OS's e as OSCIP's, podemos apontar, respectivamente: a) natureza do ato de qualificação: ato discricionário X ato vinculado; b) campo material (muito mais amplo para as OSCIP's): ensino, à pesquisa científica, ao desenvolvimento tecnológico, à proteção e preservação do meio ambiente, à cultura e à saúde X promoção da assistência social; promoção da cultura, defesa e conservação do patrimônio histórico e artístico; promoção gratuita da educação, observando-se a forma complementar de participação das organizações de que trata esta Lei; promoção gratuita da saúde, observando-se a forma complementar de participação das organizações de que trata esta Lei; segurança alimentar e nutricional; defesa, preservação e conservação do meio ambiente e promoção do desenvolvimento sustentável; promoção do voluntariado; promoção do desenvolvimento econômico e social e combate à pobreza; experimentação, não lucrativa, de novos modelos socioprodutivos e de sistemas alternativos de produção, comércio, emprego e crédito; promoção de direitos estabelecidos, construção de novos direitos e assessoria jurídica gratuita de interesse suplementar; promoção da ética, da paz, da cidadania, dos direitos humanos, da democracia e de outros valores universais; c) autoridade competente para qualificar: Ministro de Estado ou titular do órgão supervisor da área X Ministro da Justiça; d) temo mínimo de existência para qualificação: sem previsão X mínimo de 03 anos; e) instrumento de parceria: contrato de gestão X termo de parceria; f) processo seletivo: sem previsão de processo de seleção objetivo da entidade X concurso de projetos; g)número de parcerias: cada OS somente pode celebrar um contrato de gestão com a Administração Federal X é possível que uma OSCIP firme mais de um termo de parceria com a Administração Federal, desde que a entidade possua capacidade operacional; h) órgão interno obrigatório: Conselho de Administração com representantes do Poder Público e da sociedade X Conselho Fiscal; i) mecanismos de fomento: recursos financeiros orçamentários, cessão de bens públicos e cessão de servidores X recursos financeiros orçamentários; e j) contratação da entidade pela Administração Pública: licitação dispensável X sem previsão.

A qualificação e a celebração de parcerias com OS's e OSCIP's pelos Estados e Municípios dependem da edição de legislação própria, em respeito à autonomia das esferas federativas, sendo certo que as leis federais que tratam da matéria não são de âmbito nacional.

Por fim, registre-se que o art. 3º, VI, da Lei Federal nº 13.019/2014 exclui expressamente de sua disciplina os contratos de gestão com as OS's e os termos de parceria com as OSCIP's, que continuarão disciplinados exclusivamente por suas legislações próprias, sem qualquer empecilho à novas qualificações e novos emparceiramentos pelos seus termos.

18. O que são o primeiro, o segundo e o terceiro setor?

Podemos conceituar o Primeiro Setor como sendo o Estado, representado pelas prefeituras municipais, governos dos estados e a presidência da república, além das entidades a estes entes ligadas. Em outras palavras, denominamos de Primeiro Setor o "setor público".

O Segundo Setor é o mercado constituído pelo conjunto das empresas que exercem atividades privadas, ou seja, atuam em benefício próprio e particular, com fins lucrativos.

O Terceiro Setor, por sua vez, corresponde às instituições com preocupações e práticas sociais, sem fins lucrativos, que geram bens e serviços de caráter público, tais como: ONGs, instituições religiosas, clubes de serviços, entidades beneficentes, centros sociais, organizações de voluntariado etc.

Podemos conceituar o Primeiro Setor como o representado pelo governo, cumprindo este uma função administrativa dos bens públicos, correspondendo assim às ações do Estado com fins públicos. O Segundo Setor é o mercado constituído pelo conjunto das empresas que exercem atividades privadas, ou sejam, atuam em benefício próprio e particular. O Terceiro Setor é constituído de organizações sem fins lucrativos, atuando nas lacunas deixadas pelos setores públicos e privados, buscando o bem-estar social da população.

Assim, em termos financeiros, de forma sucinta, o Primeiro Setor (Estado) aplica o dinheiro público em ações para a sociedade. O Segundo Setor (mercado) investe o dinheiro privado nas suas próprias atividades. Já o Terceiro Setor utiliza o dinheiro privado em atividades públicas.

19. Qual a diferença entre uma sociedade de economia mista e uma empresa pública?

Trata-se de entidades da Administração Pública Indireta que, juntamente às fundações públicas de direito privado, possuem regime jurídico de direito privado. A doutrina aponta três grandes diferenças entre tais entidades: o foro, o formato social e o capital.

A sociedade de economia mista tem foro na Justiça Estadual, todavia, nada impede que litigue na Justiça Federal, caso esteja presente interesse da União. Já quanto às empresas públicas federais, conforme art. 109, I, da Constituição Federal, deverão ser julgadas pela Justiça Federal.

No que tange ao formato social, é facultado às empresas públicas adotarem quaisquer formatos jurídicos empresariais. Diferentemente, as sociedades de economia mista serão apenas sociedades anônimas, conforme inteligência do Decreto-lei nº 200/1967.

Finalmente, na empresa pública o capital é cem por cento público, ao passo que na sociedade de economia mista o capital é misto, sendo que o Poder Público detém a maior parte das ações com direito a voto.

20. Conceitue Autarquia.

Conforme inteligência do Decreto-lei 200/1967, Autarquia é o serviço autônomo, que tem sua criação e extinção realizada por lei, não necessitando de registro competente, com personalidade jurídica de direito público, patrimônio e receita próprios, para executar atividades típicas da Administração Pública que requeiram, para seu melhor funcionamento, gestão administrativa e financeira descentralizadas.

No que tange ao foro processual competente, as ações que versarem sobre uma Autarquia Federal serão julgadas na Justiça Federal, a seu turno, será competente a Justiça Estadual para as ações que versarem sobre Autarquias Estaduais ou Municipais.

21. O que é Governo Digital?

É uma política pública, implementada por meio da Lei n. 14.129/2021, que busca aumentar a eficiência da Administração Pública, com foco na desburocratização, inovação, transformação digital e participação do cidadão.

O acesso à prestação digital dos serviços públicos será realizado, preferencialmente, por meio do autosserviço, através de tecnologias de amplo acesso à população, sem prejuízo do direito do cidadão a atendimento presencial.

Observação:

A Lei n. 14.129/2021 aplica-se:

Aos órgãos da administração pública direta federal, abrangendo os Poderes Executivo, Judiciário e Legislativo, incluído o Tribunal de Contas da União, e o Ministério Público da União;

Às entidades da administração pública indireta federal, incluídas as empresas públicas e sociedades de economia mista, suas subsidiárias e controladas, que prestem serviço público, autarquias e fundações públicas; e

Às administrações diretas e indiretas dos demais entes federados, desde que adotem os comandos desta Lei por meio de atos normativos próprios. Assim, a Lei n. 14.129/2021 somente se aplica aos Estados, Municípios e DF se o ente tiver editado seu ato normativo próprio.

Ela não se aplica às Empresas Públicas, Sociedades de Economia Mista, suas subsidiárias e controladas que não sejam prestadoras de serviço público.

III. SERVIÇOS PÚBLICOS

22. Conceitue serviço público.

➜ Há grande divergência doutrinária acerca do conceito de serviço público. Existem, assim, algumas concepções que tentam explicar tal conceito.

Segundo Hely Lopes Meirelles, adotando um conceito extremamente amplo, serviço público é todo aquele prestado pelo Estado ou por seus delegados, sendo regido por normas de controles estatais, objetivando satisfazer necessidades essenciais ou até secundárias da coletividade, abrangendo também as chamadas simples conveniências da administração (Estado).

A seu turno, existe a concepção restrita de serviço público, defendida pelo Professor Celso Antônio Bandeira de Mello, que define serviço público como toda a gama de atividades que ofereça utilidade ou comodidade material destinada à satisfação da população em geral, desde que usufruída singularmente pelos administrados, que a administração assume como pertinente a seus deveres e realiza por si mesmo ou por quem lhe faça as vezes, sob um regime de Direito Público.

23. No que consiste o princípio da continuidade do serviço público? Pode ser relativizado?

➜ O serviço público deve ser prestado continuamente, além de ser acessível. Objetivando que a coletividade possa satisfazer suas necessidades, o princípio da continuidade do serviço público exige a prestação de forma ininterrupta do serviço.

Importante salientar que tal princípio não é absoluto, conforme inteligência do artigo 6º, §3º da Lei 8.987/95, segundo o qual, é possível a interrupção dos serviços prestados em uma situação de emergência ou ainda após um prévio aviso, em decorrência de razões de ordem técnica e segurança das instalações, ou ainda por inadimplemento do usuário, considerado o interesse da coletividade.

24. Conceitue o princípio da modicidade nos serviços públicos e explique se tem relação com o princípio da generalidade dos serviços públicos.

O princípio da modicidade tem relação íntima com eventuais lucros auferidos pela administração quando desenvolve os serviços públicos. Em outras palavras, tal princípio busca impedir que o custo (fator econômico) se torne um fato negativo para o desenvolvimento do serviço público pela população. Outrossim, o princípio da modicidade, conforme a doutrina, tem relação estreita com a acessibilidade, exigindo que a política tarifária, conforme o artigo 175, parágrafo único, III da Constituição Federal, busque obedecer aos recursos econômicos dos usuários dos serviços públicos.

Sendo assim, o lucro, que é meta para a atividade econômica capitalista, não é o propósito do serviço público, mesmo que eventualmente ocorra, notadamente quando há boa gestão dos recursos e serviços empregados.

Finalmente, insta salientar que o princípio da modicidade, se empregado corretamente, culminará em um serviço público com acesso amplo por parte da coletividade, portanto, é verdadeiro afirmar que o princípio da modicidade é corolário do princípio da generalidade dos serviços públicos.

25. Em que consiste a encampação? Quais são seus requisitos?

Encampação é a retomada do serviço pelo poder concedente, antes do término do prazo da concessão (ou permissão), baseada em razões de interesse público, sem que haja qualquer vício ou irregularidade na sua prestação.

São requisitos da retomada do serviço (i) a presença de interesse público; (ii) lei autorizativa específica e; (iii) pagamento prévio de indenização. Esta indenização refere-se às parcelas não depreciadas ou não amortizadas dos investimentos efetuados nos bens reversíveis com o objetivo de garantir a continuidade e atualidade do serviço concedido, mas não alcança os lucros cessantes.

IV. PODERES ADMINISTRATIVOS

26. O que são poderes administrativos?

São entendidos como as prerrogativas especiais que detém a Administração Pública para exercício da função administrava, de forma que possa concretizar o interesse público supremo.

Dessa definição é possível concluir que esses poderes não são um fim em si mesmo, sendo utilizados sempre como instrumento para consecução dos fins públicos. A título de exemplo, não se utiliza a prerrogativa de desapropriar imóvel de particular por puro ato de império, sendo indispensável a existência de relevante interesse social.

27. No que consiste o Poder de Polícia? Quais são seus atributos?

Poder de polícia é a faculdade que o Estado possui para restringir o exercício de um direito tendo em vista o benefício dessa restrição para a sociedade. Seu fundamento é a supremacia do interesse público sobre o privado.

Os atributos do Poder de Polícia são: discricionariedade, autoexecutoriedade e coercibilidade. Discricionariedade: a Administração possui certa liberdade em sua atuação, podendo analisar a oportunidade e conveniência da prática do ato e da gravidade das sanções a serem aplicadas. Autoexecutoridade: a Administração pode decidir e executar sua decisão sem a necessidade da intervenção do Poder Judiciário. E, coercibilidade: trata-se da possibilidade de imposição coativa das medidas adotadas pela Administração, e diante da negativa, pode-se utilizar a força pública para seu cumprimento.

28. É possível a delegação do poder de polícia administrativa?

Consoante jurisprudência do STJ (Resp. 817.534/MG), somente os atos de polícia relativos ao consentimento e à fiscalização são delegáveis, pois aqueles referentes à legislação e à sanção de polícia derivam do poder de coerção do Poder Público, não podendo, portanto, serem delegados a particulares.

Celso Antônio Bandeira de Mello, por sua vez, aduz que os atos jurídicos expressivos de poder de polícia, salvo circunstâncias excepcionalíssimas, não podem ser delegados para particulares. Com efeito, não se admite a delegação de poder de polícia para particulares sob pena de quebra do princípio da igualdade, já que seria um demasiado contrassenso a delegação a particulares de um poder com o qual se pode limitar, por exemplo, a propriedade de outro particular.

Registre-se, por fim, que não se deve confundir o exercício do poder de polícia, com os atos materiais prévios ou sucessivos a ele, que podem, por certo, ser delegados a particulares.

29. Discorra sobre o ciclo do poder de polícia.

Excelência, o exercício do poder de polícia apresenta o seguinte ciclo: norma ou ordem de polícia (legislação): estabelece os limites do exercício dos direitos individuais. Pode ser constitucional, legal ou regulamentar (sempre presente); permissão (consentimento) de polícia: possibilita ao particular o exercício de atividade controlada pelo Poder Público (nem toda atividade precisará de permissão para ser exercida); fiscalização de polícia: verificação do cumprimento das normas e das condições estabelecidas na permissão de polícia (sempre presente) e; sanção de polícia: aplicação de penalidades àqueles que descumprirem as normas e as condições da permissão de polícia (presente quando houver descumprimento de normas). Também pode ser utilizada a medida de polícia, com o objetivo de impedir a ocorrência de dano, como p.ex.: após fiscalização que comprova a existência de comida estragada em um restaurante, a Administração impõe uma multa (sanção) e destrói a comida estragada (medida de polícia).

Por fim, cabe registrar que, de acordo com o STJ, somente os atos dos ciclos de polícia, denominados "consentimento" e "fiscalização" são passíveis de delegação a particulares, uma vez que os atos de "ordem" e "sanção" de polícia atinem ao poder de coerção da Administração Pública, portanto, indelegáveis ao particular.

30. Discorra sobre o poder de polícia preventivo, repressivo e fiscalizatório.

Vislumbramos o Poder de Polícia Preventivo quando a administração dispõe genericamente sobre determinada situação, como o horário de funcionamento de determinado estabelecimento, a proibição de soltar balões etc.;

A seu turno, Poder de Polícia Repressivo visa reprimir atos para promover a obediência à lei. Ex.: conter passeata tumultuosa.

Finalmente, Poder de Polícia Fiscalizador existe para assegurar a não ocorrência de lesões, como na vistoria de veículos.

31. Diferencie excesso e desvio de poder administrativo.

Ocorre o excesso de poder quando o administrador atua fora dos limites de sua competência, realizando atividade que a lei não lhe atribuiu, muitas vezes usurpando competência de outro agente. No desvio de poder, diferentemente, o administrador respeita os limites que a lei lhe atribuiu, não extrapola as determinações legais, porém busca alcançar finalidade diversa, afastando-se do interesse público.

Conforme ensina CARVALHO FILHO (2017, p. 66), desvio de poder "é a modalidade de abuso em que o agente busca alcançar fim diverso daquele que a lei lhe previu, como bem assinala LAUBADÈRE. A finalidade da lei está sempre voltada para o interesse público. Se o agente atua em descompasso com esse fim, desvia-se de seu poder e pratica, assim, conduta ilegítima. Por isso é que tal vício é também denominado de desvio de finalidade, denominação, aliás, adotada na lei que disciplina a ação popular (Lei nº 4.717, de 29.6.1965, art. 2º, parágrafo único, 'e'). O desvio de poder é conduta mais visível nos atos discricionários. Decorre desse fato a dificuldade na obtenção da prova efetiva do desvio, sobretudo porque a ilegitimidade vem dissimulada sob a aparência da perfeita legalidade".

32. Conceitue poder hierárquico.

Poder hierárquico é aquele que decorre da hierarquia que fundamenta a organização estrutural da Administração Pública, tendo como fundamento o escalonamento vertical de seus órgãos e agentes.

Conforme Di Pietro, deriva da relação de coordenação e subordinação mantidas entre os órgãos inferiores e superiores, da qual decorre uma série de prerrogativas como: o poder de dar ordem aos subordinados, de controlar a atividade de órgãos inferiores para garantir o cumprimento da lei, anular os atos ilegais e revogar os inconvenientes e inoportunos, aplicar sanções, editar atos normativos internos que ordenam somente os subordinados, não se confundindo com os regulamentos.

33. Diferencie delegação de avocação do poder administrativo.

A delegação pode ser compreendida como a extensão de atribuições não exclusivas de um órgão a outro de mesma ou de inferior hierarquia. Por ela, o agente que originariamente exerce a atribuição ainda mantém sua competência (cláusula de reserva), compartilhando-a com o delegatário. Destaca-se que não existe delegação genérica, devendo o ato mencionar expressamente o que será objeto de extensão de competência.

A avocação é o oposto, sendo caracterizada como a tomada temporária de competência legalmente atribuída a um agente subordinado por agente de hierarquia superior, desde que não seja competência exclusiva do subordinado.

34. Conceitue Poder Disciplinar.

É o poder de o Estado aplicar sanções a sujeitos que estejam vinculados à Administração Pública, seja por relação hierárquica ou por relação contratual.

A doutrina esclarece que pelo poder disciplinar cabe à Administração Pública apurar infrações e aplicar penalidade aos servidores públicos e outras pessoas sujeitas à disciplina administrava, não compreendendo sanções punitivas a sujeitos que não estejam a ela especialmente vinculados.

Desta arte, uma penalidade de multa por estacionar em local irregular não caracteriza o exercício do poder disciplinar, vez que o sancionado, nesse caso, é sujeito sem vínculo especial com o Estado, tendo sido penalizado por descumprir legislação de trânsito no exercício do poder de polícia.

V. ATO ADMINISTRATIVO

35. Quais são os elementos do ato administrativo? Quais deles são passíveis de convalidação?

Excelência, segundo Maria Sylvia Zanella Di Pietro, "o ato administrativo é a declaração do Estado ou de quem o represente, que produz efeitos jurídicos imediatos, com observância da lei, sob o regime jurídico de direito público e sujeito ao controle do Poder Público."

São elementos do Ato Administrativo: sujeito competente ou competência: é o poder que decorre da lei, conferido ao agente administrativo para o desempenho regular de suas atribuições; forma: os atos devem respeitar a forma exigida para sua prática. A regra na Administração Pública é que todos os atos devem ser formais, contrapondo-se ao direito privado, no qual se aplica a liberdade das formas. Finalidade: A finalidade é o resultado que a Administração pretende alcançar com a prática do ato. É o seu objetivo.

De acordo com o princípio da finalidade, é dever da Administração Pública sempre buscar o interesse público.

Ainda, temos o motivo que é a situação de fato e de direito que gera a necessidade de a Administração praticar o ato administrativo. Quanto ao Objeto ou Conteúdo, Segundo Fernanda Marinela, o objeto é o efeito jurídico imediato do ato, isto é, o resultado prático causado em uma esfera de direitos, seja a criação, modificação ou comprovação de situações concernentes a pessoas, coisas ou atividades sujeitas à ação do Poder Público.

Convalidar o ato é torná-lo válido, efetuando correções, de forma que ele se torne perfeito, atendendo às exigências legais. Nos termos da Lei 9.784, de 29.01.1999, o ato jurídico que tenha defeitos sanáveis pode ser corrigido, com o fim do melhor atendimento ao interesse público. São, em regra, passíveis de convalidação os atos que possuem vícios de competência e de forma.

36. Quais os atributos do ato administrativos? Explique cada um.

Os atributos do ato administrativo são: presunção de legitimidade, imperatividade, autoexecutoriedade e tipicidade.

Presunção de legitimidade é a presunção de que o ato administrativo é legal, legítimo e verdadeiro. Trata-se de presunção relativa, admitindo prova em contrário.

Essa presunção encontra seu fundamento no princípio da legalidade, uma vez que o administrador somente pode agir em conformidade com as normas vigentes no ordenamento jurídico.

Imperatividade consiste no poder que a Administração possui de impor o ato ao administrado, independentemente de sua concordância.

Observação: Existem exceções à imperatividade, como por exemplo, os atos negociais e os atos enunciativos, como as autorizações e os atestados, respectivamente.

A seu turno, a autoexecutoriedade se resume na execução direta do ato administrativo pela própria Administração, independente de ordem judicial, contudo nem todo ato é autoexecutável; valendo-se a Administração, para tanto, de meios indiretos de coerção, p.ex. multa (exigibilidade), bem como de meios diretos de coerção, p.ex., demolição de construção irregular (executoriedade).

Observação: Nem todos os atos são dotados de autoexecutoriedade. Em regra, eles a detêm, mas existem exceções.

Exemplos:

- Multa em caso de oposição ao pagamento por parte do particular, a Administração deverá ajuizar ação de execução fiscal – e dependerá do Poder Judiciário – para obter a satisfação do seu crédito.
- Decreto de utilidade pública para fins de desapropriação em caso de oposição do particular, a Administração deverá ajuizar Ação de Desapropriação para alcançar o seu objetivo de prosseguir na desapropriação.

Finalmente, a tipicidade enuncia que somente podem ser editados os atos dentre os previstos pelo ordenamento jurídico, não podendo ser expedidos atos fora dos tipos autorizados. Em outras palavras, não podem ser criados atos de forma aleatória e não prevista, sob pena de violação da Tipicidade.

Observação: A exceção no tocante a este atributo se situa no âmbito dos contratos administrativos. O administrador pode celebrar tantos contratos quantos forem necessários para a satisfação do interesse público.

Resumindo: Para os atos administrativos, vigora a tipicidade. Para os contratos administrativos, vigora a atipicidade.

Atenção: Pode ser mencionado ainda o atributo da exigibilidade. Ele alcança alguns atos administrativos apenas e indica que eles podem ser exigidos por meio de mecanismos indiretos de coerção. Ex.: Imposição de multa ou mecanismo de condicionamento de cumprimento de algo ou pagamento de multa para a obtenção de autorizações e licenciamentos.

Observe-se que se o ato for dotado de autoexecutoriedade ou se for dotado de algum mecanismo direto de coerção, dispensará o estímulo de que se trata na exigibilidade.

37. Quanto à composição da vontade, os atos administrativos podem ser simples, complexos e compostos. Diferencie-os.

A doutrina administrativista ensina que o ato administrativo simples **é** o ato que emana da vontade de um só órgão ou agente administrativo. Os atos complexos, por sua vez, são aqueles cuja vontade final da Administração exige a intervenção de agentes ou órgãos diversos, havendo certa autonomia, ou conteúdo próprio, em cada uma das manifestações. Exemplos: nomeação do Procurador Geral de Justiça pelo Governador, bem como a investidura do Ministro do STF, que se inicia pela escolha do Presidente da República, passa pela aferição do Senado Federal e culmina com a nomeação. Por fim, os atos compostos não se compõem de vontades autônomas, embora múltiplas. Há, na verdade, uma só vontade autônoma, ou seja, de conteúdo próprio.

As demais são meramente instrumentais, porque se limitam à verificação de legitimidade do ato de conteúdo próprio. Exemplos: um ato de autorização sujeito a outro ato confirmatório, um visto.

38. O que é mérito administrativo?

O mérito administrativo está relacionado com a possibilidade de a administração pública valorar os critérios de conveniência, oportunidade e conteúdo do ato administrativo, por essa razão, só há que se falar em mérito administrativo diante de ato discricionário, vez que, no ato vinculado, o mérito é do legislador, que determina **à** administração o que fazer e quando fazer.

39. Há invasão do mérito quando o judiciário aprecia os motivos?

A doutrinadora Di Pietro entende que o judiciário, quando analisa os motivos, não adentra no mérito. Mérito administrativo é a valoração que o administrador faz em relação à conveniência e oportunidade dos elementos motivo e objeto do ato administrativo. Predomina na doutrina a ideia de que o Judiciário não pode invadir o mérito administrativo, porque isso violaria a separação dos poderes, já que o juiz não foi eleito para fazer escolhas políticas.

O legislador pode, eventualmente, deixar um espaço decisório para o administrador, e esse espaço é o que se entende por discricionariedade. Cumpre ressaltar que, na doutrina, há um posicionamento minoritário, no sentido de que o Judiciário também pode controlar o mérito do ato administrativo com relação à proporcionalidade, moralidade e eficiência. No entanto, há certa resistência a esse entendimento, já que o controle de proporcionalidade diz respeito à atuação do administrador que ultrapassa os limites em que ele poderia atuar, agindo de forma arbitrária. Isso não seria controle de mérito.

40. Qual a diferença entre cassação, revogação e anulação?

Anulação (ou invalidação) é a retirada do ato administrativo por motivo de ilegalidade, de desconformidade com a lei. Só se anula um ato administrativo se este não for legal. Os efeitos da anulação são *ex tunc*, ressalvados os direitos adquiridos de terceiro de boa-fé (não se anulam os efeitos produzidos ao terceiro).

Revogação, por sua vez, é a retirada de um ato administrativo inconveniente ou inoportuno, ainda que legal. Produz efeitos *ex nunc*.

Por fim, cassação é a retirada do ato administrativo por ilegalidade superveniente decorrente de culpa do beneficiário, que deixa de cumprir seus requisitos.

VI. LICITAÇÃO E CONTRATOS ADMINISTRATIVOS

41. Foi realizado um contrato com a Administração Pública, sem que tivesse sido precedido de licitação. Prestado o serviço, a Administração se nega a efetuar o pagamento, sob o argumento de nulidade da referida contratação. Aponte o entendimento jurisprudencial acerca do tema:

Ainda que o contrato seja nulo em razão de ausência de licitação prévia, o serviço prestado deve ser pago, sob pena de enriquecimento ilícito por parte da Administração Pública.

Veja trecho de julgado do STJ neste sentido:

> "Na ausência de contrato formal entre as partes – e, portanto, de ato jurídico perfeito que preservaria a aplicação da lei à celebração do instrumento –, deve prevalecer o princípio do não enriquecimento ilícito. Se o acórdão recorrido confirma a execução do contrato e a realização da obra pelo recorrido, entende-se que deve ser realizado o pagamento devido pelo Município recorrente" (STJ. 2ª Turma. REsp 836.495/RS, 26/11/2013).

42. Com a revogação da Lei 8.666/1993 pela Lei 14.133/2021, o que aconteceu com os crimes que eram previstos na lei revogada?

Os tipos antigos foram inseridos no Código Penal, nos artigos 337-E e 337-O e foi criada uma nova previsão, inserida no artigo 337-P.

Observação: O fenômeno que ora se analisa com as condutas descritas nos tipos é a continuidade normativo-típica. Não confundir com *abolitio criminis*, que não é o caso vertente.

43. Disserte sobre o atual sistema normativo de licitações no Brasil, apontando os diplomas vigentes.

Com a edição da Medida Provisória 1.167/2023, foi prorrogado até 30 de dezembro de 2023 a validade das seguintes leis que tratam do tema:

Lei 8.666/1993 (antiga lei de licitações)

Lei 12.462/2011 (Regime Diferenciado de Compras – RDC)

Lei 10.520/2002 (Lei do Pregão)

A medida provisória alterou a previsão contida na nova lei de licitações e contratos (Lei 14.133/2021), que unifica a legislação sobre licitações e contratos e tinha dado, anteriormente, prazo de dois anos para os gestores se adaptarem às novas regras.

Assim, pode ser feita a opção de publicação de editais no formato antigo até o dia 29 de dezembro de 2023, desde que com indicação expressa da opção escolhida.

44. No que tange ao tema licitações, explique o princípio do sigilo das propostas, fazendo um paralelo com o princípio da publicidade aplicável à administração pública.

Primeiramente, insta ponderar que o princípio do sigilo das propostas não contradiz o quanto exposto no princípio da publicidade, que deve ser observada na realização de licitações públicas.

De fato, a licitação é pública e os atos praticados no bojo do procedimento licitatório não podem ser sigilosos ou secretos, contudo, as propostas apresentadas pelos licitantes são sigilosas até a data da abertura dos envelopes, a ser feita em conjunto, por todos os concorrentes, em sessão pública.

Até este momento, previamente determinado pelo edital, um licitante não pode saber da proposta do outro, pois a violação do sigilo da proposta representa Improbidade Administrativa e crime definido na própria lei de licitações. Situação diversa configuraria privilégio de alguns licitantes em detrimento de outros, em ofensa clara ao princípio da isonomia.

45. O que é licitação vedada ou proibida?

Licitação vedada ou proibida é situação excepcional, identificada pela doutrina e sem previsão expressa na lei, na qual a realização do certame licitatório violaria o interesse público em razão da extrema urgência em obter certos bens ou serviços. São casos, portanto, nos quais a Administração Pública é obrigada a adotar a decisão vinculada de realizar a contratação direta pelo fato de a proteção do interesse público ser incompatível com o período de tempo necessário para concluir o procedimento licitatório. Exemplo: compra de vacinas durante epidemia.

46. É possível que um decreto altere os valores que estão previstos como parâmetros na lei de licitações? Justifique: para realização de licitação de obras e serviços é necessária a exigência efetiva da disponibilidade de recursos nos cofres públicos?

É possível. Exemplo é o Decreto nº 9.412/2018, que atualizou os valores trazidos pelo art. 23 da Lei nº 8.666/93. A autorização para isso está no art. 120 da Lei nº 8.666/93: "*Art. 120. Os valores fixados por esta Lei poderão ser anualmente revistos pelo Poder Executivo Federal, que os fará publicar no Diário Oficial da União, observando como limite superior a variação geral dos preços do mercado, no período.* "

Como a elaboração de uma lei é bem mais demorada que a de um decreto, a intenção do legislador foi a de dinamizar esse processo, permitindo uma atualização rápida. Vale ressaltar, no entanto, a ressalva feita ao final, no sentido de que essa atualização deve respeitar "a variação geral dos preços do mercado, no período". Em outras palavras, não se trata de um aumento real, mas sim de uma mera recomposição da variação dos preços no período.

A Lei de Licitações (Lei n° 8.666/93) estabelece, em seu art. 7º, §2º, inciso III, o seguinte: "*As obras e os serviços somente poderão ser licitados quando: houver previsão de recursos orçamentários que assegurem o pagamento das obrigações decorrentes de obras ou serviços a serem executadas no exercício financeiro em curso, de acordo com o respectivo cronograma.*".

Contudo, consoante entendimento do STJ, não se exige a disponibilidade financeira (ou seja, o fato de a administração ter o recurso disponível ou liberado), mas tão somente que haja previsão destes recursos na Lei Orçamentária. Portanto, para que seja atendido o inciso III do § 2º do art. 7º da Lei de Licitações, não se exige a disponibilidade financeira, mas tão somente que haja previsão destes recursos na Lei Orçamentária (REsp. 1141021-SP).

47. Do que se trata o princípio da licitação sustentável?

Excelência, de acordo com o Ministério do Meio Ambiente, tal princípio, expresso no art. 3º da Lei 8666/93, "é o procedimento administrativo formal que contribui para a promoção do desenvolvimento nacional sustentável, mediante a inserção de critérios sociais, ambientais e econômicos nas aquisições de bens, contratações de serviços e execução de obras. De uma maneira geral, trata-se da utilização do poder de compra do setor público para gerar benefícios econômicos e socioambientais."

48. Disserte sobre o princípio da adjudicação obrigatória.

O licitante vencedor deve ser aquele escolhido para a celebração do contrato, não podendo ser preterido em benefício de outro concorrente. Pelo mesmo princípio, finalizado um procedimento licitatório (com a homologação da adjudicação), não é possível que a Administração faça um novo procedimento sem que tenha contratado com o vencedor do certame finalizado.

Esse princípio não obriga a Administração a contratar com o vencedor; apenas garante sua posição preferencial no momento da celebração do contrato.

49. Diferencie licitação deserta de licitação fracassada.

Como o próprio nome já diz, licitação deserta consiste na não aparição de interessados no procedimento licitatório. Nesse caso, o procedimento licitatório torna-se dispensável e a administração pública pode contratar diretamente, se comprovar a existência de prejuízo na realização de nova licitação. Importante salientar que, no caso de contratação dispensável, devem ser mantidas as condições do instrumento convocatório.

Cumpre trazer à baila que não existe limite de valor do contrato para que se decida pela contratação direta em razão da licitação deserta.

De outra banda, na licitação fracassada aparecem interessados, mas nenhum dos participantes é selecionado, devido **à** inabilitação ou desclassificação das propostas. Diferentemente da licitação deserta, aqui, via de regra, a licitação não se tornará dispensável. Nesse caso, a Administração Pública poderá fixar aos licitantes o prazo de 8 (oito) dias úteis para que seja apresentada nova documentação ou outras propostas, sendo que, no caso de convite, é facultada a redução deste prazo para 3 (três) dias úteis.

50. Que situação jurídica é dada aos crimes de licitatórios pela Nova Legislação Nacional?

O art. 193, inciso I da Nova Lei de Licitações prevê que haverá a revogação, imediata, pós publicação da norma, dos crimes previstos nos arts. 89 a 108 da Lei 8.666/93. Desta forma, tanto a parte de crimes materiais – arts. 89 a 99 – e adjetiva (processual penal) – arts. 100 a 108 – saem de cena no tratamento extravagante em proteção dos bens jurídicos tutelados pela lei. Isso ocorre, Excelência, porque a Nova Lei de Licitações promoverá uma série de alterações no Código Penal, pela inclusão de Capítulo específico a ser denominado DOS CRIMES EM LICITAÇÃO E CONTRATOS ADMINISTRATIVOS (Capítulo II-B do CP). Haverá, ademais, aumento significativo das penas dos tipos, dada a relevância pelo Congresso Nacional da matéria Estatal envolvida. Importante destacar, ainda, que é necessário, pós publicação da lei, uma atenção ao princípio da continuidade típico-normativa e eventuais implicações nos processos em curso.

51. O que é diálogo competitivo conforme a Nova Lei de Licitação?

Uma das inovações da Nova Lei de Licitação é o diálogo competitivo. Trata-se de uma nova modalidade de licitação, conjuntamente com pregão, concorrência, concurso e leilão. Insta lembrar que tomada de preços e convite serão excluídas na Nova Lei, bem assim, pregão sairá da Lei 10.520/02 e passará para a Lei Geral de Licitações. Sobre o diálogo competitivo, segundo o artigo 6º, inciso XLII, é a modalidade de licitação previamente selecionada mediante critérios objetivos, com o intuito de desenvolver uma ou mais alternativas capazes de atender às suas necessidades, devendo os licitantes apresentar proposta final após o encerramento dos diálogos. Tal modalidade, é inspirada na Diretiva 2014/24 da União Europeia. Há mais transparência e segurança jurídica para um fato que já ocorre na relação entre a Administração Pública e o particular. Segundo o art. 32, a modalidade diálogo competitivo é restrita a contratações em que a Administração: vise contratar objeto que envolva as seguintes condições – inovação tecnológica ou técnica; impossibilidade de o órgão ou entidade ter sua necessidade satisfeita sem a adaptação de soluções disponíveis no mercado; impossibilidade de as especificações técnicas serem definidas com precisão suficiente pela Administração.

52. Ao que se refere o princípio do planejamento das licitações? Fundamente conforme a nova lei de licitações.

O legislador dedicou o princípio do planejamento da licitação à fase preparatória, conforme previsão do art. 5º da Nova Lei. Ficou mais do que claro que o planejamento das licitações e dos contratos foi bastante realçado pelo Congresso Nacional, onde um capítulo inteiro foi dedicado à matéria. O princípio é determinante para o sucesso ou insucesso das licitações, sendo certo que pode ser considerado um pilar fundamental da construção contratual atual. Na fase citada, pois, é necessário haver um planejamento por parte da Administração Pública, onde será contida todas as condições que devem, ao final, ser retratadas no edital. A previsão do referido está contida no art. 18 até 27: A fase preparatória do processo licitatório é caracterizada pelo planejamento e deve compatibilizar-se com o plano de contratações anual de que trata o inciso VII do caput do art. 12 desta Lei, sempre que elaborado, e com as leis orçamentárias, bem como abordar todas as considerações técnicas, mercadológicas e de gestão que podem interferir na contratação.

53. Discorra sobre o regime de transição apontado pela Nova Lei de Licitações.

Já é pacífico no ordenamento jurídico nacional que o tempo de vigência da norma deve ser o necessário para sua fiel inserção no status social. A LINDB (Decreto 4.657/1942) em seu art. 1º afirma que, salvo disposição contrária, a lei começa a viger em todo o Brasil quarenta e cinco dias depois de oficialmente publicada – *vacatio legis*. Em obediência a este pensamento, o art. 191 da Nova Lei de Licitações prevê que a norma entrará em vigor logo que sancionada e publicada, sendo certo afirmar que o prazo geral foi desconsiderado pelo legislador – há, dessa forma, uma urgência de eficácia da norma. Neste sentido, pois, importante casar a nova disposição com o entendimento a seguir:

Até o decurso do prazo de que trata o inciso II do caput do art. 190, a Administração poderá optar por licitar de acordo com esta Lei ou de acordo com as leis citadas no referido inciso, e a opção escolhida deverá ser indicada expressamente no edital, vedada a aplicação combinada desta Lei com as citadas no referido inciso.

É possível notar que o legislador ordinário se preocupa com o regime de transição dos procedimentos, dando à Administração Pública três alternativas, portanto: aplicar o novo regime, até o momento regulado pelo PL 4.253/20; usar o regime antigo – aquele previsto nas leis 8.666/93, 10.520/02 (Pregão) e 12.462/01 (Regime Diferenciado de Contratação); alternar os regimes, usando ora a novel lei, ora qualquer dos regimes antigos pelo prazo de dois anos, desde que conste expressamente, em todos os casos, qual regime será o adotado. Dessa forma, pode-se afirmar que a razão de ser desta previsão está no sentido de dar intervalo suficiente para que a máxima da eficiência seja obedecida pelo Administrador Público (CF/88, art. 37, caput, incluído pela EC 19/98). De que forma? Adaptação de processos internos nos órgãos componentes da Administração Direta e Indireta, por estudos necessários para captação dos servidores atuantes no processo licitatório para contratação de produtos, atividades e serviços do Estado.

Sobre contratos, ainda o art. 191, §1º da Nova Lei de Licitações, prevê que o contrato assinado antes da entrada em vigor (pós sansão Presidencial) continuará seguido o regime antigo, porquanto trata-se de um ato jurídico perfeito (já consumado segundo a lei vigente ao tempo em que se efetuou), não podendo, pois, ser alterado pela norma geral prevista na Lei de Introdução às Normas do Direito Brasileiro – Art. 6º, caput: A lei em vigor terá efeito imediato e geral, respeitados o ato jurídico perfeito, o direito adquirido e a coisa julgada.

54. A respeito do controle das contratações, defina as três linhas de defesa conforme a Nova Lei de licitações.

Excelência, as contratações públicas deverão, segundo o art. 168 da Nova Lei de Licitações, submeter-se a práticas contínuas e permanentes de gestão de riscos e de controle preventivo, inclusive, mediante adoção de recursos de tecnologia da informação, e, além de estar subordinadas ao controle social, sujeitar-se-ão às seguintes linhas de defesa: 1ª linha – integrada por servidores e empregados públicos, agentes de licitação e autoridades que atuam na estrutura de governança do órgão ou entidade; 2ª linha – integrada pelas unidades de assessoramento jurídico e de controle interno do próprio órgão ou entidade; 3ª linha – integrada pelo órgão central de controle interno da Administração Pública e pelo Tribunal de Contas.

VII. INTERVENÇÃO DO ESTADO NA PROPRIEDADE E DESAPROPRIAÇÃO

55. O que é servidão administrativa?

Servidão administrativa é modalidade de intervenção restritiva na propriedade de terceiro, compreendida como direito real que autoriza a Administração Pública a usar a propriedade para permitir a execução de obras e serviços de interesse coletivo. Em outras palavras, ônus real de uso, imposto unilateralmente por qualquer ente da Federação sobre o imóvel de terceiro.

56. O que é requisição administrativa?

Requisição administrativa é a prerrogativa de a Administração Pública utilizar transitoriamente os bens móveis, imóveis e serviços particulares no caso de perigo público iminente, e somente enquanto essa situação emergencial perdurar, sendo assegurada a indenização posterior ao proprietário na hipótese de prejuízo.

O traço característico da requisição é justamente o perigo público, a calamidade pública, e a indenização ulterior, caso exista prejuízo.

Essa modalidade está prevista na Constituição da República, especificamente no artigo 5º, XXV, sendo poder instrumental conferido pelo legislador constituinte como forma de resguardar o interesse público violado, ou em vias de ser violado, pela calamidade.

57. No que consiste a ocupação temporária?

A ocupação temporária, enquanto modalidade de restrição da propriedade, consiste na utilização de bem privado por tempo determinado ou determinável, para consecução de uma finalidade pública.

Essa modalidade de intervenção, por sua vez, aparece diversas vezes no ordenamento em legislações distintas.

O Decreto-lei nº 3.365/41, no artigo 36, ao dispor sobre o instituto, preconiza que a Administração poderá utilizar temporariamente bens privados vizinhos às obras públicas, caso seja necessário. É o caso, por exemplo, da alocação no terreno desocupado de maquinário, equipamentos, assentamentos para funcionários da obra, enquanto é construída rodovia em imóvel desapropriado.

58. O que é tredestinação lícita e ilícita?

Tredestinação é a mudança de destinação do ato administrativo. Subdivide-se em lícita ou ilícita.

Ocorre a tredestinação lícita quando ocorre a desapropriação com finalidade diversa da inicialmente planejada, mas que ainda atenda ao interesse público. A doutrina costuma exemplificar a tredestinação lícita em uma desapropriação de um terreno para a construção de uma faculdade, todavia, a administração acaba optando por construir um hospital.

Já a tredestinação ilícita consiste na verdadeira desistência da expropriação e culmina na retrocessão. Ocorre quando o Estado pratica desvio de finalidade ou, ainda, transmite o bem a terceiros (em uma situação que não é possível). Sendo assim, não há incidência da manutenção do interesse público, o qual motivou a expropriação. A doutrina alerta que o fator temporal (demora) em usar o bem não enseja automaticamente a tredestinação.

59. Conceitue limitação administrativa.

Trata-se de restrição geral, que não atinge bem específico, e sim os proprietários que se enquadrarem nas disposições normativas genéricas previamente existentes. Em outras palavras, a pretensão do Poder Público não é concluir qualquer obra ou serviço público, ao contrário, é condicionar as propriedades à verdadeira função social a que são exigidas.

Esse tipo de intervenção restritiva é presente de forma acentuada em normas de direito urbanístico, como é o exemplo de limitações concernentes ao tamanho máximo das edificações, seja em pavimentos ou em metros (gabarito de prédios).

60. Discorra sobre o instituto do tombamento.

Em linhas gerais, o tombamento se configura como intervenção do Estado na propriedade, pela qual se objetiva proteger o patrimônio cultural e a memória nacional, impedindo que o proprietário possa usar e fruir livremente, restringindo a propriedade, que passa a ser protegida pelo Poder Público.

61. O que é desapropriação direta e indireta?

Segundo José Cretella Júnior, "a desapropriação constitui a mais profunda penetração do poder de polícia, no campo do direito privado. É o instrumento jurídico mediante o qual o Estado se apodera do bem particular".

Quando a Administração Pública finge a ocorrência de uma servidão que, na verdade, configura uma desapropriação estamos diante do fenômeno conhecido como desapropriação indireta.

Exemplifica-se tal situação quando há passagem de fios de alta tensão em uma propriedade e, devido à fiação, o particular não poderá edificar, motivado pelo campo energético em que há na fiação.

A doutrina e a jurisprudência dominantes entendem que, nesse caso, deve haver desapropriação indireta, visto que inviabiliza o dono da propriedade na utilização do bem.

Assim, a desapropriação indireta é o apossamento de bem de particular pelo poder público sem a correta observância dos requisitos da declaração e indenização prévia.

VIII. BENS PÚBLICOS

62. Conceitue bens públicos.

Conforme inteligência do artigo 98 do Código Civil *"são públicos os bens do domínio nacional pertencentes às pessoas jurídicas de direito público interno"*. Tal conceito tem relação no que tange à titularidade.

Há doutrinadores que utilizam o critério da afetação ou da destinação, ou seja, se o bem pertencente a uma pessoa, de direito público ou privado, estiver voltado à prestação de serviço público, será considerado bem público.

Há ainda quem adota um conceito que mescla os critérios da titularidade e da finalidade. É o caso, por exemplo, de Celso Antônio Bandeira de Mello, para quem bens públicos são os que pertencem às pessoas jurídicas de direito público, isto é, União, Estados, Distrito Federal, Municípios, respectivas autarquias e fundações de direito público, bem como os que, embora não pertencentes a tais pessoas, estejam afetados à prestação de um serviço público.

63. Como se classificam os bens públicos, de acordo com o Código Civil?

De acordo com a legislação pertinente, os bens públicos, quanto à destinação ou afetação, classificam-se em: bens de uso especial, bens dominicais ou dominiais ou bens de uso comum do povo.

Os bens de uso comum do povo, como o próprio nome sugere, são aqueles que se destinam a utilização geral pelos indivíduos, podendo ser usufruídos por todos em igualdade de condições, sendo desnecessário consentimento individualizado por parte da Administração para que isso ocorra. Ressalte-se que os bens de uso comum do povo podem ser federais, estaduais, distritais ou municipais.

São exemplos as praças, os logradouros públicos e as estradas. Normalmente, o uso de tais bens é gratuito.

Bens de uso especial são todos aqueles que visam à execução dos serviços administrativos e dos serviços públicos em geral. Tais bens constituem o aparelhamento material das pessoas jurídicas de direito público, utilizados para atingir os seus fins. Da mesma forma que os de uso comum do povo, podem ser federais, estaduais, distritais e municipais. São exemplos, os edifícios públicos onde se situam as repartições públicas, as escolas públicas, os hospitais públicos e as universidades.

Finalmente, os bens dominicais são os que constituem o patrimônio das pessoas jurídicas de direito público, como objeto de direito pessoal ou real de cada uma dessas entidades.

Os bens dominicais, não estando afetados à finalidade pública específica, podem ser alienados por meio de institutos do direito privado (compra e venda, doação, permuta) ou do direito público (investidura, legitimação de posse e retrocessão). Tais bens estão, portanto, no comércio jurídico de direito privado e de direito público.

64. O que é desafetação?

É a retirada da finalidade pública que foi atribuída a um bem público.

Caso o bem não esteja sendo utilizado para qualquer destinação pública, diz-se que está desafetado. Por exemplo: um imóvel do Estado que não esteja sendo utilizado para qualquer fim. Os bens desafetados são bens dominicais.

Os bens públicos, ao longo do tempo, mudam, com alguma frequência, a sua destinação em relação a sua classificação. Se o bem está afetado e passa a desafetado, ocorre a desafetação; se, ao revés, o bem está desafetado, sem utilização, e passa a ter uma finalidade pública, tem-se a afetação.

65. O que é desafetação formal e fática?

Quando a desafetação é concebida por lei ou até mesmo por ato administrativo, estamos diante do que a doutrina convencionou chamar de desafetação formal. Diferentemente, quando a desafetação acontece por um fato administrativo, como no caso de um incêndio em uma repartição pública, retirando sua finalidade, estamos diante da desafetação fática.

66. Quais são as características dos bens públicos?

Os bens públicos estão submetidos a um regime de direito público, diferenciando –se, assim, dos bens particulares. Desse modo, sofrem incidência de algumas normas restritivas, limitando a sua disponibilidade por parte do Estado. São suas características:

São bens com inalienabilidade relativa, haja vista que bens desafetados podem ser alienados. Ainda, há impenhorabilidade, pois, os bens não podem ser constritos para futura execução. O pagamento da Fazenda Pública se dá por precatório ou RPV.

Outra característica dos bens públicos é a imprescritibilidade, já que os bens públicos não podem ser objetos de usucapião.

Finalmente, os bens públicos têm a característica da não onerabilidade, pois, não podem ser objeto de garantia real, como hipoteca e penhor.

IX. AGENTES PÚBLICOS

67. O diploma para o exercício do cargo deve ser exigido na inscrição do concurso?

Não, conforme entendimento sumular do Superior Tribunal de Justiça, O diploma ou habilitação legal para o exercício do cargo deve ser exigido na posse e não na inscrição para o concurso público.

68. O que é a teoria do fato consumado? É aplicada no âmbito nacional?

Segundo a teoria do fato consumado, as situações jurídicas (provisórias) consolidadas pelo lapso temporal, amparadas por decisão judicial, não devem ser revistas, em razão do princípio da segurança jurídica e da estabilidade. Normalmente, tal teoria é avocada nas situações de nomeações provisórias.

A posse ou o exercício em cargo público por força de decisão judicial de caráter provisório não implica na manutenção, em definitivo, do candidato que não atende a exigência de prévia aprovação em concurso público (CF, art. 37, II), valor constitucional que prepondera sobre o interesse individual do candidato, que não pode invocar, na hipótese, o princípio da proteção da confiança legítima, pois conhece a precariedade da medida judicial.

Não se aplica a teoria do fato consumado aos candidatos que assumiram o cargo público por força de decisão judicial provisória que seja posteriormente revista. A teoria do fato consumado busca consolidar situações jurídicas que se prolongam no tempo, com vistas a resguardar a segurança jurídica e a estabilidade das relações sociais. Todavia, de acordo com o entendimento do STF, o exercício prolongado de cargo público, por força de decisão judicial liminar, não implica o direito à permanência em definitivo, caso o candidato não atenda à exigência de prévia aprovação em concurso público (art. 37, II, da CF/88).

69. Qual a diferença entre cargo comissionado e função de confiança?

A distinção entre os dois institutos, que estão dispostos no artigo 37 da Constituição Federal, está no lugar ocupado no quadro funcional da Administração.

O cargo em comissão ocupa um espaço na sua estrutura, visto que a nomeação é feita para uma pessoa qualquer, baseada na confiança de quem nomeia, respeitando o limite mínimo exigido por lei. Já a função de confiança é atribuída a um servidor efetivo, que já pertence aos quadros da Administração, não modificando, então, a estrutura organizacional da Administração Pública.

Sendo assim, função de confiança é a atividade reconhecida pelo constituinte que se baseia na confiança do designado para com seu superior, destinada a quem já exerce um cargo efetivo na Administração.

70. É possível eliminar um candidato na fase de investigação social de um concurso quando há Inquérito Policial sem o trânsito em julgado de uma subsequente ação judicial?

O candidato não pode ser eliminado de concurso público, na fase de investigação social, em virtude da existência de termo circunstanciado, inquérito policial ou ação penal sem trânsito em julgado ou extinta a punibilidade pela prescrição da pretensão punitiva.

A eliminação nessas circunstâncias, sem o necessário trânsito em julgado da condenação, violaria o princípio constitucional da presunção de inocência. Assim, em regra, para que seja configurado antecedente criminal, é necessário o trânsito em julgado.

71. O que é a vacância de um cargo público?

Segundo a professora Maria Sylvia Zanella Di Pietro, vacância é o ato administrativo pelo qual o servidor é destituído do cargo, emprego ou função.

A vacância pode ocorrer em virtude de exoneração, demissão, aposentadoria, promoção e falecimento. O artigo 33 da Lei nº 8.112/90, prevê ainda a readaptação e a posse em outro cargo inacumulável.

X. RESPONSABILIDADE CIVIL DO ESTADO

72. Discorra sobre as teorias e a evolução histórica da responsabilidade civil do Estado.

Quanto à responsabilidade civil do Estado, destaca-se, consoante doutrina, as seguintes teorias:

Na teoria da irresponsabilidade do Estado, o Monarca não errava, do inglês "*The king can not be wrong*". Esse pensamento se repetiu com o Estado Liberal – Estado não intervinha em nada. Não se responsabilizava. A responsabilidade do Estado vai nascer quando ele passa de Estado Liberal para Estado de Direito.

Há a teoria do Estado como sujeito responsável em situações pontuais: a evolução foi gradativa. Incialmente ele respondia apenas quando a lei previa a responsabilidade. Eram situações pontuais. O reconhecimento da responsabilidade do Estado à margem de qualquer texto legislativo e segundo princípios de Direito Público.

Outrossim, há a teoria subjetiva da responsabilidade na culpa do agente: para comprovar a responsabilidade subjetiva a vítima tem de comprovar a conduta do Estado, seja ela comissiva ou omissiva, sob pena de haver enriquecimento ilícito – Ex.: motorista atropelou, prova-se o dano, o nexo causal (os ferimentos foram causados pelo atropelamento) e a culpa ou dolo. A vítima tinha que apontar quem seria o agente culpável. Muitas vezes ela não sabia identificar. Os agentes ficavam se culpando. Assim, para afastar essa responsabilidade subjetiva, bastava provar que um dos elementos não estava presente (só existe responsabilidade subjetiva nas condutas ilícitas).

Ainda, há a Responsabilidade subjetiva na culpa do serviço – Teoria da culpa administrativa – culpa anônima – *faute du servisse*: basta que a vítima prove que o serviço não foi prestado, não foi prestado de forma eficiente ou foi prestado de forma atrasada. Essa responsabilidade surgiu entre os franceses e foi denominada "*faute du service*". Não era preciso mais achar a pessoa culpada. Foi chamada também de culpa anônima;

Finalmente, temos a Responsabilidade objetiva: ampliando a proteção do administrado, a jurisprudência administrativa da França veio a admitir também hipóteses de responsabilidade estritamente objetiva, isto é, independentemente de qualquer falta ou culpa do serviço, a dizer, responsabilidade pelo RISCO ADMINISTRATIVO ou, de todo modo, independentemente de comportamento censurável juridicamente. (C.A)

Ressalve-se, por fim, que o ordenamento jurídico brasileiro adota, em regra, a responsabilidade objetiva do Estado, sob a teoria do risco administrativo (admite causas para exclusão da ilicitude da conduta), consoante jurisprudência dos Tribunais Superiores. Contudo, há hipóteses de Risco Integral no ordenamento brasileiro – conforme doutrina majoritária – a saber: responsabilidade civil por danos nucleares (art. 21, XXIII, "d", da CF/88); responsabilidade civil por danos ambientais (art. 225, §3º); responsabilidade civil da União perante terceiros no caso de atentado terrorista, ato de guerra ou eventos correlatos, contra aeronaves de matrícula brasileira operadas por empresas brasileiras de transporte aéreo, excluídas as empresas de táxi aéreo (Lei. n. 10.744/2003).

73. No âmbito da responsabilidade civil do Estado, no que consiste a teoria do risco criado?

A teoria do risco criado (suscitado) consiste no fenômeno de que o Estado desempenha diversas atividades: educação, saúde, segurança pública etc. Logo, tratando-se de atividades que geram alto risco, o Estado responderia objetivamente, como é o caso, por exemplo, de guarda de coisas ou pessoas perigosas. Ex.: presídio, material nuclear, material radioativo, transporte de preso, depósito de munição, criança em uma escola municipal etc.

Ocorre, portanto, sempre que o Estado tiver alguém ou alguma coisa sob sua custódia – o fortuito interno não exclui a responsabilidade estatal.

74. Discorra sobre a responsabilidade do Estado nos atos omissivos.

Com relação aos danos decorrentes da omissão do Estado, é necessário demonstrar que a conduta estatal não foi suficiente para atender às exigências impostas pelo legislador.

Assim, o entendimento pátrio majoritário é no sentido de que na responsabilidade do Estado por danos decorrentes de sua omissão vige a teoria da culpa administrativa, pela qual o lesado deve demonstrar que o Estado tinha o dever legal de agir e que falhou no cumprimento deste dever legal, portanto, com negligência, imprudência ou imperícia, causando prejuízo a terceiros.

Embora exista a análise da "culpa" nesta modalidade de responsabilização estatal, este elemento subjetivo não precisa ser individualizado, razão pela qual se denomina "culpa anônima" ou "culpa não individualizada", a ser imputada ao Poder Público, como um todo, e não a agentes específicos.

Nessa linha, mesmo ocorrendo força maior ou caso fortuito, a responsabilidade do Estado poderá ocorrer se, aliada a este evento, ocorrer omissão do Poder público na realização de um serviço. Portanto, se houver uma enchente, alagando casas, poderá haver responsabilidade estatal se ficar comprovada a falta do serviço de limpeza pública dos bueiros, desde que esta atuação tivesse sido suficiente para impedir o evento danoso.

75. Discorra sobre eventual responsabilização do Estado no caso de morte de preso em sua cela.

A CF/88 determina que o Estado se responsabiliza pela integridade física do preso sob sua custódia, logo, o Poder Público poderá ser condenado a indenizar pelos danos que o preso venha a sofrer. Esta responsabilidade é objetiva.

Assim, a morte de detento gera responsabilidade civil objetiva para o Estado em decorrência da sua omissão específica em cumprir o dever especial de proteção que lhe é imposto pelo art. 5º, XLIX, da CF/88.

Vale ressaltar, no entanto, que a responsabilidade civil neste caso, apesar de ser objetiva, é regrada pela teoria do risco administrativo. Desse modo, o Estado poderá ser dispensado de indenizar se ficar demonstrado que ele não tinha a efetiva possibilidade de evitar a ocorrência do dano. Nas exatas palavras do Min. Luiz Fux: "(...) sendo inviável a atuação estatal para evitar a morte do preso, é imperioso reconhecer que se rompe o nexo de causalidade entre essa omissão e o dano. Entendimento em sentido contrário implicaria a adoção da teoria do risco integral, não acolhida pelo texto constitucional (...)".

Tal entendimento serve também para os casos de suicídio de preso.

76. Diferencie responsabilização primária e secundária do Estado.

A responsabilidade é considerada primária quando atribuída diretamente à pessoa jurídica a que pertence o agente autor do dano. Será subsidiária quando o responsável primário não tiver condições econômicas de reparar o dano.

Assim, quando o dano tiver sido produzido por um agente público, a responsabilidade do Estado será sempre primária. Podendo o agente causador do dano ser cobrado por estes prejuízos pagos pelo Estado em eventual ação de regresso.

No entanto, quando o dano for causado por uma concessionária de serviço público, por exemplo, esta responderá primariamente pelos danos causados por seus empregados, mas caso esses danos venham a superar a sua capacidade econômica surgirá a responsabilidade do poder concedente, isto é, do Estado, titular do serviço público delegado.

77. Há responsabilidade estatal nos atos de multidão?

Não é raro que pessoas sofram prejuízos em função de atos danosos praticados por um conjunto de pessoas. Nas sociedades atuais, se torna cada vez mais comum que multidões dirijam sua conduta a bens particulares, principalmente quando pretendem evidenciar algum protesto contra situações anormais.

Via de regra, tais atos não ensejam responsabilidade estatal, visto que são praticados por terceiros. Com efeito, não existem os pressupostos da responsabilidade objetiva do Estado, seja pela ausência da conduta administrativa, seja por falta de nexo causal entre atos estatais e o dano. Pelo inusitado ou pela rapidez com que os fatos ocorrem não se pode atribuir os seus efeitos a qualquer ação ou omissão do Poder Público.

Em certas situações, contudo, se torna notória a omissão do Poder Público, porque teria ele a possibilidade de garantir o patrimônio das pessoas e evitar os danos provocados pela multidão. Nesse caso, é claro que existe uma conduta omissiva do Estado, assim como é indiscutível o reconhecimento do nexo de causalidade entre a conduta e o dano, configurando-se, então, a responsabilidade civil do Estado.

78. Discorra sobre a responsabilidade do Estado nos atos legislativos.

Em virtude da generalidade e abstração dos atos normativos editados pelo Poder Legislativo, não haverá, em regra, a responsabilização estatal em decorrência de atos legislativos.

A doutrina, porém, traz algumas situações excepcionais em que é possível a responsabilização do Poder Público:

Lei de efeitos concretos: em razão da ausência dos atributos da generalidade e abstração, são leis apenas em sentido formal, sendo verdadeiros atos administrativos em sentido material. Assim, a Administração responderá normalmente pela prática desses atos normativos.

Leis inconstitucionais: havendo a declaração de inconstitucionalidade de lei em sede de controle concentrado de constitucionalidade e comprovada a ocorrência de dano em decorrência da incidência dessa lei em um caso concreto, a Administração deverá ser responsabilizada.

Prevalece nos tribunais superiores o entendimento de que não haverá responsabilização no caso de declaração de inconstitucionalidade em sede de controle difuso de constitucionalidade.

Também não haverá tal responsabilidade caso tenha sido realizada a modulação temporal dos efeitos da decisão, nos termos do art. 27 da Lei 9.868/99.

Omissão legislativa: de acordo com José dos Santos Carvalho Filho, poderá haver a responsabilização estatal por omissão legislativa quando (a) o Poder Público descumprir eventual prazo constitucional para a apresentação de projeto de lei ou (b) quando reconhecida a mora por meio de Ação Direta de Inconstitucionalidade por Omissão (ADO) ou por Mandado de Injunção (MI) e a Administração venha a descumprir eventual prazo fixado para a edição do ato. Vale ressaltar, contudo, que o tema não é pacífico na doutrina.

79. Discorra sobre a responsabilidade civil do Estado por atos judiciais.

Em razão da recorribilidade das decisões judiciais e do efeito saneador da coisa julgada (art. 508, CPC), em regra, não haverá responsabilização estatal por atos judiciais. A doutrina e a jurisprudência, contudo, trazem algumas exceções:

Atos não judiciais: os atos administrativos praticados pelo Poder Judiciário em sua função atípica são normalmente responsabilizados nos termos do art. 37, § 6º, da CF/88.

Erro judiciário na esfera criminal (art. 5º, LXXV da CF/88): a própria Constituição prevê a responsabilização do Estado quando, por erro, condenar alguém criminalmente. A referida obrigação independe da prévia comprovação de dolo ou culpa do magistrado (objetiva), mas pressupõe a desconstituição da coisa julgada por meio da revisão criminal.

Prisão além do tempo (art. 5º, LXXV da CF/88): também há previsão constitucional expressa a responsabilizar o Estado quando o condenado ficar preso além do tempo fixado na sentença judicial.

De acordo com o STF, em regra, a prisão preventiva não gera a responsabilização objetiva do Poder Público, ainda que o réu, ao final, venha a ser absolvido (RE 429.518/SC).

No que tange ao atraso na prestação jurisdicional, a demora desproporcional e desarrazoada na prestação jurisdicional, caso venha a causar danos ao jurisdicionado, pode, em alguns casos, ensejar o dever de indenizar pela Administração.

80. Há responsabilidade civil do Estado em razão de ato lícito?

Via de regra, a responsabilidade civil estatal ocorre diante de atos ilícitos. Todavia, excepcionalmente, mesmo nos casos em que o Estado edita atos lícitos, poderíamos falar em responsabilidade quando houvesse um dano, uma restrição desproporcional a um direito do indivíduo. Pela quebra da isonomia, a sociedade deve ser reequilibrada com ônus e bônus. É importante lembrar, portanto, da Teoria da repartição dos encargos sociais.

Sendo assim, quando um ato do Estado, mesmo lícito, acaba gerando um prejuízo desproporcional a um particular, esse ato pode ensejar a responsabilização estatal. A doutrina exemplifica com um decreto que transforma uma rua em passeio público, acabando com a entrada de um determinado comércio ou posto de gasolina.

Outro exemplo está disposto na lei 10774/03, que exige a responsabilização da Administração por danos ocorridos em atentados terroristas contra aeronaves pátrias.

XI. CONTROLE DA ADMINISTRAÇÃO PÚBLICA

81. Conceitue controle da Administração pública conforme a doutrina.

Segundo a lição de José dos Santos Carvalho Filho, podemos denominar de controle da Administração Pública o conjunto de mecanismos jurídicos e administrativos por meio dos quais se exerce o poder de fiscalização e de revisão da atividade administrativa em qualquer das esferas de Poder.

82. Em relação ao momento em que se efetua, pode ser prévio, concomitante ou posterior. Discorra sobre cada uma das espécies.

O controle prévio ocorre anteriormente à atuação administrativa. Exemplo de tal controle é positivado na Constituição Federal, quando sujeita à autorização ou aprovação prévia do Congresso Nacional ou de uma de suas Casas determinados atos do Poder Executivo. Sendo assim, é um controle preventivo, porque visa impedir que seja praticado ato ilegal ou contrário ao interesse público.

O controle concomitante acompanha a atuação administrativa no momento em que ela se verifica; é o que acontece com o acompanhamento da execução orçamentária pelo sistema de auditoria; ainda, com a fiscalização que se exerce sobre as escolas, hospitais e outros órgãos públicos prestadores de serviços à coletividade.

Em relação ao controle posterior à atuação administrativa, ele ocorre, para corrigir, desfazer ou apenas confirmar a atuação. Portanto, abrange atos como os de aprovação, homologação, anulação, revogação, convalidação.

83. O tribunal de contas pode realizar controle abstrato de constitucionalidade?

Não, somente o STF pode realizar o controle abstrato de constitucionalidade. O Tribunal de Contas pode somente apreciar a constitucionalidade de leis e atos do poder público no caso concreto, conforme Súmula 347 do Supremo Tribunal Federal.

84. Discorra sobre o controle judicial

Constitui, juntamente com o princípio da legalidade, um dos fundamentos em que repousa o Estado de Direito. De nada adiantaria sujeitar-se a Administração Pública à lei se seus atos não pudessem ser controlados por um órgão dotado de garantias de imparcialidade que permitam apreciar e invalidar os atos ilícitos por ela praticados.

Nosso sistema jurídico adotou o sistema da jurisdição una, pelo qual o Poder Judiciário tem o monopólio da função jurisdicional, ou seja, do poder de apreciar, com força de coisa julgada, a lesão ou ameaça de lesão a direitos individuais e coletivos. Afastou, portanto, o sistema da dualidade de jurisdição em que, paralelamente ao Poder Judiciário, existem os órgãos do Contencioso Administrativo que exercem, como aquele, função jurisdicional sobre lides de que a Administração Pública seja parte interessada.

A base Constitucional do sistema da unidade de jurisdição é o artigo 5°, inciso XXXV, da Constituição Federal, que proíbe a lei de excluir da apreciação do Poder Judiciário lesão ou ameaça a direito. Qualquer que seja o autor da lesão, mesmo o poder público, poderá o prejudicado ir às vias judiciais.

85. Existem limites ao controle judicial dos atos da Administração?

O Judiciário pode examinar os atos da Administração Pública, de qualquer natureza, sejam gerais ou individuais, unilaterais ou bilaterais, vinculados ou discricionários, mas sempre sob o aspecto da legalidade e, agora, pela Constituição, também sob o aspecto da moralidade.

No que se refere aos atos discricionários, sujeitam-se à apreciação judicial, desde que não se invadam os aspectos reservados à apreciação subjetiva da Administração Pública, conhecidos sob a denominação de mérito (oportunidade e conveniência).

O mérito não é violado quando o Judiciário aprecia os motivos, ou seja, os fatos que precedem a elaboração do ato; a ausência ou falsidade do motivo caracteriza ilegalidade, suscetível de invalidação pelo Poder Judiciário.

86. O que é o princípio da proteção da confiança legítima?

Trata-se de um princípio que ganhou destaque inicialmente na Alemanha, por volta da década de 50. Segundo esse princípio, os comportamentos adotados pelo Estado, em virtude da presunção de legitimidade, geram no particular a confiança de que são atos legais. Logo, o administrado não pode ser prejudicado caso esse ato seja desfeito (revogado ou anulado) já que, de boa-fé, acreditou (confiou) que eram legítimos.

O princípio da proteção da confiança legítima está relacionado com a boa-fé e com o princípio da segurança jurídica.

O STF reconhece o princípio da confiança legítima, por exemplo, quando, por ato de iniciativa da própria Administração, decorrente de equivocada interpretação da lei ou dos fatos, o servidor recebe determinada vantagem patrimonial ou alguma condição jurídica melhor. Nesses casos, o servidor tinha a legítima confiança de que aquela vantagem era legítima.

Assim, mesmo que fique, posteriormente, constatada a ilegitimidade dessa verba, esse servidor não será obrigado a restitui-la, considerando que a recebeu de boa-fé, e exigir que ele devolvesse violaria o princípio da confiança legítima. Essas hipóteses, contudo, são excepcionais e não se tratam da regra geral.

XII. IMPROBIDADE ADMINISTRATIVA

87. Conceitue Improbidade Administrativa conforme o conceito amplo.

Conforme o conceito amplo, toda conduta nociva do agente público, que não atenda *às* exigências de correção e boa-fé, e viole os princípios constitucionais expressos e implícitos da Administração, deve ser reprimida em um Estado Democrático de Direito regido pelo princípio republicano. Em outras palavras, a improbidade traduz a ocorrência cumulativa de desvirtuamento da função pública e violação da ordem jurídica.

88. Quem é o sujeito passivo, conforme a lei de improbidade administrativa?

O sujeito passivo é aquele que a lei indica como vítima do ato de improbidade, sendo os prejudicados pelos atos de improbidade, a administração direta; a administração indireta ou fundacional das Pessoas Políticas; as empresas incorporadas ao patrimônio público; ou ainda (as entidades para cuja criação ou custeio o erário haja concorrido ou concorra com mais de 50% (cinquenta por cento) do patrimônio ou da receita anual.

Importante destacar que em relação às empresas incorporadas ao patrimônio público, parcela da doutrina aponta crítica no sentido de que se houve a incorporação pela Administração Pública, o patrimônio será absorvido pela incorporadora, extinguindo a entidade incorporada. Neste ponto, portanto, a empresa incorporada ao patrimônio público integrará a Administração Direta ou a Indireta.

89. Discorra sobre o sujeito ativo no âmbito da Lei de Improbidade Administrativa.

Será sujeito ativo qualquer agente público, servidor ou não, considerando agente público, diante do artigo 2º da Lei de Improbidade Administrativa *"todo aquele que exerce, ainda que transitoriamente ou sem remuneração, por eleição, nomeação, designação, contratação ou qualquer outra forma de investidura ou vínculo, mandato, cargo, emprego ou função nas entidades mencionadas no artigo anterior"*.

A definição trazida no artigo 2º supramencionado é ampla, inserindo na órbita de incidência da LIA, os agentes políticos, servidores estatais de pessoas jurídicas de direito públicos, servidores estatais de pessoas jurídicas de direito privado, e até mesmo os colabores voluntários e requisitados.

OBSERVAÇÃO: Redação conforme alteração promovida pela Lei 14.230/2021: "Art. 2º Para os efeitos desta Lei, consideram-se agente público o agente político, o servidor público e todo aquele que exerce, ainda que transitoriamente ou sem remuneração, por eleição, nomeação, designação, contratação ou qualquer outra forma de investidura ou vínculo, mandato, cargo, emprego ou função nas entidades referidas no art. 1º desta Lei. (Redação dada pela Lei nº 14.230, de 2021) Parágrafo único. No que se refere a recursos de origem pública, sujeita-se às sanções previstas nesta Lei o particular, pessoa física ou jurídica, que celebra com a administração pública convênio, contrato de repasse, contrato de gestão, termo de parceria, termo de cooperação ou ajuste administrativo equivalente. (Incluído pela Lei nº 14.230, de 2021)"

Por fim, ainda no que se refere ao sujeito ativo, importa destacar que, por força do artigo 8º, o sucessor daquele que causar lesão ao patrimônio público ou se enriquecer ilicitamente está sujeito às condenações nos limites da herança.

90. Imagine agente público que permite a deterioração de patrimônio histórico tombado. Nesse caso é possível aplicação do princípio da insignificância?

No Direito Penal é cediço que o princípio da insignificância é causa de exclusão da tipicidade, o que vem sendo aplicado em razão do princípio da subsidiariedade e intervenção mínima. Ocorre que, quando se está defronte à

Administração Pública e aos valores intrínsecos a ela, a jurisprudência é firme em não aplicar o princípio da insignificância, haja vista não ser a moralidade administrativa um princípio suscetível de verificação econômica. O mesmo entendimento, por sua vez, é aplicado à improbidade administrativa, não havendo a possibilidade de utilizar o princípio da insignificância.

91. É possível a aplicação da sanção de perda de função aos aposentados?

O Superior Tribunal de Justiça já decidiu que o direito à aposentadoria se submete aos requisitos próprios do regime jurídico contributivo, não sendo nem sua extinção ou cassação previstas como sanção da Lei de Improbidade Administrativa.

92. É possível o ajuizamento de ação de improbidade administrativa exclusivamente em desfavor de um particular?

Para a responsabilização do terceiro em sede de ação de improbidade administrativa é indispensável que exista agente público participando do ato. Se não houver nenhum agente público envolvido, estar-se-á diante de outra figura ilícita e passível de punição, que não pelas vias do regime jurídico de improbidade administrativa.

É esse, inclusive, o teor do Informativo n. 535 do STJ: "*Não é possível o ajuizamento de ação de improbidade administrativa exclusivamente em face de particular, sem a concomitante presença de agente público no polo passivo da demanda*".

93. Discorra sobre a figura do enriquecimento ilícito constante na Lei de Improbidade Administrativa.

É o tipo disposto no artigo 9º da Lei de Improbidade Administrativa, que penaliza "qualquer tipo de vantagem patrimonial indevida em razão do exercício de cargo, mandato, função, emprego ou atividade" em uma das entidades apontadas como potencial vítima de um ato de improbidade.

O objeto da tutela é justamente o enriquecimento legítimo do agente público, que tem curva de evolução patrimonial condizente a sua remuneração, obtida de forma justa e moral. Perceba que não é vedado ao agente enriquecer legitimamente na Administração, e sim se se valer de sua função para receber vantagem indevida positiva ou negativa.

A positiva é justamente o acréscimo de fortuna, *plus* ao patrimônio do agente com apropriação de bens. A negativa, por sua vez, não é aquela vantagem indevida recebida que se agrega ao patrimônio, e sim a que evita uma subtração patrimonial, como no caso de utilizar de pessoal ou bens de entidades públicas em obra ou serviço particular.

94. No que tange aos atos de improbidade que violam os princípios da Administração, é necessária a comprovação de efetivo prejuízo para sua configuração?

Conforme Superior Tribunal de Justiça, para a configuração dos atos de improbidade administrativa que atentam contra os princípios da administração pública (artigo 11 da Lei 8.429/1992), é dispensável a comprovação de efetivo prejuízo aos cofres públicos.

95. A pretensão ao ressarcimento ao erário prescreve?

A pretensão ao ressarcimento ao erário é imprescritível, por força do artigo 37, § 5º: *"A lei estabelecerá os prazos de prescrição para ilícitos praticados por qualquer agente, servidor ou não, que causem prejuízos ao erário, ressalvadas as respectivas ações de ressarcimento"*. Daí ser possível afirmar que não prescreve a pretensão da Administração Pública de reivindicar o ressarcimento dos danos causados ao erário.

Referido entendimento foi corroborado no Recurso Extraordinário n. 852475, que aprovou a seguinte tese em sede de repercussão geral: "São imprescritíveis as ações de ressarcimento ao erário fundadas na prática de ato doloso tipificado na Lei de Improbidade Administrativa".

Inclusive, é importante destacar que, recentemente, em 12 de junho de 2019, foi aprovada Súmula 634 do STJ que entende ser aplicado o mesmo regime prescricional ao particular que incorre em ato de improbidade em concurso com o agente: "Ao particular aplica-se o mesmo regime prescricional previsto a lei de improbidade administrativa para os agentes públicos".

3

DIREITO PENAL – PARTE GERAL

Maurílio Coelho Lima

Sumário: I. Conceitos gerais. Fontes do direito penal. Interpretação da lei penal. Princípios do direito penal – **II.** Eficácia da lei penal no tempo e no espaço. Imunidades. Conflito aparente de normas penais – **III.** Classificação doutrinária dos crimes – **IV.** Fato típico – **V.** Ilicitude – **VI.** Culpabilidade – **VII.** Punibilidade – **VIII.** *Iter criminis*. Da consumação e tentativa. – **IX.** Concurso de pessoas – **X.** Teoria geral da pena. Concurso de crimes. Aplicação da pena. Medida de segurança. Reabilitação.

I. CONCEITOS GERAIS. FONTES DO DIREITO PENAL. INTERPRETAÇÃO DA LEI PENAL. PRINCÍPIOS DO DIREITO PENAL

1. O que diferencia a norma penal dos demais regramentos de cunho coercitivo impostos pelo Estado?

O que diferencia a norma penal das demais é a consequência jurídica que a norma penal enseja: cominação de pena ou medida de segurança. O direito penal é sancionador, pois não cria bens jurídicos, mas adiciona uma proteção especial a alguns bens jurídicos dispostos por outros ramos do direito.

2. Diferencie direito penal substantivo e adjetivo.

Direito Penal Substantivo consiste no conjunto de normas que se ocupam da criação de figuras criminosas e contravencionais, bem como da imposição de suas consequências. Já o Direito Penal Adjetivo corresponde ao Direito Processual Penal, ou seja, tem por objetivo instrumentalizar a aplicação do Direito Penal Substantivo.

3. Defina direito penal subjetivo apontando se a norma pátria dispõe acerca de alguma exceção para tal categoria do direito penal.

Direito penal subjetivo, também conhecido com *jus puniendi*, diz respeito ao direito de punir do Estado, ou seja, tem por finalidade apontar por quem deve ser aplicado. A doutrina aponta como exceção à titularidade exclusiva do Estado de punir o disposto no art. 57 da Lei n.º 6.001/73 (Estatuto do Índio), que tolera a aplicação, pelos grupos tribais, de sanções penais ou disciplinares contra seus membros, desde que não se revistam de caráter cruel ou infamante, proibida a pena de morte.

4. O que é direito penal de emergência?

O direito penal de emergência relaciona-se com o direito penal simbólico e refere-se à criação exagerada de figuras penais desnecessárias, que atendem a determinadas demandas de criminalização, muitas vezes advindas de uma opinião pública carente de segurança. Essa edição de normas penais baseada no clamor da sociedade, no calor dos fatos, acaba por gerar uma desconformidade da norma editada com os princípios inerentes ao Estado Democrático de Direito.

5. Discorra sobre as velocidades do direito penal.

A expressão "velocidades do direito penal" foi cunhada por Jesús-María Silva Sánchez e leva em consideração o tempo que o Estado leva para punir o autor de determinada infração penal. Para Sánchez, o direito penal é dividido em dois grandes blocos, distintos, de ilícitos: infrações penais às quais são cominadas penas de prisão (direito penal nuclear) e aquelas que se vinculam aos gêneros diversos de sanções penais (direito penal periférico). Com efeito, para Jesús-Maria Sánchez o direito penal possui duas velocidades:

A primeira velocidade refere-se aos crimes que inevitavelmente levam à perda da liberdade do agente (direito penal "de prisão") e, por isso, deve-se observar procedimento mais garantista e demorado. Caracteriza-se pelo fato de o Estado, como forma de controle social, utilizar-se preferencialmente da pena privativa de liberdade, sem, contudo, abrir mão do respeito aos direitos e garantias individuais. É o que se denomina de direito penal clássico. Privilegia-se a pena de prisão, porém com respeito aos direitos fundamentais.

Já a segunda velocidade (direito penal reparador) refere-se ao direito penal em que não há previsão de pena restritiva da liberdade, como no caso das cominações alternativas (penas restritivas de direito e a de multa). Representa a maioria dos crimes e, em razão de não tratar da prisão, é mais célere e possibilita uma flexibilização de direitos e garantias do autor da infração penal. O exemplo clássico é a Lei 9099/95, que dispõe sobre os juizados especiais cíveis e criminais.

Apesar de não ter sido prevista inicialmente por Jesús-Maria Sánchez, alguns autores apontam a existência de uma terceira velocidade do direito penal, em que há uma combinação entre a primeira e a segunda velocidade. Nesse contexto, a terceira velocidade, como nítida vertente do direito penal do inimigo, defende a punição com prisão com a flexibilização de direitos e garantias constitucionais.

Há doutrinadores que citam, ainda, uma quarta velocidade do direito penal, chamada por Daniel Pastor de Neopunitivismo. Diz respeito à aplicação do direito penal pelo Tribunal Penal Internacional (TPI) aos chefes de Estado que violarem Tratados ou Convenções Internacionais de tutelas de direitos humanos, caracterizando-se pelo alto nível de incidência política e pela seletividade, com elevado desrespeito às regras básicas do poder punitivo, a exemplo dos princípios da reserva legal, do juiz natural e da irretroatividade da lei penal. O exemplo clássico desta velocidade é o caso do julgamento de Saddam Hussein.

6. O que se entende por mandados de criminalização?

➜ Mandados de criminalização são matérias indicadas pela Constituição em que o legislador ordinário não tem a faculdade de legislar, ficando obrigado a proteger determinados bens jurídicos. São mandamentos redutores da discricionariedade do legislador, tendo como exemplo o inciso XLIV do art. 5º da CF/88, que dispõe que constitui crime inafiançável e imprescritível a ação de grupos armados, civis ou militares, contra a ordem constitucional e o Estado Democrático.

7. O costume, como fonte formal mediata do direito penal, pode ser usado para criar delito ou aumentar pena?

➜ Costume é o conjunto de comportamentos uniformes e constantes praticados em razão da convicção de sua obrigatoriedade e necessidade jurídica. Não se admite o costume incriminador, seja no sentido de criar crime ou pena, sob pena de ferir-se o princípio da legalidade, uma vez que somente a lei é considerada fonte formal imediata no direito penal. Nesse sentido, estabelece o art. 1º do CPB que não há crime sem lei anterior que o defina e nem pena sem prévia cominação legal. Nesse contexto, o costume no direito penal servirá tão somente para auxiliar o intérprete da norma a esclarecer o conteúdo de determinado tipo penal, como, por exemplo, no conceito de ato obsceno (art. 233 do Código Penal).

8. Defina interpretação analógica e apresente um exemplo de sua aplicação no Direito Penal.

A interpretação analógica, também conhecida como *intra legem*, é a que ocorre quando a lei contém em seu âmago uma fórmula casuística e, em seguida, apresenta fórmula genérica. É o que ocorre, por exemplo, no art. 121, §2º, I do Código Penal em que o legislador apresenta os motivos torpes "mediante paga ou promessa de recompensa" e, após, conclui de forma abrangente com "ou por outro motivo torpe".

9. É possível interpretação extensiva no direito penal?

A interpretação extensiva é aquela que ocorre nas ocasiões em que o intérprete amplia o significado de uma expressão para atingir o real significado da norma. Quanto a sua aplicação no âmbito do direito penal, a doutrina diverge. Para uma primeira corrente, que tem como representantes Guilherme Souza Nucci e Luiz Regis Prado, não importa se a interpretação extensiva beneficia ou prejudica o réu, sendo amplamente permitida no âmbito do direito penal. Os citados autores apresentam como um dos exemplos que defende a tese o disposto no art. 168 do Código Penal, em que a expressão "coisa alheia" também abrange a coisa comum. Outra vertente, seguida por algumas decisões do Superior Tribunal de Justiça, socorrendo ao princípio do *in dubio pro reo*, limitam a aplicação da interpretação extensiva às normas não incriminadoras. Por outro lado, Zaffaroni, apesar de defender a aplicação do *in dubio pro reo* como regra de interpretação, admite, em situações excepcionais, a interpretação extensiva da lei penal.

10. É possível analogia no direito penal?

A analogia (integração analógica ou suplemento analógico) é método de integração jurídica prevista no art. 4º da Lei de Introdução ao Código Civil e é utilizada para os casos em que não existe uma lei a ser aplicada ao caso concreto. O emprego da analogia no Direito Penal é permitido tão somente para os casos em que a integração da norma é favorável ao réu (*in bonam partem*).

11. Em que consiste o princípio da reserva legal?

O princípio da reserva legal (ou da estrita legalidade) prevê que somente lei anterior pode definir crime (ou contravenção) ou cominar penas (ou medida de segurança). Possui previsão legal no art. 1º do CPB é tratado pela Constituição Federal como cláusula pétrea prevista no art. 5º, XXXIX e que serve como limitação ao poder do Estado de interferir na liberdade individual do indivíduo. Cabe destacar, ainda, que o princípio da reserva legal possui um fundamento jurídico e um político. O fundamento jurídico refere-se à taxatividade, uma vez que a lei deve descrever com precisão o conteúdo mínimo da conduta criminosa. Por outro lado, o fundamento político relaciona-se com a proteção do indivíduo contra o arbítrio do Estado no exercício do poder punitivo. Por derradeiro, cabe destacar que o princípio da reserva legal é composto por cinco subprincípios, devendo a lei penal ser anterior, escrita, estrita, certa e necessária.

12. Defina o princípio da insignificância informando se tal preceito pode ser aplicado pela Autoridade Policial nos casos de prisão em flagrante.

O princípio da insignificância tem natureza jurídica de causa supralegal de exclusão da tipicidade (material) e é aplicado para as hipóteses em que determinado fato, formalmente tipificado como infração penal, em razão da ínfima ou inexistente lesividade ao bem jurídico tutelado pela norma, seja considerado atípico pelo aplicador da lei. Segundo os Tribunais Superiores, para a aplicação da insignificância, necessário que alguns requisitos sejam preenchidos. São eles: a mínima ofensividade da conduta do agente, a ausência de periculosidade social da ação, o reduzido grau de reprovabilidade do comportamento e a inexpressividade da lesão jurídica causada.

Malgrado haja posicionamento diverso, a partir de uma leitura constitucional da autuação do Delegado de Polícia, conclui-se que este tem por obrigação aplicar o princípio da insignificância no caso concreto, tendo como alicerce os princípios da intervenção mínima, da subsidiariedade, da lesividade e da proporcionalidade.

13. Diferencie criminalidade de bagatela própria e imprópria.

A bagatela própria, também chamada de princípio da insignificância, é causa de exclusão da tipicidade (material) e resulta na não aplicação do direito penal em razão da insignificância da lesão ou perigo de lesão ao bem jurídico tutelado. A conduta, embora formalmente típica, é materialmente atípica, não se justificando a aplicação do direito penal para o caso concreto.

Já a bagatela imprópria tem natureza jurídica de causa supralegal de extinção da pena e consiste na constatação de desnecessidade de aplicação da pena para determinado caso concreto. Apesar de a infração penal ter sido praticada, ou seja, a conduta é formal e materialmente típica, além de antijurídica e culpável, o juiz deixa de aplicar a pena.

14. Durante plantão noturno Autoridade Policial recebe na Delegacia de Polícia dois Policiais Militares conduzindo Caio, sem camisa e com diversas escoriações nas costas. Ao entrevistar os envolvidos na ocorrência o Delegado de Polícia constata que Caio é de origem filipina e seguidor fiel de uma seita religiosa que prega a autoflagelação como forma de expiação dos pecados. Os Policiais Militares foram chamados por vizinhos que se preocuparam com os ruídos de dor advindos do apartamento vizinho. No caso apresentado Caio praticou algum crime? Aponte o princípio do direito penal que norteia a situação fática apresentada.

O caso apresentado expõe típico exemplo do que dispõe o princípio da transcendentalidade, também chamado de princípio da alteridade. Tal postulado, idealizado por Claus Roxin, veda a incriminação de atitude meramente interna do agente. Segundo Roxin, o direito penal só pune a conduta que transcende a figura do autor e que coloca em risco a figura do altero (do outro), uma vez que o direito não pode punir quem só faz mal a si mesmo. Com efeito, não incorreu Caio na prática de nenhum ilícito penal.

15. Em que consiste o princípio da lesividade.

O princípio da lesividade, também chamado princípio da ofensividade, se traduz em que o direito penal só é legítimo nas hipóteses de lesão ou, no mínimo, perigo de lesão a bens jurídicos. Por bens jurídicos entende-se que são valores ou interesses relevantes para a manutenção e desenvolvimento do indivíduo e da sociedade. O princípio da lesividade expressa ainda uma exigência de que o Direito Penal seja delimitado, tanto em nível legislativo como no âmbito jurisdicional. Na seara legislativa, o princípio da lesividade tem por objetivo impedir que o legislador configure tipos penais que já tenham sido construídos, em abstrato, como fatores indiferentes e preexistentes à norma. Já no âmbito jurisdicional, o citado princípio deve trazer ao juiz o dever de excluir a subsistência do crime quando o fato concretamente apresentado for inofensivo ao bem jurídico tutelado pela norma.

16. Com o objetivo de garantir o sustento da família, Tício adquiriu mil DVDs piratas para revendê-los em determinada feira. Ocorre que, enquanto expunha os produtos para venda, Tício foi surpreendido por policiais, que apreenderam a mercadoria e o conduziram para a delegacia de polícia. Qual a posição dos Tribunais superiores sobre a aplicação do princípio da adequação social ao caso apresentado?

➜ Concebido por Hans Welzel, o princípio da adequação social preceitua que determinado comportamento não pode ser considerado criminoso, ainda que tipificado em lei, se não houver afronta ao sentimento social de justiça. Em outras palavras, não se pode reputar criminosa uma conduta tolerada pela sociedade. Todavia, para o caso concreto apresentado, o entendimento sumulado pelo Superior Tribunal de Justiça é no sentido de que, presentes a materialidade e a autoria, afigura-se típica em relação aos crimes do art. 184, §2º, do Código Penal, a conduta de expor à venda CDs e DVDs piratas.

17. Correlacione o princípio da exclusiva proteção do bem jurídico com a espiritualização de bens jurídicos no direito penal.

➜ O princípio da exclusiva proteção do bem jurídico estabelece que o Direito Penal deve se restringir à tutela de bens jurídicos, não estando legitimado a atuar quando se trata da tutela da moral, de funções estatais, de ideologia, de dada concepção religiosa etc. Por seu turno, a espiritualização de bens jurídicos no Direito Penal, também chamada desmaterialização ou liquefação dos bens jurídicos, refere-se à investida nos interesses metaindividuais e dos crimes de perigo – especialmente o abstrato. Com o passar do tempo, os bens jurídicos tutelados pelo ordenamento pátrio têm adquirido novos contornos.

Antes, a proteção recaía predominantemente sobre bens precisos, específicos, materiais, como o patrimônio, vida, integridade física etc. Atualmente, a tutela penal tem se dado também sobre o meio ambiente, a ordem econômica, as relações de consumo, dentre outros. Este fenômeno tem sido denominado espiritualização, desmaterialização ou dinamização do bem jurídico, já que a proteção jurídico-penal passa a incidir sobre bens coletivos, difusos e não mais somente sobre aqueles titularizados por um indivíduo especificamente.

18. Em que consiste o garantismo hiperbólico monocular?

O garantismo, que tem como pilar o princípio da legalidade, apresenta uma visão constitucional aplicada ao Direito Penal e ao Direito Processual Penal. Expressão cunhada pelo jurista italiano Luigi Ferrajoli, o garantismo passou a ser visto como utilidade única de servir ao réu, como forma de proteção de seus direitos fundamentais e individuais.

Desse modo, surge o chamado garantismo hiperbólico monocular, expressão cunhada por Douglas Fischer. É hiperbólico porque é aplicado de uma forma ampliada, desproporcional e é monocular porque só enxerga os direitos fundamentais do réu (apenas um lado do processo). Contrapõe-se ao garantismo penal integral, que visa resguardar os direitos fundamentais não só dos réus, mas também das vítimas, uma vez que, quando uma infração penal é praticada, a vítima e a sociedade também tiveram direitos violados e merecem ampla tutela estatal.

19. Conceitue norma penal em branco, apontando as subespécies e dando exemplos.

A norma penal em branco é a que contém a pena determinada, porém, seu preceito primário (conteúdo incriminador) permanece indeterminado, dependendo de complementação (de outra norma ou ato administrativo) para a sua exequibilidade. A normal penal em branco pode ser heterogênea ou homogênea.

Norma penal em branco heterogênea (própria, propriamente dita ou em sentido estrito) é aquela em que o complemento normativo não emana do legislador. O exemplo clássico é o da lei 11.343/06, que não aponta o que seria droga, vindo a ser complementada por portaria do Ministério da Saúde.

Já a norma penal em branco homogênea (em sentido amplo ou imprópria) é aquela cujo complemento emana da mesma instância legislativa, ou seja, a lei é complementada por outra lei. Subdivide-se em norma penal em branco homóloga (ou homovitelina) e heteróloga (ou heterovitelina). A norma penal em branco em sentido amplo homóloga é aquela cujo complemento emana do mesmo documento legislativo – como o caso do art. 327 do CPB que complementa o disposto no art. 312 do mesmo diploma. Por outro lado a norma penal em branco em sentido amplo heteróloga é aquela em que o complemento encontra-se me documento legislativo diverso, como os casos em que o Código Civil complementa o teor de norma penal.

II. EFICÁCIA DA LEI PENAL NO TEMPO E NO ESPAÇO. IMUNIDADES. CONFLITO APARENTE DE NORMAS PENAIS.

20. Segundo o Código Penal Brasileiro, qual a teoria adotada para se definir o tempo do crime?

O Código Penal Brasileiro adotou a teoria da atividade, dispondo o art. 4º do Estatuto Penal que se considera praticado o crime no momento da ação ou omissão, ainda que outro seja o momento do resultado.

21. Discorra sobre o instituto da abolitio criminis apontando seu conceito e natureza jurídica.

O instituto da *abolitio criminis* encontra-se previsto no art. 2º, *caput*, do Código Penal e refere-se ao fenômeno em que determinada conduta típica é retirada do ordenamento jurídico-penal. A norma penal dispõe que ninguém poderá ser punido por fato que lei posterior deixa de considerar crime, encerrando-se inclusive os efeitos de eventual execução da pena. Cabe destacar que, apesar de se deixar de considerar determinado fato crime, inclusive alcançando fatos pretéritos objetivamente julgados, têm-se extintos apenas os efeitos penais da sentença condenatória, permanecendo, contudo, os efeitos civis.

Por fim, destaque-se que o Código Penal Brasileiro concebeu a *abolitio criminis* como causa extintiva da punibilidade, nos termos do art. 107, III.

22. Após o trânsito em julgado de sentença condenatória, qual o juiz competente para aplicar eventual lei penal mais benéfica?

Se a aplicação da lei depender de mera operação matemática, a competência para aplicar a lei penal mais benéfica ficará a cargo do juiz da execução da pena. Por outro lado, se houver necessidade de que seja feito algum juízo de valor para aplicação da legislação mais benéfica, a competência será do juiz ou tribunal competente para julgar ação de revisão criminal.

23. Em que consiste o princípio da continuidade normativo-típica?

O princípio da continuidade normativo-típica corresponde ao deslocamento de determinada conduta penalmente relevante para outro tipo penal. Diferentemente da *abolitio criminis*, que representa verdadeira supressão do tipo penal, no princípio da continuidade normativo-típica determinada norma penal é revogada, mas a mesma conduta continua sendo crime, só que em outro dispositivo legal. O exemplo clássico é o do crime de rapto consensual, antes tipificado no art. 220, *caput*, do Código Penal. Após a vigência da Lei 11.106/05, a conduta típica passou a ser abrigada no art. 148, §1º, V, do mesmo diploma.

24. Aponte as semelhanças e diferenças entre a lei temporária e a lei excepcional.

A lei temporária (ou temporária em sentido estrito) refere-se à lei penal que tem prefixado o seu tempo de vigência, criminalizando determinada conduta por lapso temporal determinado. O exemplo clássico de lei temporária foi a Lei Geral da Copa (Lei n.º 12.663/12), que criou tipos penais específicos para o período de realização do evento esportivo, dispondo a art. 36 que "*Os tipos penais previstos neste Capítulo terão vigência até o dia 31 de dezembro de 2014.*".

Já a lei excepcional (ou temporária em sentido amplo) é a que atende a transitória necessidade estatal, como guerras, calamidades e epidemias. Enquanto perdurar a situação emergencial, a norma penal continuará a ter aplicação.

A lei temporária e a lei excepcional encontram previsão legal no art. 3º do Código Penal e são hipóteses de leis ultra-ativas, ou seja, continuam sendo aplicadas mesmo após o fim de suas vigências, e são autorrevogáveis, isto é, são revogadas assim que encerrado o prazo fixado ou cessada a situação excepcional.

25. O que é a denominada *lex intermedia*?

O fenômeno da *lex intermedia* (ou lei intermediária) importa na aplicação da lei penal mais benéfica ao acusado, ainda que não tenha sido a lei de regência ao tempo do fato, tampouco seja a lei vigente no momento da decisão condenatória. A título de exemplo, tem-se a situação em que, no momento da conduta criminosa estava em vigor a Lei A. Logo após, entra em vigor a Lei B, abolindo a conduta criminosa do ordenamento jurídico. Por derradeiro, a Lei C entra em vigor em substituição à Lei B, passando a criminalizar – novamente – a mesma conduta. Nesse caso, não se aplicará a lei do tempo da conduta nem a lei do tempo do processo, mas a lei intermediária abolicionista.

26. Em relação aos conflitos internacionais de jurisdição penal, diferencie o princípio da justiça cosmopolita do princípio do pavilhão.

Segundo o princípio da justiça cosmopolita (ou universal) o agente ficará sujeito à lei do país em que for encontrado, independentemente de sua nacionalidade, local do crime ou bem jurídico tutelado. O art. 7º, II, *b*, do CPB, adotou o princípio da justiça universal, sujeitando à lei brasileira, embora cometidos no exterior, os crimes que, por tratado ou convenção, o Brasil se obrigou a reprimir.

Já para o princípio do pavilhão, também conhecido como princípio da representação, da bandeira ou da substituição, aplica-se a lei penal nacional para os crimes praticados a bordo de aeronaves ou embarcações privadas, quando no estrangeiro e aí não sejam julgados. O art. 7º, II, *c*, do CPB, adotou o princípio do pavilhão, sujeitando à lei brasileira, embora cometidos no exterior, os crimes praticados em aeronaves ou embarcações brasileiras, mercantes ou de propriedade privada, quando em território estrangeiro e aí não sejam julgados.

27. Diferencie as hipóteses de aplicação do princípio da personalidade ativa e da personalidade passiva para a aplicação da lei penal no espaço.

Para o princípio da personalidade ativa deve ser aplicada a lei do país a que pertence o agente, não importando a nacionalidade da vítima, o local do crime ou o bem jurídico tutelado.

Por outro lado, para o princípio da personalidade passiva, deve ser aplicada a lei penal da nacionalidade do ofendido.

28. Caio, Prefeito Municipal, em viagem oficial aos Estados Unidos, teve o seu computador, de propriedade da Prefeitura, furtado de dentro de seu quarto de hotel. Nesse caso, poderá o autor do furto vir a ser julgado no Brasil?

Segundo o art. 7º, I, b, do CPB, ficam sujeitos à lei brasileira, embora cometidos no estrangeiro, os crimes contra o patrimônio ou fé pública da União, do Distrito Federal, de Estado, de Território, de Município, de empresa pública, de sociedade de economia mista, autarquia ou fundação instituída pelo Poder Público. Cabe destacar ainda que, nos termos do §1º do art. 7º, o agente será punido segundo a lei brasileira ainda que absolvido ou condenado no estrangeiro. Diante disso, constata-se que o autor do furto ao computador de propriedade da Prefeitura poderá ser julgado segundo as leis brasileiras, ainda que condenado ou absolvido nos Estados Unidos.

29. O que é a extraterritorialidade hipercondicionada?

A chamada extraterritorialidade hipercondicionada encontra-se positivada no art. 7º, §3º, do CPB, e refere-se às hipóteses em que, para aplicação da lei brasileira, nos casos de crime cometido por estrangeiro contra brasileiro fora do Brasil, além dos requisitos elencados no §2º do art. 7º, não pode ter sido pedida a extradição ou esta ter sido negada, além de ter ocorrido requisição do Ministro da Justiça. Destaque-se que o §2º do art. 7º elenca o seguinte rol de condições a serem preenchidas em concurso: entrar o agente no território nacional, ser o fato punível também no país em que foi praticado, estar o crime incluído entre aqueles pelos quais a lei brasileira autoriza a extradição, não ter sido o agente absolvido no estrangeiro ou não ter aí cumprido a pena e não ter sido o agente perdoado no estrangeiro ou, por outro motivo, não estar extinta a punibilidade, segundo a lei mais favorável.

30. Diferencie extraterritorialidade e intraterritorialidade.

A intraterritorialidade refere-se ao fenômeno em que, mesmo tendo o fato acontecido em território nacional, será aplicada a lei estrangeira. É o que ocorre, por exemplo, em crimes praticados por portadores de imunidade diplomática.

Já o evento denominado extraterritorialidade ocorre nas hipóteses em que determinada infração penal é praticada no estrangeiro, mas enseja a aplicação da lei brasileira. Os casos de extraterritorialidade estão descritos no art. 7º do Código Penal Brasileiro, apontando a norma que ficam sujeitos à lei brasileira, embora cometidos no estrangeiro, os crimes contra a vida ou liberdade do Presidente da República; contra o patrimônio ou a fé pública da União, do Distrito Federal, de Estado, de Território, de Município, de empresa pública, sociedade de economia mista, autarquia ou fundação instituída pelo Poder Público; contra a administração pública, por quem está a seu serviço; de genocídio, quando o agente for brasileiro ou domiciliado no Brasil; que, por tratado ou convenção, o Brasil se obrigou a reprimir; praticados por brasileiro; e praticados em aeronaves ou embarcações brasileiras, mercantes ou de propriedade privada, quando em território estrangeiro e aí não sejam julgados.

31. Tício, deputado estadual, estava de férias com sua família em embarcação brasileira, de natureza privada, na Espanha, local em que praticou o crime de lesão corporal grave contra um espanhol que fez elogios ofensivos à esposa do parlamentar. Dias após do delito, Tício retornou ao Brasil sem que os fatos chegassem ao conhecimento das autoridades espanholas, mas, em razão de gravações feitas por câmeras de celulares e que foram publicadas em redes sociais, as autoridades brasileiras tomaram conhecimento dos fatos. Na situação narrada, o parlamentar pode vir a ser processado no Brasil?

Segundo o art. 7º, inciso II, letra 'c', do CPB, ficam sujeitos à lei brasileira, embora cometidos no estrangeiro, os crimes praticados em aeronaves ou embarcações brasileiras, mercantes ou de propriedade privada, quando em território estrangeiro e aí não sejam julgados. Com efeito, constata-se que o parlamentar poderá vir a ser julgado no Brasil, sendo indispensável que sejam preenchidas as seguintes condições: entrada do parlamentar no território nacional, ser o fato punível também no país em que foi praticado, estar o crime incluído entre aqueles pelos quais a lei brasileira autoriza extradição, não ter sido o agente absolvido no estrangeiro ou ter aí cumprido pena, bem como não ter sido o agente perdoado no estrangeiro ou, por outro motivo, não estar extinta a punibilidade, segundo a lei mais favorável.

32. As embaixadas podem ser consideradas extensão do território estrangeiro representado?

Não. Embora seja garantida, por tratado ou convenção internacional, a inviolabilidade das embaixadas, estas não constituem extensão do território do país que representam. Nesse contexto, em regra, o crime praticado dentro de embaixada será julgado segundo a lei brasileira, salvo se houver a incidência de regra específica de direito internacional.

33. Embarcação privada portuguesa, tendo como destino o Uruguai, quando em passagem pelo mar territorial brasileiro, foi local da prática do crime de homicídio. Nessa hipótese, será aplicada a lei brasileira?

Caso a embarcação esteja apenas de passagem pelo território nacional, como caminho necessário para se chegar ao destino, sem atracar em território nacional, não se aplicará a lei brasileira. Trata-se do fenômeno que a doutrina denomina passagem inocente, regulado pelo art. 3º da Lei 8617/93.

34. Qual a teoria adotada pelo Código Penal Brasileiro para se determinar o lugar do crime?

O art. 6º do Código Penal Brasileiro adotou a teoria da ubiquidade, híbrida ou mista, em que se considera praticado o crime no lugar em que ocorreu a ação ou omissão, no todo ou em parte, bem como onde se produziu ou deveria produzir-se o resultado. Trata-se de regra destinada a resolver a competência no caso de crimes envolvendo o território de dois ou mais países – conflito internacional de jurisdição.

35. Diferencie crime à distância, crime em trânsito e crime plurilocal.

Crime à distância, também chamado crime de espaço máximo, é aquele que percorre o território de dois Estados soberanos, gerando conflito internacional de jurisdição. A solução para o caso é dada pelo art. 6º do Código Penal Brasileiro, que considera praticado o crime no lugar em que ocorreu a ação ou omissão, no todo ou em parte, bem como onde se produziu ou deveria produzir-se o resultado.

Por seu turno, os crimes em trânsito são aqueles que percorrem o território de mais de dois países. A solução para o caso também é extraída do art. 6º do Código Penal Brasileiro.

Já os crimes plurilocais são aqueles que percorrem mais de um território do mesmo país, gerando conflito interno de competência. Para a elucidação do caso concreto é aplicado o art. 70 do Código de Processo Penal, que adotou a Teoria do Resultado, definindo-se a competência pelo lugar em que se consumar a infração penal.

36. Agente consular é preso em flagrante pela prática de crime de estupro e apresentado à Autoridade Policial local para providências. Analise a situação considerando a temática da imunidade penal, apontando seu conceito e natureza jurídica.

A situação apresentada não se encaixa em nenhuma hipótese de aplicação da denominada imunidade diplomática, uma vez que o agente consular desfruta apenas da imunidade funcional relativa, ou seja, somente os atos praticados em razão do ofício são protegidos pela desobrigação de aplicação da lei penal brasileira. A imunidade diplomática é prerrogativa de direito público internacional, da qual desfrutam agentes diplomáticos e funcionários de organizações internacionais – em serviço, juntamente com os respectivos familiares. Nesse contexto, na hipótese de crime praticado por detentor da prerrogativa, não se aplicará a lei brasileira, mas a norma do Estado a que pertence o agente (hipótese de intraterritorialidade). Para a maioria da doutrina a imunidade diplomática tem natureza jurídica de causa pessoal de isenção de pena.

37. Em que consiste o instituto da imunidade parlamentar absoluta? Para o STF, qual a natureza jurídica de tal regramento?

A imunidade parlamentar absoluta, também chamada imunidade substancial, material, real ou inviolabilidade, está prevista no art. 53 da Constituição de 1988 e consiste na inviolabilidade, civil e penal, de deputados e senadores, em razão de suas opiniões, palavras e votos, desde que relacionados à função exercida. Malgrado haja divergência na doutrina, o Supremo Tribunal Federal entende que a imunidade parlamentar absoluta possui natureza jurídica de causa de atipicidade.

38. Em que consiste o fenômeno do conflito aparente de normas penais? Aponte os princípios fundamentais utilizados para resolver tal inconformidade.

O conflito aparente de normas refere-se à situação em que se conjectura a aplicação de mais de um dispositivo penal para determinado caso concreto. Para a solução do aparente conflito, são empregados três princípios básicos: da especialidade, da subsidiariedade e da consunção.

O princípio da especialidade está previsto no art. 12 do CPB e determina que o tipo penal especial prevalece sobre o tipo penal de caráter geral, afastando, desta forma, o "bis in idem", pois a conduta do agente só se amolda à norma incriminadora especial, mesmo que também esteja descrita na geral.

Já o princípio da subsidiariedade ocorre nas hipóteses em que há uma norma principal (mais grave) e uma subsidiária (menos grave), sendo que, à conduta penalmente relevante, só será aplicada a norma subsidiária quando o fato não se subsumir ao crime mais grave.

Por derradeiro, o princípio da consunção ocorre na hipótese em que há continência entre tipos penais, em que o crime previsto por uma norma – consumida – é mera fase de realização do crime previsto em outra – consumativa – ou é forma normal de transição para o último – crime progressivo. Em tal caso, apenas o delito final é levado em consideração para aplicação da pena.

III. CLASSIFICAÇÃO DOUTRINÁRIA DOS CRIMES

39. Diferencie crime formal, material e de mera conduta, exemplificando cada um dos conceitos.

O crime material é aquele em que o tipo penal descreve uma conduta e um resultado naturalístico, sendo este último indispensável para a consumação do delito. O exemplo clássico é o do crime de homicídio (art. 121 do CPB), que se consuma com a morte da vítima.

No crime formal, também chamado de crime de consumação antecipada, apesar de o tipo descrever uma conduta e o resultado naturalístico, este último é dispensável. Como exemplo pode ser citado o crime de difamação (art. 139 do CPB), que se consuma independentemente do efetivo dano à reputação da vítima.

Já para os crimes de mera conduta o tipo penal descreve a conduta delituosa, sem menção a qualquer resultado naturalístico. É o caso do delito de omissão de socorro, em que o tipo penal do art. 135 do CPB descreve a conduta de *deixar de prestar assistência, quando possível fazê-lo sem risco pessoal, à criança abandonada ou extraviada, ou à pessoa inválida ou ferida, ao desamparo ou em grave e iminente perigo; ou não pedir, nesses casos, o socorro da autoridade pública.*

40. Qual a diferença entre o crime comum, o próprio e o de mão própria?

O crime comum é aquele pode ser praticado por qualquer pessoa, não sendo exigida nenhuma qualidade especial do sujeito ativo, como, por exemplo, o crime de homicídio.

Já para o crime próprio há uma exigência do tipo penal de qualidade especial do sujeito ativo, como no caso do crime de peculato – art. 312 do CPB – em que se exige do autor do crime a condição de funcionário público.

Por seu turno, o crime de mão própria, também chamado de crime de conduta infungível, é aquele que só poderá ser praticado pelo sujeito expressamente indicado pelo tipo penal, pessoalmente e de forma direta, não se admitindo, portanto, a coautoria. É o caso do crime de falso testemunho ou falsa perícia – art. 342 do CPB –, que tem como sujeito ativo a testemunha, o perito, contador, tradutor ou intérprete. Nesse ponto, oportuno destacar que o Superior Tribunal de Justiça firmou compreensão de que, apesar do crime de falso testemunho ser de mão própria, pode haver a participação do advogado no seu cometimento.

41. Aponte as diferenças entre o crime instantâneo, o crime permanente e o crime instantâneo de efeitos permanentes, exemplificando cada instituto.

Crime instantâneo é aquele cuja consumação se verifica em momento determinado, sem se prolongar no tempo (Ex.: furto).

Já o crime permanente é aquele cuja execução se protrai no tempo, por vontade do sujeito ativo (ex.: posse ou porte ilegal de arma de fogo).

De outra parte, no crime instantâneo de efeitos permanentes, apesar de a consumação ocorrer em momento determinado, os efeitos decorrentes dela são perenes (ex.: homicídio).

42. Diferencie crime unissubjetivo e crime plurissubjetivo?

O crime unissubjetivo (unilateral, monossubjetivo ou de concurso eventual) é aquele que pode ser praticado por apenas um sujeito ativo, admitindo-se, entretanto, a coautoria e a participação (ex.: homicídio).

Já o crime plurissubjetivo (ou plurilateral ou de concurso necessário) é aquele em que o tipo penal exige dois ou mais agentes para a prática do delito (ex.: associação criminosa).

43. Qual a diferença entre o crime simples e o crime complexo?

Crime simples é aquele cuja conduta se amolda a um único tipo penal (ex.: homicídio). Já o crime complexo é aquele em que há a união de dois ou mais tipos penais, como no delito de roubo, em que há a junção dos crimes de furto e ameaça.

44. O que difere o crime transeunte do crime não transeunte?

Crime transeunte é aquele que não deixa vestígio material, como, por exemplo, os crimes contra a honra praticados de forma verbal (calúnia, injúria e difamação). De outro modo, os crimes não transeuntes são aqueles que deixam vestígios materiais, como, por exemplo, o crime de homicídio. Nos casos de crimes não transeuntes, será indispensável o exame de corpo de delito, direto ou indireto, não podendo supri-lo a confissão do acusado, nos termos do art. 158 do Código de Processo Penal.

45. Diferencie crime político e crime de responsabilidade.

Crime político é aquele que ofende a segurança (externa e interna) do Estado, como, por exemplo, os crimes dispostos na Lei de Segurança Nacional.

Já os crimes de responsabilidade refletem infrações político-administrativas (e não infrações penais), cometidas pelo Presidente da República no exercício da função, nos termos do art. 85 da Constituição de 1988.

46. Aponte ao menos cinco diferenças entre crime e delito liliputiano.

O crime tem como espécie de pena a reclusão ou detenção (e/ou multa), a tentativa é punível, a pena é limitada a quarenta anos, a ação penal pode ser pública ou privada e admite a extraterritorialidade.

Já o delito liliputiano (contravenção penal ou crime anão) enseja tão somente prisão simples, sendo que tentativa não é punível, o limite da pena é de cinco anos e não é admitida a extraterritorialidade.

47. O que são os crimes de plástico?

Os crimes de plástico são aqueles que se revelam em condutas que são incriminadas apenas em determinadas condições de tempo e lugar, refletindo o estágio em que uma sociedade está, como os crimes contra o meio ambiente, crimes cibernéticos e os crimes contra a ordem tributária. Contrapõem-se aos crimes naturais, que são as condutas incriminadas independentemente do contexto de tempo lugar ou momento, como os crimes de roubo e o de estupro.

48. O que é crime de jabuticaba?

O crime de jabuticaba, a exemplo da fruta, é aquele que somente existe no Brasil. O exemplo clássico dado pela doutrina refere-se ao crime de tortura, disposto na Lei 9455/97, pois, diferentemente do que dispõem as normas internacionais, que tratam a tortura como crime próprio, o Brasil é o único país que trata o referido crime como comum, podendo ser praticado por qualquer pessoa.

49. O que é crime de ímpeto?

O crime de ímpeto é aquele cometido sem premeditação, desencadeado por reação emocional súbita, como é o caso do homicídio cometido em razão do domínio de violenta emoção logo em seguida a injusta agressão.

50. O que se depreende do conceito de crime habitual?

Crime habitual é aquele que, para a sua constituição, é necessário que haja reiteração da mesma conduta reprovável, de forma a constituir um hábito ou estilo de vida, como, por exemplo, nos crimes de curandeirismo e exercício ilegal da medicina.

51. Conceitue delito de tendência interna transcendente e suas subespécies.

O delito de tendência interna transcendente (ou delito de intenção) é aquele em que o agente quer mais do que o legislador exige, subdividindo-se em duas espécies: delito de tendência interna transcendente de resultado cortado e delito de tendência interna transcendente atrofiado (ou mutilado) de dois atos.

O delito de tendência interna transcendente de resultado cortado é aquele em que o resultado naturalístico dispensável depende de um comportamento de terceiros, alheios à execução. É o caso do crime de extorsão mediante sequestro em que o enriquecimento criminoso do agente depende do recebimento do resgate, ou seja, de um comportamento de terceiro que está fora do ato de execução.

Já o delito de tendência interna transcendente atrofiado de dois atos é aquele em que o resultado naturalístico dispensável depende de novo comportamento do agente. É o caso do delito de moeda falsa, em que é dispensável a colocação da moeda em circulação, mas, para se tanto, será necessário novo comportamento do agente.

52. O que são crimes do colarinho branco e crimes do colarinho azul?

Crimes do colarinho branco são os cometidos por aqueles que gozam de elevada condição econômica e do poder daí decorrente, como os crimes contra a ordem econômica e tributária.

Já os crimes do colarinho azul, diferentemente dos de colarinho branco, são aqueles cometidos por pessoas menos afortunadas, com menor desenvolvimento intelectual. Em regra, são crimes patrimoniais, como furto, roubo, receptação e estelionato. A cor azul é uma referência aos macacões azuis utilizados por empregados braçais das indústrias americanas.

53. O que são crimes de catálogo?

Crimes de catálogo são aqueles delitos compatíveis com o disposto na Lei de Interceptações Telefônicas, ou seja, são aqueles que podem ser investigados utilizando-se da citada lei.

IV. FATO TÍPICO

54. O que é fato típico?

Fato típico é o primeiro requisito ou elemento do crime, sendo considerado o fato humano indesejado que se amolda com perfeição aos elementos descritos pelo tipo penal.

55. Quais os elementos do fato típico.

O fato típico é composto de conduta, resultado, nexo causal e tipicidade.

56. Qual o conceito de conduta para a teoria finalista?

A teoria finalista, criada por Hanz Welzel, prevê que a conduta consiste no comportamento humano consciente e voluntário dirigido a um fim. O dolo e a culpa passam a ser analisados dentro da conduta (e não mais na culpabilidade, como na teoria causalista), formando-se uma culpabilidade vazia.

57. Aponte o conceito de conduta para a teoria causalista indicando onde são analisados o dolo e a culpa.

A teoria causalista (causal naturalista, clássica, naturalística ou mecanicista), idealizada por Franz von Liszt, Ernest von Beling e Gustav Radbuch, aponta a conduta como sendo o movimento voluntário causador de modificação no mundo exterior perceptível aos sentidos. Para a caracterização da conduta criminosa basta a circunstância de o agente produzir fisicamente o resultado previsto na infração penal, independentemente de dolo ou culpa, uma vez que estes são analisados dentro da culpabilidade.

58. O que proclama a chamada teoria significativa da ação?

A teoria significativa da ação, preconizada por Vives Antón, confere nova interpretação e fixa novo paradigma para o conceito de conduta penalmente relevante. Nesse contexto, somente haverá ação humana relevante para o Direito Penal se esta puder ser relacionada a determinado tipo penal. Não há, portanto, um modelo prévio e generalizado de ação humana, na medida em que esta deve ser analisada à luz de seu significado. Ainda de acordo com esta teoria, a ação só existe em razão da norma. Se há o ato de "matar" é porque a norma estabelece, antes, a definição do que se entende por homicídio. Sem a norma previamente estabelecida não haveria, portanto, significado para a ação.

59. Para a teoria finalista, idealizada por Hanz Welzel, qual a localização topográfica do dolo e da culpa dentro do conceito de crime?

Para a teoria finalista o dolo e a culpa situam-se no fato típico, diferentemente das teorias causalista e neokantista, em que dolo e culpa eram analisados na culpabilidade.

60. Correlacione o conceito de conduta para a teoria funcionalista sistêmica de Günther Jakobs com o direito penal do inimigo.

Para a teoria funcionalista sistêmica de Günther Jakobs conduta é o comportamento humano voluntário causador de um resultado evitável, que viola o sistema jurídico e frustra as legítimas expectativas da norma. Para a citada teoria, o direito penal possui a missão de resguardar a validade do sistema, sendo que o "infiel ao sistema" passa a ser denominado de inimigo. Com efeito, a conduta daquele que pratica determinada infração penal coloca em risco todo o sistema, merecendo, portanto, reprimenda severa.

Para Jakobs o Direito Penal do Inimigo é um direito penal que não se preocupa com os direitos fundamentais, uma vez que não se estaria diante de um cidadão, mas sim de um inimigo do Estado. Diante desse cenário, as garantias processuais são relativizadas – ou até mesmo suprimidas –, aplicando-se severas penas privativas de liberdade ao delinquente.

61. Quais as hipóteses de exclusão da conduta? Aponte o conceito de cada uma delas.

As hipóteses de exclusão da conduta são: o caso fortuito, a força maior, os movimentos reflexos e a coação física irresistível (ou *vis absoluta*).

Caso fortuito e força maior referem-se a eventos imprevisíveis, inevitáveis, tendo o caso fortuito relação com atos provocados pelo homem e a força maior origem em fato da natureza.

Já os movimentos reflexos são impulsos fisiológicos provocados pela excitação do órgão, não havendo vontade do agente e, consequentemente conduta. É o caso de um espirro repentino ou de um susto, em que o agente não tem controle sobra a reação de seu corpo.

Por fim, na coação física irresistível não há liberdade de agir por parte do indivíduo, em razão de força física externa que o força a praticar um ato contra a sua vontade. É o caso, por exemplo, do indivíduo que tem o dever de agir para impedir determinado resultado, mas é amarrado e, consequentemente, impedido de evitar o resultado lesivo.

62. Defina o que são ações em curto-circuito apontando se em tais hipóteses há exclusão da conduta.

As ações em curto-circuito são reações corporais primitivas do indivíduo, derivadas de provocação externa, que causam a excitação de diversos órgãos e que podem ser controladas pela vontade. São ações momentâneas e impulsivas que, apesar de não registrarem totalmente a personalidade do indivíduo, são marcadas pela existência do elemento volitivo. Um exemplo de ação em curto-circuito é caso de torcida organizada, em uma final de campeonato, que, diante de expulsão injusta de um jogar, invade o campo com violência. As hipóteses de ações em curto-circuito não excluem a conduta.

63. Diferencie crime doloso e culposo.

O crime doloso, previsto no art. 18, I, do CPB, é aquele em que o agente quis o resultado ou assumiu o risco de produzi-lo. Isto posto, pode se concluir que o dolo é composto por um elemento intelectivo (consciência – sabe o que faz) e um elemento volitivo (vontade – quer ou aceita o resultado), sendo conceituado como a vontade consciente de realizar – ou aceitar realizar – a conduta prevista no tipo penal.

Já o crime culposo, disposto no art. 18, II, do CPB, é aquele em que o agente deixa de observar o dever objetivo de cuidado, dando causa ao resultado por imprudência, negligência ou imperícia. O crime culposo consiste, portanto, numa conduta voluntária que realiza um fato ilícito, não querido pelo agente, mas que foi por ele previsto (culpa consciente) ou lhe era previsível (culpa inconsciente) e que podia ser evitado se o agente atuasse com o devido cuidado.

Por derradeiro, importante destacar que tanto o dolo quanto a culpa integram a conduta e, consequentemente, o fato típico.

64. Quais as teorias do dolo? Qual delas é a adotada pelo CPB?

As teorias do dolo são as seguintes: teoria da vontade, teoria da representação e teoria do assentimento.

Para a teoria da vontade dolo é a vontade consciente de querer produzir o resultado delituoso.

Já a teoria da representação é aquela em que o agente tem a previsão do resultado como possível e, mesmo assim, decide por continuar com a conduta.

Por derradeiro, para a teoria do assentimento há dolo quando o agente realiza a conduta assumindo o risco de produzir o resultado.

O CPB adotou a teoria da vontade para o dolo direto e a teoria do assentimento para o dolo eventual.

65. Diferencie dolo natural e dolo normativo.

O dolo normativo (híbrido, cinzento ou colorido), adotado pelas teorias causalista e neokantista, é analisado dentro da culpabilidade, pressupondo consciência, vontade e consciência atual da ilicitude.

Já o dolo natural (incolor, avalorado, acromático ou neutro), adotado pela teoria finalista, integra o fato típico e pressupõe apenas consciência e vontade.

66. Qual a diferença entre o dolo direto e o dolo direto de segundo grau?

O dolo direto (determinado, intencional, imediato ou incondicionado) é aquele em que o agente prevê determinado resultado, dirigindo a sua conduta na busca de realizá-lo (Ex.: o agente prevê a morte e busca a morte).

Já o dolo direto de segundo grau (ou dolo de consequências necessárias) é aquele em que o agente prevê determinado resultado, seleciona os meios para vê-lo realizado e sua vontade abrange os efeitos colaterais necessários para efetivação da ação. O exemplo clássico é aquele em que o agente explode avião com objetivo de matar determinado passageiro, matando também os demais.

67. Tício, com a finalidade de matar seu inimigo Mévio, ministra veneno em coquetel mesmo sabendo que a referida bebida seria servida a todos os convidados de uma festa, o que de fato ocorreu, vindo, diante disso, a matar o seu inimigo e os demais convidados que ingeriram tal bebida. Entretanto, uma das convidadas estava grávida, situação sabida por Tício, de maneira que da sua morte decorreu necessariamente o aborto. Qual o tipo de dolo incorrido em relação ao aborto praticado?

Na ocasião ocorreu o chamado dolo direito de terceiro grau (ou dolo de dupla consequência necessária), em que há inevitável violação ao bem jurídico em decorrência do resultado colateral produzido a título de dolo direto de segundo grau (pressuposto para a existência do dolo direto de terceiro grau). Em outras palavras, é a consequência da consequência.

68. Conceitue dolo indireto e suas subespécies.

Dolo indireto (ou indeterminado) é aquele em que o agente não busca com sua conduta resultado certo e determinado. Subdivide-se em dolo alternativo e dolo eventual.

O dolo alternativo é aquele em que o agente, prevendo pluralidade de resultados, dirige sua conduta buscando realizar um ou outro, indistintamente e com igual intensidade. É o caso do agente que agride com violência a vítima, não se importando se com sua conduta irá causar a morte ou lesões corporais.

Já o dolo eventual é aquele em que o agente prevê pluralidade de resultados, dirige sua conduta buscando realizar um e assume o risco de realizar os demais. É o caso do agente que agride violentamente a vítima buscando causar lesões corporais, mas aceitando a possibilidade de ocorrência do crime de homicídio.

69. Qual a compreensão se extrai do conceito de dolo enantiomórfico?

O dolo enantiomórfico (dolo recíproco, compensando ou bilateral) é aquele que ocorre na ocasião em que ambas as partes agem dolosamente, um visando prejudicar o outro, utilizando-se de meios ardilosos. Segundo a maioria da doutrina e da jurisprudência, mesmo em caso de má-fé da vítima, como nos casos dos crimes de estelionato com torpeza bilateral, haverá crime.

70. Quais os elementos que compõem o crime culposo?

O crime culposo é composto de conduta voluntária, violação de um dever objetivo de cuidado, resultado naturalístico involuntário, nexo causal, previsibilidade objetiva e tipicidade.

71. Diferencie as modalidades da culpa denominadas negligência, imprudência e imperícia.

Imprudência é forma positiva da culpa (*culpa in agendo*), em que o agente age de forma intempestiva, afoita. É o caso do indivíduo que efetua a limpeza de uma arma de fogo estando esta carregada e alimentada e, com isso, acaba por disparar acidentalmente em outrem.

Já a negligência é a modalidade negativa da culpa (*culpa in omitindo*), consistente na falta de precaução ou omissão na ação cuidadosa que a ação exige. O exemplo clássico é o da mãe que deixa remédios ao alcance de criança, que acaba ingerindo medicamentos potencialmente lesivos.

De outra banda, a imperícia (ou culpa profissional) é a falta de aptidão técnica para o exercício de arte, ofício ou profissão. Um exemplo é o do médico clínico geral que pratica cirurgia plástica sem ter o conhecimento necessário para tanto, fazendo com que o paciente fique com algum tipo de deformação.

72. Qual a diferença entre culpa consciente e culpa inconsciente?

Culpa consciente (com previsão ou *ex lascívia*) é aquela em que o agente prevê o resultado – objetivamente previsível –, mas acredita sinceramente que ele não irá ocorrer, supondo poder evitá-lo com sua habilidade. É o caso do artista de circo que se utiliza de facas para acertar um alvo e, este último possui, geralmente, uma pessoa para tornar o espetáculo mais divertido e emocionante. Caso o atirador de facas acerte a pessoa, ele responderá pelo crime praticado a título de culpa consciente.

Já a culpa inconsciente (sem previsão ou *ex ignorantia*) é aquela em que o agente não prevê o resultado, que, no entanto, era objetivamente previsível. É o caso do indivíduo que atinge involuntariamente a pessoa que passava pela rua, porque atirou um objeto pela janela por acreditar que ninguém passaria ali naquele horário.

73. Qual a distinção entre culpa própria e culpa imprópria?

Culpa própria é aquela que se verifica na hipótese em que o agente não quer e nem assume o risco da produção do resultado, mas acaba dando causa a este.

Já a culpa imprópria (por equiparação, por extensão ou por assimilação) é aquela em que o agente, após prever o resultado, desejando a sua produção, atua com erro inescusável quanto à ilicitude do fato. Verifica-se que na culpa imprópria o agente atua com dolo, todavia, por questões de política criminal, responde por culpa. É o caso de indivíduo que é vítima de sucessivos roubos em sua residência e em determinada noite se posiciona, armado com uma pistola, esperando que o assaltante apareça. Ao observar um vulto em uma moita, dispara levianamente, acreditando estar em legítima defesa de sua propriedade. Ocorre que, na situação apresentada, ficou comprovado não se tratar de um ladrão, mas de um inocente que lá passava.

74. O Código Penal Brasileiro admite a teoria dos graus de culpa ou a teoria da compensação de culpas?

A teoria dos graus de culpa externa que a culpa é subdividida nos graus grave, leve e levíssima. O CPB não adotou a divisão da culpa em graus, logo, ou há culpa e, portanto, está configurada a responsabilidade penal do agente, ou não há culpa, sendo o fato penalmente irrelevante.

Do mesmo modo, também não foi admitida pelo CPB a denominada teoria da compensação de culpas, não havendo que se falar na hipótese de a culpa da vítima anular a culpa do autor. É o caso de acidente de trânsito em que ambos os motoristas agem com culpa e saem todos lesionados.

75. Quais as hipóteses de exclusão da culpa?

A doutrina aponta as seguintes hipóteses de exclusão da culpa: caso fortuito, força maior, erro profissional, risco tolerado e princípio da confiança.

Caso fortuito e força maior abrangem situações imprevisíveis, excepcionais e inevitáveis, que se esquivam da vontade humana. Em tais casos, como não existe vontade, elemento indispensável da conduta, não há falar em culpa no resultado típico.

Já o erro profissional refere-se às hipóteses em que há falha do método científico, que se mostra incapaz de alcançar o resultado exitoso em determinados casos. Com efeito, em tais casos a culpa pelo resultado naturalístico não é o agente, mas a ciência.

De outra banda, o risco tolerado refere-se a hipóteses extraordinárias, como o caso do médico que opera paciente em estado gravíssimo, em que o risco é calculado para o bem jurídico protegido. Atualmente tem-se uma sociedade de riscos, em que a modernidade fomenta determinadas atividades que são necessárias para a evolução da humanidade, mas que, envolve certos riscos tolerados.

Por derradeiro, o princípio da confiança aponta que há um dever de cuidado objetivo aplicável a todo indivíduo, em que se espera que cada um se comporte de forma prudente e razoável.

76. O que é crime preterintencional?

Crime preterintencional (ou preterdoloso) é aquele em que a intenção do agente é praticar determinado crime doloso, mas, por culpa, acaba por advir resultado mais grave do que o projetado. Trata-se de crime agravado pelo resultado em que há dolo no antecedente e culpa no consequente. É o caso do crime de lesão corporal seguida de morte, descrito no art. 129, §3º, do CPB, em que o agente quer apenas ofender a integridade e a saúde de outrem, mas, por culpa, acaba por matá-la.

77. Defina erro de tipo essencial e suas subespécies.

O erro de tipo essencial encontra previsão legal no art. 20, *caput*, do Código Penal Brasileiro, e refere-se à situação em que há uma falsa percepção da realidade acerca dos elementos constitutivos do tipo penal. É o caso do indivíduo que, ao sair de determinado local, confunde o guarda-chuva de outrem com o seu, levando-o, por erro, para casa. No caso concreto não houve o crime de furto, uma vez que houve erro do agente quanto a elementar "alheia", disposta no *caput* do art. 155 do CPB.

O erro de tipo essencial pode ser inevitável (escusável, invencível ou desculpável) ou evitável (inescusável, vencível ou indesculpável).

O erro de tipo inevitável é aquele em que há exclusão do dolo e da culpa, uma vez que o agente, no caso concreto, agiu com cautela e prudência.

Já o erro de tipo evitável o erro advém de culpa do agente, que deveria conhecer do perigo da ação. Com efeito, haverá a exclusão do dolo, mas poderá ensejar a punição por crime culposo, se previsto em lei.

78. Qual a compreensão que se extrai do denominado erro de subsunção?

O erro de subsunção é uma criação doutrinária, sem previsão legal, em que o erro recai sobre a valoração jurídica do agente sobre seu comportamento. É o caso do agente que desconhece a condição da cártula de cheque de documento público por equiparação ou que erra sobre o conceito penal de funcionário público.

79. O que é a denominada "cara negativa do dolo"?

Cara negativa do dolo é a qualificação dada por Eugênio Raul Zaffaroni ao erro de tipo. A denominação advém do fato de a presença do erro de tipo – escusável ou inescusável – sempre excluir o dolo.

80. Em que consiste o erro culturalmente condicionado?

O conceito de erro culturalmente condicionado foi cunhado por Eugênio Raul Zaffaroni e consiste em espécie do gênero erro de proibição, em que o agente, mesmo conhecendo da ilicitude de sua conduta, por questões culturais, é incapaz de compreendê-la e, por consequência, de internalizá-la e de pautar seu comportamento de acordo com a norma.

81. O que é erro de tipo acidental? Quais suas subespécies?

O erro de tipo acidental é aquele que recai sobre dados periféricos do tipo, diversos dos elementos constitutivos, ou seja, é o que recai sobre circunstâncias ou fatores irrelevantes do tipo. Na hipótese de erro de tipo acidental o agente responde penalmente pelo delito praticado, não havendo exclusão do dolo ou da culpa. O erro de tipo acidental se divide em erro sobre a pessoa, erro sobre o objeto, erro na execução, erro sobre o nexo causal e resultado diverso do pretendido.

O erro de tipo sobre a pessoa (*error in persona*), previsto no art. 20, §3º, do CPB, é aquele em que o agente, por erro, representa mal a pessoa visada, atingindo outra, diversa da pretendida. O *error in persona* não exclui dolo nem culpa, respondendo o agente pelo crime considerando-se, para a aplicação da pena, as características da vítima pretendida.

Já o erro sobre o objeto é espécie de erro de tipo acidental em que o agente representa mal o objeto material visado, atingindo coisa diversa da projetada. Em tais hipóteses o autor responderá pelo crime considerando-se o objeto efetivamente atingido.

O erro na execução (*aberratio ictus*), previsto no art. 73 do CPB, é aquele em que o agente, por acidente ou erro no uso dos meios, ao invés de atingir a pessoa que pretendia ofender, atinge pessoa diversa. Na hipótese o agente responderá pelo crime considerando-se as características da pessoa que pretendia atingir.

Já o erro de tipo sobre o nexo causal (*aberratio causae*) é aquele em que o agente pratica uma conduta, acredita ter alcançado o resultado pretendido e, em seguida, pratica nova ação com finalidade diversa, sendo que, posteriormente, descobre-se que foi a segunda conduta que efetivamente produziu o resultado.

Por derradeiro, o resultado diverso do pretendido (*aberratio criminis*), que tem previsão legal expressa no art. 73 do CPB, refere-se à hipótese em que o agente, por acidente ou erro na execução do crime, provoca resultado diverso do pretendido, ofendendo bem jurídico diverso do projetado. Na hipótese de *aberratio criminis* o agente responderá por culpa, se o fato for previsto como crime culposo e, caso ocorra também o resultado pretendido, aplicar-se-á a regra do concurso formal de crimes.

82. O que é delito de alucinação?

Delito de alucinação, também chamado delito putativo por erro de tipo, é aquele em que o agente supõe estar presente elemento constitutivo do tipo que, em verdade, não existe. O sujeito imagina estar agindo ilicitamente, mas pratica, sem intenção, fato atípico, pois ignora a ausência de elementar do tipo. É o caso, por exemplo, do indivíduo que efetua disparos contra um boneco de cera pensando ser alguém.

83. Diferencie crime omissivo próprio e impróprio.

O crime omissivo próprio (ou puro) é aquele em que o tipo penal descreve uma conduta negativa, de não fazer o que a lei determina. Em regra, esses tipos penais são descritos com a expressão "deixar de" e, para a sua consumação, é irrelevante a ocorrência de resultado naturalístico. O exemplo clássico de crime omissivo puro é o delito de omissão de socorro, descrito no art. 135 do CPB.

Já em relação aos crimes omissivos impróprios (impuros, comissivos por omissão ou comissivo-omissivo), a omissão consiste na transgressão de um dever jurídico de impedir o resultado, praticando o omitente o crime que, abstratamente, é comissivo. Na hipótese dos crimes omissivos impróprios a omissão da norma mandamental decorre da cláusula geral disposta no art. 13, §2º, do CPB, que dispõe que ser penalmente relevante a omissão quando o omitente devia e podia agir para evitar o resultado. Nesse contexto, oportuno consignar que o dever de agir incumbe a quem tenha por lei obrigação de cuidado, proteção ou vigilância, de outra forma assumiu a responsabilidade de impedir o resultado ou com seu comportamento anterior criou o risco da ocorrência do resultado.

84. Diferencie resultado naturalístico de resultado normativo.

O resultado naturalístico é a modificação ou alteração física no mundo exterior, provocada pelo agente. Já o resultado normativo (ou jurídico) é aquele em que, da conduta do agente, resulta lesão ou perigo de lesão ao bem jurídico tutelado – modificação gerada no mundo jurídico.

85. Mara, jovem de 18 anos de idade, preocupada com o atraso de seu ciclo menstrual e receosa por um possível estado de gestação indesejada, passou em um laboratório clínico e submeteu-se a exame sanguíneo a fim de que pudesse confirmar suas suspeitas, tendo o resultado sido prometido para o dia seguinte. Todavia, Mara optou por não esperar o resultado do exame de sangue, tendo ido a uma farmácia e comprado um teste de gravidez. Da reação química da urina de Mara com o composto do teste de gravidez houve a indicação de possível gestação. Desesperada com o resultado, Mara adquiriu com terceiros medicamento abortivo, ingerindo-o imediatamente. No dia seguinte dirigiu-se até o laboratório para pegar o resultado do exame, tendo sido apontado que não havia nenhuma gravidez. Mesmo a contraprova realizada indicou ausência de feto. Analise a situação do ponto de vista do Direito Penal, apontando o fenômeno jurídico ocorrido.

O caso narrado apresenta hipótese de delito putativo por erro de tipo, uma vez que Mara supõe estar presente elemento constitutivo do crime de autoaborto que, em verdade, não existe. O crime de aborto provocado pela própria gestante (art. 124 do CPB) pressupõe a existência de um feto (sujeito passivo) que, no caso apresentado, inexiste. Mara imagina estar agindo ilicitamente, mas pratica, sem intenção, fato atípico, pois ignora a ausência de elemento constitutivo do tipo.

86. O que são delitos de olvido?

Os delitos de olvido advêm da ideia de perda de memória, esquecimento e estão ligados aos crimes omissivos impróprios na forma culposa. O crime omissivo impróprio é aquele em que o garantidor definido no art. 13, §2º, do CPB, responde por crime comissivo e, no caso dos crimes de olvido, arca com as consequências da conduta na forma culposa. É o caso do pai que esquece o filho no veículo sob o sol quente e este vem a falecer. Ao pai cabia o dever jurídico de impedir o resultado, mas, por ato omissivo acabou por cometer o delito de homicídio culposo.

87. Todo crime possui resultado naturalístico? Todo crime possui resultado normativo?

Não, nem todo crime possui resultado naturalístico. O crime material tem resultado naturalístico descrito, sendo este indispensável para a consumação do delito. Já o crime formal também tem resultado naturalístico descrito sendo, porém, dispensável para a consumação da infração penal (mero exaurimento). De outra banda, o crime de mera conduta não possui resultado naturalístico.

Quanto ao resultado normativo, é de se destacar que todo crime necessariamente possui esta espécie de resultado, uma vez que não há crime sem lesão ou perigo de lesão a bem jurídico tutelado.

88. Aponte o conteúdo da teoria da equivalência dos antecedentes causais e da teoria da causalidade adequada.

A teoria da equivalência dos antecedentes causais (causalidade simples ou *conditio sine qua non*), desenvolvida por Von Buri e Stuart Mill, adotada pelo art. 13, *caput*, do CPB, dispõe que toda ação ou omissão sem a qual o resultado não teria ocorrido é considerada causa.

Já a teoria da causalidade adequada (teoria da condição qualificada ou teoria individualizadora), que tem origem nos estudos de Von Kries, foi adotada pelo art. 13, §1º, do CPB, e dispõe que será causa tão somente a conduta idônea a provocar o resultado naturalístico, ou seja, deve ser realizada atividade adequada à concretização do resultado.

89. Discorra de forma sucinta sobre a teoria da imputação objetiva.

A teoria da imputação objetiva, surgida em 1930 por meio dos estudos de Richard Honig, ergueu-se como contraponto à teoria da equivalência dos antecedentes causais, rediscutindo a problemática do nexo causal. Para a Teoria da Imputação Objetiva, o estabelecimento do nexo causal, ou seja, a afirmação de que o agente deu causa a um resultado, além do nexo físico (relação de causa e efeito – teoria da equivalência dos antecedentes), são necessários outros três requisitos (nexo normativo): que a conduta tenha sido criadora ou ampliadora de uma situação de risco proibido (não tolerado pela sociedade), que o resultado esteja dentro do âmbito normal de risco provocado pela conduta e que o agente atue fora do sentido de proteção da norma (a conduta não seja praticada no sentido da proteção do bem jurídico). Esses são os requisitos utilizados para amenizar/flexibilizar o rigor no estabelecimento do nexo causal. Somente se preenchidos esses requisitos é que determinado indivíduo será considerado causador de um resultado e, após, é que se analisará o dolo e a culpa.

90. Em que consiste o instituto da concausa relativamente independente superveniente? Exemplifique.

A concausa relativamente independente superveniente é aquela em que a causa efetiva do resultado acontece após o comportamento concorrente. Para o caso o CPB determina, no art. 13, §1º, que seja aplicada a teoria da causalidade adequada, resultando na exclusão da imputação quando, por si só, produziu o resultado. É exemplo da aplicação do fenômeno o caso em que sujeito, na condução de ônibus colide em poste que sustenta fios elétricos, sendo que um dos fios derrubados acaba por provocar a morte, por descarga elétrica, de passageiro que estava ileso, já fora do veículo. Para a causalidade adequada, somente haverá imputação do fato se, no conjunto das causas, fosse a conduta do agente, consoante as regras da experiência comum, a mais adequada à produção do resultado.

91. Em que consiste o instituto da tipicidade conglobante?

A teoria da tipicidade conglobante, criada por Eugenio Raúl Zaffaroni, afirma que a tipicidade penal é composta de tipicidade formal acrescida da tipicidade conglobante, sendo esta formada por tipicidade material acrescida de antinormatividade (os atos não sejam determinados ou incentivados por qualquer ato normativo). Nesse contexto, para se concluir pela tipicidade penal, é necessário que, além da subsunção formal do fato a norma (tipicidade formal) e da relevância da lesão ou perigo de lesão ao bem jurídico tutelado (tipicidade material), é necessário que o comportamento seja contrário ao ordenamento jurídico em geral (e não apenas ao direito penal).

O exemplo dado por Zaffaroni para a aplicação da tipicidade conglobante refere-se ao caso em que oficial de justiça recebe uma ordem judicial de penhora e sequestro de bens, de propriedade de determinado devedor. O oficial de justiça solicita apoio da polícia e efetiva o cumprimento da medida determinada pelo juiz, adentrando a residência do devedor e promove o sequestro dos bens. Em tal hipótese, a maioria da doutrina afirma que o executor do mandado judicial agiu sob a excludente da ilicitude do estrito cumprimento de dever legal. Todavia, para Zaffaroni, o oficial de justiça sequer praticou fato típico, pois a tipicidade implica antinormatividade – contrariedade à norma – não se podendo admitir que na ordem normativa uma norma ordene o que a outra proíbe.

92. Em que consiste a teoria dos elementos negativos do tipo?

A teoria dos elementos negativos do tipo, preconizada por Hellmuth von Weber, apresenta o conceito de tipo total do injusto, em que os pressupostos das causas de exclusão da ilicitude compõem o tipo penal como seus elementos negativos. Para essa teoria o tipo é composto de elementos positivos, que são expressos, aos quais se somam elementos negativos – implícitos, quais sejam, as causas excludentes de ilicitude. Para que a conduta do agente seja típica deve ele realizar os elementos positivos dispostos no tipo penal, além de não poder configurar, no caso concreto, qualquer dos elementos negativos.

93. O que são normas de extensão?

Nas hipóteses de tipicidade formal indireta (ou mediata), em que há necessidade de mais de um dispositivo para se fazer a adequação típica, utiliza-se das chamadas normas de extensão, conjugadas ao tipo penal. As normas de extensão possuem como objetivo ampliar o tipo penal a fim de nele abranger hipóteses não previstas expressamente pelo legislador e podem ser: temporal – hipótese de crime tentado (art. 14, II, do CPB), pessoal – para os casos de concurso de pessoas (art. 29 do CPB) e causal – para os eventos de omissão imprópria (art. 13, §2º, do CPB).

94. Diferencie tipo normal e anormal.

Os tipos normais são aqueles compostos estritamente de elementos objetivos, percebidos pelos sentidos – ex.: homicídio - matar alguém. Os dados constantes no tipo penal são facilmente captados pelos sentidos humanos. Já os tipos anormais são aqueles em que a normas penais exigem determinada valoração, uma vez que compostos de elementos normativos e/ou subjetivos. O crime de falsidade ideológica (art. 299 do CPB), por exemplo, exige que o intérprete faça valoração do elemento normativo "documento" e subjetivo "com o fim de".

V. ILICITUDE

95. Em que consiste a ilicitude ou antijuridicidade do crime? Quais as causas de exclusão?

A ilicitude (ou antijuridicidade) é a relação de contrariedade entre o fato típico e o ordenamento jurídico como um todo, capaz de lesionar ou expor a perigo de lesão bens jurídicos relevantes. A ilicitude é analisada após o juízo de tipicidade, sendo entendida como uma conduta típica não justificada.

São excludentes da ilicitude: o estado de necessidade, a legítima defesa, o estrito cumprimento de um dever legal e o exercício regular de um direito, além de eventual causa supralegal de exclusão da ilicitude.

96. Qual a teoria adotada no Brasil no tocante a relação entre tipicidade e ilicitude?

De acordo com a doutrina majoritária o Brasil adotou a teoria da indiciariedade (ou da *ratio cognoscendi*), ou seja, se o fato for típico, presume-se, relativamente, ser também ilícito. Trata-se de teoria idealizada por Max Ernst Mayer (1915) em que, provada a tipicidade, haverá indícios de ilicitude, trazendo como consequência à defesa o ônus da prova da existência da excludente.

97. O que é Estado de Necessidade?

Trata-se de excludente da ilicitude prevista no art. 24 do Código Penal Brasileiro em que o agente pratica um fato típico, sacrificando bem jurídico, para salvar de perigo atual direito próprio ou de terceiro, cujo sacrifício, nas circunstâncias, não era razoável exigir-se. Trata-se de situação em que há conflito de interesses lícitos em que é autorizado pela norma penal que haja a preservação de um bem jurídico em detrimento do sacrifício de outro.

98. No que concerne à inexigibilidade de sacrifício do direito ameaçado, elemento do Estado de Necessidade, qual a teoria adotada pelo Código Penal Brasileiro?

A inexigibilidade de sacrifício do direito ameaçado trata do critério da proporcionalidade entre o bem protegido e o bem sacrificado, tendo o Código Penal Brasileiro adotado a teoria unitária. Segundo a citada teoria, todo estado de necessidade é justificante, ou seja, o bem jurídico sacrificado deve ter valor menor ou igual ao bem jurídico protegido. A teoria unitária não reconhece, portanto, o estado de necessidade exculpante, que é aquele em que o bem sacrificado tem valor maior que o bem protegido.

99. Qual a diferença entre o Estado de Necessidade defensivo e o agressivo?

Estado de necessidade defensivo é aquele em que o agente, visando a proteção de bem jurídico próprio ou de terceiro, pratica o fato necessitado contra bem jurídico pertencente àquele que provocou o perigo.

Já o estado de necessidade agressivo é aquele em o agente, para preservar bem jurídico próprio ou de terceira pessoa, pratica o fato necessitado contra bem jurídico pertencente a indivíduo que não provocou a situação de perigo.

100. Conceitue legítima defesa.

A legítima defesa, prevista no art. 25 do CPB, é causa excludente da ilicitude em que o agente, usando moderadamente dos meios necessários, repele injusta agressão, atual ou iminente, a direito seu ou de outrem.

Cabe apontar, ainda, que a Lei 13.964/19 inseriu o parágrafo único no art. 25 do CPB, segundo o qual "Observados os requisitos previstos no **caput** deste artigo, considera-se também em legítima defesa o agente de segurança pública que repele agressão ou risco de agressão a vítima mantida refém durante a prática de crimes."

101. Mévio envolveu-se em briga com famoso traficante de drogas em atuação na cidade que morava, tendo o criminoso dito a Mévio que o mataria na próxima ocasião que o visse. Sabendo que o traficante costumava cumprir suas promessas e já havia matado outras pessoas, Mévio passa a andar armado. Dias após a confusão, no momento em que Mévio passava por um beco escuro, percebe que o traficante que o ameaçara vem em sua direção. Na ocasião, o traficante leva a mão até a cintura, como se fosse sacar uma arma. Diante disso, Mévio saca seu revólver e efetua dois disparos que resultam na morte do traficante. No caso apresentado a investigação desvendou que o traficante, em verdade, iria pegar uma bíblia que estava guardada no bolso e entregá-la para Mévio, pois, dias antes, o traficante havia se convertido e estava arrependido da vida que levava. Analise a situação apresentada, apontando a responsabilidade penal de Mévio.

A hipótese narrada apresenta típico caso de legítima defesa putativa, uma vez que Mévio, por erro, acredita na existência de uma agressão injusta e iminente a direito seu – erro sobre os pressupostos fáticos do evento. Com feito, o ato praticado por Mévio não constitui crime, uma vez que este incorreu em erro de tipo inevitável, excluindo-se, portanto, a culpabilidade.

102. Diferencie legítima defesa subjetiva e legítima defesa sucessiva.

Legítima defesa subjetiva é aquela em que há um excesso exculpável na legítima defesa, pois qualquer pessoa nas mesmas circunstâncias se excederia (erro invencível). Trata-se de causa supralegal de inexigibilidade de conduta diversa (excludente da culpabilidade).

Já a legítima defesa sucessiva é a repulsa contra o excesso abusivo do agente da ação, ou seja, há uma reação contra o excesso injusto.

103. Tício, ao ingressar no bairro que mora, depara-se com a situação em que um inimputável em razão de doença mental está atacando, com um pedaço de madeira, uma jovem de 19 anos que caminhava pelo local. Verificando que a vida da jovem estava em risco e não havendo outra forma de protegê-la, pega outro pedaço de pau que estava no chão e desfere um golpe no inimputável, causando-lhe lesão corporal de natureza grave. Analise a situação apresentada apontando se houve ou não crime.

No caso apresentado não houve crime em razão de excludente da ilicitude. Para as situações em que o autor da agressão injusta é inimputável, como no caso apresentado, parte da doutrina afirma ser hipótese de estado de necessidade e parte defende ser legítima defesa. Prevalece ser caso de legítima defesa, sob o argumento de que a agressão tem que ser injusta para quem é agredido e não para quem agride. O fato de o doente mental não saber que a agressão é injusta, para a maioria da doutrina, é irrelevante.

Já minoria doutrinária afirma que a situação apresentada configura estado de necessidade, em razão do perigo atual, afirmando que o inimputável não age antijuridicamente, porque não discerne entre a agressão justa e injusta.

104. Em que consiste o instituto do estrito cumprimento do dever legal?

O estrito cumprimento de um dever legal é causa excludente da ilicitude consistente na hipótese em que o agente pratica um fato típico em razão do cumprimento de uma norma imposta por lei.

105. Conceitue ofendículos e aponte sua natureza jurídica.

Ofendículos são aparatos preordenados utilizados para prevenção e proteção de bens jurídicos do agente, como, por exemplo, uma cerca elétrica que circunda residência. O titular de determinado bem jurídico promove uma preparação prévia do meio de defesa, quando o perigo é longínquo e indefinido, em que há acionamento no caso de uma agressão atual ou iminente. A doutrina diverge acerca da natureza jurídica dos ofendículos, apontando que poderá ser exercício regular de um direito ou legítima defesa, a depender do caso concreto.

106. É possível a ocorrência de causa supralegal de exclusão da ilicitude?

Prevalece na doutrina e na jurisprudência que é possível a existência de causa supralegal de exclusão da ilicitude, consubstanciada no consentimento do ofendido.

107. O que são as discriminantes putativas?

A figura das discriminantes putativas (ou erro sobre as discriminantes) está prevista no art. 20, §1º, do CPB, e representa a hipótese de causa excludente da ilicitude imaginada pelo agente que, por erro, supõe, nas circunstâncias do caso concreto, que uma descriminante esteja presente. Apesar de descriminante significar excludente de ilicitude, quando associada à situação de putatividade, exclui ora a tipicidade, ora a culpabilidade. Segundo a norma penal, será isento de pena quem, por erro plenamente justificado pelas circunstâncias, supõe situação de fato que, se existisse, tornaria a ação legítima.

108. Qual a compreensão que se extrai do conceito de descriminante em branco?

A chamada descriminante em branco ocorre nas hipóteses em que o conteúdo da norma excludente da ilicitude (exercício regular de um direito ou estrito cumprimento de um dever legal) se extrai de outra fonte jurídica, ou seja, de outra lei ou ato normativo editado pela Administração pública. O estrito cumprimento de um dever legal e o exercício regular de um direito são normas permissivas que dependem de complemento anunciando os direitos e deveres do indivíduo. O exemplo clássico é o das situações em que qualquer do povo pode prender quem esteja em situação de flagrante delito, caso em que o exercício regular de um direito (art. 23, III, do CPB) é complementado pela norma processual penal (art. 301 do CPP).

VI. CULPABILIDADE

109. O que é a culpabilidade para a teoria finalista? Quais as suas dirimentes?

Para a teoria finalista a culpabilidade integra o conceito de crime e é conceituada como o juízo de reprovação que recai sobre o agente responsável por uma conduta típica e ilícita. As dirimentes (ou causas de exclusão da culpabilidade) são a imputabilidade, a potencial consciência da ilicitude e a exigibilidade de conduta diversa.

110. Qual a diferença entre a teoria normativa pura e a teoria limitada da culpabilidade? Qual a adotada pelo Código Penal Brasileiro?

A única diferença entre a teoria normativa pura e a teoria limitada da culpabilidade é no tocante à natureza jurídica das discriminantes putativas. Para a teoria extremada toda descriminante putativa é erro de proibição. Já para a teoria limitada, adotada pelo CPB, as discriminantes putativas podem ser erro de proibição ou erro de tipo. Nesse contexto, se o erro recai sobre a existência ou sobre os limites de justificação, haverá erro de proibição indireto (ou erro de permissão). Se, por outro lado, o erro recai sobre os pressupostos da situação fática a natureza jurídica será de erro de tipo.

111. Inconformado como término do namoro, Tício manteve Mara sob a mira de uma pistola sob ameaça de que iria matá-la e, em seguida, suicidar-se. Tendo a casa cercada por policiais, após algumas horas de negociação, Tício opta por soltar Mara. Todavia, ao sair da casa para se apresentar aos policiais, Tício aponta a pistola para a guarnição afirmando que iria matar a todos ali presentes. Diante da situação, um policial desfere disparo certeiro na cabeça de Tício. Ocorre que, ao verificarem a pistola empunhada por Tício, constatou-se que esta encontrava-se desmuniciada. Analise a situação sobre o prisma do Direito Penal, apontando se houve crime por parte do policial que efetuou o disparo.

No caso apresentado o policial que efetuou o disparo incorreu em erro de tipo permissivo invencível. Segundo a teoria limitada da culpabilidade (adotada pelo Código Penal), o erro sobre os pressupostos fáticos de uma causa de justificação (situação descrita no art. 20, § 1º) constitui erro de tipo permissivo (descriminante putativa por erro de tipo), com exclusão do dolo, mas podendo subsistir a culpa. No caso concreto encontra-se ausente um dos requisitos para a configuração da legítima defesa: a agressão injusta. Todavia, diante da situação fática apresentada, a conclusão é de que o erro foi escusável, excluindo-se dolo e culpa, isentando o agente de pena, nos termos do art. 20, §1º, do CP.

112. Discorra sucintamente sobre a "valoração paralela na esfera do profano".

A valoração paralela na esfera do profano é estudada dentro da culpabilidade, no elemento denominado potencial consciência da ilicitude. Trata-se de critério adotado para a verificação da possibilidade de compreensão da ilicitude da conduta por parte do agente no caso concreto. Na dogmática, recolhe-se a proposta primeira de recorrer-se a um conhecimento formal da ilicitude por parte do sujeito ativo de injustos, o que na atualidade não se aceita de modo pacífico. Tampouco é necessária uma concepção de ilicitude material por parte do agente, no sentido de compreender que violou um bem jurídico. Assim, exige-se do agente que, enquanto leigo ("profano") realize, de modo "paralelo" ao técnico-jurídico, valoração de sua conduta como errada. Tais aspectos impõem ao juiz que, quando da análise do erro de proibição, verifique em que condições socioculturais o agente realizou a valoração.

113. Defina imputabilidade e apresente as causas de sua exclusão.

Imputabilidade é um dos elementos da culpabilidade e pode ser conceituada como a possibilidade de se atribuir a determinado indivíduo a responsabilidade pela prática de determinada infração penal (capacidade de imputação). As hipóteses de inimputabilidade são: anomalia psíquica (doença mental), embriaguez completa decorrente de caso fortuito ou força maior e desenvolvimento mental incompleto em razão da idade.

114. O que é a teoria da *actio libera in causa*?

Para a teoria da *actio libera in causa* determinado ato transitório revestido de inconsciência decorre de ato antecedente que foi livre na vontade, transferindo-se para esse momento anterior a constatação da imputabilidade e vontade. Ou seja, despreza-se o tempo em que o crime foi praticado, considerando-se como marco da imputabilidade penal o período anterior ao seu cometimento. O exemplo clássico é o do agente que perpetra delito em estado de embriaguez, restando configurada sua responsabilidade no momento em que optou por se embriagar.

115. Diferencie emoção e paixão.

Tanto a emoção quanto a paixão são estados de perturbação da psique do indivíduo, mas que não excluem a responsabilidade penal, nos termos do art. 28, I, do CPB. Nesse contexto, a emoção é o estado súbito e transitório do equilíbrio psíquico, já a paixão é mais intensa e duradoura.

116. Um cidadão americano, residente na Califórnia, local em que é permitido o uso medicinal da planta *Cannabis*, vem ao Brasil para período de férias e traz em sua bagagem certa quantidade da substância entorpecente, acompanhada de receita médica. Ao desembarcar, durante revista rotineira, a droga é encontrada e o cidadão americano preso. Na situação apresentada, que tipo de excludente poderá ser alegada em defesa do Norte-americano?

No caso apresentado o estrangeiro poderá alegar ter incorrido em erro de proibição indireto, também chamado erro de permissão (art. 21 do CPB), o que poderá ensejar ao agente a isenção de pena (erro inevitável) ou diminuição de um sexto a um terço (erro evitável). O erro de proibição indireto é aquele que o agente erra sobre a existência ou os limites da descriminante. Com efeito, no caso apresentado o norte-americano supõe a existência de uma justificação para o uso da droga, qual seja, o exercício regular de um direito.

117. Discorra sobre o erro de proibição, apontando suas subespécies e consequências jurídicas.

O erro de proibição encontra previsão legal no art. 21 do CPB e tem natureza jurídica de causa excludente da potencial consciência da ilicitude. Com efeito, pode ser conceituado como a falsa percepção do agente acerca do caráter ilícito de determinado comportamento típico praticado, tendo o agente valorado equivocadamente a reprovabilidade da conduta. O agente sabe exatamente o que faz, mas desconhece sua ilicitude, subdividindo-se o erro cometido em escusável ou inescusável.

O erro de proibição escusável (inevitável, invencível ou desculpável) é causa excludente da culpabilidade, e ocorre na hipótese em que o agente, diante das condições pessoais que apresenta, não consegue compreender o caráter ilícito do fato.

Já o erro de proibição inescusável (evitável, vencível ou indesculpável) é hipótese de diminuição da pena – de um sexto a um terço –, uma vez que o comportamento típico poderia ser evitado com a aplicação de determinado esforço de consciência por parte do agente.

118. Quais as hipóteses legais excludentes da exigibilidade de conduta diversa?

Dispõe o art. 22 do CPB que se o fato é cometido sob coação irresistível ou em estrita obediência a ordem, não manifestamente ilegal, de superior hierárquico, só é punível o autor da coação ou da ordem. Com efeito, conclui-se que as excludentes da exigibilidade de conduta diversa são a coação moral irresistível e a obediência hierárquica.

A coação moral (*vis compulsiva*) é a ameaça ou promessa de realização de algum mal, devendo ser irresistível, ou seja, aquele que é coagido não tem outra opção senão se submeter à vontade do autor da coação.

No que concerne à ordem não manifestamente ilegal, consigne-se que a esta deve emanar de detentor de função pública em que há relação de subordinação entre quem dá a ordem e quem recebe. Ademais, conforme preceito trazido pela norma penal, a ordem deve trazer consigo uma aparência de legalidade, induzindo o subordinado em erro.

119. É possível a existência de causas supralegais de exclusão da exigibilidade de conduta diversa?

A exigibilidade de conduta diversa é tida pela doutrina como verdadeiro princípio de direito penal, permitindo-se, portanto, a existências de excludentes não previstas em lei. O exemplo clássico é o da viúva que deixa o filho pequeno sozinho em casa, em razão da ausência de creches na região, e vai trabalhar. Nesse caso, a viúva precisa sustentar a família, não sendo exigível dela comportamento diverso. Com efeito, caso a criança se machuque ao cair de um móvel, não haverá responsabilidade penal da mãe.

120. João, gerente de um banco, sob irresistível ameaça de morte, dirigiu-se a agência bancária que trabalha, em um domingo, e de lá subtraiu vultosa quantia em dinheiro, que foi entregue aos autores da ameaça. Nessa situação, João praticou crime de furto?

Na situação apresentada João praticou fato típico e ilícito, uma vez que subtraiu para outrem coisa alheia móvel e não estava diante de nenhuma causa excludente da ilicitude. Todavia, João estará amparado pela causa excludente da exigibilidade de conduta diversa, e, por consequência, da culpabilidade, denominada coação moral irresistível (*vis compulsiva*). Da situação narrada, considerando as circunstâncias em que João atuou, dele não era exigível comportamento diferente. Nesse caso, nos termos do art. 22 do CPB, só será punido o autor da coação, não tendo João, portanto, praticado crime, ante a ausência do requisito da culpabilidade.

121. Diferencie coculpabilidade e coculpabilidade às avessas.

Coculpabilidade é tratada por alguns autores como circunstância supralegal de atenuação da pena nas hipóteses em que as condições socioeconômicas do agente são de tal modo adversas que o juiz, quando for aplicar a pena, deve atenuá-la. Para a aplicação da atenuante de pena é necessário ainda que haja correlação entre as condições socioeconômicas do agente e o delito cometido. Os autores que defendem a aplicação do instituto da coculpabilidade sustentam que se trata de uma hipótese de corresponsabilidade do Estado no cometimento de determinados delitos. Tal teoria não é adotada pelos tribunais superiores.

Já a coculpabilidade às avessas refere-se à tipificação de condutas dirigidas a indivíduos marginalizados, aplicando-se, por outro lado, penas brandas aos que possuem maior poder econômico. Como exemplos de tal fenômeno tem-se a tipificação da contravenção de vadiagem e, em outra vertente, a possibilidade de extinção da culpabilidade em crimes tributários.

VII. PUNIBILIDADE

122. Qual o conceito de punibilidade? Cite cinco hipóteses de sua extinção.

A punibilidade não integra o conceito de crime, sendo conceituada como o direito que surge para o Estado de aplicar a pena ao autor de determinada infração penal. Nos termos do art. 107 do CPB, são causas extintivas da punibilidade a morte do agente, a anistia, a graça, o indulto, a *abolitio criminis*, a prescrição, a decadência, a perempção, a renúncia do direito de queixa, o perdão aceito – nos crimes de ação privada, retratação do agente e o perdão judicial.

123. Em que consiste a prescrição da pretensão punitiva propriamente dita? Cite ao menos três causas interruptivas.

A prescrição da pretensão punitiva propriamente dita ou em abstrato está disposta 109 do CPB e refere-se às hipóteses de prescrição antes do trânsito em julgado da sentença, em que ainda é incerta a pena fixada. Em tal caso será considerado o máximo da pena em abstrato, obedecidos os parâmetros estabelecidos no art. 109, em que o prazo máximo de prescrição é de vinte anos e o mínimo é de três anos.

Nos termos do art. 117 do CPB, a prescrição pode ser interrompida, entre outras hipóteses, pelo recebimento da denúncia ou queixa, pela pronúncia e pela reincidência.

124. Discorra sobre a prescrição da pretensão executória.

A prescrição da pretensão executória encontra previsão legal no art. 110 do CPB e refere-se às hipóteses de prescrição depois de transitar em julgado a sentença condenatória para a defesa e para a acusação. Nesse caso, a prescrição será regulada pela pena aplicada, verificando-se os prazos fixados no art. 109 do diploma penal, acrescidos de um terço nas hipóteses em que o condenado é reincidente.

125. Os tribunais superiores admitem a ocorrência do instituto da prescrição da pretensão punitiva em perspectiva?

A prescrição da pretensão punitiva em perspectiva (virtual, antecipada ou por prognose) tem por finalidade a antecipação do reconhecimento da prescrição, não possuindo amparo legal e não sendo aceita pela jurisprudência. Fundamenta-se na falta de interesse de agir do Estado, uma vez que, caso se prossiga com a ação penal, em razão das circunstâncias do caso concreto, presume-se que a pena será fixada nos patamares mínimos. Sobre o tema o

STJ editou a Súmula 438, no sentido de que é inadmissível a extinção da punibilidade pela prescrição da pretensão punitiva com fundamento em pena hipotética, independentemente da existência ou sorte do processo penal.

VIII. *ITER CRIMINIS*. DA CONSUMAÇÃO E TENTATIVA.

126. Defina *iter criminis* e discorra, suscintamente, sobre cada uma de suas fases.

O *iter criminis* é o grupamento de fases percorridas pelo indivíduo para a prática de uma infração penal, ou seja, são as etapas que se sucedem cronologicamente no desenvolvimento do delito. A fases do *iter* criminis são cogitação, preparação, execução e consumação.

Cogitação é a fase em que se forma a ideia criminosa na mente do indivíduo não sendo passível de punição.

Já a preparação (ou *conatus remotus*) é a fase em que o agente começa a criar condições para a realização da infração penal. Em regra, a preparação é impunível, mas, em casos excepcionais, como os do crime de associação criminosa (art. 288 do CPB), poderá haver punição.

A execução é a fase em que o agente começa a realizar o núcleo do tipo penal, sendo a etapa em que, em tese, a conduta será punível.

Por derradeiro, tem-se a consumação, fase em que o tipo penal encontra-se plenamente preenchido, encerrando-se o *iter criminis*. O Código Penal estabelece, no art. 14, I, que se considera o crime consumado no momento em que nele se reúnem todos os elementos da sua definição legal. Nesse contexto, cabe destacar que o exaurimento, compreendido como os eventos posteriores à conduta criminosa, não integra o *iter criminis*.

127. Qual a teoria adotada pelo direito pátrio para se diferenciar atos preparatórios de atos de execução?

Prevalece na doutrina que a teoria adota para a distinção entre atos preparatórios e atos executórios é a teoria objetiva-formal (ou formal-objetiva) em que o ato executório é aquele em que há início da realização do verbo contido no núcleo do tipo penal.

128. Diferencie antefato e pós-fato impuníveis.

Antefato impunível (ou co-punido) é a situação antecedente praticada pelo agente com o objetivo de conseguir levar a efeito o crime por ele pretendido e que, sem aquele, não seria possível. O exemplo clássico é o disposto na súmula 17 do STJ, em que a falsificação é absorvida pelo crime de estelionato quando não possui mais potencialidade lesiva.

Já o pós-fato impunível é uma hipótese de exaurimento do crime principal praticado pelo agente, não podendo por este responder criminalmente. É o caso da venda da coisa furtada pelo autor do furto, caso em que a segunda conduta não configurará o crime de estelionato.

129. O que é tentativa?

Tentativa (ou *conatus*) é o início da execução de um delito que somente não se consuma por circunstâncias alheias à vontade do agente. Trata-se de norma de extensão temporal prevista no art. 14, inciso II, do CPB, e tem como consequência a diminuição da pena de um a dois terços.

130. O que são crimes de atentado ou de empreendimento?

Crimes de atentado ou de empreendimento são aqueles em que a tentativa é punida com a mesma pena da consumação como, por exemplo, o crime de evasão mediante violência contra a pessoa (Art. 352 do CPB), que prevê reprimenda penal para o caso de o preso evadir-se ou tentar evadir-se usando de violência contra a pessoa.

131. Diferencie crime falho e tentativa inacabada.

Crime falho, também chamado tentativa perfeita (ou acabada) é a hipótese em que o agente, apesar de esgotar todos os atos executórios à sua disposição, não realiza a consumação do crime por circunstâncias alheias à sua vontade.

Já a tentativa inacabada (ou imperfeita) é aquela em que o agente inicia a execução, mas é impedido de prosseguir por circunstância alheia à sua vontade, deixando de praticar todos os atos executórios à sua disposição.

132. O que distingue a tentativa idônea da tentativa inidônea?

Tentativa idônea é aquela em que o resultado, apesar de não alcançado por circunstâncias alheias à vontade do agente, era possível.

Já a tentativa inidônea, também chamada crime impossível, quase crime ou crime oco, é aquele em que o resultado não alcançado era absolutamente impossível, em face da ineficácia do meio ou impropriedade do objeto.

133. Cite quatro tipos de infrações penais que não admitem a tentativa.

Não admitem tentativa, além de outras hipóteses, os casos de crimes preterdolosos, unissubsistentes, omissivos próprios e os crimes de atentado.

134. Diferencie os fenômenos denominados ponte de ouro, ponte de prata e ponte de diamante.

A ponte de ouro refere-se à duas hipóteses em que o crime não se consuma por circunstâncias inerentes à vontade do agente, na figura da desistência voluntária e do arrependimento eficaz.

Quanto à desistência voluntária, sua caracterização ocorre quando o agente abandona o intento antes de esgotar os atos executórios, evitando assim a consumação do delito e respondendo somente pelos atos até então praticados.

Por sua vez, no arrependimento eficaz, o agente esgota os atos executórios e então abandona o intento, de forma que, desejando retroceder na atividade delituosa percorrida, pratica nova conduta, após terminada a execução criminosa. Responderá, novamente, apenas pelos atos já praticados. É o caso de indivíduo que desfere uma facada em desafeto, mas arrepende-se, levando a vítima até o hospital. Caso a vítima sobreviva ao ferimento, o autor responderá apenas pelas lesões causadas.

Já a ponte de prata refere-se à hipótese do arrependimento posterior, descrita no art. 16 do CPB, em que, nos crimes cometidos sem violência ou grave ameaça à pessoa, reparado o dano ou restituída a coisa, até o recebimento da denúncia ou queixa, por ato voluntário do agente, a pena será reduzida de um a dois terços.

Por derradeiro, a ponte de diamante (ou ponte de prata qualificada) refere-se aos casos em que, apesar de o crime já ter sido consumado, o agente, por conta de colaboração com a justiça, pode chegar até mesmo a receber o perdão judicial. É o caso do colaborador de investigações que envolvem Organizações Criminosas, nos termos da Lei 12.850/13.

135. Caio, maior imputável, decide furtar um veículo que se encontra parado em um estacionamento de supermercado. Quando consegue abrir a porta do carro, utilizando-se de chave mixa, o alarme dispara. Por conta do alvoroço, Caio desiste de prosseguir com a ação, saindo em desabalada carreira do local, temendo ser preso. Na situação apresentada Caio responderá por crime tentado ou será beneficiado pelo instituto da desistência voluntária?

Para a configuração da desistência voluntária, prevista na primeira parte do art. 15 do CPB, é necessário que o agente deixe de prosseguir na ação por manifestação exclusiva de seu querer. Trata-se de situação em que houve início de execução, mas o agente voluntariamente abandona seu intento inicial. Nesse contexto, dispõe a denominada Fórmula de Frank que, enquanto na tentativa o agente quer prosseguir, mas não pode, na desistência voluntária o agente pode prosseguir, mas não quer. No caso apresentado, não houve desistência voluntária, mas sim crime tentado, uma vez que a causa que determinou a desistência foi uma influência objetiva externa que compeliu o agente a renunciar o propósito criminoso.

136. Diferencie tentativa incruenta de tentativa cruenta.

Tentativa cruenta (ou vermelha) é aquela em que a vítima é efetivamente atingida, hipótese em que a punição deve ser mais severa, ou seja, a redução da pena deve ser menor.

Já a tentativa não cruenta (ou branca) é aquela em que a vítima não é atingida, devendo, portanto, incidir uma maior redução da pena.

137. Qual a compreensão se extrai da denominada tentativa supersticiosa?

A tentativa supersticiosa (ou irreal) é aquele em que o agente acredita que realiza uma ação típica não realizável, que sequer gera perigo de lesão ao bem jurídico tutelado. O agente não responde pelo crime pretendido porque sua intenção não basta para ofender o bem jurídico visado, sendo a tentativa impunível e, conforme o caso, poder-se-á configurar o crime impossível ou o delito putativo. A doutrina aponta como caso de tentativa irreal os casos em que o agente tenta alcançar seu objetivo por meio de ação sobrenatural, como reza, invocação de deuses ou feitiçaria.

IX. CONCURSO DE PESSOAS

138. Qual a teoria adotada pelo Código Penal Brasileiro para se definir quem é o autor de um delito?

Das teorias que buscam fornecer o conceito de autor, o CPB adotou a teoria objetiva (ou dualista) em que há clara distinção entre autor e partícipe, na subespécie teoria objetivo-formal, em que autor é aquele que realiza o núcleo do tipo penal, ou seja, a conduta criminosa descrita pelo preceito primário da norma incriminadora. Já o partícipe, segundo a citada teoria, é aquele que de qualquer modo concorre para o crime, sem praticar o núcleo do tipo.

139. Cláudio, arrolado como testemunha em processo criminal, é instigado pelo advogado de defesa a fazer afirmações falsas acerca dos fatos, com o objetivo de inocentar o réu, o que efetivamente vem a fazer. Com base nessa situação, responda, de acordo com o entendimento do STF, se é admitido, na hipótese, coautoria ou participação.

A doutrina entende que o delito de falso testemunho é classificado como crime de mão-própria, ou seja, somente pode ser cometido pelo agente descrito no tipo penal. Além disso, o autor do delito somente poderá fazê-lo pessoalmente, não havendo possibilidade de execução por interposta pessoa, de forma que não se admite a coautoria. No entanto, o STF admite a participação, notadamente a participação moral, realizada através da instigação ou induzimento à prática do delito. Destaque-se que a Suprema Corte entende também haver coautoria nos casos como o do enunciado da questão. Logo, no caso apresentado, considerando a jurisprudência do STF, é possível a coautoria ou a participação do advogado que instruiu a testemunha.

140. Em que consiste a figura do executor de reserva?

O executor de reserva é o agente que presencia toda a ação criminosa ficando à disposição para eventual intervenção. Se houver a efetiva intervenção, será o agente tratado como coautor. Por outro lado, caso não intervenha, será considerado partícipe da infração penal.

141. O que preconiza a teoria do domínio do fato?

A teoria do domínio do fato, criada por Hans Welzel, define o autor da infração penal como aquele que possui o controle sobre o domínio final do fato, ou seja, decide sobre ação, interrupção e as circunstâncias do crime. A citada teoria amplia sobremaneira o conceito de autor, uma vez que este não precisa realizar o núcleo do tipo.

142. O que é o instituto da coautoria sucessiva?

Coautoria sucessiva é espécie de coautoria que ocorre quando a conduta, iniciada em autoria única, se consuma com a colaboração de terceira pessoa, com forças concentradas, mas sem prévio e determinado ajuste. Trata-se de exceção à regra de que todos os coautores iniciam juntos a empreitada criminosa.

143. Tício e Mévio, penalmente imputáveis, resolveram matar Caio. Ocorre que um não sabia da intenção do outro, tendo ambos se posicionado em tocaia, no mesmo momento, aguardando a passagem de Caio. No momento em que Caio passava, Tício e Mévio atiraram, concomitantemente. Caio efetivamente vem a falecer em razão dos disparos, não sendo possível precisar de qual arma foi deflagrado o projétil que atingiu fatalmente Caio. Analise a responsabilidade penal de Tício e Mévio pela morte de Caio.

Na situação apresentada, Tício e Mévio responderão pelo crime de homicídio tentado. O caso narrado apresenta uma hipótese de autoria colateral, uma vez que Tício e Mévio ignoram a contribuição um do outro, concentrando suas condutas para o cometimento do crime homicídio. Todavia, não houve entre eles o vínculo subjetivo, que atrairia a configuração do concurso de pessoas. O infortúnio do caso é que não se pode precisar qual o disparo que matou Caio, atraindo-se para o caso apresentado o instituto da autoria incerta, que enseja a aplicação da norma de extensão temporal do art. 14, II, do CPB.

144. Qual a teoria mais aceita pela doutrina para se definir a punição do partícipe?

A participação está fundamentada, de acordo com a maioria da doutrina, na teoria da acessoriedade, em que o autor pratica a conduta principal e o partícipe a conduta acessória. A citada teoria é dividida em outras quatro subteorias, sendo que a adotada pela maioria da doutrina é a teoria da acessoriedade média ou limitada, em que a conduta do autor da infração penal deve ser típica e ilícita.

145. Quais os requisitos para a configuração do concurso de pessoas?

Para que haja o concurso de pessoas são necessários os seguintes requisitos: pluralidade de agentes e de condutas, relevância causal das condutas, liame subjetivo entre os agentes e identidade de infração penal.

146. O que é a figura do autor por determinação?

Trata-se de conceito cunhado por Zaffaroni, em que o autor por determinação será aquele que se vale de outro, que não realiza conduta punível, por ausência de dolo, em um crime de mão própria, ou ainda o sujeito que não reúne as condições legalmente exigidas para a prática de um crime próprio, quando se utiliza de quem possui tais qualidades e se comporta de forma atípica, ou acobertado por uma causa de exclusão da ilicitude ou da culpabilidade.

147. Caio e Tício combinaram a prática de um crime de furto de determinado veículo que está estacionado em local ermo. No momento em que tentavam abrir a porta do veículo surgiu o proprietário. Caio fugiu, mas Tício, que trazia consigo uma pistola, circunstância que não havia comunicado ao comparsa, atirou na vítima, matando-a. Nesse caso qual o instituto penal será aplicado para se definir qual o crime praticado por cada um? Tipifique a conduta de ambos.

No caso apresentado será aplicado o instituto da cooperação dolosamente distinta (ou desvio subjetivos de agentes), prevista no art. 29, §2º, do CPB, uma vez que, no caso em análise, um dos concorrentes quis participar de crime menos grave. Em tais circunstâncias será aplicada a pena do crime menos grave ou, na hipótese de ter sido previsível o resultado mais grave, a pena será aumentada até a metade. Com efeito, responderá Caio por tentativa de furto e Tício por latrocínio consumado.

148. No que concerne às consequências do concurso de pessoas, qual a teoria adotada pelo CPB?

O art. 29 do CPB adotou a teoria monista, em que todos que concorrem de alguma forma para o crime incidirão nas penas a este cominada, na medida de sua culpabilidade.

149. É possível a participação por omissão?

A participação por omissão é possível, desde que o omitente, além de poder agir no caso concreto, tenha o dever de agir para evitar o resultado, por se enquadrar em alguma das hipóteses delineadas no art. 13, §2º, do Código Penal. É o que ocorre, por exemplo, no caso de policial que presencia a subtração de bem de terceira pessoa e nada faz, podendo, no caso concreto, ser considerado partícipe.

150. É possível coautoria nos crimes de conduta infungível?

Crimes de conduta infungível (ou crimes de mão própria) são aqueles que somente podem ser praticados pelo sujeito expressamente indicado pelo tipo penal, sendo, portanto, incompatíveis com o instituto da coautoria. Todavia, apesar da posição doutrinária prevalente, há julgados do STF e do STJ apontando a possibilidade de coautoria para o crime de mão própria descrito no art. 342 do CPB – falso testemunho.

151. Tício, médico cirurgião, deseja matar o paciente Mévio, internado no hospital em que aquele trabalha. Para concluir seu intento, Tício entrega para o enfermeiro Caio uma ampola contendo substância venenosa, rotulando-a como medicamento e determinando que todo o conteúdo seja aplicado imediatamente em Mévio. Diante da determinação, Caio ministra o veneno em Mévio, que morre quase que imediatamente após. Analise o caso apresentado apontando a responsabilidade penal de cada um dos envolvidos.

No caso descrito apenas Tício deverá responder pelo crime de homicídio doloso qualificado pelo emprego de veneno, uma vez que o enfermeiro Caio, apesar de ter sido o causador da morte de Mévio, desconhecia o conteúdo da ampola. Nesse contexto, aplica-se o instituto do erro provocado por terceiro, previsto no art. 20, §2º, do CPB, respondendo pelo crime o terceiro que determina o erro. Na hipótese, Tício foi o autor mediato do crime, pois, sem realizar diretamente a conduta prevista no tipo, cometeu o fato punível por meio de outra pessoa, usada como seu instrumento.

X. TEORIA GERAL DA PENA. CONCURSO DE CRIMES. APLICAÇÃO DA PENA. MEDIDA DE SEGURANÇA. REABILITAÇÃO

152. Em que consiste a denominada terceira via do direito penal?

Em regra, o direito penal é um sistema de dupla via, admitindo-se a aplicação de penas (1ª via) e de medidas de segurança (2ª via). Por outro lado, existe ainda o que a doutrina denominou terceira via do direito penal, materializada no cenário em que, malgrado tenha ocorrido determinada infração penal, não há imposição de pena ou de medida de segurança, em razão de ter ocorrido a reparação do dano à vítima.

153. Em que consiste o princípio da intranscendência?

O princípio da intranscendência (da personalidade, da intransmissibilidade ou da responsabilidade pessoal) está previsto no art. 5º, XLV, da Constituição de 1988, e prevê que nenhuma pena passará da pessoa do condenado, podendo a obrigação de reparar o dano e a decretação do perdimento de bens ser estendida aos sucessores até o limite do valor do patrimônio transferido.

154. O que diferencia a pena de reclusão e a de detenção?

A pena de reclusão pode ser cumprida nos regimes fechado, aberto e semiaberto. Por outro lado, a detenção abrange apenas os regimes aberto e semiaberto. No caso de aplicação cumulativa de penas de detenção e reclusão executa-se primeiro a pena de reclusão para, somente após, se executar a de detenção. Outra diferença relevante refere-se à hipótese de decretação da perda do poder familiar, que só é possível para os crimes punidos com detenção. Por derradeiro, pode-se citar, ainda, que é possível a interceptação telefônica apenas para investigação de crimes punidos com reclusão.

155. Na hipótese em que a pena privativa de liberdade é fixada no mínimo legal, segundo o STJ, é possível a aplicação de regime prisional inicial mais severo do que o admitido pela quantidade de pena?

Segundo entendimento sumulado do STJ, é vedado o estabelecimento de regime prisional mais gravoso do que o cabível em razão da sanção imposta, com base apenas na gravidade abstrata do delito.

156. O direito brasileiro admite o instituto da progressão "por saltos"?

A denominada progressão "por saltos" refere-se à hipótese de passagem direta do regime fechado de cumprimento de pena diretamente para o aberto, saltando-se o regime semiaberto. Segundo entendimento sumulado do STJ, é inadmissível a progressão de regime *per saltum*.

157. Conceitue o instituto da reincidência apontando o seu tempo de validade e natureza jurídica.

A reincidência, prevista no art. 63 do CP, refere-se à hipótese em que o agente comete novo crime, depois de transitar em julgado a sentença que, no país ou no estrangeiro, o tenha condenado por crime anterior. Trata-se de agravante genérica prevista no art. 61, I, do CPB e, para efeito de reincidência, não prevalece a condenação anterior se, entre a data do cumprimento da pena e a infração posterior, tiver decorrido período de tempo superior a cinco anos.

158. Conceitue concurso material heterogêneo e concurso material homogêneo.

O concurso material (ou real), descrito no art. 69 do CPB, refere-se à hipótese em que o agente, mediante mais de uma ação ou omissão, pratica dois ou mais crimes, idênticos ou não. Em tais casos aplicam-se cumulativamente as penas privativa de liberdade em que haja incorrido o agente. O concurso material homogêneo ocorre nos eventos em que os crimes praticados são idênticos e o heterogêneo nas hipóteses em que os crimes são diversos.

159. Diferencie concurso formal próprio e impróprio?

O concurso formal próprio, descrito na primeira parte do art. 70 do CPB, é aquele em que o agente, mediante uma só ação ou omissão, pratica dois ou mais crimes, idênticos ou não, aplicando-se-lhe a mais grave das penas cabíveis ou, se iguais, somente uma delas, mas aumentada, em qualquer caso, de um sexto até a metade.

Já o concurso formal impróprio, previsto na segunda parte do mesmo artigo, é aquele em que a ação ou omissão dolosa e os crimes concorrentes resultam de desígnios autônomos, caso em que as penas serão aplicadas cumulativamente.

160. Tício e Mévio, maiores imputáveis, decidem por perpetrar um roubo a estabelecimento comercial na companhia do menor Caio, utilizando-se de uma pistola. No dia da empreitada criminosa Tício conduz os demais comparsas até o estabelecimento comercial e estaciona em um local estratégico que facilite a fuga e atrapalhe eventual ação policial. Mévio e Caio descem do veículo, adentram o estabelecimento comercial e anunciam o assalto. O gerente do estabelecimento reage e acaba levando cinco tiros de Caio. Diante da situação, Mévio e Caio resolvem fugir sem nada levar do local. Rapidamente adentram o veículo de Tício e fogem do local do crime. O gerente acaba morrendo em razão dos disparos da arma de fogo. Analise a situação apresentada sob o aspecto da punibilidade de Tício.

Tício responderá pelo crime de latrocínio consumado em concurso formal com o crime de corrupção de menor, sem que incida, no caso apresentado, a causa de diminuição de pena da participação de menor importância. Segundo entendimento do STJ, trata-se de hipótese de coautoria funcional ou parcial do crime, em que os diversos autores praticam atos de execução diversos, os quais, somados, produzem o resultado almejado.

161. Em que consiste o crime continuado?

O crime continuado, previsto no art. 71 do CPB, é a modalidade de concurso de crimes que se verifica nos casos em que o agente, por meio de duas ou mais condutas, comete dois ou mais crimes da mesma espécie e, pelas condições de tempo, local, modo de execução e outras semelhantes, deve os subsequentes ser havidos como continuação do primeiro. Em tais hipóteses será aplicada a pena de um só dos crimes, se idênticas, ou a mais grave, se diversas, aumentada, em qualquer caso, de um sexto a dois terços. Verifica-se que tal instituto se baseia em questões de política criminal, tendo sido encampada a teoria da ficção jurídica para justificar a natureza do delito.

162. O que são crimes parcelares?

Os crimes parcelares são aqueles delitos reconhecidos como da mesma espécie para efeito de reconhecimento da continuidade delitiva descrita no art. 71 do CPB. Por ficção jurídica os delitos parcelares formarão uma única infração penal final.

163. Tício e Ana foram casados por dez anos, mas, mesmo após o divórcio, continuaram a residir juntos. Em determinado dia, Tício, após ingerir bebida alcoólica, foi até o trabalho de Ana, iniciou uma discussão e passou a ameaçá-la de morte, acusando-a de tê-lo traído. Mais tarde, no mesmo dia, quando Ana retornou para casa, encontrou novamente com Tício, embriagado, que, mais uma vez, a ameaçou de morte, novamente acusando-a de infidelidade. Ana foi até a Delegacia de Polícia e relatou as ameaças à Autoridade Policial responsável. No caso apresentado, como devem ser analisados os dois crimes de ameaça perpetrados por Tício?

A conduta de Tício configura crime continuado genérico, uma vez que ele praticou dois crimes de ameaça, com idêntica motivação e propósito, em condições semelhantes de tempo, lugar e modo de agir. No caso apresentado, mediante mais de uma ação ocorreu a prática de dois crimes da mesma espécie (ameaça – art. 147 do CPB) e nas mesmas condições de tempo, lugar e maneira de execução, devendo a pena ser aplicada conforme dispõe o sistema da exasperação.

164. Em que consiste o instituto da suspenção condicional da execução da pena?

A suspensão condicional da pena (ou *sursis*) está disciplinada no art. 77 do CPB e refere-se à hipótese em que a pena privativa de liberdade, não superior a dois anos, poderá ser suspensa por dois a quatro anos, desde que preenchidos os requisitos legais. O diploma penal apresenta os seguintes requisitos para a concessão do benefício: o condenado não ser reincidente em crime doloso; a culpabilidade, os antecedentes, a conduta social, a personalidade do agente, bem como os motivos e circunstâncias autorizar a concessão do benefício e não ser indicada ou cabível a substituição por pena restritiva de direito.

165. O que é o instituto penal da reabilitação?

A reabilitação é o instituto jurídico-penal previsto no art. 93 do CPB e assegura ao condenado sigilo dos registros sobre o seu processo e condenação. Tem como objetivo promover a reinserção social do condenado e pode ser requerido após dois anos do dia em que for extinta a pena ou terminar sua execução.

4

DIREITO PENAL – PARTE ESPECIAL

Marcus Vinícius Lopes Montez

Sumário: I. Dos crimes contra a pessoa – **II.** Dos crimes contra a honra – **III.** Dos crimes contra o patrimônio – **IV.** Dos crimes contra a liberdade sexual – **V.** Crimes contra a administração pública.

I. DOS CRIMES CONTRA A PESSOA

1. No delito de homicídio (art. 121 do Código Penal), a qualificadora do feminicídio é de natureza objetiva ou subjetiva?

Há dissenso entre jurisprudência e doutrina.

De acordo com a primeira corrente, posição atualmente consolidada no âmbito da jurisprudência do Superior Tribunal de Justiça, a qualificadora do feminicídio no delito de homicídio[1] é de natureza objetiva, incidindo, nos termos do §2º-A do art. 121 do Código Penal, *"sempre que o crime estiver atrelado à violência doméstica e familiar propriamente dita"*, não sendo o *animus* do agente objeto de considerações. Além da Corte Cidadã, parte da doutrina também se filia a este entendimento.[2]

---

1. Art. 121, §2º, VI, do Código Penal: *"Matar alguém [...] Se o homicídio é cometido [...] contra a mulher por razões da condição de sexo feminino"*.
   Pena: reclusão, de 12 (doze) a 30 (trinta anos).

2. Paulo César Busato, por exemplo (in BUSATO. Paulo César. *Homicídio mercenário e causas especiais de diminuição de pena. Um paradoxo dogmático*. Cadernos do Júri, nº 3, 2015, apud ZANELLA, Everton; FRIGGI, Márcio; ESCUDEIRO, Marcio; AMARAL, Virgilio. "FEMINICÍDIO: considerações iniciais.") já defendeu tese no sentido de que cuida-se de *"dado absolutamente objetivo, equivocadamente inserido em disposição que cuida de circunstâncias de natureza subjetiva. A partir dessas premissas, lança-se observação acerca do motivo imediato, que*

De outro lado, parte da doutrina sustenta que a respectiva qualificadora possui natureza subjetiva, estando inelutavelmente atrelada a elementos ínsitos ao próprio *animus* do agente.

Há, ainda, uma posição eminentemente conciliadora e intermediária, defendendo tese no sentido de a previsão contida no art. 121, §2º-A, I, do Código Penal (*"violência doméstica e familiar"*) é de natureza objetiva, sendo, nada obstante, a previsão contida no art. 121, §2º-A, II, do mesmo *Codex* (*"menosprezo ou discriminação")* de natureza subjetiva.

Aprofundamento:

- Há, conforme pontua parte da doutrina, inúmeras distinções práticas em adotar uma ou outra vertente. Conforme ensina Alice Bianchini (*in R. EMERJ, Rio de Janeiro, v.19, nº 72, p.203 – 219, jan. - mar. 2016),* em se perfilhando ao entendimento segundo o qual a respectiva qualificadora possui natureza subjetiva, então (i) "*a motivação do crime deve ser trazida no decorrer do processo e abordada fortemente quando do plenário*"; (ii) *"se for levantada a tese do homicídio privilegiado e, tendo sido ela acatada, restará prejudicado o quesito referente ao feminicídio"*; (iii) "*em caso de concurso de agentes, as qualificadoras subjetivas não se comunicam aos demais coautores ou partícipes"*. De outro lado, acaso adote-se a tese segundo a qual a respectiva qualificadora possui natureza objetiva, então podem surgir os seguintes temas: (i) *"pode subsistir a qualificadora do feminicídio com as qualificadoras do motivo torpe ou do motivo fútil, que são subjetivas?"*; (ii) *"as qualificadoras objetivas (art. 121, incisos III, IV), comunicam-se aos demais coautores ou partícipes, desde que ingressem na esfera de conhecimento dos agentes"*.
- *"Considerando as circunstâncias subjetivas e objetivas, temos a possibilidade de coexistência entre as qualificadoras do motivo torpe e do feminicídio. Isso porque a natureza do motivo torpe é subjetiva, porquanto de caráter pessoal, enquanto o feminicídio possui natureza objetiva, pois incide nos crimes praticados contra a mulher por razão do seu gênero feminino e/ou sempre que o crime estiver atrelado à violência doméstica e familiar propriamente dita,*

pode qualificar o crime se aderente às hipóteses do art. 121, § 2º, incisos I, II e V do Código Penal, quadro que não se confunde com a condição de fato, ou seja, com o contexto objetivo, caracterizador do cenário legal de violência de gênero, palco em que se desenvolveram os ataques contra a mulher dramaticamente encerrados com a sua morte."

assim o animus do agente não é objeto de análise" (STJ, REsp. 1.707.113/MG, Rel. Min. Félix Fischer, publicado em 07.12.2017)

- *Rogério Sanches Cunha e Ronaldo Batista Pinto (in CUNHA, Rogério Sanches. PINTO, Ronaldo Batista. Violência doméstica: Lei Maria da Penha comentada artigo por artigo. 6. ed. São Paulo: RT, 2015, p. 84), por exemplo, sustentam tese no sentido de que "[...]a qualificadora do feminicídio é subjetiva, pressupondo motivação especial: o homicídio deve ser cometido contra a mulher por razões da condição de sexo feminino. Mesmo no caso do inc. I do § 2º-A, o fato de a conceituação de violência doméstica e familiar ter um dato objetivo, extraído da lei, não afasta a subjetividade. Isso porque o § 2º-A é apenas explicativo; a qualificadora está verdadeiramente no inc. VI do § 2º, que, ao estabelecer que o homicídio se qualifica quando cometido por razões da condição do sexo feminino, deixa evidente que isso ocorre pela motivação, não pelos meios de execução."*

2. O homicídio privilegiado pode ser, ao mesmo tempo, qualificado?

A possibilidade jurídica do chamado *homicídio híbrido* dependerá necessariamente da natureza jurídica da circunstância qualificadora aplicável ao injusto penal.

Parte da doutrina, com a qual concorda a jurisprudência majoritária, sobretudo no âmbito do Superior Tribunal de Justiça – sendo possível se falar em tema pacificado no momento – entende pela possibilidade, desde que se trate, *in concreto*, de uma qualificadora de natureza objetiva (como, por exemplo, a prevista no art. 121, §2º, III, do Código Penal – *"com emprego de veneno, fogo [...]")* e não subjetiva (como, por exemplo, a prevista no art. 121, §2º, II, do Código Penal – *"por motivo fútil")*.

Frise-se, ainda, que, nos termos da jurisprudência tranquila do Superior Tribunal de Justiça, o homicídio privilegiado-qualificado não será um delito hediondo apto a trazer a incidência da gravosa Lei 8.072/90 (Lei dos Crimes Hediondos).

Aprofundamento:

- *"Não incompatibilidade na coexistência de circunstâncias que qualificam o homicídio e as que o tornam privilegiado. [...] O reconhecimento pelo Tribunal do Júri de que o paciente agiu sob o domínio de violenta emoção com surpresa para a vítima não é contraditório, tendo em vista que as circunstâncias privilegiadoras, de natureza subjetiva, e qualificadoras, de natureza objetiva, podem concorrer no mesmo fato-homicídio"* (STJ, REsp. 326.118/MS. Rel. Min. Vicente Leal. j. 14/05/2002.)

- *"Se a Lei 8.072/90, que elenca os crimes hediondos, não faz qualquer alusão à hipótese do homicídio qualificado-privilegiado, possível é a progressão de regime."* (STJ, HC 23.973/MS. 5ª Turma. Rel. Min. José Arnaldo da Fonseca, julgado em 15/10/2002); *"O homicídio qualificado-privilegiado é estranho ao elenco dos crimes hediondos"*. (STJ, HC 18.261/RJ. 6ª Turma. Rel. Min. Hamilton Carvalhido. j. em 05/03/2002). A tal raciocínio (não hediondez do homicídio privilegiado-qualificado) se pode chegar por meio de duas premissas autônomas: (i) o critério para a consideração de um determinado delito como *"hediondo"* é a sua expressa tipificação legal – *critério legal*; e (ii) o privilégio, dada sua própria natureza, é manifestamente incompatível com a hediondez característica do diploma normativo legal restritivo, excepcionalíssimo e gravoso de nº 8.072/90 (Lei dos Crimes Hediondos).

3. O motivo fútil, para fins de incidência da respectiva qualificadora no delito de homicídio (art. 121, §2º, II, do Código Penal), confunde-se com a simples e pura ausência de motivos?

Há certo dissenso doutrinário, sendo certo que a jurisprudência majoritária no âmbito do Superior Tribunal de Justiça entende que não se podem confundir as situações de *motivo fútil* (como qualificadora do crime de homicídio) e de *ausência de motivo,* sobretudo porque, tendo em vista o necessário respeito ao *princípio da estrita legalidade*, o que efetivamente qualifica o delito de homicídio – constituindo-se critério menos rígido de habilitação de poder restritivo – é um determinado motivo (o fútil, aquele de pouca monta, irrelevante, desproporcional), e não um *não motivo*. Quer-se com isto dizer que chamar de fútil um motivo é adicionar um predicado a um sujeito (em sentido gramatical) que preexiste. A ausência de motivos, já se vê, é a situação na qual inexiste qualquer sujeito (no mesmo sentido gramatical) para que se adicionem predicados, o que não se subsume à norma gravosa do art. 121, §2º, II, do Código Penal.

Assim, de acordo com as observações traçadas acima, o homicídio eventualmente cometido sem que haja qualquer motivo (*homicídio sem motivos)* será tipificado como homicídio simples (art. 121, *caput*, do Código Penal), e não como homicídio qualificado pelo motivo fútil (art. 121, §2º, II, do Código Penal).

É certo, diga-se, que há em doutrina quem sustente posição em sentido diverso, atestando que o homicídio sem motivos deve, sim, atrair a qualificadora do motivo fútil, dizendo, em suma, que retirar uma vida humana sem nenhum motivo é ainda pior do que fazê-lo por futilidade. Tal argumento não deve prosperar em um Direito Penal que respeito as garantias fundamentais, tendo em vista que, para a habilitação de poder punitivo num sujeito *in concreto*, que leva a cabo um *injusto penal*, não se deve perquirir aquilo que é ontologicamente "pior" (*sic*), mas sim aquilo que é proibido pela lei, analisando-os os limites de tipicidade impostos pela norma incriminadora, só deixando passar o poder punitivo que não seja ilegal (entenda-se como aquele que não desrespeita os limites da lei posta).

Frise-se, ainda, que há em doutrina aqueles que entendem como uma impossibilidade lógica se conceber a existência de um homicídio (ou de qualquer delito; ou, antes, de qualquer ação humana) sem motivo.

Aprofundamento:

- *"A ausência de motivo não caracteriza a qualificadora do inciso II do parágrafo 2º do artigo 121 do Código Penal (por motivo fútil), sob pena de violação ao princípio da reserva legal"* (STJ, AgRg no REsp. 1718055/GO 2018/0004245-2. Sexta Turma. Rel. Min. Maria Thereza de Assis Moura. Julgado em: 21/08/2018; *"A jurisprudência desta Corte Superior não admite que a ausência de motivos seja considera motivo fútil, sob pena de se realizar indevida analogia em prejuízo do acusado"* (STJ, HC 369163 SC 2016/0226949-8. Quinta Turma. Rel. Min. Joel Ilan Paciornik. j. em 21/02/2017.)

4. No que consiste o homicídio funcional?

➜ É o homicídio qualificado nos termos do art. 121, §2º, VII, do Código Penal, cometido contra agente ou autoridade descrito nos arts. 142[3] e 144[4] da Constituição Federal, integrantes do Sistema Prisional e da Força Nacional de Segurança Pública, no exercício da função ou em decorrência dela, ou

3. O respectivo dispositivo normativo constitucional menciona, de forma expressa, os membros das Forças Armadas – Exército, Aeronáutica e Marinha.

4. O respectivo dispositivo normativo constitucional, menciona, de forma expressa, os policiais federais, os policiais rodoviários federais, os policiais ferroviários federais, os policiais civis, os policiais militares e os bombeiros militares e as polícias penais, incluídas recentemente pela Emenda Constitucional nº 104 de 2019.

contra seu cônjuge, companheiro ou parente consanguíneo até terceiro grau, em razão dessa condição.

Deve-se ter em mente que, como todo homicídio qualificado, o homicídio funcional também será considerado delito hediondo, apto a chamar a incidência do regime restritivo da Lei 8.072/90 (Lei dos Crimes Hediondos), de acordo com o art. 1º, I, do mesmo diploma normativo.

Aprofundamento:

- Embora possa se vislumbrar uma possível divergência sobre as Guardas Municipais estarem, ou não, abrangidas pela tutela da qualificadora do homicídio funcional, a posição doutrinária que se consolidou sustenta afirmativamente pela incidência, com fundamento no art. 144, § 8º, da Constituição Federal e, bem como arts. 4º e 5º, incisos II, IV, e XIV, da Lei 13.022/14 (Estatuto das Guardas Municipais)[5].

5. A aplicação do perdão judicial, previsto no art. 107, IX, do Código Penal, ao homicídio culposo cometido na direção de veículo automotor, tem algum requisito?

A possibilidade de aplicação do perdão judicial (art. 107, IX, do Código Penal) ao homicídio culposo cometido na direção de veículo automotor (art. 302, CTB) é controversa em doutrina.

A primeira corrente, majoritária, entende pela sua possibilidade, em que pese a ausência de previsão legal do instituto na legislação de trânsito (a problemática dá-se a partir da leitura fria do art. 107, IX, do Diploma Repressivo, que atesta o cabimento do perdão judicial "*nos casos previstos em lei*"). É que parece carecer de sentido o cabimento do instituto, sendo possível inclusive se falar em violação ao princípio da isonomia, no homicídio culposo geral (previsto no Código Penal) sem a extensão da norma para o mesmo delito, só que previsto geograficamente em lei esparsa. Essa corrente, inclusive, é a majoritariamente adotada pelos tribunais pátrios, que também estipularam ao menos um requisito muito importante, que diz respeito sobretudo ao perdão concedido por "alto sofrimento psicológico". Entendeu, na hipótese, o Superior Tribunal de Justiça, que era razoável estabelecer, como requisito para a concessão da referida causa extintiva de punibilidade, a necessidade de

5. Gilaberte, Bruno. Crimes contra a pessoa. Rio de Janeiro: Freitas Bastos, 2ª ed. 2019.

haver prévio vínculo afetivo relevante entre o autor do injusto e sua vítima. Acertada, diga-se de passagem, a linha de raciocínio do Superior Tribunal de Justiça, tendo em vista a própria dicção do art. 121, parágrafos 4º e 5º, do Código Penal.[6]

Aprofundamento:

- *"Conquanto o texto do § 5º do art. 121 do Código Penal não tenha definido o caráter e a extensão das consequências do crime imprescindíveis à concessão do perdão judicial, não deixa dúvidas quanto à forma grave com que elas devem ter atingido o agente, a ponto de tornar desnecessária e até mesmo exacerbada a aplicação de sanção penal [...].A análise do grave sofrimento, apto a ensejar a inutilidade da função retributiva da pena, deve ser aferida de acordo com o estado emocional de que é acometido o sujeito ativo do crime, em decorrência da sua ação culposa, razão pela qual a doutrina, quando a avaliação está voltada para o sofrimento psicológico do agente, enxerga no § 5º a exigência da prévia existência de um vínculo, de um laço de conhecimento entre os envolvidos, para que seja "tão grave" a consequência do crime ao agente. Isso porque a interpretação dada é a de que, na maior parte das vezes, só sofre intensamente aquele réu que, de forma culposa, matou alguém conhecido e com quem mantinha laços afetivos"* (STJ, REsp. 1444699/RS. Sexta Turma. Rel. Min. Rogerio Schietti Cruz. j. em 01/06/2017).

6. Quais as modalidades de aborto e suas respectivas consequências jurídico-penais na legislação brasileira?

A doutrina costuma apontar diversas modalidades do aborto, sendo certo que cada uma delas terá consequências distintas no que toca à responsabilização penal do agente ativo.

6. § 4º No homicídio culposo, a pena é aumentada de 1/3 (um terço), se o crime resulta de inobservância de regra técnica de profissão, arte ou ofício, ou se o agente deixa de prestar imediato socorro à vítima, não procura diminuir as conseqüências do seu ato, ou foge para evitar prisão em flagrante. Sendo doloso o homicídio, a pena é aumentada de 1/3 (um terço) se o crime é praticado contra pessoa menor de 14 (quatorze) ou maior de 60 (sessenta) anos. *(Redação dada pela Lei nº 10.741, de 2003)*;
§ 5º - Na hipótese de homicídio culposo, o juiz poderá deixar de aplicar a pena, se as conseqüências da infração atingirem o próprio agente **de forma tão grave** que a sanção penal se torne desnecessária. *(Incluído pela Lei nº 6.416, de 24.5.1977)*

O aborto terapêutico se dá na hipótese prevista no art. 128, I, do Código Penal (*"não se pune o aborto praticado por médico [...] se não há outro meio de salvar a vida da gestante")*, ou seja, veicula a situação na qual a gravidez e o eventual parto comprometerão a higidez do bem jurídico vida da própria gestante. A norma do respectivo dispositivo legal determina que não se puna o aborto, desde que praticado **por médico**. Na hipótese, há divergência doutrinária acerca da natureza da circunstância – se de atipicidade ou de impunibilidade. Todavia, deve-se ter em mente que em certos casos de extremo risco à vida da gestante e ausência de médico que possa realizar o procedimento a tempo, eventual sujeito que, mesmo não sendo profissional de medicina, leve a cabo o aborto, pode ter sua responsabilidade penal eximida em virtude do instituto do **estado de necessidade de terceiros**.

Outra modalidade de aborto é o chamado aborto sentimental, abarcado pela norma do art. 128, II (*"não se pune o aborto praticado por médico [...] se a gravidez resulta de estupro e o aborto é precedido de consentimento da gestante ou, quando incapaz, de seu representante legal")*. Da mesma forma como abordamos no comentário anterior, o aborto deve ser levado a cabo por médico.

Há ainda o chamado aborto eugênico, espécie de "prevenção" de nascimento de seres humanos com graves deficiências ou anomalias, quando há fundada suspeita de que a criança pode vir a nascer com deficiências. Não há, na norma penal, hipótese de impunibilidade para esta modalidade de aborto, tendo em vista a impossibilidade de se realizar o que se chama de *"seleção preventiva de seres humanos"*.

Parte da doutrina aponta a existência de uma modalidade de aborto chamada de aborto social, qual seja, aquele realizado por ausência de recursos econômico-financeiros para sustentar a futura criança. Também aqui não há, na norma penal, hipótese de impunibilidade, vindo a incidir poder punitivo sobre o agente ativo do injusto penal.

Há ainda quem fale em aborto por motivo de honra, uma determinada espécie do injusto penal que seria cometido para esconder situações que, em tese, seriam aptas a causar mácula à honra objetiva da mãe ou do pai. Não temos dificuldade em conceber o exemplo de jovem menina ainda em sua adolescência (imagine-se, à guisa de exemplo, que nossa personagem tenha recém completado seus dezoito anos) que, temendo repercussão negativa de uma gravidez na cidade pequena onde reside, lugar de tradicionais costumes, opta por realizar a respectiva interrupção. Não há, como na hipótese anterior, norma de impunibilidade *in abstrato* para esta modalidade de aborto.

7. No delito de omissão de socorro, previsto no art. 135 do Código de Penal, é possível haver concurso de pessoas?

O tema é controverso em doutrina.

Para uma primeira corrente, em que pese se tratar o delito de omissão de socorro (art. 135 do Código Penal) de um *crime de omissão própria* – ou seja, que não é *crime de omissão imprópria*, relacionado com a figura do *garantidor*, prevista no art. 13, §2º, do Diploma Repressivo), é possível o concurso de pessoas na modalidade *participação*[7] (esta relativa àquele que "*determina ou instiga o autor à omissão*"). "*Todavia, se duas ou mais pessoas tiverem o dever jurídico de evitar o resultado, não haverá coautoria, pois todas serão, igualmente, autoras (autoria colateral), já que praticaram, cada qual, o mesmo ato omissivo.*"

Para uma segunda corrente, entretanto, "*o caráter omissivo não impede a coautoria. Se num grupo de alpinistas, um deles resvala pelo abismo e pode ser socorrido, o que, no entanto, não acontece, respondem todos pelo crime; se apenas um o salva, os outros aproveitam-se de sua conduta; se for necessária ação conjunta de todos e alguns se recusam, responderão estes pelo delito*".

De toda forma e em qualquer hipótese, é absolutamente indispensável que todos os concorrentes no delito possuam consciência irrestrita do perigo em que está a vítima. Em resume, tendo em vista que o crime de omissão de socorro (art. 135 do Código Penal) não admite a forma culposa, é imperioso que os agentes tenham hígido, quando de sua prática, o *elemento cognoscitivo do dolo*, sob pena de responsabilidade objetiva. É que não se pune quem, por culpa ou imperícia, não avalia a gravidade e a severidade da situação periclitante a determinado bem jurídico.

Aprofundamento:

- Ao longo do tempo criaram-se, em doutrina, inúmeras teorias para justificar o *dever de evitar o resultado* imputado, normativamente, ao agente garantidor (ou *garante*). Para uma *teoria formal*, o dever jurídico

7. Nesse sentido, *c.f., v.g.,* DELMANTO, Celso... [et al.]. - 9ª ed. rev., atual. e ampl. - São Paulo: Saraiva 2016.

objetivo de evitar o resultado advém – e só pode advir – da lei. Para uma *teoria material*, entretanto, seria dispensável o comando normativo impositivo do dever de agir, sendo a condição de *garantidor* decorrente da relação *in concreto* existente e revelada entre determinado sujeito e determinado bem jurídico em uma determinada situação de periclitação. Não faltaram, ainda, *teorias híbridas*, que buscaram fundamento não somente na lei, mas também na relação-no-mundo entre sujeito e bem jurídico. Para aprofundamento no tema, conferir em doutrina: TAVARES, Juarez. *Teoria do injusto penal*. 4ª ed. São Paulo: Tirant lo Blanch, 2019; - TAVARES, Juarez. *Teoria do crime culposo*. 5ª ed. rev. Florianópolis: Tirant lo Blanch, 2018.

8. É possível haver tentativa no crime de omissão de socorro, previsto no art. 135 do Código Penal?

Como regra, a maioria da doutrina não admite a tentativa (*conatus*) nos delitos de omissão própria (aqueles que se consumam independentemente da existência de um sujeito sobre o qual recaia a responsabilidade e o *status* de *garantidor* (ou *garante*), dentre eles o crime de omissão de socorro. Isso porque, em tese, uma vez se omitindo o agente que detém a possibilidade de agir, o crime imediatamente estaria consumado, não sendo possível que se falasse em fracionamento do *iter criminis* apto a fazer incidir o regime do art. 14, II, do Código Penal, posto ser decorrência lógica desse raciocínio a impossibilidade dogmática de se conceber uma execução incompleta (defeituosa) do tipo objetivo.

Entretanto, deve-se estar atento para parte da doutrina que considera possível, ainda que em raras hipóteses, certas maneiras de se acatar a compatibilidade da tentativa com o delito ora em estudo.

Aprofundamento:

- Lembre-se de que, como execução incompleta (defeituosa) do tipo objetivo que é a *tentativa*, ela remanesce hígida, enquanto execução, em seu aspecto subjetivo. Para ilustrar, parte da doutrina é tranquila ao afirmar que o dolo, na tentativa, é o mesmo presente no delito consumado. Em outras palavras, o dolo é o mesmo na execução parcial por defeito ou completa do tipo penal. Não se admite, por impossibilidade lógica, a compatibilidade da *culpa* com a tentativa, sobretudo com o advento do sistema finalista de delito e com a nova estruturação da conduta e da tipicidade.

9. No delito de rixa, previsto no art. 137 do Código Penal, há consumação quando se consegue individualizar com grau satisfatório de certeza as condutas de cada um dos rixosos?

Quando se pode distinguir a atividade individualizável, divisível e concreta de cada um dos contendores no contexto de agressões recíprocas generalizadas, não há que se falar na consumação do delito de rixa, previsto no art. 137 do Código Penal (TJSP, RT 603/306), tendo em vista que, dada a própria essência desse crime, ele se caracteriza primordialmente por um grau alto de confusão objetiva e subjetiva das agressões, além da qualidade, como já dito, de "*recíprocas*" das ofensas.

10. Que crime do Código Penal comete o sujeito que, tendo ciência do fato de ser portador do vírus HIV, mantém relações sexuais desprotegidas com outras pessoas, assumindo consciente e volitivamente o risco de transmissão da respectiva doença?

O tema é controverso, havendo, no mínimo, três correntes sobre o tema.

Para uma primeira corrente, pratica o delito de "perigo de contágio de moléstia grave" (art. 131 do Código Penal), cuja conduta típica resume-se a praticar, com o fim de transmitir a outrem moléstia grave de que está contaminado, ato capaz de produzir o contágio.

Para uma segunda corrente, entretanto, é possível se falar de homicídio doloso (art. 121 do Código Penal) nas hipóteses em que fique cabalmente demonstrado que o agente agia com dolo de matar, utilizando-se de sua doença como mero instrumento apto para se atingir o resultado morte desejado. Há possíveis problemas de rompimento ou alargamento desarrazoado do nexo de causalidade (normativa), o que reclama muita atenção para analisar o caso concreto.

Para uma terceira corrente, que prevalece na jurisprudência, a tipificação, como regra, dar-se-á no delito de lesão corporal qualificada pela enfermidade incurável (art. 129, § 2º, inciso II, do Código Penal). Nos parece mais acertada esta posição, pois mitiga eventuais problemas de alargamento indevido da causalidade e dificuldade na imputação objetiva.

Aprofundamento:

- Por óbvio, não se trata o tipo penal de norma que restringe a respectiva abrangência do tipo penal à transmissão somente através de ato sexual, eis que, como visto, o tipo legal menciona "qualquer ato apto a produzir o contágio". Assim, para os adeptos desta corrente, permaneceria, segundo nos parece, a tipificação no respectivo delito, a conduta do sujeito que, sabendo ser portador do vírus HIV, compartilha seringas de injeção de drogas com outras pessoas, assumindo volitiva e conscientemente o risco de transmissão da doença, sem prejuízo, naturalmente, de eventual crime também cometido nos termos da Lei 11.343/06.

11. É correto se dizer que o delito de maus-tratos previsto no art. 136 do Código Penal é um crime instantâneo?

O tema é controverso em doutrina. Para Nucci *"há imensa divergência na doutrina acerca do caráter de instantaneidade ou permanência do delito de maus-tratos. Sustenta-se que apenas as duas primeiras figuras seriam permanentes (privação de alimentos ou cuidados indispensáveis), enquanto outros estendem essa característica para as outras duas (sujeição a trabalho excessivo ou inadequado). Chega-se, inclusive, a demandar deste penal habitualidade. Cremos que todas as figuras são instantâneas, o que se verifica pelo núcleo do tipo "expor". Basta que o agente, por meio de uma única conduta, consiga colocar em perigo a vida ou a saúde alheia: estará consumado o crime, em qualquer uma das formas. Ainda que continue sua conduta (privando o ofendido da alimentação, sujeitando-o a trabalho exagerado ou mesmo agredindo-o diariamente), não estará ainda em fase de consumação, mas de mero exaurimento. Tal situação deve ser levada em conta pelo juiz na fixação da pena, o que não transmuda o caráter do delito de instantâneo para permanente. Aliás, uma das características principais da permanência é o agente poder, valendo-se da sua vontade, fazer cessar o prolongamento da consumação. O bem jurídico protegido geralmente, nesses casos, é imaterial. É o que ocorre no cárcere privado: enquanto a liberdade está sendo cerceada, o delito está em franca consumação, sendo o agente o senhor da sua paralisação. Devolvendo a vítima à liberdade, cessa a permanência, pois o bem jurídico deixou de ser constrangido, embora o delito esteja consumado. Não se pode dizer o mesmo de nenhuma figura do art. 136, inclusive da privação de alimentação. Quando esta privação ocorre em grau suficiente para provocar o risco de dano iminente (perigo à vida ou à saúde), não é o simples fato de o agente tornar a alimentar a vítima que restitui o bem jurídico tutelado à sua inteireza, nem tampouco depende da sua vontade fazer cessar a existência dos maus-tratos. O crime pode até ter ares de permanência, qualificando-se, conforme a situação fática, em "instantâneo de efeitos permanentes", mas não se pode aceitá-lo como permanente".*[8]

12. É compatível no ordenamento jurídico brasileiro o homicídio com dolo eventual na direção do carro com o instituto da tentativa?

Para parte da doutrina, não. Isso porque, em tese, para haver tentativa seria necessário o elemento volitivo do dolo (vontade de realizar o injusto penal), o que, como regra, não se faz presente no dolo evento, caracterizado pela mera representação e aceitação do perigo.

Entretanto, de acordo com o Superior Tribunal de Justiça, há a referida compatibilidade. Para a Corte, a tentativa, execução objetivamente defeituosa e incompleta do tipo penal, requer seja o elemento subjetivo o mesmo exigido para a execução e consumação perfeita do injusto, do que se extrai serem harmônicos os institutos do dolo eventual e da tentativa (art. 14, II do Código Penal). O STJ, inclusive, possui orientação no sentido de que: *"não é simplesmente uma operação matemática, em que se somando embriaguez com excesso de velocidade, ou embriaguez com inobservância de uma regra objetiva de cuidado no trânsito, se pode alcançar matematicamente o resultado mais gravoso".*

13. A qualificadora objetiva do crime de homicídio prevista no art. 121, parágrafo 2º, IV do Código Penal é compatível com o dolo eventual?

Segundo o Superior Tribunal de Justiça, não. É que a respectiva qualificadora requer seja o crime cometido à traição, de emboscada ou mediante dissimulação ou outro recurso que dificulte ou torne impossível a defesa do ofendido. Para a Corte, *"o dolo eventual não se harmoniza com a qualificadora prevista no inciso IV do parágrafo segundo do art. 121 do Código Penal, porquanto, a despeito do agente ter assumido o risco de produzir o resultado, por certo não o desejou. Logo, se não almeja a produção do resultado, óbvio concluir que o*

8. *In:* NUCCI, Guilherme de Souza. *Código Penal Comentado. 16ª ed. rev. atual. e ampl.* Rio de Janeiro: Forense, 2016.

agente não direcionou sua vontade para impedir, dificultar ou impossibilitar a defesa do ofendido".

O Superior Tribunal de Justiça também possui orientação jurisprudencial consolidada no sentido de também afastar dos homicídios na direção de veículo automotor cometidos a título de dolo eventual a qualificadora prevista no art. 121, § 2º, inciso III. É que para a incidência da respectiva qualificadora, o delito deve ser necessariamente (trata-se também aqui de qualificadora objetiva) cometido com emprego de veneno, fogo, explosivo, asfixia, tortura ou outro meio insidioso ou cruel, ou de que possa resultar perigo comum. Tal normatividade legal, segundo o STJ, é *"resultado de uma absoluta reprovabilidade na conduta do agente que, além de desejar a morte da vítima, emprega meio hábil (fogo no veículo) a lhe garantir maior sucesso na execução de seu desejo, o que notoriamente não coaduna a figura do dolo eventual na prática de tentativa de homicídio na direção de veículo automotor".*

14. Em qual das espécies de lesões corporais se tipifica a lesão que causa a perda de dentes?

Para o Superior Tribunal de Justiça, há lesão corporal de natureza grave e não gravíssima. É que, como regra, entende-se que o termo "deformidade permanente" apto a fazer incidir a lesão corporal gravíssima relaciona-se com o prejuízo estético adquirido, visível, indelével, oriundo da deformação de uma parte do corpo. Assim, conquanto a perda de dois dentes possa, em fato, resultar em severo prejuízo, *v.g.*, para a capacidade de mastigação da vítima, não é ensejadora de deformação permanente (o que caracterizaria a lesão gravíssima), mas, tão somente, é ensejadora de debilidade permanente (o que caracteriza a lesão corporal de natureza grave).

15. É possível se afastar a alegação de consumação do delito de lesão corporal de natureza gravíssima pela deformidade permanente causada se a vítima, após o delito, realiza cirurgia estética reparadora?

Segundo o Superior Tribunal de Justiça, não. *"A realização de cirurgia estética posteriormente à prática do delito não afeta a caracterização, no momento do crime constatada, de lesão geradora de deformidade permanente, seja porque providência não usual (tratamento cirúrgico custoso e de risco), seja porque ao critério exclusivo da vítima. [...] A conduta da vítima não afeta a dosimetria da pena, seja na caracterização da qualificadora, seja na não valoração das consequências do crime"* (STJ, HC 306.677/RJ. Rel. Ericson Maranho (DESEMBARGADOR CONVOCADO DO TJSP. Rel. p/ acórdão Min. Nefi Cordeiro. Sexta Turma, julgado em 19/05/2015).

II. DOS CRIMES CONTRA A HONRA

16. O delito de calúnia, previsto no art. 138 do Código Penal, consiste na atribuição falsa, a alguém, de fato definido como crime. É necessário, para a consumação do referido crime, que se atribua um fato efetivamente ou basta a atribuição de um tipo penal incriminador?

Doutrina majoritária, com a qual concordamos, entende que não basta, para a consumação do delito de calúnia, imputar a alguém – ainda que falsamente – a prática de um tipo penal incriminador sem descrever circunstâncias fáticas e concretas do respectivo ato delituoso.

Este é também o entendimento da jurisprudência consolidada do Supremo Tribunal Federal - *"Por atipicidade do fato, a Turma rejeitou queixa-crime ajuizada por magistrado estadual contra promotor de justiça, a quem se imputava a prática de crimes contra a honra, consistentes no oferecimento de representação à corregedoria eleitoral do Estado, em que sugeria o comprometimento da independência funcional do querelante para o exercício da judicatura eleitoral, em razão de sua esposa exercer cargo comissionado no Poder Legislativo da mesma unidade da federação. [...] No mérito, considerou-se que o querelado não imputara ao querelante o cometimento de fato específico em relação a sua atuação concreta enquanto magistrado. Além disso, salientou-se que a esfera penal não seria o ambiente adequado para o exame de eventual excesso na conduta funcional do querelado".* (STF, AO 1402-RR, Primeira Turma. Rel. Min. Sepúlveda Pertence, j. em 19/09/2006).

Por fim, diga-se que, por óbvio, para a consumação do delito de calúnia é indispensável que a falsidade da atribuição seja de pleno conhecimento do agente caluniante. Do contrário, não há que falar em delito, pois o agente acredita verdadeiramente que não atribui falsamente a terceiro fato algum definido como crime, mas, tão somente, fato que julga, conforme sua percepção da realidade, verdadeiro. Deve-se, portanto, para sanar eventual controvérsia nesse sentido, estar atendo às particularidades do caso concreto.

17. O que são as honras subjetiva e objetiva?

Parte da doutrina distingue o conceito de honra em objetiva e subjetiva, conforme as características que aglutinem.

A honra objetiva é aquela do indivíduo referenciado na sociedade, no seu meio social. Em resumo, é a imagem que aqueles que convivem com ele dele tem. Seria, por exemplo, a boa ou a má negativa imagem/reputação da qual goza, no seio de sua grei, determinado indivíduo. Tradicionalmente entende-se que o delito de calúnia ofende a honra objetiva do sujeito, embora, na doutrina crítica, essas diferenciações sejam amplamente criticadas.

A honra subjetiva, a seu turno, é aquela do indivíduo referenciada ao seu interior, à sua subjetividade. É o conjunto de caracteres que fazem com que o próprio sujeito enxergue a si mesmo de boa ou de má maneira. Tradicionalmente entende-se que o delito de injúria ofende a honra subjetiva do sujeito, embora, na doutrina crítica, essas diferenciações sejam amplamente criticadas.

18. A pessoa jurídica pode ser sujeito passivo de um delito contra honra ou só o pode ser a pessoa natural?

Segundo doutrina e jurisprudência majoritárias, é possível, desde que se fira, em concreto, com a conduta perpetrada pelo agente, a honra objetiva da pessoa jurídica, ou seja, a imagem e a reputação da qual goza perante a sociedade, perante sua grei. Não há que se falar em crime contra a honra subjetiva (injúria, por exemplo) contra pessoa jurídica, tendo em vista que esta não possui, *v.g.*, sentimentos ou senso crítico de autorreferência.

Parte da doutrina, minoritária, entretanto, entende não ser possível o alargamento dos "crimes contra a pessoa" à pessoa jurídica, nem nas hipóteses de lesão à honra objetiva, e muito menos à subjetiva.

Prevalece, naturalmente, a primeira corrente.

19. É necessário elemento subjetivo do tipo distinto do dolo para a consumação dos crimes contra a honra?

Como regra, sim, sendo indispensável que o sujeito aja com o dolo de ofender a honra objetiva e/ou a honra subjetiva (a depender do caso) da vítima. Em doutrina, diz-se que *"pune-se o crime quando o agente agir dolosamente. Não há forma culposa. Entretanto, exige-se, majoritariamente (doutrina e jurisprudência), o elemento subjetivo do tipo específico, que é a especial intenção de ofender, magoar, macular a honra alheia. Este elemento intencional está implícito no tipo. É possível que uma pessoa fale a outra de um fato falsamente atribuído a terceiro como crime, embora assim esteja agindo animus jocandi, ou seja, fazendo uma brincadeira. Embora atitude de mau gosto, não se pode dizer que tenha havido calúnia, vontade de macular a honra alheia (o que tradicionalmente chama-se "dolo específico").*[9] Consolidando o entendimento, o Superior Tribunal de Justiça já teve oportunidade de se manifestar sobre a temática, estatuindo de maneira clara que *"para a caracterização dos crimes de calúnia e difamação é imprescindível que se verifique, além do dolo genérico de realizar os elementos do tipo, m fim específico, isto é, o propósito de ofender ou macular a honra da vítima, consistente no animus caluniandi ou animus diffamandi"* (STJ, AgRg no REsp 1.286.531-DF, Quinta Turma, Rel. Min. Marco Aurélio Belizze, julgado em 02/0/2012).

Como já se antevê, para a doutrina e a jurisprudência majoritárias, a necessidade de haver elemento subjetivo do tipo distinto do dolo está presente em todos os crimes contra a honra, ou seja, calúnia (prevista no art. 138 do Código Penal), difamação (prevista, a seu turno, no art. 139 do Código Penal) e injúria (prevista, por sua vez, no art. 140 do mesmo Codex).

Parte minoritária da doutrina, entretanto, afasta a necessidade do elemento subjetivo do tipo distinto do dolo.

20. O que é a exceção da verdade?

O instituto conhecido por "exceção da verdade" caracteriza-se por ser um incidente processual (questão secundária refletida sobre o processo principal) por meio da qual o acusado de ter praticado calúnia pode provar a veracidade do que alegou, afastando, assim, a responsabilização pelo delito. Isso porque a tipicidade do art. 138 exige que, para que haja o respectivo crime, deve ser atribuído falsamente a alguém fato definido como crime. Logo, se o fato atribuído é, efetivamente, como crime definido, e se a atribuição não é falsa, mas verdadeira, não há que se falar no cometimento do delito de calúnia (art. 138 do Código Penal).

9. NUCCI, Guilherme de Souza. *Código Penal Comentado. 16ª ed. rev. atual. e ampl.* Rio de Janeiro: Forense, 2016.

Deve-se ter em mente que não é cabível que, quando falamos de ação penal privada, não será cabível que o réu (querelado) ingresse com a exceção da verdade, pretendendo demonstrar a verdade do que falou, quando o fato imputado à vítima constituir crime de ação privada e não houver condenação definitiva sobre o assunto.

Ainda, não se admite exceção da verdade quando o delito de calúnia (art. 138 do Código Penal) envolver o Presidente da República ou chefe de governo estrangeiro, tendo em vista a necessária tutela da credibilidade desses altos mandatários dos governos públicos.

Também não será cabível o manejo da exceção da verdade quando o assunto ora em debate já tiver sido objeto de sentença absolutória transitada em julgada (julgada em definitivo) prolatada pelo órgão competente do Poder Judiciário, tendo em vista o necessário respeito que se deve ter à autoridade e aos efeitos da coisa julgada em processo penal.

Por fim, tergiversando o processo penal, frise-se que o juízo de admissibilidade, o processamento e a instrução da exceção da verdade oposta em face de autoridades públicas com prerrogativa de foro devem ser feitos pelo próprio juízo da ação penal originária que, após a instrução dos autos, admitida a *exceptio veritatis*, deve remetê-los à instância decorrente da prerrogativa de função para julgamento do mérito, conforme entendimento jurisprudencial sinalizado pelo Superior Tribunal de Justiça.

21. Há que se falar em crime contra a honra na hipótese da testemunha, em processo penal, narrar um fato sob sua ótica?

Como regra, não. Já se pronunciou o Supremo Tribunal Federal sobre o tema, estatuindo que *"é desprovida de justa causa a ação penal proposta contra testemunha que, sob o compromisso legal de dizer a verdade, limita-se a narrar, objetivamente, os fatos tidos como ofensivos à honra dos quais tomou conhecimento, no intuito de responder às perguntas que lhe foram propostas"* (STF, HC 10.602-GO, Sexta Turma. Rel. Min. Vicente Legal, j. em 17/08/2000). Todavia, como a jurisprudência – conforme demonstrado no precedente acima – exige que, para não se falar em crime contra a honra na hipótese, a testemunha deve se limitar a narrar **objetivamente** os fatos tidos como ofensivos à honra dos quais tomou conhecimento, entendemos necessário observar o caso concreto para perceber se efetivamente há, em tal ou qual hipótese real, intenção subjetiva de ofender ou apenas a descrição objetiva de um fato.

22. É cabível a tentativa nos crimes contra a honra?

Parte da doutrina entende que não, estatuindo serem os crimes contra a honra delitos cujo *iter criminis* não se pode fracionar e, logo, não seria possível cindir o início de execução e o momento de execução completada.

Assim não entendemos. Concebemos, ao menos, duas hipóteses de possibilidade de aplicação do instituto da tentativa (art. 14, II do Código Penal) nos crimes contra a honra.

A primeira é no caso da ofensa dirigida por meio que não o oral. Na hipótese, *v.g.*, de um sujeito enviar a outro um e-mail com teor injurioso, apto, em tese, a configurar o delito de injúria (previsto no art. 140 do Código Penal), e esta carta não chegar às mãos da vítima por circunstâncias alheias à vontade do agente.

A segunda é – e aqui deixamos claro que, em nosso entendimento, não necessariamente será crime unissubsistente o delito contra a honra de quem quer que seja – a hipótese na qual, determinado sujeito, com dolo de injuriar alguém, começa a proferir uma frase ofensiva, injuriosa, mas, antes dela completar o seu sentido completo de ofensa, é interrompido por circunstâncias alheias à sua própria vontade. Há, claramente, tentativa, posto que (i) o elemento subjetivo esteve presente e (ii) a execução foi objetivamente defeituosa por incompletude da realização do tipo penal.

23. No que consiste, quanto à natureza jurídica, no âmbito dos crimes contra a honra, o instituto da retorsão imediata?

Para parte da doutrina, é uma modalidade especial do instituto da legítima defesa, apta a fazer excluir a antijuridicidade (ilicitude) de uma conduta que inicialmente se poderia interpretar como crime contra a honra.

Entretanto, não nos parece ser esta a natureza jurídica do referido instituto, tendo em vista que a legítima defesa se destina a repelir uma agressão injusta atual ou iminente, e não uma já consumada e exaurida. Quando determinado sujeito é, por outro, injuriado, o delito do art. 141 do Código Penal já está terminado e acabado. Se imediatamente se vale do instituto da retorsão imediata, não podemos chamar o que ocorre de "modalidade de legítima defesa", tendo em vista que a agressão contra a qual o injuriado, em tese, "se defende", não é atual nem iminente, mas, em verdade, consumada, exaurida, passada. Assim, parece-nos que se trata, em verdade, e a rigor de esquadro técnico, de condição de impunibilidade da ofensa proferida imediatamente após outra, norteada por razões de política criminal, sem, todavia, interferir na constituição dogmática do delito, permanecendo hígido e atribuível o injusto, só não sendo punível.

24. Qual a diferença entre o delito de injúria racial, previsto no Código Penal, e o delito de racismo, previsto na Lei 7.716/89?

Como regra, sempre se entendeu que o delito de injúria racial e o delito de racismo se diferenciavam. Com a edição da Lei 14.532/23, que incluiu o art. 2º-A na Lei 7.716/89 (Crimes resultantes de preconceito de raça e cor), a então injúria por preconceito prevista no art. 140, § 3º, do CP, agora passa a estar especializada como modalidade de racismo, quando se tratar de discriminação de raça, cor, etnia, religião ou procedência nacional. Subsiste, porém, a injúria por preconceito do art. 140, § 3º, do CP, às hipóteses de condição da pessoa idosa ou com deficiência.

25. Tendo em vista a previsão de exclusão do crime de injúria na hipótese da opinião desfavorável (art. 142, II, do Código Penal), é possível dizer que, no exercício de suas funções, integrante de órgão de imprensa jamais cometerá o delito de injúria?

É plenamente possível que, ainda que no exercício de funções imprensa ou jornalismo, se cometam crimes contra a honra. Isto porque, segundo o Superior Tribunal de Justiça, com apoio da doutrina amplamente majoritária no Brasil, em que pese a previsão de exclusão do crime de injúria nos casos previstos no art. 142, II, do Código Penal, a ampla liberdade de informação, opinião e crítica jornalística reconhecida constitucionalmente à imprensa não é um direito absoluto, encontrando limitações, tais como a preservação dos direitos da personalidade, nestes incluídos os direitos à honra, à imagem, à privacidade e à intimidade, sendo vedada a veiculação de críticas com a intenção de difamar, injuriar ou caluniar.

Frise-se, por fim, na esteira do raciocínio acima traçado, e tendo em vista também a orientação dos Tribunais Superiores, que a não recepção pela Constituição Federal de 1988 da Lei de Imprensa (Lei 5.250/1967) não implicou na *abolitio criminis* dos delitos contra a honra praticados por meio da imprensa, pois tais ilícitos permanecem tipificados na legislação penal comum.

26. É possível que um parlamentar federal, no exercício de suas funções, cometa crime contra a honra?

Em tese é possível, mas se deve observar o caso concreto, para saber se, no contexto em que proferida potencial ofensa (e analisando-se, por óbvio, também o seu conteúdo), estava o referido parlamentar agasalhado ou não pela imunidade parlamentar material por palavras e votos que lhe confere a Constituição Federal. De toda forma, deve-se ter em mente que os deputados federais e os senadores gozam de imunidade parlamentar material, o que afasta a tipicidade de eventuais condutas, em tese, ofensivas à honra praticadas no âmbito de suas atuações político-legislativas (artigo 53 da CF/1988), prerrogativa estendida aos deputados estaduais, a teor do disposto no artigo 27, § 1º, da CF/1988. A Constituição Federal, entretanto, no que toca aos vereadores municipais, somente lhes conferiu a respectiva imunidade parlamentar material por votos e palavras proferidas, nos termos do art. 29, VIII, nos atos cometidos durante o exercício do mandato e na circunscrição do próprio Municipal no qual exercem suas funções parlamentares.

Frise-se, inclusive, importantíssimo julgamento da lavra do Supremo Tribunal Federal no sentido de que *"Deputado que, em entrevista à imprensa, afirma que determinada Deputada 'não merece ser estuprada', pratica, em tese, injúria (art. 140)'. [...] Imunidade parlamentar. Incidência quanto às palavras proferidas no recinto da Câmara dos Deputados. Entrevista. Ausente conexão com o desempenho da função legislativa. Inaplicabilidade do art. 53 da Constituição Federal, Preenchimento dos requisitos do art. 41 do Código de Processo Penal quanto aos delitos de incitação ao crime e de injúria. Recebimento da denúncia"*. (STF, Inq. 3932, Rel. Min. Luiz Fux. Primeira Turma, j. em 21/06/2016).

27. Qual a natureza jurídica do instituto da retratação, previsto no art. 143 do Código Penal?

➔ Para doutrina majoritária, trata-se de causa extintiva da punibilidade, orientada por razões de política criminal. Significa dizer que, nas hipóteses nas quais o querelado, antes da sentença, se retrata cabalmente da calúnia ou da difamação, não há qualquer exclusão do crime, mas meramente uma circunstância legal externa à construção dogmática do delito que afasta a punição. Deve-se ter em mente que o art. 107 do Código Penal não se consubstancia de forma alguma em um rol taxativo que traz todas as possíveis causas extintivas da punibilidade. É perfeitamente aceitável que, ao longo da legislação penal, outras causas sejam apontadas pelo legislador.

Deve-se estar atento para o requisito temporal de validade do instituto da retratação. Segundo o que literalmente preceitua o *caput* do art. 143 do

Diploma Repressivo, a retratação deve se dar, inelutavelmente, antes da sentença. Doutrina majoritária defende a necessidade de se entender este particular como a sentença do juiz de primeiro grau. Uma vez superado o primeiro grau de jurisdição, não mais cabível será a invocação do instituto.

Parcela minoritária da doutrina trata o instituto como causa de exclusão da culpabilidade, afirmando que se o querelado se retratou não há mais o que reprovar. O problema dessa tese é conceber a *reprovação* como fundamento da culpabilidade, o que nos parece, já desde há muito, errado, tendo em vista que remonta às antigas *teorias absolutas* ou *teorias retributivistas* da pena, manifestamente superadas e abandonadas pela doutrina crítica da criminologia.

28. É possível que se pratiquem todos os três crimes contra a honra (calúnia, art. 139 do Código Penal; difamação, art. 140 do Código Penal; injúria, art. 141 do Código Penal) por meio de uma só carta?

A imputação concomitante das três tipificações a uma só conduta, em concurso de crimes, é plenamente plausível, desde que, por exemplo, por meio de um texto, ofendam-se as honras objetiva e subjetiva de determinada vítima, (i) imputando-lhe falsamente fato definido como crime, (ii) difamando-o, imputando-lhe fato ofensivo à sua reputação e (iii) injuriando-o, ofendendo-lhe a dignidade ou o decoro. O Superior Tribunal de Justiça tem entendimento jurisprudencial que orienta no seguinte sentido: *"Ainda que diversas ofensas tenham sido assacadas por meio de uma única carta, a simples imputação à acusada dos crimes de calúnia, injúria e difamação não caracteriza ofensa ao princípio que proíbe o bis in idem, já que os crimes previstos nos artigos 138, 139 e 140 do Código Penal tutelam bens jurídicos distintos, não se podendo asseverar de antemão que o primeiro absorveria os demais."* (STJ, RHC 41.527/RJ. Rel. Min. Jorge Mussi, Quinta Turma, julgado em 03/03/2015).

III. DOS CRIMES CONTRA O PATRIMÔNIO

29. Em doutrina e jurisprudência, quais as principais teorias apontadas para justificar o momento consumativo dos delitos de furto e roubo, previstos, respectivamente, nos arts. 155 e 157 do Código Penal?

A doutrina, de regra, costuma apontar no mínimo quatro teorias distintivas sobre o momento consumativo dos respectivos delitos. São elas:

- **Teoria da *contrectacio*:** para os adeptos desta posição, o furto e o roubo se consumam pelo mero contato do agente ativo do delito com a *res*. Dessa forma, é, sem sombra de dúvidas, a mais ampla e genérica das teorias aplicáveis, possibilitando a maior e mais antecipada incidência de poder punitivo ao sujeito que leva a cabo o injusto penal.
- **Teoria da *Apprehensio* (*amotio*):** para os adeptos desta posição, o furto e o roubo se consumam não pelo mero contato do agente ativo do delito com a *res*, como pregam os adeptos da *teoria da contrectacio.* Aqui, a consumação dos respectivos crimes dar-se-á pela mera *inversão da posse* da *res*, ou seja, o furto e o roubo estarão consumados no exato momento em que a *res* passa a posse do furtador ou do roubador, sendo irrelevante que este consiga mantê-la em posse mansa e pacífica ou não. Será também irrelevante o fato de haver ou não imediata perseguição policial ao agente, bem como o será o fato do agente conseguir ou a posse desvigiada do bem – ou seja, retirar a coisa da esfera de vigilância da vítima. Esta é a tese adotada, hodiernamente, pelo Superior Tribunal de Justiça e pelo Supremo Tribunal Federal. Saliente-se que, mesmo em adotando esta teoria, é plenamente possível que concebamos a hipótese da tentativa, por exemplo, no crime de furto, através do critério da *manutenção da clandestinidade da posse.*
- **Teoria da *Ablatio*:** para os adeptos desta posição, o furto e o roubo se consumam quando a *res* é transportada, de acordo com o plano individual objetivamente levado a cabo pelo agente e efetiva e subjetivamente por ele querido, de uma determinada localidade para outra.
- **Teoria da *Ilatio*:** para os adeptos desta corrente, o furto e o roubo se consumam quando a *res* é transportada, de acordo com o plano individual objetivamente levado a cabo pelo agente e efetiva e subjetivamente por ele querido, da localidade na qual invertida a posse para a localidade desejada pelo agente e tida por ele como "segura" para que mantenha a posse pacífica, mansa e desvigiada da *res.*

Aprofundamento:

- *"A consumação do crime de furto se dá no momento em que a coisa é retirada da esfera de disponibilidade da vítima e passa para o poder do agente, ainda que por breve período, sendo prescindível a posse pacífica da res pelo sujeito ativo do delito"* (STJ. HC 220.084/MT. Sexta turma. Rel. Min. Rogerio Schietti Cruz, julgado em 04/12/2014); *"Considera-se consumado o crime de furto no momento em que o agente se torna possuidor da res furtiva, ainda que haja perseguição policial e não obtenha a posse tranquila do bem, sendo prescindível (dispensável) que o objeto do crime saia da esfera de vigilância da vítima"* (STJ. AgRg no REsp 1346113/SP. Quinta Turma. Rel. Min. Laurita Vaz, julgado em 22/4/2014); *"Para a consumação do furto, basta que ocorra a inversão da posse, ainda que a coisa subtraída venha a ser retomada em momento imediatamente posterior"* (STF. HC 114329. Primeira Turma. Rel. Min. Roberto Barroso, julgado em 1/10/2013); *"Consuma-se o crime de roubo com a inversão da posse do bem, mediante emprego de violência ou grave ameaça, ainda que por breve tempo e em seguida a perseguição imediata ao agente e recuperação da coisa roubada, sendo prescindível a posse mansa e pacífica ou desvigiada."* (STJ. REsp 1.499.050-RJ. Terceira Seção. Rel. Min. Rogerio Schietti Cruz, j. em 14/10/2015).

30. Qual a correta capitulação legal, no âmbito dos crimes contra o patrimônio, da conduta de adulterar, mediante fraude, sistema de medição para que seja apontado resultado menor do que o real consumo de energia elétrica e, logo, a despesa financeira seja reduzida?

Trata-se do crime de estelionato, previsto no art. 171 do Código Penal, e não do delito de furto. As diferenças substanciais apontadas recentemente (Informativo 648) pelo Superior Tribunal de Justiça entre as hipóteses é que, quando há alteração do sistema de medição de resultados de consumo de energia elétrica pelo usuário, o agente ativo do injusto penal não desvia, por conduta própria, a energia elétrica, mas, em fato, somente ludibria, engana mediante ardil para que seja, pela concessionária de serviços públicos pertinente, cobrado a menor. Assim, a conduta descrita não se confunde com o chamado "gato", existe na hipótese do agente, ele próprio, desviar energia elétrica que não lhe pertence.

Frise-se ainda que, de acordo com o atual entendimento dos Tribunais Superiores (após mudança jurisprudencial de perspectiva), o pagamento, após consumada a lesão, dos valores relativos à tarifa correta pela prestação do serviço de energia elétrica não fulminarão a pretensão acusatória do Estado, não se consubstanciando em causa extintiva de punibilidade, podendo, a depender do caso concreto, figurar a conduta como mera hipótese de arrependimento posterior. Tal entendimento, diga-se de passagem, não é imune a críticas doutrinárias – sobretudo de viés criminológico – a partir do prisma da *seletividade penal*, tendo em vista que, para certos delitos tributários – de regra cometidos por pessoas mais abastadas e menos *vulneráveis* ao sistema penal, o pagamento a destempo do valor elidido, mesmo após o início da persecução penal, pode se considerar como apto a interromper a pretensão punitiva do Estado (*c.f.*, *v.g.*, com visão crítica, o art. 34 da Lei 9.249/95 e o art. 9º da Lei 10.684/03).

Aprofundamento:

- "*A alteração do sistema de medição, mediante fraude, para que aponte resultado menor do que o real consumo de energia elétrica configura estelionato*" (STJ. 5ª Turma. AREsp 1.418.119-DF, Rel. Min. Joel Ilan Paciornik, j. em 07/05/2019).
- Na hipótese do "gato", segundo o Superior Tribunal de Justiça, correto se falar em furto. É que, aqui, a concessionária de serviços públicos de energia elétrica, como regra, sequer faz ideia de que destina energia ao sujeito específico, havendo, em fato, verdadeira subtração, apta a fazer incidir o regime do art. 155 do Código Penal (delito de furto), posto presente a respectiva *elementar*. Na hipótese anterior, ela sabe que destina, só que, enganada, cobra preço a menor. Não há, *in casu*, a já citada subtração, *elementar* do crime de furto, mas não do de estelionato.

31. Pune-se, no Brasil, o conhecido "furto de uso"? E o "roubo de uso"? Existem exceções à regra?

Como regra, não se pune o chamado "furto de uso" no Brasil, se o podendo caracterizar como aquele que se pratica sem o dito *animus rem sibi habendi*, ou "dolo (sic) de se tornar senhor da coisa em definitivo', ou seja, é o furto com a pretensão de devolver a *res* em algum momento, não se apropriando dela, para sempre, o agente. Delmanto[10], com apoio da jurisprudência, ensina-nos que "*ocorre furto de uso quando alguém retira coisa alheia infungível, para dela servir-se momentânea ou passageiramente, repondo-a, a seguir, na esfera de atividade patrimonial do dono; tal fato é apenas ilícito civil e não penal*". Entretanto, esmiuçando a regra, com forte esteio, como sempre, nos julgados dos tribunais pátrios, continua o eminente doutrinador, aduzindo que (i) "*o agente deve restituir a coisa no mesmo local e no estado em que se encontrava, por livre e espontânea vontade, sem ter sido forçado pela aparição de terceiros*"; (ii) "*a devolução deve ser feita imediatamente após sua utilização*"; (iii) "*para alguns acórdãos, o uso prolongado ou a não reposição excluiria o furto de uso*".

10. DELMANTO, Celso... [et al.] **Código Penal Comentado**. - 9ª ed. rev., atual. e ampl. São Paulo: Saraiva 2016.

No que toca ao chamado "roubo de uso", porém, não se concebe a respectiva impunibilidade, tendo em vista que, no momento da utilização da violência e/ou da grave ameaça (elementares do respectivo delito), já há sua plena consumação.

Possível apontar, ainda, que a apropriação de coisa alheia móvel (em sentido *lato)* sem o *animus rem sibi habendi* será punida, nada obstante todas as considerações aqui tecidas, quando abarcadas pelo DL 201/607 (Responsabilidade de Prefeitos e Vereadores) e pelo Código Penal Militar, tendo em vista as respectivas disposições legais expressas neste sentido nos supracitados textos normativos. Confira-se, *v.g.*, o art. 241 do Código Penal Militar; e o art. 1º, I, do Decreto-Lei 201/67 (Responsabilidade de Prefeitos e Vereadores).

Aprofundamento:

- O melhor tratamento da matéria é o que concebe o respectivo ente como um *elemento subjetivo do tipo distinto do dolo*, e não como um "*dolo específico*", posto que o dolo, tal como tradicionalmente concebido, esgota-se na consciência do fato potencialmente criminoso e na vontade de realizar o tipo legal objetivo, e os *elementos subjetivos distintos do dolo* relacionam-se, geralmente, com externalidades ao tipo.

32. É possível, no Brasil, o furto de coisas abandonadas (*res derelicta*), coisas não pertencentes a ninguém (*res nullius*) e das chamadas "coisas perdidas" (*res deperdita*)?

No que toca às duas primeiras (coisas abandonas – *res derelicta* – e coisas não pertencentes a ninguém – *res nullius*), não há que se falar em crime de furto. Isso porque o furto é um delito que protege o bem jurídico patrimônio, e se determinada coisa é (i) abandonada ou (ii) não pertencente a ninguém, a sua subtração, mesmo em havendo o *animus rem sibi habendi* não lesa qualquer patrimônio.

Para grande parte da doutrina, tampouco as chamadas "coisas perdidas" considerar-se-ão como objeto possível do crime de furto. Guilher Nucci, por exemplo, ensina que *"a [...] hipótese também não se encaixa como objeto d furto, pois há tipo específico para tal caso, cuidando-se de apropriação indébita (art. 169, parágrafo único, II, CP)".*[11]

11. NUCCI, Guilherme de Souza. Código Penal Comentado. 16ª ed. rev. atual. e ampl. Rio de Janeiro: Forense, 2016.

33. A "trombada" é apta a configurar o crime de furto (previsto no art. 155 do Código Penal) ou o crime de roubo (previsto, por sua vez, no art. 157 do Código Penal?)

Para a doutrina majoritária, a trombada há de ser subsumida ao crime de roubo (previsto no art. 157 do Código Penal), tendo em vista que, por sua própria essência, geralmente é realizada mediante violência, que é elementar do tipo penal do art. 157 do Diploma Repressivo, e elemento de especialidade que, aglutinado à subtração da coisa pertencente a outrem, desloca a tipicidade do furto para o roubo.

Deve-se ficar atento, pois não se pode restringir a tipificação da indigitada conduta ("trombada") à mera verificação de ter ou não havido contato físico do agente ativo do delito com o sujeito passivo. É possível que haja contato físico e, mesmo assim, não haja delito de roubo, bastando, para tanto, que o contato físico não se dê mediante violência.

34. A destruição ou rompimento da própria coisa furtada caracteriza o crime furto qualificado pela destruição ou rompimento de obstáculo à subtração da coisa?

A doutrina se divide, basicamente, em duas correntes para solucionar o problema.

Segundo uma primeira forma de pensar, não deve se aplicar a respectiva qualificadora no crime de furto quando o agente atue contra a própria *res*. À guisa de exemplo, no caso do furtador de veículos que rompe o vidro de um carro para ter acesso ao seu interior, levando-o, posteriormente, mediante a chamada ligação direta, não deve incidir, segundo esta primeira corrente, a qualificadora. O agente, então, será responsabilizado nos termos do art. 155, *caput*, do Código Penal Brasileiro (furto simples).

Para uma segunda corrente, nada obstante, é de se aplicar a qualificadora em exame mesmo que a conduta do agente ativo se dirija a m obstáculo inerente à própria coisa. No exemplo do furtador de carros, à guisa de hipótese, incidiria o furto qualificado, e não o furto simples.

Aprofundamento:

- *"A incidência da qualificadora do art. 155, parágrafo quarto, inciso I, do Código Penal, pressupõe conduta praticada pelo réu objetivada à destruição ou ao rompimento do óbice que dificulta a obtenção da coisa. Se o dano é contra o próprio objeto do furto, sendo o obstáculo peculiar à res furtiva, não incide a majorante"* (STJ, AgRg no AREsp 230117-DF. Quinta Turma. Rel. Min. Felix Fischer. j. em 24/02/2015).

35. Qual a natureza jurídica do parágrafo segundo do art. 156 do Código Penal, que estabelece não ser punível a subtração da coisa comum fungível cujo valor não excede a quota a que tem direito o agente?

Em que pese o diploma normativo se utilizar do termo "não é punível", o que remete fatalmente o leitor mais desatento ao instituto da *punibilidade*, esta não é a melhor conclusão.

É que se trata de causa específica de exclusão da ilicitude, e não causa negativa de punibilidade. Se a coisa comum é fungível, isto é, se a coisa comum pode ser substituída, sem maiores problemas, por outra da mesma espécie, quantidade e qualidade (*v.g.*, dinheiro) e o agente subtrai uma parcela que não excede a própria quota a que faz jus por direito próprio, não chega sequer a cometer feito antijurídico (ilícito). Não comete injusto penal, pois levou o que é seu por direito próprio, não havendo crime, portanto.

36. É possível aplicar o princípio da insignificância ao delito de roubo, previsto no art. 157 do Código Penal?

Embora a doutrina admita a aplicação do princípio da insignificância para o delito de furto (previsto no art. 155 do Código Penal), a mesma concessão não se vislumbra no que toca ao delito de roubo. É que, para doutrina majoritária, o princípio da insignificância será incabível nas hipóteses nas quais presentes violência e/ou grave ameaça.

Tal posição é, inclusive, encampada pelo Supremo Tribunal Federal. Senão vejamos: "*Na concreta situação dos autos, não há como acatar a tese de irrelevância material da conduta protagonizada pelo paciente, não obstante a reduzida expressividade financeira dos objetos que se tentou furtar. A conduta debitada ao paciente, analisada inclusive sob o aspecto da violência física perpetrada em desfavor de uma pessoa idosa, justifica a mobilização do aparato de Poder em que o Judiciário consiste. Pelo que o processamento criminal do acusado não é de ser considerado medida drástica ou mesmo desproporcional ao particularizado modo como se deu a lesão ao bem jurídico tutelado pela norma incriminadora. Ordem denegada"* (STF, HC 111.198-MG. Segunda Turma. Rel. Min. Ayres Britto. j. em 06/003/2012).

Foi também a posição encampada pela mesma Corte quando do julgamento do HC 97.190-GO. Primeira Turma. Rel. Min. Dias Toffoli, julgado em 10/08/2010: "*O crime de roubo se caracteriza pela apropriação do patrimônio de outrem mediante violência ou grave ameaça à sua integridade física ou psicológica. No caso concreto, ainda que o valor subtraído tenha sido pequeno, não há como se aplicar o princípio da insignificância, mormente se se considera que o ato foi praticado pelo paciente mediante grave ameaça e com o concurso de dois adolescentes, fato esse que não pode ser taxado como um comportamento de reduzido grau de reprovabilidade. A jurisprudência consolidada nesta Suprema Corte é firme no sentido de ser inaplicável o princípio da insignificância ao delito de roubo*".

37. Quais as diferenças principais entre o roubo próprio (previsto no *caput* do art. 157 do Código Penal) e o roubo impróprio (previsto, a seu turno, no parágrafo primeiro do indigitado artigo)?

No roubo próprio, a conduta é descrita no *caput* do art. 157 do Código Penal, e o delito haverá, enquanto forma autêntica de realização do delito de roubo, na hipótese do agente se utilizar da violência e/ou da grave ameaça (elementares do tipo penal) para retirar os bens objetos do delito da esfera de disponibilidade da vítima. Logo, no roubo próprio, o uso da violência e/ou da grave ameaça é prévio à subtração da *res*.

A seu turno, o roubo impróprio, previsto no parágrafo primeiro do art. 157 do Código Penal, possui certa inversão no cometimento. Isso porque esta modalidade do delito se caracteriza quando o agente, embora não se utilizando da violência e/ou da grave ameaça para subtrair os bens da esfera de disponibilidade da vítima, utiliza-as, após a subtração, para garantir a impunidade ou a posse definitiva das coisas ora roubadas. Logo, aqui, a violência e/ou a grave ameaça não são prévias à subtração, como no roubo próprio, mas, em verdade, posteriores.

38. É possível falarmos na existência de tentativa (art. 14, II, do Código Penal) no crime de roupo impróprio?

A doutrina se divide, apresentando duas soluções possíveis, uma a favor e uma contra.

Para uma primeira corrente doutrinária, pode haver tentativa de roubo impróprio, sobretudo no caso em que o agente, a despeito de ter levado a cabo a subtração da *res* (retirada da coisa da esfera de disponibilidade do sujeito passivo do delito) é interrompido, por circunstâncias alheias à sua vontade, no exato momento em que executaria a violência e/ou a grave ameaça com o intuito de assegurar a impunidade da subtração ou a transferência definitiva da posse.

Para uma segunda corrente doutrinária, entretanto, não é possível se falar em tentativa de roubo impróprio. É que para os adeptos desta forma de pensar, se a subtração já se efetivou de fato, não há que se falar em tentativa de roubo impróprio: ou o agente usa violência e/ou grave ameaça e o delito resta consumado na modalidade de roubo impróprio; ou não a utiliza e o único delito consumado, por força do princípio da reserva legal, será o furto (art. 155 do Código Penal), que pode, a depender do caso, ser simples ou qualificado.

39. É correto dizer que, praticados contra uma mesma vítima um delito de roubo e um de extorsão, o delito de extorsão sempre absorverá o roubo?

Não necessariamente. A orientação mais seguida do Superior Tribunal de Justiça é no sentido da possibilidade de concurso material de crimes entre os delitos de roubo e de extorsão. Nesse sentido, o STJ fixou a seguinte tese: "Há concurso material entre os crimes de roubo e extorsão quando o agente, após subtrair bens da vítima, mediante emprego de violência ou grave ameaça, a constrange a entregar o cartão bancário e a respectiva senha para sacar dinheiro de sua corrente."

Frise-se, ainda, que o Superior Tribunal de Justiça também possui orientação jurisprudencial firme no sentido de que não é possível reconhecer a continuidade delitiva (crime continuado) entre os delitos de roubo e de extorsão, tendo em vista que tratam-se de infrações penais de espécies diferentes, o que já torna ausente um dos requisitos para o reconhecimento da continuidade delitiva (quais sejam, para a teoria objetiva, a um, que os crimes praticados sejam da mesma espécie; a dois, que estejam presentes os pressupostos do art. 71 do Código Penal, como a semelhança nas condições de tempo e lugar e maneira de execução).

Diga-se de passagem, que também é orientação cristalizada no âmbito do Superior Tribunal de Justiça que não se deve reconhecer o crime continuado (continuidade delitiva) entre os crimes de roubo e latrocínio pois, apesar de se tratarem de delitos do mesmo gênero, não são da mesma espécie, devendo incidir a regra do concurso material.

Aprofundamento:

- Há discussão doutrinária no sentido de saber se é necessário ou não, adicionando um critério subjetivo à construção ora trazida, inserir um elemento de ordem psíquica para o reconhecimento da continuidade delitiva, o que se chama em doutrina tradicionalmente de "*dolo de continuidade*", "*dolo de crime continuado*" etc.

40. Qual é, segundo a jurisprudência dos Tribunais Superiores, o momento consumativo do delito de latrocínio?

➜ Jurisprudencialmente, a questão encontra-se pacificada, tendo em vista que o Supremo Tribunal Federal editou a Súmula 610, que dispõe no seguinte sentido: "*há crime de latrocínio, quando o homicídio se consuma, ainda que não realize o agente a subtração de bens da vítima*".

Todavia, há precedentes mais antigos que consideravam que havia latrocínio quando o roubo se consumava e o homicídio restava meramente tentado.

Atualmente, é firme a orientação jurisprudencial do Superior Tribunal de Justiça no sentido de que há tentativa de latrocínio quando a morte da vítima não se consuma por razões alheias à vontade do agente.

Ainda sobre o latrocínio, registre-se por oportuno que também há orientação do Superior Tribunal de Justiça no sentido de que há concurso formal impróprio no delito de latrocínio nas hipóteses em que o agente, mediante uma única subtração patrimonial provoca, com desígnios autônomos, dois ou mais resultados morte.

Aprofundamento:

- *"Quanto à configuração típica, observo, inicialmente, que, superado o questionamento probatório, não há divergência no que se refere ao cerne dos fatos: em um assalto contra dois motoristas de caminhão, um foi alvejado e faleceu e o outro sofreu ferimentos, mas sobreviveu. O Recorrente, diante da tentativa de fuga dos motoristas, efetuou disparos de arma de fogo em sua direção, vindo a atingi-los. Não foi esclarecido na denúncia ou na sentença e acórdão se o Recorrente logrou obter a subtração patrimonial. Entretanto, a questão perde relevância diante da morte de uma das vítimas [...]"* (STF, RHC 107.210. voto min. Rosa Weber. Primeira Turma. j. em 10/09/2013).

41. Configura o delito de estelionato (art. 171 do Código Penal) a figura conhecida como "estelionato judiciário"?

Não configura, segundo jurisprudência majoritária. "Estelionato judiciário" é, segundo doutrina, "*a manobra, o ardil ou o engodo, utilizado no processo, de forma a ludibriar o juízo ou a parte contrária, podendo alcançar provimento favorável à sua pretensão. Entretanto, não nos parece que possa subsistir tal figura em plena demanda, quando provas podem ser produzidas e há contraditório, justamente para evitar esse tipo de fraude. Ademais, se houver uso de documento falso, há crime específico para isso; o mesmo se pode dizer de eventual falso testemunho ou patrocínio infiel. No mais, quando a parte não litigar com ética, configura-se infração profissional, a ser apurada pelo seu órgão de classe*".[12]

Em sentido muito próximo caminha o Superior Tribunal de Justiça ao dizer que "*não configura estelionato judicial a conduta de fazer afirmações possivelmente falsas, com base em documentos também tidos por adulterados, em ação judicial, porque a Constituição da República assegura à parte o acesso ao Poder Judiciário. O processo tem natureza dialética, possibilitando o exercício do contraditório e a interposição dos recursos cabíveis, não se podendo falar, no caso, em "indução em erro" do magistrado. Eventual ilicitude de documentos que embasaram o pedido judicial são crimes autônomos, que não se confundem com a imputação de 'estelionato judicial". [...] A deslealdade processual é combatida por meio do Código de Processo Civil, que prevê a condenação do litigante de má-fé ao pagamento de multa, e ainda passível de punição disciplinar no âmbito do Estatuto da Advocacia. [...]*" (STJ, RHC 50737-RJ. Sexta Turma. Rel. Min. Maria Thereza de Assis Moura. j. em 03/03/2015).

Aprofundamento:

- Frise-se que os Tribunais Superiores recentemente firmaram orientação jurisprudencial tranquila no sentido de não ser cabível a imposição de multa a título de litigância de má-fé em sede de processo penal, tendo em vista, sobretudo, a ausência de previsão do respectivo instituto no Código de Processo Penal.

12. NUCCI, Guilherme de Souza. Código Penal Comentado. 16ª ed. rev. atual. e ampl. Rio de Janeiro: Forense, 2016.

42. É cabível a aplicação do princípio da insignificância no estelionato contra entidades públicas?

Parte significativa da doutrina nega a aplicação, tendo em vista a redação da Súmula 599 do Superior Tribunal de Justiça, que orienta no sentido de que "*o princípio da insignificância é inaplicável aos crimes contra a administração pública*".

O Superior Tribunal de Justiça, encampando essa posição, já se manifestou sobre o tema: "*Esta Corte Superior é refratária à possibilidade de aplicação do princípio da insignificância ao crime de estelionato cometido em detrimento de entidade de direito público (art. 171, parágrafo terceiro, do Código Penal), haja vista a maior reprovabilidade da conduta, que atenta contra o patrimônio público, a moral administrativa e a fé pública*" (STJ, AgRg no REsp 1335363-ES. Quinta Turma. Rel. Min. Jorge Mussi, j. em 17/03/2015); "*Em se tratando de estelionato cometido contra entidade de direito público, tem-se entendido não ser possível a incidência do princípio da insignificância, independentemente dos valores obtidos indevidamente pelo acusado, diante do alto grau de reprovabilidade da conduta do agente, que atinge, como visto, a coletividade como um todo. [...]*" (STJ, AgRg no AREsp 613317-MG. Sexta Turma. Rel. Min. Sebastião Reis Júnior, j. em 03/02/2015.)

Entretanto, Nucci, com prudência e propriedade, ensina que "*[...] depende do caso concreto. Por vezes a ínfima quantia desviada ou obtida irregularmente justifica o reconhecimento da insignificância. Não se pode descartar tal hipótese. Além disse, vale ressaltar que o STF tem entendido cuidar-se de fato atípico, por conta da insignificância, determinadas sonegações de tributos, baseado na posição do Estado em não manifestar interesse na cobrança dessas quantias, que podem atingir até R$20.000,00.*"[13]

43. Qual a natureza do delito de estelionato previdenciário (art. 171, parágrafo terceiro do Código Penal) praticado pelo próprio beneficiário? E quando for praticado em favor de terceira pessoa que receberá o benefício previdenciário indevido?

Segundo a jurisprudência majoritária do Superior Tribunal de Justiça, o estelionato previdenciário cometido diretamente pelo próprio beneficiário da conduta tem natureza de crime permanente, tendo em vista que a ofensa ao

13. NUCCI, Guilherme de Souza. Código Penal Comentado. 16ª ed. rev. atual. e ampl. Rio de Janeiro: Forense, 2016.

bem jurídico tutelado é reiterada, iniciando-se a contagem do prazo prescricional do referido crime no momento em que é indevidamente recebido o último benefício previdenciário.

Outra situação, entretanto, mostra-se na hipótese em que o delito é praticado por uma pessoa (geralmente agente público valendo-se das facilidades que lhe proporciona a função) em favor de terceiro que receberá o benefício previdenciário indevido. Nesse caso, a jurisprudência do Superior Tribunal de Justiça entende tratar-se de crime com natureza de instantâneo de efeitos permanentes, devendo ser contado o prazo prescricional a partir do momento em que foi recebida, indevidamente, a primeira parcela do benefício previdenciário, tendo em vista ter sido este o momento da consumação.

Aprofundamento:

- *"O estelionato previdenciário configura crime permanente quando o sujeito ativo do delito também é o próprio beneficiário, pois o benefício lhe é entregue mensalmente"* (STJ – AgRg no AgRg no AREsp 992.285/RJ, 5ª Turma, j. 20/06/2017).
- *"O estelionato previdenciário é crime instantâneo de efeitos permanentes quando cometido por servidor do INSS ou por terceiro não beneficiário que pratica a fraude, sendo consumado no momento do pagamento da primeira prestação do benefício indevido. Precedentes" (AgRg no REsp 1.347.082/RS, 5ª Turma, j. 21/08/2014)*

44. Qual a natureza do crime de estelionato previdenciário na hipótese de alguém continuar recebendo, indevidamente, certo benefício que deveria ter cessado com a morte do beneficiário legítimo?

➜ Para o Superior Tribunal de Justiça, essa hipótese de estelionato previdenciário será abarcada pela continuidade delitiva (crime continuado). Quer-se com isto dizer que a cada recebimento indevido de uma nova parcela de benefício previdenciário tem-se um novo delito, que pode ser abarcado pela regra do art. 71 do Código Penal, tendo em vista a semelhança nos meios de tempo, lugar e modo de execução.

Aprofundamento:

- *"Tem aplicação a regra da continuidade delitiva ao estelionato previdenciário praticado por terceiro, que após a morte do beneficiário segue recebendo o benefício antes regularmente concedido ao segurado, como se ele fosse, sacando a prestação previdenciária por meio de cartão magnético todos os meses. [...]. Diversamente do que ocorre nas hipóteses de inserção única de dados fraudulentos seguida de plúrimos recebimentos, em crime único, na hipótese dos autos não há falar em conduta única, mas sim em conduta reiterada pela prática de fraude mensal, com respectiva obtenção de vantagem ilícita. [...]. Recurso desprovido"* (REsp 1.282.118/RS, 6ª Turma, j. 26/02/2013).

45. Na hipótese do estelionato previdenciário, quais os efeitos da devolução à previdência dos valores objeto do ilícito?

Segundo o Superior Tribunal de Justiça, ainda que os valores sejam devolvidos antes do recebimento da denúncia no processo penal, não haverá extinção da punibilidade, podendo haver, no máximo, incidência da regra do arrependimento posterior previsto no art. 16 do Código Penal.

46. Quais os efeitos do pagamento de cheque sem fundos após o recebimento da denúncia?

Nos termos da orientação firmada na Súmula 554 do Supremo Tribunal Federal, o pagamento de cheque emitido sem provisão de fundos, após o recebimento da denúncia, não obsta ao prosseguimento da ação penal.

IV. DOS CRIMES CONTRA A LIBERDADE SEXUAL

47. A revogação do art. 214 do CP, implementada pela Lei 12.015/09, gerou *abolitio criminis*?

Doutrina e jurisprudência afirmam pela aplicação do princípio da continuidade típico-normativa, considerando que a conduta descrita no revogado art. 214 do CP foi incorporada ao tipo penal do art. 213 do CP, não havendo que se falar em *abolitio criminis* (art. 5º, XL, CRFB, e art. 2º, caput, do CP). Nesse sentido, informativo 543 do STJ.

Aprofundamento:

- Necessário dizer que *abolitio criminis* e *princípio da continuidade típico-normativa* não se confundem. Quando falamos de *abolitio criminis*, nos referimos à conduta desencriminadora do legislador, ou seja, ao fenômeno segundo o qual uma determinada conduta deixa de ser considerada como criminosa pela ordem jurídica pátria. A seu turno, o *princípio da continuidade típico-normativa* impõe a manutenção do caráter e do conteúdo penalmente delituoso de uma determinada conduta, de um determinado fato. O que nesta hipótese ocorre é a transferência meramente formal da proibição de um certo tipo penal para outro, sem que a proibição deixe materialmente de existir.

48. Pode-se afirmar, em abstrato, que a Lei 12.015/09, ao revogar o art. 214 do CP, e realizar alterações no art. 213 do CP, seria necessariamente uma lei mais gravosa?

Tal análise deve ser realizada sempre no caso concreto, podendo haver retroatividade benéfica (art. 5º, XL, CRFB) caso a nova redação implementada pela Lei 12.015/09 se mostre melhor ao réu.

Cite-se, como exemplo, hipótese em que o autor, antes da vigência da Lei 12.015/09, teria praticado contra a vítima, no mesmo contexto fático, conjunção carnal e outros atos libidinosos, circunstância esta que faria incidir (pela posição então consolidada na doutrina e jurisprudência) os crimes de estupro e atentado violento ao pudor, em concurso material (arts. 213 e 214 n/f do art. 69, todos do CP).

Com o advento da Lei 12.015/09, tem-se a nova figura típica de estupro como um tipo misto alternativo, ou seja, praticando o autor, no mesmo contexto fático, conjunção carnal e outros atos libidinosos teríamos crime único. Nesse sentido STJ, informativo 543.

49. Seria possível a tipificação figura do comumente conhecida como "estupro virtual"? É necessário, para a tipicidade do crime de estupro, o contato físico entre autor e vítima?

A figura do "estupro virtual", também chamada de "sextorsão", restou conhecida na mídia através da hipótese em que o autor, se utilizando, à guisa de exemplo, de perfis falsos em redes sociais, ameaçava a vítima, afirmando que divulgaria foto íntimas, constrangendo-a a praticar atos libidinosos em si mesma.

Tal conduta, em tese, é adequada ao tipo penal de estupro[14], considerando que o autor constrange a vítima, mediante grave ameaça, a praticar (nela mesma) atos libidinosos, não sendo imprescindível o contato físico entre o autor e vítima (Inf. 587 do STJ).

Aprofundamento:

- *"A maior parte da doutrina penalista pátria oriente no sentido de que a contemplação lasciva configura o ato libidinoso constitutivo dos tipos dos artigos 213 e 217-A do Código Penal, sendo irrelevante, para a consumação dos delitos, que haja contato físico entre ofensor e ofendido"* (STJ, RHC 70.976/MS. Quinta Turma. Rel. Min. Joel Ilan Paciornik. j. em 02/08/2016).

50. A mera sedução ou a *dolosae promissiones* caracterizam o crime de violação sexual mediante fraude, previsto no art. 215 do CP?

A doutrina e jurisprudência amplamente majoritárias entendem que a mera sedução, a *blanda verba*, a *alectamenta*, ou mesmo a *dolosae promissiones*, ainda que comportem inverdades não são suficientes para caracterizar o elemento normativo fraude, visto como meio para a prática do crime do art. 215 do CP. É uníssona a doutrina no sentido de que a fraude deve recair sobre a identidade do autor ou a legitimidade do ato sexual.

Tenha-se em mente, entretanto, para que não haja confusão, que a responsabilidade penal não se confunde com a responsabilidade civil, embora a possa atenuar em determinados casos. Quer-se com isto dizer que, embora no arquétipo normativo brasileiro atual a mera sedução não seja, na visão de nossos tribunais, apta a gerar o delito de violação sexual mediante fraude, previsto no art. 215 do Código Penal, nada impede que a vítima, em sede de ação civil, mova pretensão no sentido de ver-se reparada pelos danos morais eventualmente sofridos, concebendo-os como lesões intoleráveis a um interesse extrapatrimonial objetivamente merecedor de tutela jurídica.

14. Art. 213, CP. Constranger alguém, mediante violência ou grave ameaça, a ter conjunção carnal ou a praticar ou permitir que com ele se pratique outro ato libidinoso: *(Redação dada pela Lei nº 12.015, de 2009)*
Pena – reclusão, de 6 (seis) a 10 (dez) anos. *(Redação dada pela Lei nº 12.015, de 2009)*

Aprofundamento:

51. O líder de uma seita religiosa, prevalecendo-se de sua condição, assedia sexualmente uma de suas seguidoras. Tal conduta constitui crime de assédio sexual (art. 216-A, CP)?

Para a posição doutrinária amplamente dominante, o crime de assédio sexual seria próprio, somente admitindo como sujeito ativo superior hierárquico ou pessoa que possua ascendência, inerentes a emprego, cargo ou função. Nesse sentido, estariam excluídos da incidência do art. 216-A, CP, assédios ocorridos nas atividades religiosas, molestamentos em contexto de coabitação e nas relações entre professor e aluno, tendo em vista o necessário respeito que se deve ter ao princípio da estrita legalidade, que impede, por via de interpretação, a expansão do Direito Penal para âmbitos não previstos nas raias de tipicidade do tipo penal incriminador, o que encontra guarida também na *proibição de analogia in malam partem* (proibição de se utilizar a analogia incriminadora).

52. E se o agente (empregador), mediante fraude, seduz vítima menor de 13 anos, mantendo com esta conjunção carnal?

Nessa hipótese resta afastado o crime de violação sexual mediante fraude (art. 216-A, CP), incidindo a figura típica do estupro de vulnerável (art. 217-A, CP).

Vale observar que a causa de aumento de pena prevista no § 2º, do art. 216-A, CP (vítima menor de 18 anos) deve ser interpretada de forma harmônica com os outros tipos penais. Ou seja, essa causa de aumento de pena somente incidirá para vítimas menores de 18 anos e com idade igual ou superior a 14 anos. Possuindo a vítima idade inferior a 14 anos, teremos o crime de estupro de vulnerável.

53. O consentimento da vítima ou sua eventual experiência sexual podem afastar a tipicidade do crime de estupro de vulnerável (art. 217-A, CP)?

Embora doutrinariamente o tema seja discutível, o STJ pacificou o assunto ao editar a súmula 593: "*o crime de estupro de vulnerável se configura com a conjunção carnal ou prática de ato libidinoso com menor de 14 anos, sendo irrelevante eventual consentimento da vítima para a prática do ato, sua experiência sexual anterior ou existência de relacionamento amoroso com o agente"*, reconhecendo que as hipóteses descritas pelo legislador no art. 217-A, CP, independem de eventual maturidade psicológica em concreto da vítima, pois esta seria incapaz de consentir para o ato (vulnerabilidade absoluta).

É necessário estar atento, porém, para a crítica doutrinária. Parte da academia, com a qual concordamos, entende despida de razoabilidade a Súmula 593. Isso porque, ao se negar completa eficácia ao consentimento de pessoa menor de 14 para a satisfação de sua própria lascívia, tornar-se-á, por via transversa, absolutamente incapaz para decidir sobre tal questão, o que se mostra incompatível com a própria evolução histórica e cultural da sexualidade. Assim, melhor seria a análise concreta de cada caso, percebendo se houve ou não a manifestação válida do consentimento do sujeito passivo do ato libidinoso.

54. O que é a exceção de Romeu e Julieta?

Trata-se de uma tese defensiva não acolhida pela jurisprudência e doutrina pátria (por completa falta de base legal), segundo a qual se o agente praticasse sexo consensual (conjunção carnal ou ato libidinoso) com uma pessoa menor de 14 anos, não deveria ser condenado se a diferença entre o agente e a vítima não fosse superior a 5 anos.

A teoria recebe esse nome por inspiração da peça de Willian Shakespeare na qual Julieta, com 13 anos, mantém relação sexual com Romeu, de 18 anos. Porém, de acordo com a legislação brasileira, Romeu, em tese, teria praticado o crime de estupro de vulnerável. Frise-se, nesse sentido, a recente Súmula 593 do Superior Tribunal de Justiça, que dispõe no sentido de que "*o crime de estupro de vulnerável configura-se com a conjunção carnal ou prática de ato libidinoso com menor de 14 anos, sendo irrelevante o eventual consentimento da vítima para a prática do ato, experiência sexual anterior ou existência de relacionamento amoroso com o agente*".

Aprofundamento:

- Tal orientação jurisprudencial, todavia, não é imune a críticas. Isso porque, em tese, pode ser geradora de injustiças, já que em muitos casos não se mostra absurdo conceber que menor de 14 anos, de maneira materialmente válida, consinta com a prática sexual perpetrada.

Inclusive, para ilustrar, imagine-se a hipótese de dois jovens, um menor de 14 (quatorze) anos de idade, e outro que acaba de completar seus 18 (dezoito). No nosso exemplo, ambos mantêm "relacionamento" desde crianças, na frente dos respectivos pais e parentes. Deve-se também ficar atento para eventual erro de tipo por ausência do elemento cognoscitivo do dolo (falta de compreensão adequada da realidade fática e da situação-no-mundo potencialmente apta a gerar delito).

55. O "beijo roubado" pode, em tese, configurar a prática do delito de estupro?

Devendo-se observar o caso concreto. A redação do atual tipo penal menciona a consumação do estupro através da conjunção carnal ou de outro ato libidinoso, pelo que se extrai que não somente a penetração ocasiona a tipificação do referido delito. O ato voluptuoso, lascivo, com finalidade específica de satisfazer prazer sexual, pode se dar mediante beijo, desde que, em concreto, se possam afirmar presentes as elementares do art. 213 do Código Penal.

A verificação do estupro fica ainda mais clarividente quando o beijo é "roubado" em contexto de violência física, conforme vem decidindo reiteradamente o Superior Tribunal de Justiça. Confira-se, *v.g.*, trecho retirado do julgamento do REsp 1611910/MT, Sexta Turma, Rel. Min. Rogerio Schietti Cruz, julgado em 11/10/2016*"[...] O aresto impugnado informa que o réu abordou de forma violenta e sorrateira a vítima - adolescente de 15 anos - com a intenção de satisfazer sua lascívia, o que ficou demonstrado por sua declarada intenção de "ficar" com a jovem e pela ação de impingir-lhe, à força, um beijo libidinoso - qualificado, na dicção do acórdão, como um "beijo roubado" -, após ser derrubada ao solo e mantida subjugada pelo agressor, que a imobilizou pressionando o joelho sobre seu abdômen. [...] A jurisprudência desta Corte Superior vem, reiteradamente, decidindo que não corresponde ao entendimento do legislador, tampouco ao da doutrina e da jurisprudência acerca do tema, considerar como ato libidinoso diverso da conjunção carnal tão somente o que se entende por relação vaginal ou anal."*.

56. O art. 213 do Código Penal dispõe que configura estupro o ato de constranger alguém, mediante violência ou grave ameaça, a ter conjunção carnal ou a praticar ou permitir que com ele se pratique outro ato libidinoso. É possível que a violência contra uma coisa e não contra uma pessoa tipifique o delito de estupro?

O ato será, de regra, diretamente entendido como violência em relação à coisa sobre a qual se a exerce, mas será considerado grave ameaça com relação à pessoa à qual, indiretamente, se dirija.

Imagine-se, à guisa de exemplo, a hipótese na qual, para satisfazer seu prazer sexual, determinado sujeito, restringindo completamente o âmbito de autodeterminação de uma pessoa (indubitavelmente constrangendo-a) exerça atos de destruição sobre sua propriedade (violência direta sobre a coisa), deixando claro que, na hipótese de ela não realizar com ele atos libidinosos, destruirá a totalidade de seu patrimônio (*v.g.*, sua casa). Nada impede essa possibilidade, tendo em vista que, como assinalado, a *grave ameaça* também é um elemento constitutivo do tipo penal do art. 213 do Diploma Repressivo. Entretanto, necessário é, como também assinalamos, atentar para os detalhes do caso concreto, para saber se a ameaça exercida foi de tal monta e densidade que efetivamente restringiu o âmbito de autodeterminação de uma pessoa, constrangendo-a.

Verifica-se também, por exemplo, que mesmo o Supremo Tribunal Federal – para demonstrar a maneira ampliativa como vêm as Cortes Superiores interpretando o art. 213 do Código Penal – possui orientação jurisprudencial no sentido de que "*passar as mãos nas coxas e seios da vítima configura, em tese, estupro*" (STF, RHC 133121, Primeira Turma. Rel. Min. Marco Aurélio. Rel. p/ acórdão. Min. Edson Fachin, julgado em 02/08/2016). O Superior Tribunal de Justiça, a seu turno, possui orientação jurisprudencial no sentido de que "*deitar em cima da vítima com o membro viril à mostra consuma o delito de estupro. No caso, o recorrido deitou-se por cima da vítima com o membro viril à mostra, após retirar-lhe as calças, o que, de per si, configura ato libidinoso para a consumação do delito de estupro de vulnerável*" (REsp 1353575/PR, Rel. Min. Rogerio Schietti Cruz, Sexta Turma. julgado em 05/12/2013).

57. Que delito pratica o sujeito que, sentado sozinho no final do ônibus, resolve masturbar-se e, sem querer, sua ejaculação respinga em terceiro de forma indesejada?

Embora o tema seja altamente controvertido em doutrina, em tese, não pratica delito previsto no art. 215-A do Código Penal. O tipo penal do art. 215-A do Código Penal dispõe configurar o delito de importunação sexual a conduta de praticar contra alguém e sem a sua anuência ato libidinoso com o objetivo de satisfazer a própria lascívia ou a de terceiro. Ocorre que, se o sujeito toma todas as precauções para que não incomode ninguém, não possuindo dolo de praticar ato qualquer **contra** quem quer que seja, não há conformação típica.

Pode-se vislumbrar, de forma residual, o delito de Ato Obsceno, previsto no art. 233 do Código Penal, se presente suas elementares (lugar público, aberto ou exposto ao público).

V. CRIMES CONTRA A ADMINISTRAÇÃO PÚBLICA

58. O princípio da insignificância é aplicável aos crimes contra a Administração Pública?

Inicialmente, deve-se ter em mente que a Súmula 599 do Superior Tribunal de Justiça dispõe no sentido de que "*o princípio da insignificância é inaplicável aos crimes contra a Administração Pública*". Todavia, tal afirmativa deve ser vista com algumas ressalvas.

Em primeiro lugar, defendendo a tese, parte da doutrina, com a qual temos ressalvas, aduz que se justifica a referida proibição de aplicação do princípio da insignificância, tendo em vista que, nos delitos contra a Administração Pública, protege-se muito mais do que apenas uma repercussão negativa no erário. Em tese, aqui haveria a tutela mais efetiva de bens jurídicos transindividuais (ou *metaindividuais*), havendo inclusive quem defenda que, através da Súmula 599 do STJ, realiza-se a proteção da *moralidade pública*, que não admite tergiversações e concessões à criminalidade.

Entretanto, é perigosa tal maneira de pensar. Isso porque o princípio da insignificância, ligado que é à tipicidade material, relaciona-se à *conflitividade*, à *lesão a bem jurídico* que seja dotado de tal densidade e magnitude que faça incidir poder punitivo num determinado sujeito. Em assim sendo, o momento de análise do conflito deve ser sempre *ex post facto*, sendo dogmaticamente incorreta a súmula, justamente porque faz uma análise *ex ante facto*, (i) presumindo que não há conduta irrelevante praticada em desfavor da Administração Pública – o que é absolutamente errado; ou (ii) que o princípio da insignificância deve ser utilizado (ou não utilizado, a depender do caso) a partir de critérios de política criminal, e não de conflito objetivo.

Não à toa, parte da doutrina sustenta a aplicabilidade do princípio da insignificância, em que pese a redação expressa do já citado verbete sumular, aos delitos contra a Administração Pública, tendo em vista que a lesão a um bem jurídico deve ser aferida sempre *ex post facto* e *in concreto* (nunca *ex ante facto* e *in abstrato,* como faz a Súmula), sob pena de se presumir um delito onde não necessariamente haja, segundo os preceitos básicos da dogmática, o que jamais se pode fazer em sede de um Direito Penal no contexto de um Estado Constitucional de Direito.

Nada obstante, frise-se que o verbete sumular continua com ampla aplicação pelos tribunais do país, sem (ou com muito poucos) questionamentos dogmáticos como os que expusemos agora, infelizmente.

Além disso, o Superior Tribunal de Justiça[15] e o Supremo Tribunal Federal[16] tem jurisprudência tranquila no sentido da aplicabilidade abstrata do princípio da insignificância ao delito de descaminho (art. 334 do Código Penal) e nos crimes tributários (como, por exemplo, os tipificados na Lei 8.137/90), desde que o valor da lesão não ultrapasse, segundo o posicionamento atual das respectivas Cortes, a soma de R$ 20.000,00 (vinte mil reais), valor que deve ser calculado no momento da constituição originária do crédito tributário, desconsiderando-se, quando da sentença penal condenatória, eventuais acréscimos decorrentes de juros de mora e correção monetária[17]; sendo possível aplicar o respectivo raciocínio mesmo aos delitos cometidos anteriormente à entrada em vigor da Portaria 75/2012 do Ministério da Fazenda, na qual se determinou, em seu art. 1º, inciso II, que não se promovesse à execução fiscal de débitos em favor da Fazenda Nacional cujo valor consolidado fosse igual ou inferior a R$ 20.000,00; e considerando-se que o valor de R$ 20.000,00 não necessariamente será considerado insignificante, para fins de responsabilização penal, nos âmbitos estaduais e municipais, devendo ser analisado cada caso em concreto.

Saliente-se, por fim, que não se deve confundir a possibilidade eventual de se aplicar o princípio da insignificância aos delitos tributários e descaminho com essa mesma hipótese nos delitos de contrabando, o que é vedado pela

---

15. *"Incide o princípio da insignificância aos crimes tributários federais e de descaminho quando o débito tributário verificado não ultrapassar o limite de R$ 20.000,00 (vinte mil reais), a teor do disposto no art. 20 da Lei n. 10.522/2002, com as atualizações efetivadas pelas Portarias n. 75 e 130, ambas do Ministério da Fazenda"* (STJ, REsp 1.709.029/MG. Terceira Seção. Rel. Min. Sebastião Reis Júnior, julgado em 28/02/2018).

16. *c.f., v.g., STF. 1ª Turma. HC 120617, Rel. Min. Rosa Weber, julgado em 04/02/2014;* e STF. 2ª Turma. HC 120620/RS e HC 121322/PR, Rel. Min. Ricardo Lewandowski, julgados em 18/2/2014.

17. STJ, STJ. 5ª Turma. RHC 74.756/PR, Rel. Min. Ribeiro Dantas, julgado em 13/12/2016.

jurisprudência do Supremo Tribunal Federal, tendo em vista que, diferentemente do descaminho, no contrabando o objeto do delito é matéria proibida, havendo um delito com características de pluriofensividade.

Aprofundamento:

- Não à toa apontam-se em doutrina e jurisprudência critérios subjetivos para a "concessão" (*sic*) do princípio da insignificância, como (i) a não reincidência, o que se deve mensurar em cada caso concreto; (ii) baixa reprovabilidade na conduta – ora, reprovabilidade é matéria afeta à culpabilidade, e não à tipicidade material; dentre outros. Para aprofundamento nos estudos do estrato da culpabilidade, recomendamos a leitura atenta do talentoso Davi de Paiva Costa Tangerino, *in* TANGERINO, Davi de Paiva Costa. *Culpabilidade.* Rio de Janeiro: Elsevier, 2011. Além disso, sugerimos também a leitura do artigo do professor Rodrigo Barcellos de Oliveira Machado, publicado em 2019 em coluna no blog jurídico JOTA, analisando a culpabilidade como vetor de individualização da pena. *In:* MACHADO, Rodrigo Barcellos de Oliveira. *Eu matei foi a mim mesmo; a velha, quem matou foi o diabo:* por um processo jurídico-penal duplamente referenciado de estabelecimento de culpabilidade à luz do art. 5º, LXVI, da Constituição Federal. Disponível em: <https://www.jota.info/opiniao-e-analise/colunas/pensando-direito/eu-matei-foi-a-mim-mesmo--a-velha-quem-matou-foi-o-diabo-21032019>. Acesso em 11/08/2019.
- "*O princípio da insignificância não incide na hipótese de contrabando de cigarros, tendo em vista que "não é o valor material que se considera na espécie, mas os valores ético-jurídicos que o sistema normativo-penal resguarda*" (STF, STF. 2ª Turma. HC 118.359, Min. Cármen Lúcia, DJ 11/11/2013); *"Em sede de contrabando, ou seja, importação ou exportação de mercadoria proibida, em que, para além da sonegação tributária há lesão à moral, higiene, segurança e saúde pública, não há como excluir a tipicidade material tão-somente à vista do valor da evasão fiscal, ainda que eventualmente possível, em tese, a exclusão do crime, mas em face da mínima lesão provocada ao bem jurídico ali tutelado, gize-se, a moral, saúde, higiene e segurança pública"* (STJ, 6ª Turma. AgRg no REsp 1418011/PR, Rel. Min. Maria Thereza de Assis Moura, j. em 03/12/2013).

59. Pune-se, no Brasil, o chamado "peculato de uso"?

Como regra, não se pune o assim chamado "peculato de uso" no Brasil, se o podendo caracterizar como aquele que se pratica sem o dito *animus rem sibi habendi*, ou "dolo (sic) de se tornar senhor da coisa em definitivo", ou seja, é o peculato (espécie de "furto especial", dada a característica específica do sujeito ativo do delito – qualidade de funcionário público) com a pretensão de devolver a *res* havida criminosamente em algum momento, não se apropriando dela, para sempre, o agente. Delmanto[18], em sua obra, nos ensina que "*é dominante o entendimento de que não há crime na conduta do funcionário público que não se apropria nem desvia, mas apenas faz uso indevido da coisa pública. O impropriamente denominado "peculato de uso", portanto, é conduta atípica, podendo caracterizar, todavia, infração administrativa se houver previsão legal. Para que haja o "peculato de uso", costuma-se exigir dois requisitos: 1. que o agente tenha a intenção de restituir a coisa; 2. que a coisa seja infungível (não substituível).*" Não se descure, todavia, que pode haver punição nos termos do art. 1º, I, do Decreto-Lei nº 201/67, tendo em vista a expressa previsão legal nesse sentido. O delito citado é, sem dúvida, espécie de peculato, apenas requerendo mais uma qualidade especial no seu sujeito ativo e, portanto, tornando-se norma especial com relação à norma geral do art. 312 do Código Penal (norma com menos predicados de especialidade)

- Há, em doutrina, divergência sobre a possibilidade de, na hipótese de haver furto de uso de automóvel, não ser o agente ativo processado e condenado por este (tendo em vista os argumentos traçados sobre a repercussão da ausência do *animus rem sibi habendi* nesses delitos) mas responder pelo furto do seu combustível.
- *"Em termos de nomenclatura, tanto são peculatos os do art. 312 do CP quanto a figura do art. 1º, I, do Decreto-Lei nº 201/67"* (RJTJSP 141/448).

60. Quais as espécies de peculato apontadas pela doutrina?

As espécies de peculato apontadas pela doutrina não são unívocas e, em muitas oportunidades, encontram-se na literatura inúmeras nomenclaturas (muitas vezes colidentes). A maioria delas pode ser sistematizada nas seguintes hipóteses:

(i) "Peculato próprio" (caput do art. 312), consistente na conduta de apropriar-se o funcionário público de dinheiro, valor ou qualquer outro bem móvel, público ou particular, de que tem a posse em razão do cargo, ou desviá-lo, em proveito próprio ou alheio;

18. DELMANTO, Celso... [et al.] *Código Penal Comentado*. - 9ª ed. rev., atual. e ampl. São Paulo: Saraiva 2016.

(ii) "peculato de uso" (de regra impunível no Brasil, de acordo com os comentários feitos à questão anterior), se o podendo caracterizar como aquele que se pratica sem o dito *animus rem sibi habendi*, ou "dolo (sic) de se tornar senhor da coisa em definitivo", ou seja, é o peculato (espécie de "furto especial", dada a característica específica do sujeito ativo do delito – qualidade de funcionário público) com a pretensão de devolver a *res* havida criminosamente em algum momento, não se apropriando dela, para sempre, o agente;

(iii) "peculato-furto", previsto no parágrafo primeiro do art. 312 do Código Penal, ocorrendo na hipótese em que o funcionário público, embora não tendo a posse do dinheiro, valor ou bem, o subtrai, ou concorre para que seja subtraído, em proveito próprio ou alheio, valendo-se de facilidade que lhe proporciona a qualidade de funcionário[19];

(iv) "peculato culposo", previsto no segundo parágrafo do já indigitado art. 312 do Diploma Repressivo, sobre o qual nos ensina Delmanto, em obra já mencionada neste livro que "*ao contrário do que ocorre no caput e no parágrafo primeiro deste art. 312, em que se exige o dolo, neste parágrafo segundo pune-se o funcionário que age culposamente para o crime de outrem. A modalidade culposa é aplicável tanto ao peculato-apropriação e ao peculato-desvio (caput) quanto ao peculato-furto (parágrafo primeiro). Neste parágrafo segundo, o funcionário, por não observância do dever de cuidado a que estava obrigado pelas circunstâncias, concorre (facilita) para que outrem pratique aquelas condutas delituosas, em quaisquer de suas modalidades (até mesmo na de concorrer para a subtração). É imprescindível que exista nexo causal entre o comportamento culposo do funcionário e o crime cometido por outra pessoa. O outrem, a que o parágrafo se refere, pode ser particular ou também funcionário público. Exemplo: o responsável pelo cofre da coletoria que o esquece aberto ao se ausentar, propiciando, culposamente, oportunidade para que outro funcionário subtraia o dinheiro que ficou à vista*";

(v) "peculato mediante erro de outrem", consistente na conduta prevista no art. 313 do Código Penal (apropriar-se de dinheiro ou qualquer utilidade que, no exercício do cargo, recebeu por erro de outrem).

---

19. Seus objetos jurídico e material, seus sujeitos ativo e passivo, suas particularidades de *iter criminis* são, a rigor de esquadro técnico, as mesmas previstas para o peculato próprio, do art. 312, *caput*, do Código Penal.

Aprofundamento:

- "*É irrelevante serem particulares os bens apropriados ou desviados*" (STF, RT 528/396). "*Basta a posse da coisa em razão do cargo, ainda que a sua propriedade seja de particular*" (STF, RT 520/519). "*Comete peculato o policial que se apropria de valores de preso, cuja guarda lhe foi confiada*" (TJPR, RT 512/427).
- "*Se o recebimento do dinheiro apropriado não cabia ao agente, a tipificação é no art. 313 e não no art. 312 do CP" (TFR, RTFR 71/43); "Para que haja a desclassificação do art. 312 para o art. 313 é necessário que o erro da vítima, em entregar o valor, não tenha sido induzido pelo agente*" (TFR, Ap. 5.337, DJU 6.8.87, p. 15169).

61. É correto dizer que pratica o delito de concussão, previsto no art. 316 do Código Penal, o funcionário público que exige, para si ou para outrem, direta ou indiretamente, ainda que fora da função ou antes de assumi-la, mas em razão dela, utilizando-se de violência ou grave ameaça, vantagem indevida?

Na hipótese do enunciado, a capitulação legal dar-se-á no delito de extorsão, previsto no art. 158 do Código Penal.

É que o uso de "violência ou grave ameaça" não é elemento constitutivo integrante da tipicidade legal relativo ao delito de concussão, consistindo em agregado de especialidade, apto a fazer incidir o regime da extorsão em detrimento do da concussão.

62. É correto dizer que pratica o delito de concussão, previsto no art. 316 do Código Penal, o funcionário público que leva a cabo a conduta do dispositivo legal supracitado com o fim de deixar de lançar ou cobrar tributo ou contribuição social?

Em face do princípio da especialidade, melhor entendimento doutrinário é aquele que enxerga aqui o delito do art. 3º, II, da Lei 8.137/90 (Lei dos Crimes contra a Ordem Tributária, Econômica e contra as Relações de Consumo). Isso porque, se *in concreto* demonstrar-se a existência da respectiva finalidade específica na conduta levada a cabo, agregar-se-á à norma geral predicados de isolamento aptos a chamarem, por melhor subsunção, a incidência da norma específica em detrimento da geral.

63. Há necessária bilateralidade entre os delitos de corrupção ativa passiva (previsto no art. 317 do Código Penal) e corrupção ativa (previsto, a seu turno, no art. 333 do Código Penal)?

Segundo doutrina e jurisprudência majoritárias, não há a referida necessária bilateralidade, sendo absolutamente possível que um agente público pratique o delito de corrupção passiva e o particular não pratique o de corrupção ativa (e vice-versa), sobretudo tendo em vista que, conforme doutrina majoritária, trata-se de *crime formal* ou *crime de consumação antecipada*, que dispensa, para a sua consumação, a ocorrência de um efetivo resultado naturalístico – embora este possa, eventualmente, vir a ocorrer, se o considerando somente como *mero exaurimento* do delito.

Na hipótese de um agente pública solicitar, para si ou para outrem, direta ou indiretamente, ainda que fora da função ou antes de assumi-la, mas em razão dela, vantagem indevida, e o particular, cedendo à solicitação, entregar tal vantagem – que, conforme jurisprudência tranquila, pode ou não ser de ordem econômico-financeira –, não haverá automaticamente o crime do art. 333 do Diploma Repressivo, em razão de manifesta atipicidade legal, dada a ausência de previsão normativa da conduta "dar" no crime de corrupção ativa. Todavia, deve-se ficar atento, pois se há qualquer tipo de negociação entre agente público que solicita a vantagem indevida e particular que cede à solicitação, configura-se a bilateralidade, tendo em vista que, na barganha, a mera oferta de um valor de "propina" a menor do que o solicitado pelo agente público servirá para fazer a subsunção do fato, no mínimo, ao verbo "oferecer" previsto no art. 333 do Código Penal.

Aprofundamento:

- *"Prevalece na jurisprudência do STF e do STJ a inexistência de bilateralidade entre os crimes de corrupção passiva e ativa, pois de regra, tais comportamentos delitivos, por estarem previstos em tipos penais distintos e autônomos, são independentes, de modo que a comprovação de um deles não pressupõe a do outro"* (STJ, RHC 52.465/PE. Quinta Turma. Rel. Min. Jorge Mussi. j. em 23/10/2014.)
- Neste particular, nada obstante tratar-se de crime próprio, que agrega qualidades especiais de sujeito ativo no delinquente – notadamente a de funcionário público – nada impede, por exemplo, o concurso de pessoas na modalidade *participação* entre o funcionário e o *extraneous*, desde que o fato de ser o sujeito ativo principal um efetivo exercente de *múnus* público ingresse na esfera de conhecimento do particular.

64. A chamada "*promessa impossível*" é suficiente para caracterizar o delito de corrupção ativa, previsto no art. 333 do Código Penal?

Segundo doutrina majoritária, não. Por todos, confira-se o que nos ensina Delmanto sobre a temática, com o apoio da jurisprudência: "*Embora seja delito unissubsistente e formal, a corrupção ativa reclama seja a oferta ou promessa, além de certa, factível em relação ao agente e idônea, de molde a agredir a consciência do funcionário (TJSP, RT 788/581). Se a promessa feita pelo agente ao funcionário público era absolutamente inviável e impossível de efetivar-se, não se configurou o crime (TJRJ, RT 565/352). Se o acusado não trazia consigo qualquer importância em dinheiro, não sendo, ademais, pessoa de posses que pudesse garantir como seria a oferta, inexiste corrupção ativa*".

65. No crime de resistência, previsto no art. 329 do Código Penal, no que consiste a distinção entre resistência ativa ("*vis corporalis*" ou "*vis compulsiva*") e resistência passiva ("*vis civilis*")?

Resistência ativa é aquela apta a trazer a incidência do tipo objetivo do art. 329 do Código Penal (opor-se à execução de ato legal, mediante violência ou ameaça a funcionário competente para executá-lo ou a quem lhe esteja prestando auxílio), posto se caracterizar, primordialmente, pelo emprego da violência ou da ameaça contra o funcionário público a quem se dirige o injusto penal. Vê-se, desde logo, que "violência ou ameaça" são elementos descritivos constitutivos do tipo penal objetivo, caracterizando-se por elementares. Sem que o particular aja nesses termos, incabível se falar da consumação do delito ora em comento, tendo em vista a manifesta ausência de tipicidade.

A seu turno, resistência passiva é, justamente, aquela inapta para fazer consumar o delito de resistência, tendo em vista, por critérios de *reserva legal* e *taxatividade*, a ausência de tipicidade legal (formal) da conduta. Assim, resistência passiva (ou *vis civilis)* é a mera oposição não violenta (e sem qualquer tipo de ameaça), por parte de pessoa, à execução de ato legal por funcionário competente ou por quem lhe esteja prestando o auxílio. Nesse sentido, por exemplo, pode-se sustentar, com o amparo de inúmeras decisões jurisprudenciais, que o mero fugir, por parte daquele que é descoberto em flagrante praticando determinado injusto penal, não é apto a caracterizar o crime de resistência, pois ausentes as elementares da violência e/ou ameaça previstos no tipo objetivo.

Aprofundamento:

- *"Não basta que a vítima seja funcionário público, pois exige o tipo penal tenha ele competência para executar o ato. Se um oficial de justiça vinculado a uma Vara de Família pretende efetuar uma penhora, referente a mandado de Vara Cível, é evidente que não é "competente" para o ato. Pode, pois, o particular recusar-se a atendê-lo. Ressalte-se que o número de funcionários contra os quais se opõe o agente não faz nascer vários delitos de resistência em concurso formal, pois o objeto jurídico protegido é a Administração Pública, e não o interesse individual de cada um deles" (in NUCCI, Guilherme de Souza. Código Penal Comentado. 16ª ed. rev. atual. e ampl. - Rio de Janeiro: Forense, 2016).*

66. O delito de desacato, previsto no art. 331 do Código Penal é, segundo a jurisprudência dos Tribunais Superiores, ainda compatível com a Constituição Federal Brasileira de 1988?

Houve, quanto ao tema, nos últimos tempos, certa controvérsia doutrinária e jurisprudencial, sobretudo após os intensos debates travados no contexto do controle de convencionalidade do referido tipo penal, por parte do Superior Tribunal de Justiça, no julgamento do REsp. 1640084/SP e do HC 379269/MS.

No indigitado REsp. 1640084/SP, a Quinta Turma da Corte Cidadã sinalizou entendimento no sentido de que a conduta descrita no tipo penal referente ao desacato (desacatar funcionário público no exercício da função ou em razão dela) teria sido descriminalizada, porquanto incompatível com a Constituição Federal, tendo em vista a incorporação da CADH – Convenção Americana de Direitos Humanos, norma, no Brasil, com status supralegal (Recursos Extraordinários 349.703-1/RS e 466.343-1/SP), incorporada através do Decreto 678/92 no ordenamento pátrio.

Em um segundo momento, já no julgamento do também já mencionado HC 379269/MS, a Terceira Seção do STJ sinalizou entendimento em sentido contrário ao mencionado no Recurso Especial anterior, deixando claro, por exemplo, que a declaração de incompatibilidade da referida norma penal com o atual ordenamento jurídico pátrio em nada ou em muito pouco contribuiria efetivamente para a inibição de excessos e arbitrariedades decorrentes da *práxis* dos agentes públicos.

Por fim, frise-se que, para a Segunda Turma do Supremo Tribunal Federal, atualmente, é compatível com a Constituição Federal de 1988 o delito de desacato, tipificado no art. 331 do Código Penal, conclusão que se extrai do julgamento do Habeas Corpus de nº 141.949 daquela Corte.

67. É possível que pessoa jurídica seja sujeito ativo do crime de corrupção ativa em transação comercial internacional previsto no art. 337-B, do Código Penal?

O referido delito (cuja conduta resume-se a prometer, oferecer ou dar, direta ou indiretamente, vantagem indevida a funcionário público estrangeiro, ou a terceira pessoa, para determiná-lo a praticar, omitir ou retardar ato de ofício relacionado a transação comercial internacional), segundo doutrina majoritária, não admite que pessoa jurídica seja sujeito ativo. Nos termos dos ensinamentos de Guilherme de Souza Nucci: "*defendemos a possibilidade de a pessoa jurídica responder por crime, como nos casos de delitos ambientais, embora não na hipótese deste art. 337-B, tendo em vista que deveria sempre haver norma penal interna específica a respeito. Inexiste autorização expressa para a responsabilização da pessoa jurídica. Convém, no entanto, ressaltar que a Convenção firma o entendimento de que devem os países signatários garantir a punição da pessoa jurídica pela corrupção de funcionários públicos estrangeiros: 'Cada Parte deverá tomar todas as medidas necessárias ao estabelecimento das responsabilidades de pessoas jurídicas pela corrupção de funcionário público estrangeiro, de acordo com seus princípios jurídicos' (artigo 2). Logicamente, dentre os países que aderiram à referida Convenção, há divergência no tocante a essa possibilidade. Estados Unidos, França, Japão e Austrália, por exemplo, podem criar medidas punitivas criminais para as pessoas jurídicas que corrompam funcionários estrangeiros, pois seus sistemas jurídicos acolhem essa possibilidade, enquanto outros podem não fazê-lo. Por isso, o texto estabelece uma ressalva: 'Caso a responsabilidade criminal, sob o sistema jurídico da Parte, não se aplique a pessoas jurídicas, a Parte deverá assegurar que as pessoas jurídicas estarão sujeitas as sanções não criminais efetivas, proporcionais e dissuasivas contra a corrupção de funcionário público estrangeiro, inclusive sanções financeiras' (artigo 3.2).*"

Aprofundamento:

- Severas e coerentes críticas ao instituto da responsabilidade penal da pessoa jurídica encontram-se na obra do antológico Juarez Cirino dos

Santos. Para aprofundamento, *c.f.*, *v.g.*, SANTOS, Juarez Cirino dos. *Direito Penal – Parte Geral.* 5. ed. Florianópolis: Conceito Editorial, 2012.

68. É possível compatibilizar, no ordenamento jurídico pátrio, a existência do crime denunciação caluniosa (previsto no art. 339 do Código Penal) com a autodefesa de réu em processo ou indiciado em inquérito?

Doutrina e jurisprudência majoritárias admitem, perfeita e amplamente, a compatibilização do art. 339, CP (dar causa à instauração de inquérito policial, de procedimento investigatório criminal, de processo judicial, de processo administrativo disciplinar, de inquérito civil ou de ação de improbidade administrativa contra alguém, imputando-lhe crime, infração ético-disciplinar ou ato ímprobo de que o sabe inocente) com a autodefesa de réu em processo ou indiciado em inquérito. Todavia, segundo parte da doutrina, devem ser diferenciadas em concreto as hipóteses nas quais o agente pratica (ao menos formalmente) o referido delito, amparado pelo seu direito de defesa, daquelas nas quais o faz sem qualquer tipo de justificativa ou sob o amparo de justificativa inidônea.

Sobre tema, convém lembrarmos as lições de Guilherme de Souza Nucci: *"é comum, embora possa ser imoral ou antiético – que uma pessoa acusada da prática de um delito queira livrar-se da imputação, passando a terceiro esse ônus. Ao indicar alguém para assumir o seu lugar, pretende desviar a atenção da autoridade, livrando-se da acusação. Ainda que indique terceira pessoa para tomar parte na ação penal ou na investigação por achar que ela teve alguma participação nos fatos, não se configura o crime. Não há, nessas hipóteses, elemento subjetivo do tipo específico, consistente no desejo de ver pessoa inocente ser injustamente processada, sem qualquer motivo, prejudicando a imputação. […] No exercício de sua autodefesa e para não incidir na autoacusação, pode o acusado dizer o que bem entende, inclusive mentir. Se pode e deve defender-se com amplidão, é natural que o direito de faltar com a verdade esteja presente. Tanto assim que ele pode até incriminar outra pessoa para salvar-se, sem que seja punido". Entretanto, não descartamos, completamente, a possibilidade de o indiciado ou réu, pretendendo vingar-se de terceiro, utilizar o inquérito, em que já está indiciado ou ré, pretendendo vingar-se de terceiro, utilizar o inquérito, em que já está indiciado, ou o processo que lhe foi instaurado, para delatar, maldosamente, alguém. A delação, segundo cremos, é a admissão por alguém da prática do fato criminoso do qual está sendo acusado, envolvendo outra pessoa e atribuindo-lhe algum tipo de conduta delituosa, referente à mesma imputação. Não se trata, simplesmente, de acusar outrem pela prática de um delito, buscando livrar-se da imputação, pois isso é um puro testemunho. A delação, que vem sendo admitida como meio de prova pelos tribunais pátrios, implica a assunção da autoria por parte do delator. [...] Por isso, para ser assim considerada, é indispensável que o autor de um crime admita a autoria e indique terceiro. Essa prova pode ser suficiente para uma condenação, razão pela qual atenta diretamente contra a administração da justiça. Ademais, o indiciado ou réu não necessita assumir o crime, indicando outra pessoa para também responder pelo fato, como estratégia defensiva. Sua intenção, nesse caso, não é defender-se, mas prejudicar outrem, incluindo-o onde não merece, motivo pelo qual cremos poder responder por denunciação caluniosa. Afinal, configurado está o dolo direto e o elemento subjetivo específico".*[20]

Ressalte-se, por fim, que parcela da doutrina defende entendimento no sentido de que todo sujeito que se encontre na condição de réu não pode, em hipótese alguma, cometer o delito de denunciação caluniosa (art. 339 do Código Penal), pois estaria sempre amparado pelo direito de defesa.

69. A recusa da testemunha em depor é apta a configurar o crime de falso testemunho, previsto no art. 342 do Código Penal?

O tema é problemático em doutrina, sobretudo em face da redação legal do respectivo tipo (fazer afirmação falsa, ou negar ou calar a verdade como testemunha [...] em processo judicial ou administrativo, inquérito policial, ou em juízo arbitral).

Para parte da doutrina, não há que se confundir "fazer afirmação falsa" e "negar ou calar a verdade" com "recusar-se a testemunha a depor". O silêncio reticente só constituiria, em tese, falso testemunho, quando equivalesse à expressão de um fato positivo contrário à verdade suscetível de causar erro no processo. Por isso, para parte da doutrina, não tipifica o falso testemunho (art. 342 do Código Penal) a conduta da testemunha que nega prestar depoimento, pois o falso testemunho requer, efetivamente, a prática de um depoimento. Em tese, aquele que se recusa a depor (i) não depõe – menos ainda depõe falsamente; (ii) não induz em erro a administração da justiça.

20. *In:* NUCCI, Guilherme de Souza. *Código Penal Comentado.* 16ª ed. rev. atual. e ampl. Rio de Janeiro: Forense, 2016.

Para outra corrente doutrinária, entretanto, não há distinção relevante entre as condutas de "negar-se a prestar depoimento" e "negar ou calar a verdade", sendo, portanto, a conduta objeto de exame, apta a configurar o delito ora em comento.

70. É possível aplicar o princípio da insignificância ao delito de falso testemunho, previsto no art. 342 do Código Penal?

Há duas posições.

A primeira delas, valendo-se da Súmula 599, editada pelo Superior Tribunal de Justiça (*in verbis: "O princípio da insignificância é inaplicável aos crimes contra a administração pública"*), afirma a impossibilidade de aplicação do *crime bagatelar* ao delito ora em comento, partindo de premissa segundo a qual o sujeito passivo do delito previsto no art. 342 do Código Penal é o próprio Estado e, assim, não se pode, para que se tutele efetivamente o *princípio da moralidade administrativa* e os bens jurídicos transindividuais (ou metaindividuais) dele decorrentes, admitir infrações insignificantes. Tal posição, diga-se de passagem, é despida, nos parece, ressalvado o melhor juízo, de qualquer racionalidade. Isso porque o princípio da insignificância se relaciona com a tipicidade material, que, por sua vez, relaciona-se com a existência ou não de um *conflito*, de uma lesão de tamanha magnitude e densidade a um bem jurídico que, de tão insuportável, exija a intervenção do poder punitivo. Ora, por ser assim, incabível, através de enunciados normativos (sumulares que sejam) estabelecer, como faz a Súmula 599 do Superior Tribunal de Justiça, *ex ante facto*, hipóteses nas quais, mágica e ficticiamente "sempre haverá conflito". Tal análise deve ser feita, nos parece, sempre *a posteriori* e concretamente.

Defendendo posição no sentido da aplicabilidade do princípio da insignificância ao delito previsto no art. 342 do Código Penal, Nucci[21] leciona no seguinte sentido: "*crime de bagatela é possível ocorrer também no contexto do crime de falso testemunho, desde que seja uma inverdade que pouco resultado traga e, ao contrário, já tenha sido rechaçada pela própria realidade dos fatos. Registre-se o exemplo dado pela jurisprudência, de um falso testemunho cometido por familiares, dando conta de inverídicos maus-tratos, o que propiciou a instauração de inquérito policial, fruto, no entanto, de desavenças familiares, afinal superadas*".

21. *In:* NUCCI, Guilherme de Souza. *Código Penal Comentado.* 16ª ed. rev. atual. e ampl. Rio de Janeiro: Forense, 2016.

Aprofundamento:

- Há em doutrina quem sustente tese no sentido de ser o Estado sujeito passivo (ao menos secundário, em algumas hipóteses) de todos os delitos. Tal tese não merece prosperar, sendo absolutamente despida de qualquer racionalidade.
- *Trancamento recomendado pela insignificância penal do ato da desavença entre familiares afinal harmonizados, na exata conceituação do chamado crime de bagatela*" (STJ, RHC 3.725-SP. Quinta Turma. Rel. Min. José Dantas, julgado em 15/06/1994). Para Nucci, "*embora antigo, serve de ilustração para o caso, pois rara a ocorrência*".

71. O delito de autoacusação falsa, previsto no art. 341 do Código Penal, consuma-se na hipótese do sujeito admitir, falsamente, a prática de delito mais grave do que o efetivamente cometido?

➭ Para a consumação do delito de autoacusação falsa, previsto no art. 341 do Código Penal (para a qual a conduta típica praticada deve ser a de acusar-se, perante a autoridade, de crime inexistente ou praticado por outrem), é desnecessária a análise da gravidade do delito falsamente assumido. O sujeito ativo pode ser qualquer um, tratando-se, como diz a doutrina, de crime comum, e este consumar-se-á tanto na hipótese do sujeito pretender assumir a prática de um crime em tese mais leve para evitar a imputação de um mais grave, quanto na hipótese inversa, se vier a ocorrer.

72. Comete crime de falso testemunho, previsto no art. 342 do Código Penal, a testemunha não compromissada?

➭ Sobre o tema do necessário compromisso da testemunha de dizer a verdade para incidência do tipo penal do art. 342 do Diploma Repressivo, há divergência doutrinária.

Para uma primeira corrente, não é necessário o compromisso, tendo em vista que toda pessoa, independentemente do compromisso – e desde que não se encontre na condição de réu, do contrário estaria abarcado pelo direito fundamental à não autoincriminação decorrente do princípio *nemo tenetur se detegere* – tem a obrigação, imposta pelo ordenamento jurídico pátrio, de dizer a verdade em juízo e não prejudicar a administração da justiça. Além do mais, em tese, a mera formalidade do compromisso de dizer a verdade não integra a tipicidade objetiva do crime de falso testemunho. De acordo com esse raciocínio, mesmo na hipótese em que o juiz se esqueça de compromissar certa pessoa que está legalmente obrigada a dizer a verdade, não se afastará a consumação do crime de falso testemunho se esta vier a praticar os seus elementos típicos.

Entretanto, para uma segunda corrente, há a necessidade do efetivo compromisso de dizer a verdade para que se possa, eventualmente, punir uma testemunha pelo crime de falso. É que sem a formalidade do compromisso efetivamente cumprida, não se atribui, segundo as regras processuais penais pertinentes, o status de testemunha propriamente dita a alguém, mas, em verdade, o status de *mero informante*. Neste caso, não há o dever jurídico objetivo de dizer a verdade, pois o sujeito não é testemunha e, logo, não pode jamais, por falta da qualidade especial do sujeito ativo necessária (porquanto exigida pelo tipo objetivo do art. 342, CP), ser autora do delito de falso.

Aprofundamento:

- *"Falso testemunho – Não caracterização – Depoimento prestado como testemunha, em relação a outro acusado – Arrolamento indevido – Inobrigatoriedade de dizer a verdade – Fato atípico – Trancamento, por falta de justa causa, do inquérito policial ou da ação penal, caso tenha sido proposta – Ordem concedida. EM razão da exigência de imparcialidade para ser testemunha é preciso que a pessoa arrolada não esteja envolvida nos fatos que estão sendo apurados"* (TJSP, HC400.254-3/6-Diadema. Segunda Câmara. Rel. Des. Silva Pinto. j. em 09/12/2002.)

73. O crime de sonegação previdenciária, previsto no art. 337-A do Código Penal é próprio ou comum?

Há divergência doutrinária no que toca à classificação do crime de sonegação previdenciária.

Para uma primeira corrente, o delito é próprio, exigindo qualidade especial de sujeito ativo do ato, tendo em vista que somente quem pode "suprimir ou reduzir contribuição social previdenciária e qualquer acessório, mediante as seguintes condutas [...]" são as pessoas que efetivamente se encontrem em posição jurídica de manejo e/ou recebimento das respectivas contribuições e acessórios.

Entretanto, esse entendimento não é encampado majoritariamente pelo Superior Tribunal de Justiça, que vem entendendo que o delito ora em comento não é próprio, mas, em verdade, é delito comum, que não exige qualidade especial de sujeito ativo do ato, podendo, logo, ser praticado por qualquer pessoa, particular ou agente público, inclusive prefeitos.[22]

74. O crime de sonegação previdenciária, previsto no art. 337-A do Código Penal, exige, para a sua consumação, que o sujeito ativo aja com o assim denominado "dolo específico" de lesar os cofres públicos?

O tema é controverso, havendo em doutrina quem sustente a necessidade do "dolo específico", melhor chamado de *elemento subjetivo do tipo distinto do dolo*, consistente na efetiva intenção de fraudar a previdência social e/ou causar lesão aos cofres públicos. Parte da doutrina sustenta essa necessidade em todos os crimes de natureza fiscal, atestando a atipicidade, por falta de elemento subjetivo, das condutas que não estejam norteadas por essa finalidade específica que transcende ao próprio tipo objetivo.

Entretanto, esse não é, atualmente, o entendimento majoritariamente encampado pelo Superior Tribunal de Justiça, que possui orientação jurisprudencial no sentido de que o crime de sonegação previdenciária, previsto no art. 337-A do Código Penal, não exige, para a sua consumação, o chamado "dolo específico". Isso porque, nos tipos penais onde não se faz qualquer referência a elementos subjetivos do tipo distintos do dolo (específicos), este se exaure na consciência (elemento cognoscitivo) e vontade (elemento volitivo) de realizar o tipo objetivo.

Ainda tangenciando aspectos importantes sobre o crime ora em comento, é importante frisar que (i) apesar da Súmula 599 do STJ, que diz que "*o princípio da insignificância é inaplicável aos crimes contra a Administração Pública*", há precedentes da Corte Cidadã no sentido de que se o aplica ao crime de sonegação de contribuição previdenciária quando o valor do tributo ilidido não ultrapassa o patamar de R$ 10.000,00 (dez mil reais) previsto no art. 20 da Lei n. 10.522/2002; (ii) o crime ora em comento é de natureza material e não formal – ou de consumação antecipada, que prescinde do efetivo resultado naturalístico –, exigindo, assim, a constituição definitiva do crédito tributário perante o órgão administrativo pertinente, para que se configure como conduta típica, tornando incidente, por analogia, a aplicação da Súmula Vinculante 24, que diz que "*não se tipifica crime contra a ordem tributária, previsto no art. 1º, incisos I a IV, da Lei 8.137/1990, antes do lançamento definitivo do tributo*"; (iii) o crime de falso, quando cometido

22. STJ, RHC 043741/RJ, Rel. Min. Nefi Cordeiro, Julgado em 10/03/2016.

única e exclusivamente para viabilizar a prática do crime de sonegação de contribuição previdenciária, é por este absorvido, consoante diretrizes do princípio penal da consunção, estudado dentro do tem *conflito aparente de normas penais*, tendo por base as noções de absorção do crime-meio (necessário) para a consecução do crime-fim, inicialmente visado e para o qual todos os esforços foram envidados. Com relação a esta última orientação, possível ainda se realizar analogia com as razões da Súmula 17 do Superior Tribunal de Justiça, que diz que "*quando o falso se exaure no estelionato, sem mais potencialidade lesiva, é por este absorvido*".

5

LEGISLAÇÃO PENAL EXTRAVAGANTE

Eduardo Augusto Maneta

Atualização: Mauro Cesar da Silva Júnior

I. Lei de drogas Lei nº 11.343, de 23 de agosto de 2006 – **II.** Estatuto do desarmamento Lei nº 10.826, de 22 de dezembro de 2003 – **III.** Estatuto da criança e do adolescente Lei nº 8.069, de 13 de julho de 1990 – **IV.** Crimes resultantes de preconceito de raça ou de cor Lei nº 7.716, de 5 de janeiro de 1989 – **V.** Lei de organização criminosa Lei nº 12.850, de 2 de agosto de 2013. – **VI.** Lei Maria da Penha Lei nº 13.827, de 13 de maio de 2019 – **VII.** Lavagem de capitais Lei nº 9.613, de 3 de março de 1998. – **VIII.** Crimes de tortura Lei nº 9.455, de 7 de abril de 1997 – **IX.** Lei de abuso de autoridade Lei nº 13.869, de 5 de setembro de 2019. – **X.** Código de trânsito brasileiro Lei nº 9.503, de 23 de setembro de 1997 – **XI.** Lei de crimes ambientais Lei nº 9.605, de 12 de fevereiro de 1998. – **XII.** Crimes contra ordem tributária Lei nº 8.137, de 27 de dezembro de 1990 – **XIII.** Crimes contra o sistema financeiro nacional e contra o mercado de capitais Lei nº 7.492, de 16 de junho de 1986. – **XIV.** Crimes hediondos Lei nº 8.072, de 25 de julho de 1990 – **XV.** Estatuto da pessoa idosa Lei nº 10.741, de 1º de outubro de 2003.

I. LEI DE DROGAS
LEI Nº 11.343, DE 23 DE AGOSTO DE 2006

1. A respeito da Lei de Drogas, a importação de pequena quantidade de sementes de maconha configura tráfico de drogas?

De acordo com atual entendimento do Supremo Tribunal Federal a importação de pequena quantidade de sementes de maconha não configura crime (STF, 2ª Turma, HC 144161/SP, Rel. Min. Gilmar Mendes, julgado em 11/9/2018, inf. 915). Isso porque a Lei 11.343/2006 disciplina que será considerada droga a substância que cause dependência física ou psíquica, assim especificados em lei ou relacionados em listas atualizadas periodicamente. Atualmente este rol está elencado na Portaria SVS/MS nº 344/1998.

A planta *cannabis sativa linneu* é prevista expressamente na referida portaria como droga. Porém, o mesmo não ocorre com a sua semente. Assim, a semente de maconha não pode ser considerada droga.

Também não pode ser considerada matéria-prima ou insumo destinado à preparação de drogas, visto que a semente de maconha não tem substância psicoativa e não é um "ingrediente" para a confecção de drogas.

Por outro lado, a jurisprudência do Superior Tribunal de Justiça é divergente quanto ao tema, tendo julgado pela atipicidade da conduta e outros pela configuração do crime de tráfico de drogas.

Importante ressaltar, que parte da doutrina entende que a importação de sementes de maconha configura o crime de contrabando (art. 334-A do CP).

2. O agente que importa a droga com objetivo de vendê-la em determinado Estado da Federação, mas, para chegar até o seu destino, ele tem que passar por outros Estados, incidirá, em qual crime?

No caso em tela, se a intenção do agente não era a de comercializar o entorpecente em mais de um Estado da Federação o agente responderá pelo crime de tráfico de drogas com a causa de aumento apenas da transnacionalidade (art. 40, I) não aplicando a majorante da interestadualidade (art. 40, V).

O fato de o agente, por motivos de ordem geográfica, ter que passar por mais de um Estado para chegar ao seu destino final não é suficiente para caracterizar a interestadualidade (STJ, 6ª Turma, HC 214.942-MT, Rel. Min. Rogerio Schietti Cruz, julgado em 16/6/2016, Inf. 586).

Incidirá a causa de aumento da transnacionalidade e à interestadualidade do delito se demonstrada que a intenção do acusado que importou a substância era a de pulverizar a droga em mais de um Estado do território nacional.

3. O agente que financia o tráfico de drogas e ainda prática uma das condutas previstas no art. 33 da Lei 11.343/2006, responderá por qual crime?

Aquele que financia ou custeia o tráfico de drogas e ainda prática algum verbo do art. 33 da Lei de drogas, responderá apenas pelo art. 33, c/c art. 40, inciso VII.1) O crime de financiar ou custear o tráfico ilícito de drogas (art. 36 da Lei n. 11.343/2006) é delito autônomo aplicável ao agente que não tem participação direta na execução do tráfico e que se limita a fornecer os recursos necessários para subsidiar as infrações a que se referem os art. 33, caput e § 1º, e art. 34 da Lei de Drogas. Diferente, se o agente apenas financiar ou custear o tráfico de drogas e não praticar nenhuma das condutas previstas no artigo 33, caso em que responderá apenas pelo crime previsto no artigo 36 da Lei 11.343/2006.

4. Quais os requisitos para configuração do crime de associação para o tráfico de drogas?

O crime de associação para o tráfico, previsto no artigo 35 da Lei 11.343/2006,trata-se de crime doloso, com especial fim de agir, qual seja, o de traficar drogas ou maquinários, requer a associação de 2 ou mais pessoas com ânimo associativo e permanente, duradouro, sendo atípico a conduta se o ânimo for apenas esporádico, eventual, É um crime autônomo, pois para que esteja caracterizada a associação para o tráfico é dispensável o êxito nas práticas dos crimes dos artigos 33 e 34 da Lei de Drogas.

5. José, vendedor ambulante de doces em geral, costuma ficar vendendo suas mercadorias na esquina da Escola São Pedro, na cidade de Brasília - DF. Após denúncia anônima e investigações a polícia civil constatou que aos finais de semana, quando a escola se encontrava fechada, José vendia drogas no local. De acordo com o caso concreto, José responderá por qual crime? Incidirá no caso alguma causa de aumento de pena?

De acordo com circunstancias narradas no caso concreto José responderá pelo crime de tráfico de drogas, previsto no artigo 33 da Lei 11.343/06. De acordo com jurisprudência do STJ no crime de tráfico de drogas nas imediações de estabelecimento escolar, não haverá a incidência da causa de aumento de pena prevista no artigo 40, inciso III da Lei de drogas, se o crime for praticado em dia e horário que a escola estava fechada e não havia pessoas por lá.

A incidência da majorante prevista no art. 40, inciso III, da Lei n 11.343/2006 pode ser excepcionalmente afastada na hipótese de não existir nenhuma indicação de que houve o aproveitamento da aglomeração de pessoas ou a exposição dos frequentadores do local para a disseminação de drogas, verificando-se, caso a caso, as condições de dia, local e horário da prática do delito.

Logo, José responderá apenas pelo crime de tráfico de drogas sem a causa de aumento.

6. A respeito da lei de drogas e as causas de aumento prevista no artigo 40, o fato de o agente ser flagrado portando entorpecentes no interior de veículo de transporte público urbano sem que esteja realizado o comércio incidirá em qual crime?

Entendimento consolidado do Superior Tribunal é no sentido de que, para a caracterização da majorante do tráfico de substância entorpecente, valendo-se de transporte público, é necessária a efetiva oferta ou a comercialização da referida substância, não bastando, para a sua incidência, o só fato de se utilizar o citado meio de locomoção.

7. A respeito da figura do agente que atua como "informante" no tráfico de drogas, qual é o tipo penal responderá o agente conforme entendimento da jurisprudencial.

O agente que colabora como informante, de forma esporádica, eventual, sem vínculo efetivo, para o êxito da atividade de grupo, de associação ou de organização criminosa destinados à prática de qualquer dos delitos previstos nos arts. 33, caput e § 1º, e 34 da Lei de Drogas, responderá pelo crime de colaboração com o tráfico, art. 37 da Lei n. 11.343/2006, que se trata de um tipo penal subsidiário em relação aos delitos dos arts. 33 e 35. Ao contrário, se ficar demonstrado que a função do "informante" é exercida de forma estável, constituindo-se o modo pelo qual o agente adere aos fins do grupo criminoso, responderá pelo crime do artigo 35, ou mesmo, 33 da Lei Antidrogas.

Se as circunstâncias indicarem que o agente mantém vínculo ou envolvimento com o grupo criminoso, conhecendo e participando de sua rotina, bem como cumprindo sua tarefa na empreitada comum, a conduta não se subsume ao tipo do art. 37 da Lei de Tóxicos, mas sim pode configurar outras figuras penais, como o tráfico ou a associação, nas modalidades autoria e participação, ainda que a função interna do agente seja por exemplo de a de sentinela, fogueteiro ou informante.

8. Para ter direito à atenuante da confissão no caso do crime de tráfico de drogas, basta que o réu admita que é usuário?

De acordo com recente Súmula 630 do Superior Tribunal de Justiça para a incidência da atenuante da confissão espontânea no crime de tráfico ilícito de entorpecentes é necessário o reconhecimento da traficância pelo acusado, não bastando a mera admissão da posse ou propriedade para uso próprio.

9. O usuário de drogas jamais será preso?

Ao agente detido por ter praticado uma infração de menor potencial ofensivo, não será autuado em flagrante, desde que assine o termo de compromisso previsto no artigo 69, parágrafo único, da Lei 9.099/95. Caso contrário, será possível a decretação de sua prisão.

Em se tratando do delito previsto no artigo 28 da Lei de Drogas, o legislador não estipulou uma pena privativa de liberdade para esta conduta, assim não se poderá ser imposta a prisão em flagrante, ainda que o conduzido se recuse a assinar o compromisso de comparecer ao Juizado Especial. Isto, pois, a infração prevista no mencionado dispositivo é tratada como um problema de saúde pública, daí a desproporcionalidade da prisão.

10. O tráfico de drogas ilícitas é sempre equiparado a crime hediondo?

Não. O tráfico ilícito de drogas na sua forma privilegiada (art. 33, § 4º, da Lei n. 11.343/2006) não é crime equiparado a hediondo e, por conseguinte, foi cancelada o Enunciado 512 da Súmula do Superior Tribunal de Justiça.

11. De acordo com a Lei nº 13.964/19, conhecida como Pacote Anticrime, que entrou em vigor no dia 23/01/2020, a venda ou entrega de drogas a agente policial disfarçado pode ser considerada crime ?

Com o advento da Lei nº 13.964/19, conhecida como Pacote Anticrime houve a criação de uma figura típica equiparada ao tráfico de drogas (art. 33, §1º, IV): venda ou entrega de drogas a agente policial disfarçado, quando houver provas de que a conduta era preexistente ao fato.

II. ESTATUTO DO DESARMAMENTO LEI Nº 10.826, DE 22 DE DEZEMBRO DE 2003

12. A respeito do estatuto do desarmamento, o porte de arma de fogo desmuniciada configura crime? E da arma de fogo ineficaz? Fundamente.

De acordo com a jurisprudência majoritária o porte de arma de fogo ainda que desmuniciada configura crime previsto no artigo 16 do Estatuto do Desarmamento. Isso porque tal conduta consiste em crime de perigo abstrato, para cuja caracterização não importa o resultado concreto da ação STJ. 5ª Turma. HC 184.557/MG, Rel. Ministra Laurita Vaz, julgado em 07/02/2012.

Entretanto, quanto a arma de fogo ineficaz, demonstrada por laudo pericial a inaptidão da arma de fogo para o disparo, é atípica a conduta de portar ou de possuir arma de fogo, diante da ausência de afetação do bem jurídico incolumidade pública, tratando-se de crime impossível pela ineficácia absoluta do meio.

13. Para que haja condenação pelo crime de posse ou porte é necessário que a arma de fogo tenha sido apreendida e periciada?

Os crimes previstos no arts. 12, 14 e 16 da Lei 10.826/2003 são de mera conduta ou de perigo abstrato, cujo objeto jurídico imediato é a segurança coletiva. Logo de acordo com a jurisprudência majoritária é desnecessária a apreensão da arma de fogo para comprovar a potencialidade lesiva.

No entanto, se a perícia for realizada na arma e o laudo constatar que a arma não tem nenhuma condição de efetuar disparos não haverá crime. Logo, demonstrada por laudo pericial a total ineficácia da arma de fogo e das munições apreendidas, deve ser reconhecida a atipicidade da conduta do agente.

14. A conduta de portar granada de gás lacrimogêneo ou de pimenta configura crime do Estatuto do Desarmamento?

O parágrafo único do artigo 16 do estatuto do desarmamento elencou condutas equiparadas ao crime de portar arma de fogo, dentre elas está previsto o porte de artefatos explosivos. Ocorre que o Superior Tribunal de Justiça já decidiu que a conduta de portar granada de gás lacrimogêneo ou granada de gás de pimenta não se subsome ao delito previsto no art. 16, parágrafo único, III, da Lei nº 10.826/2003. Isso porque elas não se enquadram no conceito de artefatos explosivos.

STJ. 6ª Turma. REsp 1627028/SP, Rel. Min. Maria Thereza de Assis Moura, julgado em 21/02/2017 (Info 599).

15. Se o agente, utilizando arma de fogo, atira e mata alguém, haverá homicídio e porte de arma de fogo ou apenas homicídio?

Responderá pelo crime de porte ilegal de arma de fogo e pelo homicídio se ficar provado nos autos que o agente portava ilegalmente a arma de fogo em outras oportunidades antes ou depois do homicídio e que ele não se utilizou da arma tão somente para praticar o assassinato ou seja, que o agente tinha desígnios autônomos. Entretanto, se não houver provas de que o réu já portava a arma antes do homicídio ou se ficar provado que ele a utilizou somente para matar a vítima, o crime de porte de arma de fogo deve ser absorvido pelo crime de homicídio, aplicando-se o princípio da consunção.

16. A importação de colete à prova de balas configura crime previsto no estatuto do desarmamento?

Não. O Estatuto do Desarmamento prevê em seu artigo 18 como crime a importação ou exportação de arma de fogo, acessório ou munição, sem autorização da autoridade competente.

No entanto, muito embora o colete à prova de balas possa ser confundido como acessório, ele não pode ser assim classificado visto que a palavra "acassória" mencionada no art. 18 é acessório de arma de fogo, ou seja, algo que complementa, que agrega à arma de fogo para melhorar o seu funcionamento ou desempenho, como silenciador, mira telescópia.

O colete à prova de balas é uma proteção contra armas de fogo e não um acessório desta.

Nesse sentido, a importação de colete a prova de balas sem prévia autorização do Comando do Exército tipifica-se como crime de contrabando previsto no artigo 334-A do Código Penal que consiste na pratica de importação ou exportação de mercadoria proibida.

STJ. 6ª Turma. RHC 62.851-PR, Rel. Min. Sebastião Reis Júnior, julgado em 16/2/2016 (Info 577).

17. No que diz respeito ao crime de comércio ilegal de arma de fogo previsto no art. 17 do Estatuto do Desarmamento, é necessário o efetivo comércio para consumação do tipo penal?

O crime de comércio ilegal de arma de fogo, acessório ou munição é delito de tipo misto alternativo e de perigo abstrato.

Assim, para sua caracterização basta a prática de um dos núcleos do tipo penal como adquirir, alugar, receber, transportar, conduzir, ocultar, ter em depósito, desmontar, montar, remontar, adulterar, vender, expor à venda, ou de qualquer forma utilizar, no exercício de atividade comercial ou industrial, inclusive o exercido em residência, arma de fogo, acessório ou munição, sem autorização ou em desacordo com determinação legal ou regulamentar, sendo prescindível a demonstração de lesão ou de perigo concreto ao bem jurídico tutelado, que é a incolumidade pública.

18. José, proprietário de um estabelecimento comercial, possui nas suas dependências arma de fogo de uso permitido com numeração raspada. Neste caso, a conduta de José configura crime? Se positivo, qual?

Sim, a conduta de José configura crime. No caso, muito embora José esteja na posse da arma de fogo em seu estabelecimento comercial – e não a portando – e, mesmo sendo a arma de uso permitido, que a arma seja de uso permitido, o fato de estar com a numeração raspada implica na condenação de José nas mesmas penas prevista no artigo 16 ao crime de porte de arma de fogo ou posse de armar de fogo de uso restrito, que possui pena mais severa que a simples posse. Conforme o artigo 16, parágrafo único, IV, do Estatuto do Desarmamento portar, possuir, adquirir, transportar ou fornecer arma de fogo com numeração, marca ou qualquer outro sinal de identificação raspado, suprimido ou adulterado incorrerá nas penas do caput do artigo 16. e não pela posse.

19. A posse de arma de fogo de uso permitido com registro vencido configura crime?

De acordo com entendimento jurisprudencial a posse de arma de fogo de uso permitido com registro vencido é conduta atípica.

20. O policial que autorizado a portar ou possuir arma de fogo não registra a sua arma no órgão competente pratica fato típico?

O Superior Tribunal de Justiça em decisão disposta no Informativo 597 julgou que é típica e antijurídica a conduta de policial civil que, mesmo autorizado a portar ou possuir arma de fogo, não observa as imposições legais previstas no Estatuto do Desarmamento, que impõe registro das armas no órgão competente.

III. ESTATUTO DA CRIANÇA E DO ADOLESCENTE LEI Nº 8.069, DE 13 DE JULHO DE 1990

21. A Lei nº 13.441/2017, que alterou o ECA para prever a infiltração de agentes de polícia na internet com o fim de investigar crimes contra a dignidade sexual de criança e de adolescente. A respeito dessa técnica especial de investigação, discorra sobre suas principais características como: crimes em que é possível sua utilização, prazo de duração, possibilidade de renovação.

A infiltração de agentes de polícia na internet requerida pelo Ministério Público ou por representação do Delegado de Polícia, deverá ser considerada a *ultima ratio*, prova subsidiária, não sendo admitida se a prova puder ser obtida por outros meios.

A infiltração somente será permitida se for previamente autorizada por decisão judicial que estabelecerá os limites da infiltração para obtenção de prova, devendo o juiz ouvir o Ministério Público, caso este não tenha sido o autor do pedido.

Segundo o novo art. 190-A do ECA, a infiltração pode ocorrer para investigar os seguintes crimes:

Produzir, filmar, registrar etc. cena de sexo explícito ou pornográfica envolvendo criança ou adolescente (art. 240 do ECA); Vender vídeo que contenha cena de sexo explícito ou pornográfica envolvendo criança ou adolescente (art. 241 do ECA); Oferecer, trocar, disponibilizar, transmitir etc. fotografia ou vídeo que contenha cena de sexo explícito ou pornográfica envolvendo criança ou adolescente (art. 241-A do ECA); Adquirir, possuir ou armazenar fotografia ou vídeo que contenha cena de sexo explícito ou pornográfica envolvendo criança ou adolescente (art. 241-B do ECA); Simular a participação de criança ou adolescente em cena de sexo explícito ou pornográfica por meio de adulteração de fotografia ou vídeo (art. 241-C do ECA); Aliciar, assediar, instigar ou constranger, por qualquer meio de comunicação, criança, com o fim de com ela praticar ato libidinoso (art. 241-D do ECA); Invadir dispositivo informático alheio (art. 154-A do CP); Estupro de vulnerável (art. 217-A do CP); Corrupção de menores (art. 218 do CP); Satisfação de lascívia mediante presença de criança ou adolescente (art. 218-A do CP); Favorecimento da prostituição de criança, adolescente ou vulnerável (art. 218-B do CP).

O requerimento ou a representação pedindo a infiltração deverá demonstrar a necessidade da medida, o alcance das tarefas dos policiais, os nomes ou apelidos das pessoas investigadas e, quando possível, os dados de conexão ou cadastrais que permitam a identificação dessas pessoas.

A infiltração não poderá exceder o prazo de 90 dias, sendo permitidas renovações, desde que demonstrada sua efetiva necessidade, sendo que o prazo total da infiltração não poderá exceder 720 dias.

22. De acordo com o entendimento do Superior Tribunal de Justiça, quem é competente para processar e julgar os crimes consistentes em disponibilizar ou adquirir material pornográfico envolvendo criança ou adolescente (arts. 241, 241-A e 241-B do ECA), quando praticados por meio da rede mundial de computadores (internet)?

O Superior Tribunal de Justiça entende que se a postagem de conteúdo pedófilo-pornográfico for feita em um ambiente virtual propício ao livre acesso compete a justiça Federal processar e julgar o delito.

Por outro lado, se a troca de material pedófilo ocorreu entre destinatários certos, como por meio de troca de informações privadas, como nas conversas via Whatsapp ou por meio de chat na rede social Facebook onde a comunicação se dá entre destinatários escolhidos pelo emissor da mensagem não acessível a qualquer pessoa, logo não há relação de internacionalidade e, portanto, a competência é da Justiça Estadual.

STJ. 3ª Seção. CC 150.564-MG, Rel. Min. Reynaldo Soares da Fonseca, julgado em 26/4/2017 (Info 603).

23. Fotografar criança ou adolescente em poses sensuais, com enfoque em seus órgãos genitais, cobertos por peças de roupas, configura crime?

Entendimento do Superior Tribunal de Justiça é que configuram os crimes dos arts. 240 e 241-B do ECA quando fica clara a finalidade sexual e libidinosa de fotografias produzidas e armazenadas pelo agente, com enfoque nos órgãos genitais de adolescente – ainda que cobertos por peças de roupas e de poses nitidamente sensuais, em que explorada sua sexualidade com conotação obscena e pornográfica.

STJ. 6ª Turma. REsp 1.543.267-SC, Rel. Min. Maria Thereza de Assis Moura, julgado em 3/12/2015 (I. 577).

24. Para a configuração do crime de corrupção de menores, atual artigo 244-B do Estatuto da Criança e do Adolescente, se faz necessária a prova da efetiva corrupção do menor?

A configuração do crime previsto no artigo 244-B do Estatuto da Criança e do Adolescente, trata-se de deleito formal e independe da prova da efetiva corrupção do menor, conforme súmula 500 do STJ. Assim, para que consume o delito basta que o menor participe do delito na companhia do autor, será irrelevante o fato do adolescente ter praticado ou não atos infracionais prévios.

IV. CRIMES RESULTANTES DE PRECONCEITO DE RAÇA OU DE COR LEI Nº 7.716, DE 5 DE JANEIRO DE 1989

25. Diferencie o crime de racismo e o crime de injúria racista.

No crime de racismo o bem jurídico tutelado é a dignidade humana e o dolo do agente é segregar, fazer a distinção da pessoa em razão da roça, cor, etnia, religião ou procedência nacional. Já o crime de injúria preconceituosa o bem jurídico tutelado é a honra subjetiva da vítima, agindo o agente com o dolo de ofender pessoa determinada em razão da sua raça, cor, religião, origem ou a condição de pessoa idosa ou portadora de deficiência.

26. As condutas homofóbicas e transfóbicas ajustam-se às condutas de incriminação definidos na Lei nº 7.716, de 08.01.1989?

A doutrina e a jurisprudência são unânimes no sentido de que esta lei de racismo não trata de outras formas de preconceito e discriminação, estando o seu objeto delimitado ao que prescreve o art. 1º. O legislador não inseriu outras formas de discriminação, como sexual, idade, filosófica, política ou preferência esportiva. Dessa forma, caso a discriminação se dê por qualquer desses motivos, a conduta será atípica em relação aos tipos penais previstos nesta lei.

Entretanto, o Supremo Tribunal Federal preferiu decisão na ADO 26/DF, Rel. Min. Celso de Mello; MI 4733/DF, Rel. Min. Edson Fachin, julgados em 13/6/2019 (Info 944) no sentido que "(...) até que sobrevenha lei emanada do

Congresso Nacional destinada a implementar os mandados de criminalização definidos nos incisos XLI e XLII do art. 5º da Constituição da República, as condutas homofóbicas e transfóbicas, reais ou supostas, que envolvem aversão odiosa à orientação sexual ou à identidade de gênero de alguém, por traduzirem expressões de racismo, compreendido este em sua dimensão social, ajustam-se, por identidade de razão e mediante adequação típica, aos preceitos primários de incriminação definidos na Lei nº 7.716, de 08.01.1989 (...)"

27. Qual justiça é a competente para processar e julgar o crime de racismo praticado pela internet?

Em regra, a competência para processar e julgar o crime de racismo praticado pela internet é do local de onde partiram as mensagens com base no art. 70 do CPP, tendo em vista que, quando o usuário da rede social posta a manifestação racista, ele, com esta conduta, já consuma o crime.

Logo, se as condutas delitivas foram praticadas por diferentes pessoas a partir de localidades diversas, a princípio, a competência para julgar seria das Justiças localizadas nos locais de onde partiram as mensagens racistas.

Todavia, estando interligadas as condutas, constata-se a existência de conexão probatória a atrair a incidência dos arts. 76, III, e 78, II, do CPP. Assim, será competente para julgar conjuntamente os fatos o juízo prevento, ou seja, aquele que primeiro conheceu dos fatos.

28. A prática do proselitismo, ainda que feita por meio de comparações entre as religiões (dizendo que uma é melhor que a outra) configura, por si só, crime de racismo?

Conforme entendimento do STF, só haverá racismo se o discurso dessa religião supostamente superior for de dominação, opressão, restrição de direitos ou violação da dignidade humana das pessoas integrantes dos demais grupos. Por outro lado, se essa religião supostamente superior pregar que tem o dever de ajudar os "inferiores" para que estes alcancem um nível mais alto de bem-estar e de salvação espiritual e, neste caso não haverá conduta criminosa.

Pregar um discurso de que as religiões são desiguais e de que uma é inferior à outra não configura, por si, o elemento típico do art. 20 da Lei nº 7.716/89. Para haver o crime, seria indispensável que tivesse ficado demonstrado o especial fim de supressão ou redução da dignidade do diferente, elemento que confere sentido à discriminação que atua como verbo núcleo do tipo.

Desse modo, a prática do proselitismo, ainda que feita por meio de comparações entre as religiões (dizendo que uma é melhor que a outra) não configura, por si só, crime de racismo.

29. Quais os efeitos da condenação criminal transitada em julgado por crime de racismo? Eles são automáticos?

Constitui efeito da condenação a perda do cargo ou função pública, para o servidor público, e a suspensão do funcionamento do estabelecimento particular por prazo não superior a três meses.

Os referidos efeitos não são automáticos, devendo ser motivadamente declarados na sentença.

30. O que se entende por racismo sistêmico (ou racismo institucional)?

O racismo institucional trata-se de uma forma de discriminação indireta que ocorrem no seio das instituições, não se expressa em atos manifestos, explícitos ou declarados de discriminação. Ao contrário, o racismo institucional atua de forma difusa no funcionamento cotidiano de instituições e organizações, que operam de forma diferenciada na distribuição de serviços, benefícios e oportunidades aos diferentes segmentos da população do ponto de vista racial. Ele instaura-se no cotidiano institucional, inclusive na implementação efetiva de políticas públicas, gerando, de forma ampla, desigualdades.

V. LEI DE ORGANIZAÇÃO CRIMINOSA LEI Nº 12.850, DE 2 DE AGOSTO DE 2013

31. Conceitue Organização Criminosa.

Considera-se organização criminosa a associação de 4 (quatro) ou mais pessoas estruturalmente ordenada e caracterizada pela divisão de tarefas, ainda que informalmente, com objetivo de obter, direta ou indiretamente, vantagem de qualquer natureza, mediante a prática de infrações penais cujas penas máximas sejam superiores a 4 (quatro) anos, ou que sejam de caráter transnacional.

32. Diferencie associação criminosa de organização criminosa.

O crime de Associação Criminosa, previsto no artigo 288 do Código Penal Brasileiro tem como requisitos concurso necessário de pelo menos três pessoas com finalidade específica de cometer crimes, independente da pena, com estabilidade e permanência.

Considera-se organização criminosa a associação de 4 (quatro) ou mais pessoas estruturalmente ordenada e caracterizada pela divisão de tarefas, ainda que informalmente, com objetivo de obter, direta ou indiretamente, vantagem de qualquer natureza, mediante a prática de infrações penais cujas penas máximas sejam superiores a 4 (quatro) anos, ou que sejam de caráter transnacional.

O critério distintivo da associação criminosa e da organização criminosa é o fato de ser a organização estruturalmente ordenada e contar com divisão de tarefas.

33. No que consiste a Ação Controlada? Para que ocorra ação controlada na organização criminosa é necessária prévia autorização judicial?

Ação controlada é uma técnica especial de investigação por meio da qual a autoridade policial ou administrativa sabendo da existência de indícios da prática de um ato ilícito em curso, retarda (atrasa, adia, posterga) a intervenção neste crime para um momento posterior, com o objetivo de conseguir coletar mais provas, descobrir coautores e partícipes da empreitada criminosa, recuperar o produto ou proveito da infração ou resgatar, com segurança, eventuais vítimas.

Na Organização Criminosa não há a exigência de prévia autorização judicial para que ocorra a ação controlada. Neste caso será necessária apenas prévia comunicação ao juiz competente que irá ocorrer a ação controlada que, se for o caso, estabelecerá os seus limites e comunicará ao Ministério Público.

34. Diferencie ação controlada e entrega vigiada.

Ação controlado também chamada de flagrante diferido, não atuação policial e retardamento do flagrante. Trata-se de um gênero. É uma técnica especial de investigação por meio da qual a autoridade policial ou administrativa, que mesmo que exista indícios da prática de um ato ilícito em curso, retarda a intervenção neste crime para um momento posterior, com o objetivo de conseguir coletar mais provas, descobrir coautores e partícipes da empreitada criminosa, recuperar o produto ou proveito da infração ou resgatar, com segurança, eventuais vítimas.

Entrega vigiada trata-se de uma espécie, ou seja, uma forma de "ação controlada", prevista na Convenção de Palermo (Decreto 5.015/2004), por meio da qual as autoridades policiais ou administrativas permitem que "remessas ilícitas ou suspeitas saiam do território de um ou mais Estados, os atravessem ou neles entrem, com o conhecimento e sob o controle das suas autoridades competentes, com a finalidade de investigar infrações e identificar as pessoas envolvidas na sua prática" (art. 2º, "i").

35. De acordo com a lei 12.850/2013 quem pode representar ou requerer a medida de infiltração de agentes de polícia?

O Delegado de polícia e o Ministério Público conforme previsto no art. 10. A infiltração de agentes de polícia em tarefas de investigação, representada pelo delegado de polícia ou requerida pelo Ministério Público, após manifestação técnica do delegado de polícia quando solicitada no curso de inquérito policial, será precedida de circunstanciada, motivada e sigilosa autorização judicial, que estabelecerá seus limites.

36. Quais são os requisitos para infiltração policial?

A infiltração policial prevista na Lei de Organização Criminosa, tem como requisitos: prévia autorização judicial motivada, que disponha sobre como ocorrerá a infiltração, sob pena de nulidade absoluta ante a falta de motivação; *Fumus Comissi delicti* e *periculum in mora:* a existência de elementos indiciários que apontem a existência de crimes praticados por organizações criminosas (*fumus comissi delicti*) e aos eventuais prejuízos que podem ser causados pela não decretação imediata da medida; Indispensabilidade da infiltração, só podendo ser aplicada subsidiariamente. Trata-se de medida excepcional; Anuência do agente policial que deve concordar expressamente com a infiltração.

37. A Lei nº 13.964/19, conhecida como Pacote Anticrime, que entrou em vigor no dia 23/01/2020, fez a inclusão da infiltração virtual de agentes no rol dos meios de obtenção de prova da Lei 12.850/13? Se sim, quais os requisitos necessários?

Sim. A inovação, na realidade, está na criação, além da já existente infiltração física, realizada pelo policial, do artigo 10-A e a inclusão de outra possibilidade de infiltração, a infiltração virtual, pela internet, com as mesmas finalidades. Artigo 10-A: Será admitida a ação de agentes de polícia infiltrados virtuais, obedecidos os requisitos do caput do art. 10, na internet, com o fim de investigar os crimes previstos nesta Lei e a eles conexos, praticados por organizações criminosas, desde que demonstrada sua necessidade e indicados o alcance das tarefas dos policiais, os nomes ou apelidos das pessoas investigadas e, quando possível, os dados de conexão ou cadastrais que permitam a identificação dessas pessoas. Além disso, o § 1º, § o 2º vem estabelecer a necessidade do MP ser ouvido previamente à decisão do juiz, quando o pedido vier originalmente do Delegado de Polícia. Além do mais, como é de se esperar, de acordo com o § 3º, essa modalidade de infiltração somente será admitida quando existirem indícios de infração penal praticada por organização criminosa e no caso das provas não puderem ser produzidas por outros meios disponíveis.

38. Em regra, qual o prazo, previsto em lei, de duração da infiltração policial? E possível a prorrogação do prazo?

A infiltração será autorizada pelo prazo de até 6 (seis) meses, sem prejuízo de eventuais renovações, desde que comprovada sua necessidade. No que se refere à infiltração virtual o prazo será de até 6 (seis) meses, sem prejuízo de eventuais renovações, mediante ordem judicial fundamentada e desde que o total não exceda a 720 (setecentos e vinte) dias e seja comprovada sua necessidade, nos termos do § 4º.

39. Qual a natureza jurídica da delação premiada?

A colaboração premiada possui natureza jurídica de "meio de obtenção de prova" (art. 3º, I, da Lei nº 12.850/2013). Chamo atenção para esse fato: a colaboração premiada não é um meio de prova propriamente dito. A colaboração premiada não prova nada (ela não é uma prova). A colaboração premiada é um meio, uma técnica, um instrumento para se obter as provas.

40. Quais são as formas por meio das quais o investigado/réu poderá colaborar com a investigação ou com o processo?

A Lei 12.850/2013 prevê, em seu art. 4º, cinco formas por meio das quais o investigado/réu poderá colaborar com a investigação e com o processo para que assim tenha para ter direito aos benefícios decorrentes da colaboração, o indivíduo deverá fornecer informações efetivas com as quais as autoridades consigam pelo menos um dos seguintes resultados: a) Identificar os demais coautores e partícipes da organização criminosa e as infrações penais por eles praticadas; b) revelar a estrutura hierárquica e a divisão de tarefas da organização criminosa; c) prevenir as infrações penais decorrentes das atividades da organização criminosa; d) recuperar total ou parcialmente o produto ou o proveito das infrações penais praticadas pela organização criminosa; e) localizar o paradeiro da vítima com a sua integridade física preservada.

41. Quando pode ocorrer a colaboração premiada?

A colaboração premiada e a concessão dos benefícios dela decorrentes podem ocorrer em três momentos: durante a investigação criminal, inquérito policial ou investigação conduzida pelo MP; no curso do processo penal; e após o trânsito em julgado da sentença penal condenatória.

42. Quais os benefícios podem ser concedidos ao colaborador?

De acordo com a Lei Lei nº 12.850/2013, poderão ser concedidos ao colaborador os seguintes benefícios: não oferecimento da denúncia, perdão judicial se a colaboração prestada for muito relevante, o Ministério Público ou o Delegado de Polícia poderão se manifestar pedindo que o juiz conceda perdão judicial ao colaborador, redução da pena em até 2/3 se a colaboração ocorrer antes da sentença e em até metade se a colaboração ocorrer após a sentença, substituição da pena privativa de liberdade por restritiva de direitos mesmo que não estejam presentes os requisitos do art. 44 do CP, progressão de regime ainda que não tenha atingido o requisito objetivo

43. Para que o MP deixe de oferecer a denúncia contra o colaborador é necessário o preenchimento de quais requisitos?

A colaboração deve ser efetiva e voluntária; o colaborador não pode ser o líder da organização criminosa; o colaborador deve ter sido o primeiro a prestar efetiva colaboração.

44. A sentença condenatória será proferida com fundamento apenas nas declarações de agente colaborador?

Não. As declarações do colaborador deverão ser corroboradas por outros elementos de prova. Segundo o § 16 do art. 4º da Lei 12.850, nenhuma sentença condenatória será proferida com fundamento apenas nas declarações de agente colaborador.

45. Proposto o acordo de colaboração premiada e aceito pelas partes, alguma das partes pode voltar atrás e se retratar?

Sim. Segundo o § 10 do art. 4º da Lei 12.850, as partes podem retratar-se da proposta, caso em que as provas autoincriminatórias produzidas pelo colaborador não poderão ser utilizadas exclusivamente em seu desfavor.

46. O Poder Judiciário pode obrigar o Ministério Público a celebrar o acordo de colaboração premiada?

O acordo de colaboração premiada constitui-se em um negócio jurídico processual personalíssimo, cuja conveniência e oportunidade não se submetem ao escrutínio do Estado-juiz, insuscetível de imposição judicial. Na formação do acordo de colaboração premiada, o juiz não participa das negociações realizadas entre as partes, por expressa vedação do §6º do artigo 4º da Lei nº 12.850/2013 que diz que o juiz não participará das negociações realizadas entre as partes para a formalização do acordo de colaboração, que ocorrerá entre o delegado de polícia, o investigado e o defensor, com a manifestação do Ministério Público, ou, conforme o caso, entre o Ministério Público e o investigado ou acusado e seu defensor.

47. O réu possui direito líquido e certo a compelir o Ministério Público à celebração do acordo de delação premiada?

Não. O réu não possui direito líquido e certo de compelir o Ministério Público à celebração do acordo de delação premiada, diante das características desse tipo de acordo e considerando a necessidade de distanciamento que o Estado-juiz deve manter durante o cenário investigado e a fase de negociação entre as partes do cenário investigativo.

O acordo de colaboração premiada, além de meio de obtenção de prova, constitui-se em um negócio jurídico processual personalíssimo, cuja conveniência e oportunidade estão submetidos à discricionariedade regrada do Ministério Público e não se submetem ao escrutínio do Estado-juiz. Em outras palavras, trata-se de ato voluntário, insuscetível de imposição judicial (STF. 2ª Turma. MS 35693 AgR/DF, Rel. Min. Edson Fachin, julgado em 28/5/2019 - Info 942).

48. Discorra sobre a possibilidade de o Delegado de Polícia celebrar acordo de delação premiada.

A lei 12.850/2013 de Organizações Criminosas é expressa ao indicar que o Delegado de Polícia pode celebrar acordo de delação premiada em sede de inquérito policial, conforme previsão do art. 4°, § 2° e 6° da referida lei.

No mesmo sentido, o Supremo Tribunal Federal, ao analisar o tema, entendeu pela constitucionalidade da previsão do Delegado de Polícia celebrar o acordo de delação premiada, na fase de inquérito policial, respeitadas as prerrogativas do Ministério Público, o qual deverá se manifestar, sem caráter vinculante, previamente à decisão judicial. Assim, os §§ 2° e 6° do art. 4° da Lei n°. 12.850/2013, que preveem essa possibilidade, são constitucionais e não ofendem a titularidade da ação penal pública conferida ao Ministério Público pela Constituição (art. 129, I). STF. Plenário. ADI 5508/DF, Rel. Min. Marco Aurélio, julgado em 20.06.2018 (Info 907).

Portanto, respeitadas as prerrogativas do membro do Ministério Público, não há óbice quanto a celebração de acordo de colaboração premiada diretamente pelo Delegado de Polícia.

49. É possível, de acordo com a Lei nº 13.964/19, conhecida como Pacote Anticrime, que entrou em vigor no dia 23/01/2020, que lideranças de organizações criminosas iniciem o cumprimento de pena em estabelecimentos penais de segurança máxima ? Se sim, em quais situações isso seria possível?

O artigo 2º, § 8º da Lei nº 12.850/2013, regulamentado pelo chamado Pacote Anticrime, estabelece que as lideranças de organizações criminosas armadas ou que tenham armas à disposição, deverão iniciar o cumprimento da pena em estabelecimentos penais de segurança máxima.

VI. LEI MARIA DA PENHA LEI Nº 13.827, DE 13 DE MAIO DE 2019

50. Nos crimes ou contravenções penais cometidos contra a mulher com violência ou grave ameaça é possível a condenação em pena restritiva de direitos?

Não. De acordo com súmula 588 do STJ a prática de crime ou contravenção penal contra a mulher com violência ou grave ameaça no ambiente doméstico impossibilita a substituição da pena privativa de liberdade por restritiva de direitos.

51. Nos crimes ou contravenções penais cometidos contra a mulher com violência ou grave ameaça é possível a suspensão condicional do processo e da transação penal?

Não. Na hipótese de delitos sujeitos ao rito da Lei Maria da Penha a suspensão condicional do processo e a transação penal não se aplicam, conforme entendimento sumulado do STJ Súmula 536-STJ.

52. Os crimes de lesão corporal resultantes de violência doméstica são de ação penal pública condiciona ou incondicionada?

De acordo com Súmula 542 STJ A ação penal relativa ao crime de lesão corporal resultante de violência doméstica contra a mulher é pública incondicionada.

53. De acordo com entendimento dos tribunais superiores nos crimes praticados contra a mulher no âmbito das relações domésticas é aplicável o princípio da insignificância?

Os Tribunais Superiores, STF e STJ, têm afastado a insignificância nas infrações penais envolvendo violência doméstica e familiar contra a mulher. A jurisprudência está consolidada no sentido de não admitir a aplicação dos princípios da insignificância e da bagatela imprópria aos crimes e contravenções praticados com violência ou grave ameaça contra mulher, no âmbito das relações domésticas, dada a relevância penal da conduta, não implicando a reconciliação do casal atipicidade material da conduta ou desnecessidade de pena.

Tal entendimento encontra-se sumulado na Súmula 589 do STJ que diz que é inaplicável o princípio da insignificância nos crimes ou contravenções penais praticados contra a mulher no âmbito das relações domésticas.

54. Cabe prisão preventiva do autor de contravenção penal praticada no âmbito de violência doméstica em razão do descumprimento de medida protetiva a ele imposta?

A prática de contravenção penal, no âmbito de violência doméstica, não é motivo idôneo para justificar a prisão preventiva do réu. O inciso III do art. 313 do CPP prevê que será admitida a decretação da prisão preventiva "se o crime envolver violência doméstica e familiar contra a mulher, criança, adolescente, idoso, enfermo ou pessoa com deficiência, para garantir a execução das medidas protetivas de urgência". Assim, a redação do inciso III do art. 313 do CPP fala em crime, não abrangendo contravenção penal. Assim, não há previsão legal que autorize a prisão preventiva contra o autor de uma contravenção penal. STJ. 6ª Turma. HC 437.535-SP, Rel. Min. Maria Thereza de Assis Moura, Rel. Acd. Min. Rogerio Schietti Cruz, julgado em 26/06/2018 (Info 632).

55. A conduta de descumprir medida protetiva de urgência prevista na Lei Maria da Penha configura crime?

Sim. A Lei nº 13.641/2018 incluiu um novo crime, um tipo penal específico para essa conduta, o crime de Descumprimento de Medidas Protetivas de Urgência que penaliza com detenção de três meses a dois anos aquele que descumprir decisão judicial que defere medidas protetivas de urgência previstas na Lei 11.340.

VII. LAVAGEM DE CAPITAIS LEI Nº 9.613, DE 3 DE MARÇO DE 1998

56. Discorra sobre as gerações da lei que dispõe sobre a Lavagem de Dinheiro, indicando qual a geração da lei brasileira.

Existem três gerações das leis que tratam do tema lavagem de dinheiro. As leis de primeira geração são aquelas que trazem apenas o delito de tráfico de drogas como infração antecedente. As leis de segunda geração estabelecem um rol das denominadas infrações penais antecedentes, das quais se pode lavar dinheiro.

Por fim, as leis de terceira geração são as que admitem qualquer infração penal como antecedente.

Atualmente, a lei brasileira que sempre foi uma lei de segunda geração, uma vez que trazia no seu art. 1° um rol taxativo de infrações penais antecedentes das quais poderia haver a lavagem de dinheiro proveniente delas. No entanto, em 2012 ocorreu a revogação desse rol de infrações penais antecedentes, passando a lei brasileira a ser uma lei de terceira geração.

57. O que é a autolavagem?

➦ Denomina-se autolavagem (*selflaundering*) a conduta por meio da qual o mesmo agente que pratica a infração penal antecedente pratica o delito de lavagem de dinheiro posteriormente, desde que ele pratique as duas condutas e que a última não seja mero exaurimento do primeiro. Nesse caso, o agente deverá responder pelos dois delitos em concurso material de crimes.

No Brasil, frisa-se, não há reserva de autolavagem e a autolavagem é punível, conforme decidiu o STF na ação penal n. 470, não constituindo bis in idem ou qualquer ofensa a princípios do Direito Penal.

58. Quais são as fases do crime de lavagem de dinheiro?

➦ A lavagem de dinheiro consiste num complexo de operações, composto de três fases: colocação, ocultação ou dissimulação, integração.

A primeira é a da "colocação" (*placement*) dos recursos derivados de uma atividade ilegal em um mecanismo de dissimulação da sua origem, que pode ser realizado por instituições financeiras, casas de câmbio, leilões de obras de arte, entre outros negócios aparentemente lícitos.

A segunda fase, de "ocultação", "circulação" ou "transformação (*layering*), cujo objetivo é tornar mais difícil a detecção da manobra dissimuladora e o descobrimento da lavagem, através da realização de diversos negócios e movimentações financeiras.

Por fim, dá-se a "integração" (*integration*) dos recursos a uma economia onde pareçam legítimos. (AP 470-EI-décimos segundos, rel. min. Luiz Fux, julgamento em 13-3-2014, Plenário, DJE de 2-5-2014.)

59. De acordo com entendimento dos tribunais superiores, é necessária a ocorrência das três fases do crime de lavagem de capitais para que este esteja consumado?

O ordenamento jurídico brasileiro não exige a ocorrência das três fases para que se configure a tipicidade da lavagem de capitais, bastando apenas que a primeira etapa do crime se consume para que fique configurada a materialidade delitiva. Para o STF, não é necessário a ocorrência destas três fases para que o delito de lavagem esteja consumado.

60. Em relação à Lei de Lavagem de Capitais, o que é justa causa duplicada?

No crime de lavagem de capitais não basta demonstrar a presença de lastro probatório quanto à ocultação de bens, direitos ou valores, sendo indispensável que a denúncia também seja instruída com suporte probatório demonstrando que tais valores são provenientes, direta ou indiretamente, de infração penal (art. 1º, caput, da Lei nº 9.613/98, com redação dada pela Lei nº 12.683/12).

Ou seja, deve-se demonstrar o lastro probatório mínimo quanto à lavagem e quanto à infração precedente.

61. O crime de lavagem de capitais é punível ainda que o agente for isento de pena em relação ao crime antecedente?

É punível a lavagem ainda que desconhecido ou isento de pena, ou extinta a punibilidade do autor do crime antecedente. Não há necessidade de juízo de certeza.

Não é necessário descrever minuciosamente a conduta, entretanto, também não pode ser uma narrativa vaga, de forma a não individualizar as condutas, sob pena de concessão de HC ou inépcia da inicial.

62. Quanto à classificação do resultado naturalístico o crime de lavagem de capitais se classifica em formal ou material?

O crime de lavagem é formal, não dependendo, para sua consumação, da ocorrência de resultado material.

Assim, basta a prática da ação típica para a sua consumação. O crime se perfaz com a simples realização das ações de ocultar ou de dissimular.

63. Os crimes de Lavagem de Capitais admitem dolo eventual?

Os crimes do art. 1º caput, art. 1º, §1º, e art. 1º, §2º, inc. I, admitem tanto o dolo direto como o dolo eventual. No concernente ao dolo eventual, a jurisprudência brasileira inclusive vem admitindo a condenação com base na teoria da cegueira deliberada.

64. No âmbito dos crimes de lavagem de capitais conceitue a teoria *willfull blindness doctrine (Teoria do Avestruz).*

Willfull blindness doctrine, também conhecida como Teoria da Cegueira Deliberada, Teoria do avestruz, Willful Blindness ou ainda Ostrich Instructions de origem norte-americana, visa tornar típica a conduta do agente que tem consciência sobre a possível origem ilícita dos bens ocultados por ele ou pela organização criminosa a qual integra, no entanto, deliberadamente, cria mecanismos que o impedem de aperfeiçoar sua representação acerca dos fatos.

Desse modo, o agente comporta-se como uma avestruz, que enterra sua cabeça na terra para não tomar conhecimento da natureza ou extensão do seu ilícito praticado.

65. A doutrina classifica o crime de lavagem de capitais como crime "parasitário". Diante desta informação, o crime de lavagem de capitais possui autonomia em relação ao crime antecedente?

O crime de lavagem de capitais trata-se de crime parasitário, ou seja, depende da existência de outro crime para sua configuração.

No entanto, o processo e julgamento dos crimes previsto na lei de lavagem de capitais independem do processo e julgamento das infrações penais antecedentes, ainda que praticados em outro país, cabendo ao juiz competente a decisão sobre a unidade de processo e julgamento.

VIII. CRIMES DE TORTURA LEI Nº 9.455, DE 7 DE ABRIL DE 1997

66. O que é teoria do cenário da bomba relógio (ticking bomb scenario)?

A teoria do cenário da bomba relógio trata sobre a sobre a possibilidade se utilizar a tortura em um determinado indivíduo em razão de um "estado de necessidade coletivo", acarretando a exclusão da ilicitude da conduta.

No entanto, nem a Convenção das Nações Unidas, nem a Convenção Interamericana de Direitos Humanos admitem a utilização de tortura ainda que em caso excepcionais.

Essa teoria tem aceitação nos Estados Unidos nas medidas contra terroristas.

67. No ordenamento jurídico brasileiro a prática do crime de tortura somente será punida se praticada por funcionário público? Explique.

A lei 9.455/97, em regra, não exige qualidade ou condição especial do agente. No Brasil o crime de tortura é classificado como crime comum, não exigindo do autor a condição de agente público.

Ressalta-se que o crime de tortura se cometido por funcionário público, haverá causa de aumento.

68. O crime de tortura é hediondo?

Não. Os crimes hediondos estão previstos em rol taxativo na lei 8.072/90, e o crime de tortura não figura neste rol, logo não é considerada crime hediondo, mas apenas equiparada ou assemelhada a hediondos.

No entanto, ainda que não seja hediondo, porém assemelhado a hediondo a tortura submete-se a regras específicas, próprias dos crimes hediondos.

Sendo assim, o delito de tortura é considerado inafiançável, insuscetível de graça ou anistia, impossibilidade de concessão de livramento condicional ao reincidente específico, progressão de regime após o cumprimento de 2/5 (não reincidente) ou 3/5 (reincidente) da pena.

69. O crime de tortura é imprescritível?

A Constituição Federal de 88 prevê no seu artigo 5º apenas duas hipóteses de imprescritibilidade o crime de racismo e ação de grupos armados contra a ordem constitucional e o Estado democrático.

No entanto, nos Tratados Internacionais a tortura é imprescritível, logo a doutrina brasileira adota três correntes.

A primeira corrente diz que ainda que o crime de tortura seja considerado imprescritível nos tratados internacionais, deve prevalecer a nossa Carta Maior.

A segunda corrente, adota o *princípio pro homine* e defende que, na divergência entre a Constituição Federal de 88 e os Tratados de Direitos Humanos (não importando o quórum de ratificação), deve prevalecer a norma mais favorável à dignidade da pessoa humana.

Já a terceira corrente diz que a imprescritibilidade trazida pelos Tratados Internacionais de Direitos Humanos é incompatível com o direito penal moderno e com o Estado Democrático de Direito.

70. Quais são os efeitos ao servidor público condenado pela prática do crime de tortura?

A condenação acarretará a perda do cargo, função ou emprego público e a interdição para seu exercício pelo dobro do prazo da pena aplicada. Esse efeito é automático não sendo necessária motivação expressa na sentença.

71. Em quais hipóteses a lei de tortura será aplicada ao crime de tortura ocorrido fora do Brasil?

O art. 2° da lei de tortura dispõe que ela será aplicada ao crime de tortura ocorrido fora do Brasil, se a vítima for brasileira e o torturador se encontrar em território nacional nessas duas hipóteses trata-se de extraterritorialidade incondicionada, uma vez que a presente lei não impôs qualquer condição.

72. Se um Policial constranger um preso com emprego de violência, causando-lhe intenso sofrimento físico e mental com o fim de obter confissão de um crime, ele responderá por crime de tortura. Quais as consequências jurídicas específicas aplicadas ao caso em razão do agente responsável pelo cometimento da tortura ser um agente público?

Em razão do autor do crime de tortura ser um agente público a ele será aplicada causa de aumento de pena de um sexto até um terço prevista no parágrafo 4º, inciso II do artigo 1º da Lei 9455/97 (Lei de tortura). Além disso, segundo o § 5º inciso II do artigo 1º da citada lei, a condenação acarretará a perda do cargo, função ou emprego público e a interdição para seu exercício pelo dobro do prazo da pena aplicada. Segundo entendimento do Superior Tribunal de Justiça (STJ), na Lei de Tortura, a perda do cargo é automática, "(...) A perda do cargo, função ou emprego público é efeito automático da condenação pela prática do crime de tortura, não sendo necessária fundamentação concreta para a sua aplicação. Precedentes. (...) STJ. 6ª Turma. AgRg no Ag 1388953/SP, Rel. Min. Maria Thereza de Assis Moura, julgado em 20/06/2013". Ressalta-se também que segundo o § 7º O condenado por crime previsto nesta Lei, salvo a hipótese do § 2º, iniciará o cumprimento da pena em regime fechado.

73. O delito de tortura pode ser praticado na forma comissiva? Explique e exemplifique. Por fim indique se o crime de tortura na forma omissiva é considerado crime hediondo.

Segundo o parágrafo § 2º, II do artigo 1º da Lei 9455/97 (Lei de tortura), aquele que se omite em face das condutas de tortura, quando tinha o dever de apura-las, incorre em pena de detenção de 1 a 4 anos.

Alguns autores a denominam como tortura imprópria. Trata-se de omissão em face à prática de condutas descritas como crime de tortura, quando o agente tinha o dever de evitar a ocorrência. Note que o sujeito que incorrer em tal tipificação não pratica efetivamente a tortura, mas de forma omissiva, permite que outro a realize. A tortura imprópria é crime próprio, pois só poderá ser praticada por aquele que estiver na posição de garante, o que tinha o dever de evitar o crime, no mais das vezes será um funcionário público.

Um exemplo seria o caso do delegado que se omite em relação à conduta de agente que lhe é subordinado, não impedindo que este torture preso que esteja sob a sua guarda, incorre no crime de tortura omissão.

Cabe ressaltar que apesar de caber responsabilização criminal pela tortura na sua forma omissiva ela não será considerada crime hediondo.

IX. LEI DE ABUSO DE AUTORIDADE LEI Nº 13.869 DE 05 DE SETEMBRO DE 2019

74. O particular pode ser sujeito ativo do crime de abuso de autoridade?

De acordo com artigo 2ºda Lei 13.869 de 5 de setembro de 2019 podem ser sujeito ativo do crime de abuso de autoridade qualquer agente público, servidor ou não, da administração direta, indireta ou fundacional de qualquer dos Poderes da União, dos Estados, do Distrito Federal, dos Municípios e de Território, compreendendo, mas não se limitando a servidores públicos e militares ou pessoas a eles equiparadas; membros do Poder Legislativo; membros do Poder Executivo; membros do Poder Judiciário; membros do Ministério Público; membros dos tribunais ou conselhos de contas.

Para os efeitos da lei, reputa-se ainda agente público todo aquele que exerce, ainda que transitoriamente ou sem remuneração, por eleição, nomeação, designação, contratação ou qualquer outra forma de investidura ou vínculo, mandato, cargo, emprego ou função nos órgãos ou entidades citados.

Embora sejam crimes próprios, os delitos previstos na Lei nº 13.869/2019 admitem a coautoria e a participação. Isso porque a qualidade de "agente público", por ser elementar do tipo, comunica-se aos demais agentes, nos termos do art. 30 do Código Penal, desde que eles tenham conhecimento dessa condição pessoal do autor:

Art. 30. Não se comunicam as circunstâncias e as condições de caráter pessoal, salvo quando elementares do crime.

75. Qual a justiça competente para julgar os crimes de abuso de autoridade, justiça estadual ou federal? Justifique.

A competência para julgar o delito será, em regra, determinada pela esfera ao qual estiver vinculado o agente público que praticou o crime. Assim, em regra: Se o delito foi praticado por autoridade (agente público) federal no exercício dessa função: o crime será de competência da Justiça Federal, considerando que, neste caso, o delito terá sido praticado em detrimento de um serviço público federal, nos termos do art. 109, IV, da CF/88. Obviamente, para a competência ser da Justiça Federal, o crime deve estar relacionado com as funções federais exercidas pelo agente público, conforme se aprende pela súmula 147 do STJ: "Súmula 147-STJ: Compete à justiça federal processar e julgar os crimes praticados contra funcionário público federal, quando relacionados com o exercício da função". Já se o delito foi praticado por autoridade (agente público) estadual ou municipal no exercício dessa função: o crime será, em regra, de competência da Justiça Estadual, que é residual.

76. Considerando as inovações legislativas no Código Penal Militar a quem compete processar e julgar militar por crime de abuso de autoridade praticado me serviço?

Compete a Justiça Militar. Antes da alteração do Código Penal Militar ocorrida em 2017, se o militar, em serviço, cometesse abuso de autoridade, ele seria julgado pela Justiça Comum porque o CPM afirmava que somente poderia ser considerado como crime militar as condutas que estivessem tipificadas no CPM, época em que vigorava a Súmula 172 do STJ.

Com a alteração no art. 9º, II, do CPM a conduta praticada pelo agente, para ser crime militar pode estar prevista no Código Penal Militar ou na legislação penal "comum". Dessa forma, o abuso de autoridade, mesmo não estando previsto no CPM pode agora ser considerado crime militar e julgado pela Justiça Militar.

77. Sendo o servidor público condenado por crime de abuso de autoridade, quais são a penas que a ele podem ser aplicadas?

O abuso de autoridade sujeitará o seu autor à sanção administrativa civil e penal que poderão ser aplicadas autônoma ou cumulativamente.

A sanção civil consiste na reparação dos danos causados pela infração, considerando os prejuízos sofridos pelo ofendido.

A sanção administrativa sujeitará o servidor a inabilitação para o exercício de cargo, mandato ou função pública, pelo período de 1 (um) a 5 (cinco) anos ou a perda do cargo, do mandato ou da função pública.

Os efeitos da sanção administrativa são condicionados à ocorrência de reincidência em crime de abuso de autoridade e não são automáticos, devendo ser declarados motivadamente na sentença.

Já a sanção penal consiste em penas restritivas de liberdade de até 04 anos de detenção e penas restritivas de direitos substitutivas das privativas de liberdade consistente na prestação de serviços à comunidade ou a entidades públicas; suspensão do exercício do cargo, da função ou do mandato, pelo prazo de 1 (um) a 6 (seis) meses, com a perda dos vencimentos e das vantagens.

78. Segundo a nova lei de abuso de autoridade (Lei 13.869 /2019) a decretação de condução coercitiva de testemunha sem prévia intimação configura crime ?

Sim. Conforme previsto no artigo art. 10. Decretar a condução coercitiva de testemunha ou investigado manifestamente descabida ou sem prévia intimação de comparecimento ao juízo: Pena - detenção, de 1 (um) a 4 (quatro) anos, e multa.

X. CÓDIGO DE TRÂNSITO BRASILEIRO LEI Nº 9.503, DE 23 DE SETEMBRO DE 1997

79. Em quais hipóteses o crime de lesão corporal cometido na direção de veículos automotores não será considerado de menor potencial ofensivo?

Em regra, o crime de Lesão corporal culposa na direção de veículos automotores é crime de menor potencial ofensivo, já que a pena máxima é de 2 anos, porém ele não será assim considerado se o agente estiver: sob a influência de álcool ou qualquer outra substância psicoativa que determine dependência; participando, em via pública, de corrida, disputa ou competição automobilística, de exibição ou demonstração de perícia em manobra de veículo automotor, não autorizada pela autoridade competente; transitando em velocidade superior à máxima permitida para a via em 50 km/h (cinquenta quilômetros por hora).

80. Segundo o Código de Trânsito Brasileiro, caso do condutor preso em flagrante na prática dos crimes de receptação, contrabando ou descaminho quais as medidas que podem ser tomadas pela autoridade policial?

No caso do condutor preso em flagrante na prática dos crimes de receptação, contrabando ou descaminho, poderá a autoridade policial representar, em qualquer fase da investigação, se houver necessidade para a garantia da ordem pública, como medida cautelar, a suspensão da permissão ou da habilitação para dirigir veículo automotor, ou a proibição de sua obtenção.

81. Tendo em vista o Código de Trânsito Brasileiro, como é aplicada a pena de suspensão da permissão ou habilitação para dirigir veículo automotor e em que caso ela é obrigatória?

No Código de Trânsito Brasileiro a pena de suspensão ou proibição do direito de dirigir é pena principal, aplicada isolada ou cumulativamente com a prisão e já estão cominadas em alguns tipos penais incriminador.

No entanto, se o réu for reincidente na prática de crime previsto neste Código, o juiz deve aplicar a penalidade de suspensão da permissão ou habilitação para dirigir veículo automotor, sem prejuízo das demais sanções penais cabíveis.

82. De acordo com o Código de Transito brasileiro e o entendimento do STJ o condutor que se encontra com sua habilitação para dirigir veículo automotor suspensa por decisão administrativa pratica fato típico?

É atípica a conduta contida no art. 307 do CTB quando a suspensão ou a proibição de se obter a permissão ou a habilitação para dirigir veículo automotor advém de restrição administrativa. A conduta de violar decisão administrativa que suspendeu a habilitação para dirigir veículo automotor não configura o crime do art. 307, caput, do CTB, embora possa constituir outra espécie de infração administrativa, a depender do caso concreto. STJ. 6ª Turma. HC 427.472-SP, Rel. Min. Maria Thereza de Assis Moura, julgado em 23/08/2018 (Info 641).

83. Qual o prazo de duração da penalidade de suspensão ou de proibição de se obter a permissão ou a habilitação, para dirigir veículo automotor?

A penalidade de suspensão ou de proibição de se obter a permissão ou a habilitação, para dirigir veículo automotor, tem a duração de dois meses a cinco anos. O STF e o STJ já consolidaram o entendimento de que a pena de suspensão ou proibição do direito de dirigir deve ter proporcionalidade com a pena de prisão aplicada, por exemplo, se a pena de prisão foi aplicada no mínimo, a pena de suspensão do direito de dirigir não pode ser aplicada no máximo.

84. É possível a aplicação do instituto do perdão judicial para o homicídio culposo e para lesão corporal culposa ocorridas na direção de veículo automotor?

Sim. O Código Penal prevê expressamente o perdão judicial para o homicídio culposo nem para a lesão corporal culposa, diferentemente do CTB que não possui essa previsão. No entanto, entendimento doutrinário e jurisprudencial, aplicando a analogia *in bonam partem* é no sentido que é cabível o perdão judicial para o homicídio culposo e para a lesão corporal culposa de trânsito.

Convém mencionar decisão do STJ de que o perdão judicial não pode ser concedido ao agente de homicídio culposo na direção de veículo automotor (art. 302 do CTB) que, embora atingido moralmente de forma grave pelas consequências do acidente, não tinha vínculo afetivo com a vítima nem sofreu sequelas físicas gravíssimas e permanentes.

85. De acordo com o STJ, a conduta de permitir a direção de veículo automotor a pessoa que não seja habilitada constitui crime de perigo de concreto ou abstrato?

Permitir ou entregar a direção de veículo automotor a pessoa não habilitada, conduta típica prevista no artigo 310 do CTB, constitui crime de perigo abstrato que se consuma independentemente da ocorrência de lesão ou de perigo de dano concreto na condução de veículo automotor, conforme dispõe súmula 575, STJ.

86. O crime previsto no artigo 309 do CTB de dirigir veículo automotor, em via pública, sem a devida permissão para dirigir ou habilitação é crime de perigo concreto ou abstrato?

É crime de perigo concreto, pois o tipo penal exige que o condutor sem a devida habilitação na direção do veículo esteja "gerando perigo de dano".

Aquele que dirige sem habilitação sem gerar perigo não comete o crime do art. 309, CTB, nem mesmo contravenção penal, mas apenas mera infração administrativa

87. Em caso de acidente de trânsito de que resulte vítima, em que casos não se imporá a prisão em flagrante nem se exigirá fiança ao condutor do veículo?

Ao condutor de veículo, nos casos de acidentes de trânsito de que resulte vítima, não se imporá a prisão em flagrante, nem se exigirá fiança, se prestar pronto e integral socorro àquela. Entende-se por socorro, socorrer pessoalmente, ou solicitar o socorro de terceiros.

88. Segundo o CTB, quais são as causas de aumento de pena para o autor do crime de lesão corporal culposa na direção de veículo automotor?

No homicídio culposo cometido na direção de veículo automotor, a pena é aumentada de 1/3 (um terço) à metade, se o agente: I – não possuir Permissão para Dirigir ou Carteira de Habilitação; II – praticá-lo em faixa de pedestres ou na calçada; III – deixar de prestar socorro, quando possível fazê-lo sem risco pessoal, à vítima do acidente; IV – no exercício de sua profissão ou atividade, estiver conduzindo veículo de transporte de passageiros.

89. Segundo o CTB, quais são as majorantes de pena para o autor do crime de homicídio culposo na direção de veículo automotor?

As majorantes do crime de homicídio culposo são: dano potencial para 2 ou mais pessoas; grande risco de grave dano patrimonial a terceiros; Utilizando o veículo sem placas, com placas falsas ou adulteradas; sem possuir permissão para dirigir ou carteira de habilitação; permissão ou carteira categoria diferente; sua profissão ou atividade exigir cuidados especiais com o transporte de passageiros ou de carga; veículo em que tenham sido adulterados equipamentos; sobre faixa de trânsito temporária ou permanentemente destinada a pedestres.

90. Se o agente conduzir veículo automotor sob a influência de álcool ou de qualquer outra substância psicoativa que determine dependência, e, por conta dessa condição, matar alguém, responderá por qual crime?

Se o agente conduz veículo automotor sob a influência de álcool ou de qualquer outra substância psicoativa que determine dependência e cometer homicídio culposo na direção de veículo automotor responderá pelo princípio da especialidade pelo § 3º do art. 302 do CTB, com pena de reclusão de 05 a 08 anos e suspensão ou proibição do direito de se obter a permissão ou a habilitação para dirigir veículo automotor.

91. No caso de um motorista que, sem habilitação, provoca uma lesão corporal culposa na direção de veículo automotor, mas a vítima não deseja representar. Neste caso, o motorista não habilitado que causou a lesão culposa pode responder pelo crime de falta de habilitação do art. 309 do CTB?

Não. O Supremo Tribunal Federal em julgamento sobre o tema preferiu decisão no sentido que o crime de dirigir sem habilitação é absorvido pela lesão corporal culposa na direção de veículo. Se um indivíduo, que não possui habilitação para dirigir (art. 309 do CTB), conduz seu veículo de forma imprudente, negligente ou imperita e causa lesão corporal em alguém, ele responderá pelo crime do art. 303, parágrafo único, do CTB, ficando o delito do art. 309 do CTB absorvido por força do princípio da consunção. O delito de dirigir veículo sem habilitação é crime de ação penal pública incondicionada. Por outro lado, a lesão corporal culposa (art. 303 do CTB) é crime de ação pública condicionada à representação. Logo, caso a vítima não exerça seu direito de representação no prazo legal o Ministério Público não poderá denunciar o agente pelo delito do art. 309. Como a representação não foi formalizada pela vítima, houve extinção da punibilidade, que abrange tanto a lesão corporal como a conduta de dirigir sem habilitação.

XI. LEI DE CRIMES AMBIENTAIS LEI Nº 9.605, DE 12 DE FEVEREIRO DE 1998

92. Sobre a responsabilidade penal da Pessoa Jurídica em crimes ambientais, no Brasil, atualmente uma pessoa jurídica pode ser sancionada criminalmente pelo cometimento de um crime ambiental? Se sim, em quais casos isso pode ocorrer?

O art. 225 § 3º da Constituição Federal se traduz num mandato de criminalização para os ofensores de bens ambientais, dentre eles as pessoas jurídicas podem cometer crimes ambientais e serem responsabilizadas penalmente.

A Lei 9.605/98 trouxe no seu art. 3º a possibilidade de imputação penal às pessoas jurídicas:

Ressalta-se que a responsabilidade das pessoas jurídicas não exclui a das pessoas físicas, autoras, coautoras ou partícipes do mesmo fato.

Assim, para que a pessoa jurídica responda por um crime ambiental, será preciso que dois pressupostos sejam preenchidos cumulativamente, conforme previsto no artigo 3.º da Lei 9.605/1998: a infração penal seja cometida por decisão de seu representante legal ou contratual, ou de seu órgão colegiado; a infração penal seja cometida no interesse ou benefício da sua entidade.

93. Q que se entende por teoria da dupla imputação? Atualmente a jurisprudência majoritária adota a denominada teoria da dupla imputação?

A "teoria da dupla imputação" preceitua que para que haja responsabilidade penal da pessoa jurídica deve haver também imputação da pessoa física responsável pelo ato e que tal conduta reverta em benefício do ente coletivo. Assim, a responsabilização penal da pessoa jurídica não pode ser desassociada da pessoa física – quem pratica a conduta com elemento subjetivo próprio. Oferecida denúncia somente contra a pessoa jurídica, falta pressuposto para que o processo-crime se desenvolva corretamente.

Outrossim, não seria possível que houvesse a responsabilização penal da pessoa jurídica dissociada da pessoa física, que age com elemento subjetivo próprio.

A teoria da dupla imputação por muito tempo vigorou no ordenamento jurídico brasileiro.

No entanto, tal teoria não é mais adotada pelos tribunais superiores que passaram decidir no sentido responsabilização penal da pessoa jurídica por delitos ambientais independe da responsabilização da pessoa física que agia em seu nome, já que o art. 225, § 3º, da Constituição Federal não condiciona a responsabilização penal da pessoa jurídica por crimes ambientais à simultânea persecução penal da pessoa física em tese responsável no âmbito da empresa. A norma constitucional não impõe a necessária dupla imputação. Tem-se, assim, que é possível a responsabilização penal da pessoa jurídica por delitos ambientais independentemente da responsabilização concomitante da pessoa física que agia em seu nome.

A personalidade fictícia atribuída à pessoa jurídica não pode servir de artifício para a prática de condutas espúrias por parte das pessoas naturais responsáveis pela sua condução.

XII. CRIMES CONTRA ORDEM TRIBUTÁRIA LEI Nº 8.137, DE 27 DE DEZEMBRO DE 1990

94. A extinção do crédito tributário pela prescrição influencia na ação penal por crime contra a ordem tributária?

O reconhecimento de prescrição tributária em execução fiscal não é capaz de justificar o trancamento de ação penal referente aos crimes contra a ordem tributária previstos nos incisos I a IV do art. 1º da Lei nº 8.137/90. A constituição regular e definitiva do crédito tributário é suficiente para tipificar as condutas previstas no art. 1º, I a IV, da Lei nº 8.137/90, não influenciando em nada, para fins penais, o fato de ter sido reconhecida a prescrição tributária STJ. 5ª Turma. AgRg no AREsp 202.617/DF, Rel. Min. Campos Marques (Des. Conv. do TJ/PR), julgado em 11/04/2013. STJ. 6ª Turma. RHC 67.771-MG, Rel. Min. Nefi Cordeiro, julgado em 10/3/2016 (Info 579).

95. Nos crimes tributários, qual o efeito jurídico se dá o pagamento integral do débito tributário?

O pagamento integral do débito tributário, a qualquer tempo, até mesmo após o trânsito em julgado da condenação, é causa de extinção da punibilidade do agente, nos termos do art. 9º, § 2º, da Lei nº 10.684/2003. STJ. 5ª Turma. HC 362.478-SP, Rel. Min. Jorge Mussi, julgado em 14/9/2017 (Info 611). STF. 2ª Turma. RHC 128245, Rel. Min. Dias Toffoli, julgado em 23/08/2016.

96. Nos crimes de corrupção ativa e sonegação fiscal praticados em conjunto pelo agente, o pagamento integral do imposto sonegado extingue a punibilidade de ambos os crimes?

O pagamento do imposto devido extingue apenas a punibilidade da sonegação fiscal, mas não influencia no delito de corrupção ativa que foi praticado em conjunto pelo agente. STJ. 6ª Turma. RHC 95.557-GO, Rel. Min. Maria Thereza de Assis Moura, julgado em 21/06/2018 (Info 631).

97. A quem compete o processamento e julgamento dos crimes tributários?

A competência para processamento e julgamento dos crimes tributários é definida pelo ente tributante. Logo,, será de competência da Justiça Federal: se o objeto do crime for tributo federal;Se na mesma conduta forem sonegados **tributos estaduais e federais**, nos termos da Súmula 122 – STJ que diz que compete à **Justiça Federal** o processo e julgamento unificado dos crimes conexos de competência federal e estadual, não se aplicando a regra do art. 78, II, “a”, do Código de Processo Penal.e se utilizados documentos material e ideologicamente falsificados perante o Poder Judiciário Federal e a Secretaria da Receita Federal.

98. Aquele que sonega diversos tributos em uma única conduta pratica crime único ou responde por concurso de crimes?

Se o agente sonegar tributos diversos em uma única conduta, restará caracterizado crime único.

99. O crime de negar ou deixar de fornecer, quando obrigatório, nota fiscal ou documento equivalente, relativa a venda de mercadoria ou prestação de serviço, efetivamente realizada, ou fornecê-la em desacordo com a legislação, prevista no inciso V, do art. 1° da Lei n.° 8.137/90 para consumação é necessário aguardar a constituição definitiva do crédito tributário?

O crime descrito no art. 1°, V, da Lei n° 8.137/90 ostenta natureza formal, ao contrário das condutas elencadas nos incisos I e IV do referido dispositivo, e a sua consumação prescinde da constituição definitiva do crédito tributário, não estando abarcado pela condicionante da Súmula Vinculante n° 24 do STF.

100. Aquele que pratica o crime de sonegação fiscal e após pratica os crimes de falsidade ideológica e de documentos falsos para asseguras a evasão fiscal, reponde por quais crimes?

O crime de sonegação fiscal absorve o crime de falsidade ideológica e o de uso de documento falso praticados posteriormente àquele unicamente para assegurar a evasão fiscal.

Após evolução jurisprudencial, o STJ passou a considerar aplicável o princípio da consunção ou da absorção quando os crimes de uso de documento falso e falsidade ideológica – crimes meio – tiverem sido praticados para facilitar ou encobrir a falsa declaração, com vistas à efetivação do pretendido crime de sonegação fiscal – crime fim.

Logo, aplica-se, *mutatis mutandis*, o comando da Súmula 17 do STJ (Quando o falso se exaure no estelionato, sem mais potencialidade lesiva, é por este absorvido).

101. Nos crimes contra a ordem Tributária admite-se a denominada denúncia geral?

Sim. Os delitos contra a ordem tributária por serem praticados a portas fechadas, dificultando a descrição da denúncia do fato criminoso, são conhecidos como delitos de gabinete ou societários.

Assim, entendimento pacificado na Jurisprudência é o de que nos crimes de autoria coletiva não é necessária a descrição minuciosa e individualizada da ação de cada acusado. Entretanto, embora não seja necessária a descrição pormenorizada da conduta de cada denunciado, o titular da ação penal deve narrar na denúncia qual é o vínculo entre o denunciado e o crime a ele imputado, sob pena da denúncia ser inepta.

102. O diretor-geral da empresa de telefonia Vivo foi denunciado pelo fato de que na filial que funciona no Estado de Pernambuco teriam sido inseridos elementos inexatos em livros fiscais. Diante disso, o Ministério Público denunciou o referido diretor pela prática de crime contra a ordem tributária (art. 1º, II, da Lei nº 8.137/90). A denúncia aponta que, na condição de diretor da empresa, o acusado teria domínio do fato, o poder de determinar, de decidir, e de fazer com que seus empregados contratados executassem o ato, sendo responsável pelo delito. Neste caso, o juiz deve receber a denúncia ou ela é considerada inepta?

O juiz deve considerar inepta a ação penal sob o fundamento que não se pode invocar a teoria do domínio do fato, pura e simplesmente, sem nenhuma outra prova, citando de forma genérica o diretor estatutário da empresa para lhe imputar um crime fiscal que teria sido supostamente praticado na filial de um Estado-membro onde ele nem trabalha de forma fixa.

Em matéria de crimes societários, a denúncia deve apresentar, suficiente e adequadamente, a conduta atribuível a cada um dos agentes, de modo a possibilitar a identificação do papel desempenhado pelos denunciados na estrutura jurídico-administrativa da empresa.

Não se pode fazer uma acusação baseada apenas no cargo ocupado pelo réu na empresa.

103. As pessoas jurídicas podem ser responsabilizadas por crime contra a Ordem Tributária?

A responsabilidade penal das pessoas jurídicas está prevista na Constituição Federal, que prevê que as pessoas jurídicas possuem capacidade processual para figurar no polo passivo de ação penal ambiental e nos crimes contra a ordem econômica e financeira e contra a economia popular. Quanto a responsabilidade ambiental, ela encontra prevista no § 3º do art. 225 da CF e art. 3º Lei 9.605/98, já reconhecida na doutrina e na jurisprudência.

A responsabilidade penal das pessoas Jurídicas nos crimes contra a ordem econômica e financeira e contra a economia popular está prevista apenas na Constituição Federal no artigo 173, § 5º, CF, entretanto ainda não há regulamentação legal e por isso ainda não há responsabilidade penal da pessoa jurídica nesse âmbito.

Portanto, atualmente, a PJ somente pode ser responsabilizada penalmente em crimes ambientais.

104. Pode ser aplicado o princípio da insignificância nos crimes tributários e no crime de descaminho?

SIM. É possível que incida o princípio da insignificância tanto nos crimes contra a ordem tributária previstos na Lei nº 8.137/90 como também no descaminho (art. 334 do CP).

105. Qual limite máximo de valor para que possa ser aplicado o princípio da insignificância nos crimes tributários?

Conforme decisão atualizada do STF e STJ o valor máximo para incidência do princípio da insignificância no caso de crimes tributários federais e de descaminho é fixado em R$ 20 mil.

XIII. CRIMES CONTRA O SISTEMA FINANCEIRO NACIONAL E CONTRA O MERCADO DE CAPITAIS LEI Nº 7.492, DE 16 DE JUNHO DE 1986

106. A quem compete o julgamento dos crimes contra o sistema financeiro?

A Constituição Federal de 1988, dispõe que aos juízes federais compete processar e julgar, nos casos determinados por lei, os crimes contra o sistema financeiro. Assim, nem todos os crimes contra o sistema financeiro nacional são de competência da Justiça Federal, mas somente aqueles definidos na Lei nº 7.492/86.

107. Os crimes contra o Sistema Financeiro Nacional admitem delação premiada?

Sim. Conforme previsão expressa da Lei nº 7.492/86 os crimes cometidos em quadrilha ou coautoria, o coautor ou partícipe que através de confissão espontânea revelar à autoridade policial ou judicial toda a trama delituosa terá a sua pena reduzida de um a dois terços.

108. No tema dos crimes contra o sistema financeiro, diferencie gestão fraudulenta e gestão temerária.

Na gestão fraudulenta: o agente administra a instituição financeira praticando atos que podem gerar engano e prejuízos aos sócios, clientes, investidores e empregados da instituição, ou, então, aos órgãos de fiscalização, atos fraudulentos com intuito de dissimular o real objetivo de um ato ou negócio para ludibriar as autoridades monetárias ou investidores.

Já na gestão temerária: o agente administra a instituição financeira praticando atos excessivamente arriscados, irresponsáveis, inconsequentes.

109. No crime de gestão fraudulenta é necessária a ocorrência do efetivo prejuízo para que se entenda por consumado?

O crime de gestão fraudulenta trata-se de um crime formal e de perigo concreto, não sendo necessária a ocorrência do efetivo prejuízo ou qualquer resultado material para que se entenda consumado, ou seja, não se exige a obtenção de vantagem ilícita, nem o prejuízo de vítimas identificadas.

A conduta daquele que se utiliza de terceiros ("laranjas") para aquisição de moeda estrangeira para outrem, ainda que tenham anuído com as operações, se subsume a qual crime contra o sistema financeiro?

Conforme jurisprudência do Superior Tribunal de Justiça utilização de terceiros ("laranjas") para aquisição de moeda estrangeira para outrem, ainda que tenham anuído com as operações, se subsume à conduta tipificada no art. 21 da Lei nº 7.492/86.

Referido tipo penal se consuma com a dissimulação de esconder a real identidade do adquirente da moeda estrangeira valendo-se da identidade, ainda que verdadeira, de terceiros.

110. Considerando a novidade legislativa trazida pela Lei nº 13.506, de 2017 ao crime de USO INDEVIDO DE INFORMAÇÃO PRIVILEGIADA, o sigilo da informação constitui elemento essencial para configuração do crime?

Com as mudanças trazidas pela Lei 13.506/17, o tipo penal de uso indevido de informação privilegiada passou a exigir apenas que a informação seja relevante. A necessidade de sigilo deixou de ser característica da informação relevante utilizada indevidamente e integrante do tipo penal e passou a ser causa de aumento de pena.

Assim, basta que a informação relevante utilizada ainda não tenha sido divulgada ao mercado para o agente estar sujeito à pena de reclusão, de 1 a 5 anos, e multa de até 3 vezes o montante da vantagem ilícita obtida em decorrência do crime. No entanto, caso esta informação relevante, além de não ter sido divulgada ao mercado, devesse ter sido mantida em sigilo, a pena será aumentada em 1/3.

XIV. CRIMES HEDIONDOS LEI Nº 8.072, DE 25 DE JULHO DE 1990

111. No ordenamento jurídico brasileiro o que é considerado crime hediondo?

Na caracterização dos crimes hediondos a doutrina disciplina sobre três sistemas, sistema legal, no qual crimes hediondos são aqueles previsto na lei, tentados ou consumados; sistema judicial em que cabe ao juiz definir, no caso concreto, se o crime é ou não hediondo e o sistema misto onde há um rol exemplificativo de delitos hediondos, sendo possível ao juiz reconhecer, no caso concreto, a hediondez de uma conduta.

O Brasil adotou o sistema legal, assim será considerado crime hediondo aquele previsto em lei.

112. O tráfico privilegiado, previsto no § 4º do art. 33 da Lei nº 11.343/2006 (Lei de Drogas) é considerado crime hediondo ou equiparado a hediondo?

O tráfico de drogas em sua forma privilegiada não constitui crime equiparado aos delitos de natureza hedionda. O Superior Tribunal de Justiça, seguindo entendimento do Supremo Tribunal Federal fixou tese no sentido de que esses delitos na modalidade privilegiada apresentam contornos menos graves e, portanto, são incompatíveis com o conceito de hediondez.

113. Com a alteração trazida pela Lei nº 13.497/2017 à Lei nº 8.072/90 o delito de porte ilegal de arma de fogo de uso permitido passou a ser considerado crime hediondo?

Não. O parágrafo único do art. 1º da Lei nº 8.072/90, passou a considerar como crime hediondo o delito de posse ou porte ilegal de arma de fogo de uso restrito, previsto no art. 16 do Estatuto do Desarmamento.

114. Conforme entendimento do Superior Tribunal de Justiça, como se dá a progressão de regime para os condenados por crime hediondo, reincidentes? E ao livramento condicional?

A progressão de regime para os condenados por crime hediondo ocorre ao réu primário após o cumprimento de 2/5 da pena e aos reincidentes após o cumprimento de 3/5 da pena, ainda que a reincidência **não** seja específica em crime hediondo ou equiparado. A Lei dos Crimes Hediondos não faz distinção entre a reincidência comum e a específica.

115. Como se dá o livramento condicional para os condenados por crime hediondo?

O livramento condicional aos crimes hediondos se dá aos primários com bons antecedentes após o cumprimento de 1/3 da pena, ao reincidente em crime doloso após o cumprimento de ½ da pena e ao condenado por crime hediondo ou a ele equiparado em 2/3 desde que o sentenciado não seja reincidente específico em crimes desta natureza.

116. Qual o prazo da prisão temporária relação aos crimes hediondos e equiparados?

Em regra, de acordo com a Lei da Prisão Temporária, o prazo da prisão temporária aos crimes comuns é de 05 dias, prorrogáveis por mais 05. No entanto, em relação aos crimes hediondos o prazo da prisão temporária é de 30 dias prorrogáveis por mais 30 dias.

117. O crime de homicídio simples é considerado crime hediondo? E o homicídio qualificado privilegiado

O homicídio será hediondo quando praticado em atividade típica de grupo de extermínio, ainda que cometido por um só agente. Nesta hipótese o homicídio simples, é hediondo.

118. Quando o crime de lesão corporal será considerado hediondo?

A lesão corporal será considerada hedionda quando for dolosa, de natureza gravíssima, ou seguida de morte, quando praticado contra policiais civis, militares, rodoviários e federais, além de integrantes das Forças Armadas, da Força Nacional de Segurança Pública e do Sistema Prisional e seus cônjuges, companheiro ou parente consanguíneo de até terceiro grau, caso venham ser vítimas de tais crimes por motivo dessa condição.

119. Com o advento da Lei nº 13.964/19, conhecida como Pacote Anticrime, que entrou em vigor no dia 23/01/2020, foram incluídos novos crime no rol de crimes previstos na lei de crimes hediondos? Cite alguns deles.

Diversas figuras típicas do Código Penal e da legislação penal extravagante foram incluídas no seleto rol dos crimes hediondos.

A seguir, veja quais foram os crimes incluídos:

> II – roubo:
>
> a) circunstanciado pela restrição de liberdade da vítima (art. 157, § 2º, inciso V);
>
> b) circunstanciado pelo emprego de arma de fogo (art. 157, § 2º-A, inciso I) ou pelo emprego de arma de fogo de uso proibido ou restrito (art. 157, § 2º-B);
>
> III – extorsão qualificada pela restrição da liberdade da vítima, ocorrência de lesão corporal ou morte (art. 158, § 3º);
>
> IX – furto qualificado pelo emprego de explosivo ou de artefato análogo que cause perigo comum (art. 155, § 4º-A).
>
> III – o crime de comércio ilegal de armas de fogo, previsto no art. 17 da Lei nº 10.826, de 22 de dezembro de 2003;
>
> IV – o crime de tráfico internacional de arma de fogo, acessório ou munição, previsto no art. 18 da Lei nº 10.826, de 22 de dezembro de 2003;
>
> V – o crime de organização criminosa, quando direcionado à prática de crime hediondo ou equiparado.

XV. ESTATUTO DA PESSOA IDOSA
LEI Nº 10.741, DE 1º DE OUTUBRO DE 2003

120. Qual o procedimento adotado aos delitos previstos no Estatuto da Pessoa Idosa, com pena máxima de até 4 anos?

Aos delitos previstos no Estatuto, com pena máxima de até 4 anos, aplica-se o procedimento sumaríssimo previsto na lei 9.099/95.

121. Os crimes definidos no Estatuto da Pessoa Idosa são de ação penal pública condicionada ou incondicionada?

Conforme previsto expressamente no Estatuto da Pessoa Idosa os crimes nele definidos são de ação penal pública incondicionada.

122. O funcionário do banco recebe o cartão e a senha de uma idosa para auxiliá-la a sacar um dinheiro do caixa eletrônico e, ele, aproveitando a oportunidade, transfere quantias para a sua conta pessoal, pratica qual crime?

Conforme decisão do Superior Tribunal de Justiça a conduta do funcionário do banco como narrado no caso em tela configura o crime previsto no art. 102 do Estatuto da Pessoa Idosa, que consiste em apropriar-se de ou desviar bens, proventos, pensão ou qualquer outro rendimento da pessoa idosa, dando-lhes aplicação diversa da de sua finalidade.

6

PROCESSO PENAL – PRIMEIRA PARTE

Bernardo Guidali Amaral

Sumário: I. Sistemas processuais penais – **II.** Investigação criminal preliminar – **III.** Princípios processuais penais – **IV.** Inquérito policial.

I. SISTEMAS PROCESSUAIS PENAIS

1. O que são sistemas processuais penais? Exemplifique.

Os sistemas processuais penais são tipologias de processo penal que possuem regras e características próprias quanto ao objetivo, às funções dos atores, bem como sobre a forma da realização dos atos, tanto na fase da investigação criminal preliminar como do julgamento na ação penal.

Os modelos processuais penais existentes no mundo ocidental são o inquisitorial, o acusatório e o misto (francês). Inobstante isso, não existem hoje sistemas puros, de modo que os modelos de processo penal existentes são classificados a partir das suas características preponderantes.

2. Discorra sobre o sistema inquisitorial.

O sistema inquisitorial tem origem no Direito Canônico existente entre o Séc. XII até o Séc. XVIII. Espalhou-se pelos países da Europa Continental durante esse período e influenciou os sistemas processuais penais de diversos países em outras partes do mundo.

No sistema inquisitorial histórico de processo penal não há separação de funções na persecução penal, de modo que o juiz concentra as funções de investigar, acusar, defender, julgar e executar a pena. O objetivo do processo penal inquisitorial é a reconstrução do fato e a obtenção da verdade. Para a realização desse objetivo o julgador é investido de amplos poderes instrutórios e pode determinar a produção de provas de ofício, seja na investigação criminal preliminar ou na ação penal.

O procedimento inquisitorial tem como características ser secreto e escrito. Não existe contraditório, nem mesmo ampla defesa. O investigado não é visto como um sujeito de direitos, mas sim como um meio para a obtenção da prova, motivo pelo qual admitia-se a tortura.

3. Examine o sistema acusatório.

O sistema acusatório tem origem histórica na Inglaterra medieval do Séc. XII e é adotado em geral pelas regiões que receberam forte influência inglesa, principalmente os países da *Common Law*.

O sistema acusatório é marcado pela separação de funções na fase do julgamento (ação penal), de modo que os papéis de acusar e julgar são realizados por pessoas distintas. O objetivo do processo penal acusatório é possibilitar o confronto entre acusação e defesa e produzir um julgamento imparcial pelo juiz. As partes estão em posição de igualdade e o juiz, em regra, não é dotado de poderes instrutórios.

O procedimento acusatório tem como característica ser público e oral. Existe contraditório e ampla defesa. O investigado é visto como um sujeito de direitos, portanto detentor de garantias fundamentais, motivo pelo qual a tortura não é admitida.

No processo penal acusatório histórico não existia uma fase processual penal preliminar antes da apresentação do caso ao magistrado para julgamento, de modo que suas características se aplicam apenas a fase da ação penal.

A partir do Séc. XVIII, o sistema acusatório inglês influenciou os países que adotavam o sistema inquisitório, principalmente os Continentais Europeus, em relação à necessidade de delimitar as funções de acusar e julgar na fase da ação penal.

4. Explique o sistema misto (francês).

O modelo misto tem origem no sistema francês criado com o Código de Instrução Criminal de Napoleão no Séc. XIX. Decorre de uma fusão dos dois modelos anteriores, a partir da influência do modelo acusatório sobre a necessidade de delimitar as funções de julgamento e acusação na fase da ação penal nos sistemas inquisitórios.

No modelo misto, a primeira fase do processo penal é inquisitorial e tem como objetivo apurar a autoria e a materialidade acerca da prática de uma infração criminal. A instrução preliminar é escrita e secreta, sem contraditório e sem ampla defesa.

A segunda fase do processo penal é acusatória, e tem como objetivo o confronto entre a versão apresentada pelas partes em juízo. A instrução da ação penal é pública e oral, com contraditório e ampla defesa.

II. INVESTIGAÇÃO CRIMINAL PRELIMINAR

5. O que se entende por investigação criminal preliminar?

A investigação criminal preliminar é a primeira fase de instrução do processo penal realizada por meio de procedimento previsto em lei, antes da apresentação do caso ao juiz para o julgamento (ação penal), quando presentes elementos mínimos de autoria e materialidade a respeito da prática de uma infração penal que justifiquem a sua realização (justa causa).

6. O que são sistemas de investigação criminal preliminar?

Os sistemas de investigação criminal preliminar são tipologias de procedimentos penais realizados antes da fase de apreciação do caso e julgamento pelo juiz, durante a ação penal.

São diferenciados uns dos outros, principalmente, a partir da análise da titularidade para a realização do procedimento e, consequentemente, do objetivo da apuração criminal preliminar. A titularidade influencia a condução do procedimento e a realização dos atos de instrução. Os sistemas de investigação criminal preliminar existentes são aqueles conduzidos pelo juiz, pelo acusador ou pela polícia.

7. Discorra sobre o Sistema do Juiz de Instrução (Juiz-Investigador).

O sistema do Juiz de Instrução ou do Juiz-Investigador tem origem francesa. É aquele em que o juiz é o titular da instrução da etapa preliminar do processo penal. O magistrado determina as diligências que devem ser realizadas e é auxiliado por um corpo de polícia separado dos demais na execução das medidas investigativas – a polícia judiciária.

O sistema foi adotado pelos países da Europa Continental até a segunda metade do Séc. XX, quando ocorreu a migração para o sistema do Promotor-Investigador (Continental Europeu). É adotado, como regra, na França, na Espanha e na Bélgica.

8. Explique o Sistema do Promotor-Investigador (Continental Europeu).

O sistema do Promotor-Investigador é aquele em que o acusador é responsável por instruir a fase preliminar do processo penal. O modelo é criado em substituição ao sistema do Juiz de Instrução com o objetivo de restringir os poderes do juiz na fase da investigação e preservar sua imparcialidade.

O acusador é quem determina as diligências que serão realizadas e o corpo de polícia judiciária que auxiliava o juiz de instrução agora passa a ajudar o acusador. Inobstante delimitar os poderes do juiz durante a ação penal, gera uma concentração demasiada de poderes de investigação e acusação na fase preliminar. É o sistema adotado atualmente nos países Continentais Europeus, como Alemanha, Itália e Portugal.

9. Examine o Sistema da Investigação Policial (Inglês).

É o modelo em que a polícia investigativa preside e realiza a instrução preliminar do processo penal, independentemente da figura do juiz ou do acusador.

O sistema da investigação policial tem origem na Inglaterra, a partir de 1829 com a criação dos corpos oficiais de polícia, quando passou existir uma fase de investigação (prévia) de responsabilidade do Estado, realizada antes da apresentação do caso ao juiz para o julgamento, e foi abandonada a ideia de que a investigação era uma responsabilidade da vítima.

O modelo da investigação policial preserva a imparcialidade do juiz, que não participa da investigação, evita a concentração demasiada de poderes do acusador na fase preliminar, e garante uma investigação conduzida e realizada pela polícia de forma técnica, científica e imparcial.

É o sistema adotado originariamente na Inglaterra e no País de Gales, no Canadá e na Austrália. O Brasil rompeu com o sistema de Juiz de Instrução, a partir do advento da Lei nº 261, de 3 de dezembro de 1842, quando optou pelo modelo da investigação titularizada pela autoridade policial.

10. Qual o sistema adotado pelo Brasil como regra?

O sistema de investigação criminal preliminar brasileiro admite como regra a investigação policial, em que a polícia judiciária preside o procedimento e realiza as diligências necessárias para a apuração das circunstâncias, da materialidade e da autoria de infrações penais.

O Brasil adota o sistema de investigação titularizada pelo Delegado de Polícia, na qualidade de autoridade policial, desde o advento da Lei nº 261, de 3 de dezembro de 1842, quando foi abandonado o sistema do Juiz de Instrução.

São espécies de procedimentos de investigação de polícia judiciária o inquérito policial, o termo circunstanciado e a verificação de procedência de informações.

11. Diferencie a investigação criminal preliminar, a investigação *lato sensu* e a investigação administrativa.

A palavra investigar tem origem etimológica do latim *investigare*, expressão formada pela conjugação de *in* (em), mais *vestigare* (seguir a pista), que deriva do termo *vestigium* (marca, pegada). Nesse sentido, investigar significa procurar aquilo que está nos vestígios.

A ideia geral de investigação (*lato sensu*) significa ir em busca dos rastros, marcas e sinais deixados por determinado evento. Nesse tom, o conceito de investigação se aplica em sentido amplo às ocorrências que se inserem na vida diária das pessoas diante das suas necessidades de pesquisar e descobrir, seja nas suas tarefas privadas de trabalho. No campo das atividades profissionais, por exemplo, médicos, advogados, engenheiros, jornalistas, professores e acadêmicos realizam, em alguma medida, uma ação investigativa privada.

Diverso é o conceito de investigação administrativa, a qual consiste em apuração realizadas pelo Estado para verificar a prática de ilícitos civis e administrativos. Os órgãos públicos de fiscalização e controle dos entes federais, estaduais, municipais e do Distrito Federal agem nas áreas específicas de suas atribuições para a apuração de infrações civis e administrativas previstas na legislação.

Quando órgãos de controle e de fiscalização se deparam com indícios da prática de uma infração penal durante a apuração de infrações civis e administrativas estão obrigados a comunicar os órgãos de persecução penal para a cumprimento das suas missões constitucionais, quais sejam, a polícia judiciária de realizar a investigação criminal preliminar, e o Ministério Público de desenvolver a ação penal.

Por fim, a investigação criminal preliminar é aquela realizada na primeira fase do processo penal, pela polícia judiciária como regra, em procedimento previsto em lei, quando presentes elementos mínimos da autoria e materialidade acerca da prática de uma infração penal, com o objetivo de apurar as circunstâncias, a materialidade e a autoria do crime.

12. Atividade de inteligência é espécie de investigação criminal preliminar?

Não, a atividade de inteligência não se confunde com investigação criminal preliminar, principalmente por terem diferentes objetos, métodos e finalidades. Inteligência é a atividade de produzir conhecimento para subsidiar a tomada de decisão pelo gestor na realização de sua função.

É diferente da investigação criminal preliminar, que tem como objetivo esclarecer um fato criminoso, mediante a produção de provas e elementos de informação a respeito da autoria, da materialidade e das circunstâncias, de modo a subsidiar todos os atores do processo penal.

O COAF, por exemplo, é órgão de controle, fiscalização e inteligência financeira e não tem função de realizar a instrução de investigação criminal preliminar. Os Relatórios de Inteligência Financeira (RIF) elaborados pelo COAF quando contiverem elementos mínimos indicativos da prática de crimes poderão fornecer justa causa para abertura de procedimento de investigação criminal preliminar.

III. PRINCÍPIOS PROCESSUAIS PENAIS

13. Os princípios processuais penais se aplicam apenas à ação penal ou também à investigação criminal preliminar?

Naturalmente, os princípios processuais penais são aplicados tanto na etapa da investigação criminal preliminar, como na fase da ação penal, independentemente de quem for o titular da investigação criminal ou de quem estiver realizando, de fato, a apuração penal.

Nesse sentido, procedimentos de instrução criminal preliminar deverão necessariamente respeitar direitos processuais penais sob pena de nulidade, independentemente de serem procedimentos de polícia judiciária, ministeriais, originários em Tribunais, ou ainda em face de membros do Poder Judiciário ou do Ministério Público.

14. Conceitue o Princípio da Presunção de Inocência.

O princípio da presunção de inocência ou da não culpabilidade estabelece que ninguém será considerado culpado até o trânsito em julgado de sentença penal condenatória (art. 5º, inciso LVII, da CF). A presunção de não culpabilidade estabelecida na Constituição Federal é mais ampla que a presunção de Inocência estabelecida na Convenção Americana de Direitos Humanos (Pacto de San José da Costa Rica), uma vez que esta última é válida até que a culpa seja legalmente comprovada.

O princípio da não culpabilidade estabelece regra probatória no sentido de que o Estado tem o ônus de demonstrar a culpabilidade do investigado durante o processo penal, além de qualquer dúvida razoável, e não este de provar sua inocência, bem como fixa regra de tratamento, segundo a qual, o investigado não deve ser tratado como culpado até o trânsito em julgado da sentença condenatória, motivo pelo qual deve, em regra, permanecer solto durante o processo penal.

Atualmente, o Supremo Tribunal Federal entende que a possibilidade de início da execução da pena condenatória após a confirmação da sentença em segundo grau não ofende o princípio constitucional da presunção de inocência, tendo em vista que nesta etapa se encerra a análise de fatos e provas que assentaram a culpa do condenado (STF, HC 126.292, Rel. Ministro Teori Zavascki, DJ 17.02.2016).

Nesse julgamento, a Suprema Corte restaurou o seu tradicional entendimento, que havia sido modificado no julgamento do HC 84.078 de Relatoria do Ministro Eros Grau, DJ 05.02.2009, em que o Supremo Tribunal Federal havia compreendido que a execução da pena estava condicionada ao trânsito em julgado da condenação.

15. Discorra sobre os Princípios do Contraditório e da Ampla Defesa.

Os princípios do contraditório e da ampla defesa são garantidos aos litigantes em processo judicial ou administrativo, assim como os meios e recursos a eles inerentes (art. 5º, inciso LV, da CF).

O contraditório estabelece a possibilidade de fiscalização dos atos praticados pelo Estado durante o processo penal. Nesse sentido, o contraditório possui 02 (dois) prismas: o direito da informação, ou seja, de conhecer os atos do Estado, e o direito de participação, ou seja, a possibilidade de reagir a eles.

De outro lado, o direito de defesa garante o contraditório e por ele se manifesta. O exercício da defesa é possível a partir do direito da informação, elemento do contraditório. Nesse sentido, o direito de defesa possui 02 (dois) aspectos, a defesa técnica, exercida pelo procurador constituído, e a autodefesa, exercida pelo próprio investigado ou acusado.

No campo da investigação criminal preliminar, o contraditório e o direito de defesa são aplicados a partir do momento em que o investigado toma conhecimento do conteúdo do procedimento e lhe é permitida (facultada) a possibilidade de questionar os atos do Estado, como os elementos de informação e provas produzidas, bem como as conclusões técnico jurídicas do presidente do procedimento, ainda que de uma forma geral e de modo diferido.

Durante a ação penal o contraditório e a ampla defesa são aplicados de forma obrigatória e efetiva. Não basta apenas dar conhecimento ao acusado sobre os atos do Estado e o conteúdo da acusação, é preciso promover que ele realize a discussão acerca deles. Nesta fase processual, em regra, o acusado participa do momento da constituição do elemento de prova, de modo que o contraditório e ampla defesa são aplicados plenamente.

16. Explique o Princípio da Publicidade.

O princípio da publicidade tem como objetivo assegurar a transparência da atividade do Estado durante o processo penal, mediante a fiscalização realizada pelas partes e pela comunidade. O princípio sofre restrições nos casos em que o sigilo seja imprescindível à segurança da sociedade e do Estado.

A publicidade é regra no sistema processual brasileiro, sendo aplicado como regra na fase da ação penal e, excepcionalmente, durante a investigação criminal preliminar, diante da necessidade de garantia do interesse da sociedade e da preservação da intimidade do próprio investigado, enquanto ainda não existe um posicionamento do Estado a respeito da autoria acerca da prática de uma infração penal.

17. Discorra sobre o Princípio da Busca da Verdade.

O princípio da busca da verdade estabelece que, em sendo inatingível a verdade absoluta, durante o processo penal busca-se uma aproximação da certeza dos fatos. Dessa forma, não vigora mais no processo penal o princípio da verdade material ou real, mas sim o da busca da verdade.

Durante as fases do processo penal realiza-se a produção de provas e diligências com o objetivo de reconstruir o fato criminoso e chegar a uma verdade processual penal possível, a qual subsidiará os demais atores do processo na tomada de decisão a respeito do futuro do caso, ou seja, se será arquivado, apresentada e recebida denúncia ou verificada a necessidade da continuidade das investigações.

18. Examine o princípio da inadmissibilidade das provas ilícitas.

O princípio da inadmissibilidade de provas ilícitas está previsto no art. 5º, inciso LVI, da CF. No direito processual penal, o direito à prova não tem natureza absoluta, motivo pelo qual são vedadas as provas ilegais. A proibição de provas ilícitas inibe a adoção de práticas probatórias ilegais e demanda o respeito aos direitos e garantias fundamentais.

No âmbito da investigação criminal preliminar o princípio da inadmissibilidade das provas ilícitas possui especial relevância tendo em vista que a sua inobservância poderá gerar a nulidade da fase da ação penal na hipótese de ter se baseado nas provas e elementos de informação produzidos na instrução preliminar.

19. Discorra sobre o Princípio do Juiz Natural.

O Princípio do Juiz Natural estabelece ser direito de cada cidadão saber, previamente, a autoridade que irá processá-lo e julgá-lo no caso da existência de indícios da prática de conduta definida como infração penal, bem como controlar a legalidade dos atos da investigação criminal anterior.

O princípio do Juiz Natural tem como objetivo assegurar que acusado seja julgado por um juiz imparcial e independente. Dele decorre o princípio do Promotor Natural, tendo em vista o direito à definição prévia de quem será o órgão responsável por apresentar acusação e fiscalizar os atos da investigação criminal preliminar.

20. Explique o Princípio do *Nemo Tenetur se Detegere*.

O Princípio do *Nemo Tenetur se Detegere* consiste no direito de ser informado de seus direitos, entre os quais o de permanecer calado (art. 5º, inciso LXIII, da CF). Objetiva proteger o indivíduo contra possíveis excessos cometidos pelo Estado na persecução penal. Inclui o resguardo contra a violência física e moral empregada para compelir o indivíduo a cooperar nas investigações, bem como contra métodos proibitivos de interrogatórios, sugestões e dissimulações.

O direito constitucional ao silêncio (não autoincriminação) se presta para proteger não apenas quem está preso, mas também aquele que está solto, e qualquer pessoa à qual seja imputada a prática de um ilícito criminal, estando ela respondendo a investigação criminal preliminar ou ação penal.

Deve haver prévia e formal advertência quanto ao direito ao silêncio, sob pena de se macular de ilicitude a prova então obtida. Assim, todas as declarações do investigado ou do acusado antes da cientificação desse direito durante as fases do processo penal não podem ser consideradas válidas.

O princípio do *nemo tenetur se detegere* não se exaure no direito ao silêncio. De fato, o direito ao silêncio é apenas um dos desdobramentos do princípio do *nemo tenetur se detegere*, do qual também se extraem outras decorrências igualmente importantes como: a) o direito ao silencio ou direito de ficar calado; b) o direito de não ser constrangido a confessar a prática de ilícito penal; c) a inexigibilidade de dizer a verdade; d) o direito de não prestar qualquer comportamento ativo que possa gerar incriminação; e e) o direito de não produzir nenhuma prova incriminadora invasiva.

21. Discorra sobre o Princípio da Igualdade ou da Paridade de Armas.

O princípio da igualdade ou da paridade de armas decorre do mandamento de que todos são iguais perante a lei, encontrado no art. 5º, *caput*, da Constituição Federal, devidamente adaptado ao processo penal.

Por força desse princípio as partes devem ter durante o processo penal as mesmas oportunidades de fazer valer suas razões e serem tratadas igualitariamente, na medida de suas igualdades, e desigualmente, na proporção de suas desigualdades.

A igualdade de armas entre acusação e defesa é prestigiada durante a investigação criminal preliminar realizada de forma isenta pela polícia judiciária, a partir da atribuição da titularidade da instrução criminal, ao Delegado de Polícia, na qualidade de autoridade policial.

IV. INQUÉRITO POLICIAL

22. Conceitue o inquérito policial.

O inquérito policial é o principal instrumento de investigação criminal preliminar do sistema processual penal brasileiro. É procedimento de instrução criminal realizado pela polícia judiciária durante a primeira etapa do processo penal para o esclarecimento de um fato criminoso, mediante a produção de provas e elementos de informação para a apuração de suas circunstâncias, da materialidade e da autoria.

23. Explique a finalidade do inquérito policial.

O inquérito policial tem como objetivo esclarecer a prática de infração penal, mediante a realização de diligências e a produção de provas de modo técnico e isento, de forma a permitir a elaboração de relatório final contendo a descrição das circunstâncias, da materialidade e a conclusão técnica-jurídica a respeito da existência ou não da prática de crime, bem como acerca da indicação da provável autoria do delito por meio do ato do indiciamento.

24. Descreva a utilidade do inquérito policial.

O inquérito policial subsidia todos os atores do processo penal na realização de suas funções constitucionais, como a defesa, a acusação e, principalmente, o juízo, na condição de destinatário final das provas produzidas pela polícia judiciária e das conclusões técnico-jurídicas da autoridade policial.

De forma imediata, o inquérito policial proporciona o embasamento necessário para que o juiz possa avaliar a pertinência do arquivamento ou a existência de justa causa para a abertura da ação penal apresentada pelo órgão de acusação.

No decorrer de eventual ação penal, o inquérito fornece subsídios para os atores processuais na realização da instrução do julgamento. Ao término da instrução da ação penal, o inquérito auxilia o juiz na sua decisão quanto ao mérito da acusação.

Nesse sentido, o inquérito policial municia as partes na tomada de decisão quanto às estratégias a serem adotadas, seja pela defesa ou pelo órgão de acusação durante todas as fases do processo penal, antes da ação penal, no decorrer dela e ao final, não sendo, portanto, um instrumento unidirecional.

25. Explique a origem do inquérito policial.

A expressão inquérito policial foi utilizada pela primeira vez no Decreto nº 4.824 de 22 de novembro de 1871, que regulamentou a Reforma Judiciária realizada por meio da Lei nº 2.033, de 20 de setembro de 1871.

A alteração legislativa aprofundou a separação das funções de investigação criminal preliminar e de julgamento iniciada com a Lei nº 261, de 3 de dezembro de 1842, de modo a transferir definitivamente a titularidade da primeira fase do processo penal da figura dos juízes para os Chefes de Polícia, seus Delegados e Subdelegados.

Nesse sentido, a origem do instituto do inquérito policial está relacionada profundamente ao momento histórico em que ocorreu, de fato, a separação clara das funções de investigação e de julgamento, entre autoridade policial e autoridade judicial.

O inquérito policial foi conceituado, originariamente, no art. 42 do Decreto nº 4.824 de 22 de novembro de 1871, como sendo o conjunto de *"todas as diligencias necessarias para o descobrimento dos fatos criminosos, de suas circumstancias e dos seus autores e complices"*, definição que permanece atual até hoje.

26. Discorra sobre a presidência do inquérito policial.

O inquérito policial é procedimento de investigação criminal preliminar presidido pelo Delegado de Polícia na qualidade de autoridade policial, cabendo a ele a requisição de todo tipo elementos considerados necessários para o esclarecimento dos fatos investigados, como perícias, informações, documentos e dados que interessem, na forma do art. 2º da Lei nº 12.830/2013.

Cabe ao Delegado de Polícia presidir o procedimento investigação criminal preliminar utilizando-se dos instrumentos legais para a produção de provas e diligências de forma discricionária, desde que necessárias, adequadas e proporcionais à espécie de delito investigado e à complexidade dos fatos apurados.

27. Descreva a origem histórica da autoridade policial e estabeleça sua relação com a função de Delegado de Polícia.

A expressão autoridade policial possui origem na Lei nº 261, de 3 de dezembro de 1842, que alterou o Código de Processo Penal de 29 de novembro de 1832, para transferir as atribuições judiciais e policiais, anteriormente conferidas aos Juízes de Paz, para os Chefes de Polícia e aos seus Delegados – denominados autoridades policiais.

Os Delegados e os Subdelegados eram escolhidos entre Juízes Municipais, Juízes de Paz, bacharéis formados, ou quaisquer outros cidadãos, nos termos do Regulamento nº 120, de 31 de janeiro de 1842. Apesar de ter-se implementado certa separação das funções de investigação e julgamento entre as autoridades policiais e judicias, a lei ainda conferia poderes de julgamento às autoridades policiais, e esta função era exercida em grande parte pelos próprios juízes.

No ano de 1871, o processo penal brasileiro sofreu nova modificação com a Reforma Judiciária estabelecida pela Lei nº 2.033, de 20 de setembro e a regulamentação do decreto 4.824 de 22 de novembro. Foi implementada, de fato, a separação das funções de julgamento e de instrução prévia, transferindo-se a titularidade da investigação criminal dos juízes para os Chefes de Polícia, seus Delegados e Subdelegados, e retirando-se das autoridades policiais as funções de julgamento que ainda possuíam.

Desde esse momento histórico até hoje em dia, a autoridade policial é exercida pelos Delegados de Polícia, na forma do que estabelece o disposto art. 2º, § 1º, da Lei nº 12.830/2013.

28. Relacione a ideia de polícia investigativa com a atividade de polícia judiciária.

A Constituição Federal conferiu às instituições de polícia judiciária atribuições para *"apurar de infrações penais"* (art. 144, §1º, inciso I) e *"funções de polícia judiciária"* (art. 144, §1º, inciso IV) com o objetivo de especificar quais são as missões constitucionais das Polícias Civis e da Polícia Federal, de tanto conduzirem a investigação criminal preliminar, como darem cumprimento às decisões judiciais que digam respeito à atribuição investigativa.

Nesse tom, o sentido de polícia investigativa engloba e está imbricado com o de polícia judiciária. Isso porque, no decorrer de uma investigação criminal, quando se mostra necessária a realização de diligências mais invasivas que dependam de autorização judicial, a polícia investigativa não apenas será a responsável, em regra, por apresentar o pedido ao juízo, como naturalmente ela será responsável por dar efetividade à decisão judicial proferida, no exercício da sua missão constitucional de investigar criminalmente.

Dessa forma, a Constituição Federal apenas esclareceu que aquelas instituições que receberam a atribuição de realizarem a investigação criminal preliminar serão aquelas que darão cumprimento às ordens judiciais, e não estabeleceu, verdadeiramente, uma diferenciação e uma independência dessas funções.

29. Explique por que o inquérito policial é apuratório.

O inquérito policial é um procedimento apuratório, porque por meio dele se realiza o esclarecimento das circunstâncias, da materialidade e da autoria das infrações penais, mediante a reconstrução do fato investigado, com objetivo obter a verdade processualmente possível.

O inquérito policial não é propriamente inquisitorial, eis que a função de realizar a investigação criminal é feita pela autoridade policial sem que haja acúmulo de outras funções no Sistema de Justiça Criminal, e sem a ingerência de outros atores processuais, como o juiz ou o acusador. As tarefas de acusar, defender, julgar e executar a pena são realizadas por pessoas diversas no sistema de persecução criminal.

O Poder Judiciário realiza o controle da legalidade da instrução preliminar do processo penal, analisando as diligências realizadas pela polícia judiciária, bem como apreciando pedidos para adoção de medidas mais invasivas que dependam de autorização judicial (juiz garantidor de direitos).

No decorrer do inquérito policial, o órgão de acusação atua como "*custos legis*" fiscalizando as investigações realizadas pela polícia e verificando a sua legalidade.

30. Admitem-se o direito de defesa e o contraditório no inquérito policial?

São admitidos o direito de defesa e o contraditório a partir do momento em que a pessoa investigada toma conhecimento formalmente da existência do inquérito policial que pode vir a lhe implicar penalmente no futuro.

Nesse momento processual, o contraditório e a ampla defesa não se aplicam obviamente sobre a acusação que ainda não existe, mas sim sobre as provas e os elementos de informação produzidos pela polícia judiciária, bem como sobre as conclusões técnico-jurídicas apresentadas pelo Delegado de Polícia.

O direito de defesa e o contraditório permitem que o investigado tenha a capacidade de influenciar a autoridade policial na condução do procedimento de instrução criminal, bem como nas suas conclusões técnico-jurídicas a respeito do material produzido.

São exercidos em diversos momentos do inquérito policial, seja no decorrer da instrução quando é permitido ao investigado apresentar requerimentos para a juntada de documentos de seu interesse, solicitar a produção de provas, ou ainda indicar onde se encontram elementos desconhecidos pela autoridade policial (art. 14 do CPP), seja durante o interrogatório do indiciado (art. 6º, inciso I do CPP), ou ainda após a decisão de indiciamento, quando o indiciado terá a oportunidade trazer aos autos elementos que possam alterar a sua condição de provável autor do delito, levando a autoridade policial a desindiciá-lo.

31. Examine o sigilo no inquérito policial.

Em regra, o inquérito policial é um procedimento em que a decretação do sigilo é necessária, a fim de permitir a elucidação do fato criminoso mediante a garantia do interesse da sociedade de um lado (art. 20 do CPP), e de outro a preservação da intimidade das pessoas em torno do fato, aí incluído o próprio investigado, enquanto ainda não existe um posicionamento do Estado a respeito da autoria acerca da prática da infração penal (art. 5º, incisos X e LX, da CF).

O sigilo do inquérito policial é externo aos sujeitos processuais, portanto somente é dirigido ao público em geral, não atingindo naturalmente o juiz, o órgão de acusação, bem como a defesa do investigado, em relação aos atos de polícia judiciária que já tenham sido concluídos e documentados nos autos. Não se admite o inquérito policial secreto, aquele em que o sigilo ocorre internamente aos sujeitos processuais.

32. Pode o investigado ter acesso ao inquérito policial sigiloso, bem como às diligências em andamento?

A Súmula Vinculante nº 14 do Supremo Tribunal Federal estabelece ser *"direito do defensor, no interesse do representado, ter acesso amplo aos elementos de prova que, já documentados em procedimento investigatório realizado por órgão com competência de polícia judiciária, digam respeito ao direito de defesa".*

Dessa forma, a Suprema Corte somente conferiu ao investigado o direito de acesso aos elementos de prova que já estejam documentados nos autos do procedimento de investigação criminal preliminar e que digam respeito necessariamente a sua situação processual penal.

A Suprema Corte resguardou o sigilo de diligências que não se exaurem em si mesmas, mas que apontam ou indicam para a realização de outras dentro do projeto de investigação da autoridade policial, de modo a garantir, por exemplo, a efetividade de medidas cautelares sigilosas que se mostrem pertinentes a partir da realização das investigações.

33. Explique a discricionariedade do inquérito policial.

O inquérito policial é um procedimento discricionário, uma vez que a autoridade policial decide a partir do seu entendimento técnico-jurídico quais as provas e diligências que são necessárias para o esclarecimento do fato criminoso, definindo a ordem e a forma de sua realização para a maior efetividade e eficiência da instrução criminal prévia, a partir, obviamente, dos instrumentos previstos na legislação e nos exatos limites em que autorizados pela Constituição Federal.

Essa discricionariedade da autoridade policial encontra limite também na proporcionalidade dos atos praticados durante a instrução criminal a partir da análise da espécie dos delitos investigados. Nesse sentido, é preciso que a instrução preliminar mostre adequação com o tipo do delito investigado, que as diligências empregadas sejam necessárias para o esclarecimento do fato, bem como que sejam proporcionais à complexidade e gravidade dos crimes investigados.

34. Discorra a respeito da obrigatoriedade do inquérito policial.

O inquérito policial é um procedimento que deve ser empregado obrigatoriamente quando o Delegado de Polícia se depara com elementos mínimos de autoria e materialidade a respeito da prática de uma infração penal.

Nesse sentido, a autoridade policial tem a obrigação de instaurar inquérito policial de ofício ao tomar conhecimento da notícia da prática de um crime de ação penal pública incondicionada. O inquérito policial também pode ser instaurado a partir de notícia crime encaminhada pelo juiz, pelo órgão da acusação ou pela vítima.

Caso não estejam presentes elementos mínimos para a instauração do inquérito policial, a autoridade policial deverá realizar a verificação de procedência de informações (VPI) de forma a obter dados mais robustos que forneçam justa causa para abertura do inquérito ou que justifiquem o arquivamento da notícia crime.

35. Examine a indisponibilidade do inquérito policial.

O inquérito policial é um procedimento indisponível para a autoridade policial, uma vez que não poderá ser arquivado diretamente por ele.

A autoridade policial deverá apresentar relatório final solicitando o arquivamento do inquérito nos casos em que verificar que o fato investigado não constitui infração criminal, que não é possível a identificação da autoria, que estão presentes circunstâncias para exclusão da ilicitude ou culpabilidade, ou que há incidência da prescrição.

36. Explique a oficialidade do inquérito policial.

O inquérito policial é procedimento de investigação criminal preliminar oficial do Estado. É realizado pelos órgãos oficiais de polícia judiciária, sendo presidido pelo Delegado de Polícia, na qualidade de autoridade policial.

Dessa forma, cabe às polícias judiciárias realizar a o inquérito policial não apenas nos casos de crimes de ação penal de iniciativa pública e condicionada a representação, mas também daquelas de iniciativa privada.

37. Discorra a respeito da temporalidade do inquérito policial.

O inquérito policial é um procedimento temporário porque não pode se eternizar no tempo. Não existe o direito absoluto do Estado de realizar a persecução penal indefinidamente.

A autoridade policial deverá terminar o inquérito no prazo de 10 dias se o indiciado estiver preso e em 30 dias se estiver solto (art. 10, *caput*, do CPP). Nos casos em que o fato investigado for de difícil elucidação e o indiciado estiver solto, a autoridade policial poderá requerer prazo para a continuidade das investigações (art. 10, §3º, do CPP).

Inobstante a possibilidade de prorrogação das investigações, as dilações de prazo do inquérito não podem se perpetuar de forma injustificada, desnecessária ou desproporcional, em consideração à espécie do delito praticado e à complexidade do caso investigado. Aplica-se ao inquérito policial o princípio da duração razoável do processo, previsto no art. 5º, inciso LXXVIII, da Constituição Federal.

38. Examine a indispensabilidade do inquérito policial.

O inquérito policial é um procedimento de investigação criminal preliminar, em regra, indispensável para o processo penal e para a promoção da justiça, nos termos do que estabelece o princípio do devido processo legal (art. 5º, inciso LIV, da CF).

A partir do inquérito policial será feita a produção de provas a respeito das circunstâncias, da materialidade e autoria para o esclarecimento do fato criminoso de modo a subsidiar os atores processuais, defesa, acusação e juízo, para a tomada de decisão quanto à pertinência de se iniciar a segunda fase do processo penal com o recebimento da ação penal.

A indispensabilidade do inquérito policial possui fundamento também a partir da sua função preservadora. A instrução preliminar objetiva evitar que inocentes sejam levados a responder ações penais indevidamente, em respeito aos direitos humanos e garantias fundamentais, e em atendimento ao princípio do devido processo legal.

A exceção da indispensabilidade do inquérito policial está prevista no artigo 39, §5º do Código de Processo Penal, segundo o qual o órgão de acusação somente poderá dispensar o inquérito policial quando estiver diante de elementos suficientes para apresentar a ação penal.

39. Explique o valor probatório do inquérito policial.

O inquérito policial é procedimento de investigação criminal preliminar com valor probatório no processo penal. Isso porque admite-se que o juiz decida com base na instrução processual penal realizada no inquérito policial, desde que existam outras provas para fundamentar a sentença (art. 155 do CPP).

Nesse sentido, o valor probatório do inquérito policial é demonstrado a partir da compreensão de que grande parte das medidas de investigação empregadas no decorrer do inquérito policial consistem em provas cautelares, não repetíveis e antecipadas, em que o contraditório em geral se dará de forma diferida.

Em virtude do valor probatório do inquérito policial, as nulidades eventualmente praticadas durante a fase de instrução processual penal preliminar podem contaminar a etapa do julgamento.

40. Diferencie e exemplifique as provas cautelares, não repetíveis e antecipadas.

Em parte das investigações criminais realizadas pela polícia judiciária no inquérito policial são produzidas provas cautelares, não repetíveis e antecipadas.

As provas cautelares são aquelas em que há um risco de desaparecimento do objeto da prova em razão do decurso do tempo, de modo que exigem a sua produção naquele momento. Geralmente, exigem autorização judicial por demandarem que a polícia judiciária ingresse na esfera da privacidade e da intimidade do investigado. O contraditório ocorre de forma diferida, sob pena de esvaziar a utilidade da medida investigativa. São exemplos de provas cautelares as interceptações telefônicas, bem como as buscas em residências e locais de trabalho dos investigados.

As provas não repetíveis são aquelas que, uma vez produzida, não tem como ser novamente coletada, em virtude do desaparecimento da fonte de prova. Não depende de autorização judicial, de forma que a autoridade policial determina sua produção no exercício de seus próprios poderes. Geralmente, o contraditório é diferido porque dada a urgência da produção da prova não é possível a presença das partes na sua constituição, como por exemplo, no caso de exame pericial em crimes cujos vestígios podem desaparecer.

As provas antecipadas são aquelas produzidas com a observância do contraditório real perante o juiz, antes da ação penal ou em momento processual diverso do que devia ser produzido, em virtude de situação de urgência e relevância. A polícia judiciária verifica a necessidade de produção da prova naquele momento e representa ao juízo para que acompanhe juntamente com as partes a produção das provas.

41. O que é a notícia crime inqualificada ou apócrifa?

A notícia crime inqualificada ou apócrifa é aquela que narra um fato criminoso sem indicar a origem da informação. Conforme a jurisprudência da Suprema

Corte, a notícia crime inqualificada ou apócrifa, considerada isoladamente, não fornece justa causa para o início de ação penal ou mesmo a instauração de inquérito policial, mas tem força suficiente para permitir a abertura de verificação de procedência de informações (VPI), a qual tem o objetivo apurar a veracidade das informações apresentadas anonimamente.

A partir do resultado da apuração em sede de diligências preliminares o Delegado de Polícia pode obter elementos que justifiquem a instauração do inquérito policial, ou mesmo que motivem o arquivamento da notícia crime.

42. Discorra sobre as diligências de polícia judiciária realizadas na instrução do inquérito.

Diligências de polícia judiciária são ferramentas empregadas durante o inquérito para o esclarecimento do fato e estão previstas de forma dispersa no Código de Processo Penal e na legislação penal extravagante.

As diligências policiais comuns, denominadas de técnicas ordinárias de investigação, estão em grande parte previstas no art. 6º do CPP, como a preservação do local do crime, a realização de perícias, a apreensão de objetos, oitivas do ofendido e das testemunhas, o interrogatório do indiciado, a realização de acareações, o reconhecimento de pessoas ou coisas e a reconstituição do fato.

As diligências policiais especiais, conhecidas como técnicas especiais de investigação, estão previstas em geral na Lei de Combate ao Crime Organizado (art. 3º da Lei nº 12.850/13), como a colaboração premiada, a captação ambiental de sinais eletromagnéticos, óticos ou acústicos, a ação controlada, a interceptação de comunicações telefônicas e telemáticas, o afastamento do sigilo financeiro, bancário e fiscal e a infiltração policial.

43. Discorra sobre o ato do indiciamento.

O indiciamento é o ato formal em que o Delegado de Polícia, na qualidade de autoridade policial, realiza a análise técnico-jurídica de um fato criminoso, decide a respeito da existência da prática de infração penal e atribui a autoria ou participação a determinada pessoa, fazendo incidir sobre ela os seus efeitos.

De um lado, o indiciamento consiste no reconhecimento formal feito pelo Estado no sentido de que determinada pessoa, antes considerada um mero suspeito, é agora o provável autor do um delito típico, antijurídico e culpável.

De outro lado, o indiciamento é o ato que marca o reconhecimento formal do investigado como fonte de direitos e garantias processuais penais.

O indiciamento é ato privativo do Delegado de Polícia, de modo que não pode ser determinado por juiz, pelo órgão de acusação ou por Comissão Parlamentar de Inquérito.

Pode ser realizado de forma direta, na presença do investigado, ou indiretamente, quando o investigado não está presente.

44. É admitido o indiciamento de parlamentares pela prática de crime comum em inquérito originário do Supremo Tribunal Federal?

A jurisprudência do Supremo Tribunal Federal estabelece que o indiciamento das autoridades detentoras de prerrogativa de foro privilegiado previsto no art. 102, inciso I, alínea "a" da Constituição Federal, pode ser realizado pela autoridade policial, desde que haja autorização do Supremo Tribunal Federal e pedido da Procuradoria Geral da República (PET 3825 e INQ-QO 2411, Rel. Ministro Gilmar Mendes, DJ 10.10.2007). Não se admitiu o indiciamento direto pela autoridade policial em inquérito instaurado de ofício, tendo em vista que o ato afetaria a competência da Corte.

Recentemente, o Ministro Roberto Barroso, em decisão monocrática, ao realizar a distinção de caso em relação à jurisprudência da corte (*distinguish*), entendeu que o indiciamento realizado diretamente pela autoridade policial é legítimo e independe de autorização judicial prévia, quando realizado ao final das investigações em inquérito que tenha sido autorizado pelo Supremo Tribunal Federal, e que o Ministro Relator tenha supervisionado a realização dos seus atos (PET 69235/2018 no INQ 4621).

45. Qual o entendimento do STF a respeito da competência Corte para processar e julgar a prática de crimes comuns por parlamentares?

A jurisprudência do Supremo Tribunal Federal entende que a competência da Corte para processar e julgar parlamentares federais pela prática de crimes comuns está limitada às infrações penais cometidas no exercício do cargo e em razão das funções (AP-QO 937, Rel. Ministro Roberto Barroso, DJ. 03.05.2018). Tal entendimento foi aplicado apenas aos parlamentares federais, e não para demais autoridades com foro perante o Supremo Tribunal Federal.

46. Descreva a atuação do Poder Judiciário e do Ministério Público durante a fase do inquérito policial.

Durante o inquérito policial, o Poder Judiciário e Ministério Público não possuem ingerência na condução e na realização da investigação criminal preliminar, atuando, respectivamente, no controle e na fiscalização da legalidade dos atos da polícia judiciária.

Basicamente, o Poder Judiciário tem 02 (duas) funções primordiais no inquérito policial. De um lado, o juiz deve ser inerte e somente atuar quando provocado pela autoridade policial quanto à autorização para o emprego de medidas investigativas mais invasivas – juiz garantidor de direitos. De outro lado, como presidente do sistema de justiça criminal, o juiz faz o controle da legalidade dos atos da polícia judiciária no decorrer do inquérito policial.

Em relação ao papel do órgão de acusação, ele tem a função precípua de fiscalizar a legalidade da atuação da polícia judiciária durante a condução e a realização da investigação criminal, agindo no controle externo da atividade policial na condição de *custos legis*.

47. O que é a verificação de procedência das informações (VPI)?

A verificação de procedência de informações (VPI) é procedimento previsto no art. 5º, §3º, do Código de Processo Penal, e tem o objetivo de apurar de modo preliminar a veracidade de informações prestadas acerca da prática de um crime, quando não existem elementos suficientes para justificar a instauração do inquérito policial.

Durante a verificação preliminar de informações serão realizadas diligências com objetivo de obter informações mais robustas a respeito da autoria e da materialidade da prática criminosa noticiada, a fim de fornecer justa causa para abertura do inquérito policial ou obter motivo para o arquivamento da notícia crime.

48. Discorra sobre o Termo Circunstanciado e a competência para lavratura.

O Termo Circunstanciado é espécie de investigação criminal preliminar prevista no art. 69 da Lei nº 9.099/95, presidido por Delegado de Polícia na qualidade de autoridade policial, e realizado pela polícia judiciária no caso dos crimes de menor potencial ofensivo.

A noção histórica originária do conceito de autoridade policial ligada à função do Delegado de Polícia, bem como a definição legal prevista no art. 2º, §1º, da Lei nº 12.830/13, no sentido de que cabe ao Delegado de Polícia na qualidade de autoridade policial a condução de inquérito policial ou de outro procedimento previsto em lei, não permitem a atribuição dessa qualidade a outra autoridade que não o Delegado de Polícia.

Dessa forma, não se admite a lavratura de Termo Circunstanciado por instituição e autoridade que não recebeu função de polícia judiciária, sob pena se interpretar ampliativamente matéria relativa a divisão dos poderes no Estado com o objetivo de prejudicar a situação do indivíduo e restringir direitos fundamentais.

49. Além dos procedimentos criminais preliminares de polícia judiciária, quais são outros admitidos no Brasil de forma excepcional?

No sistema brasileiro, em regra, os procedimentos de investigação criminal preliminar são presididos e realizados pela polícia judiciária.

Excepcionalmente, quando presentes certas condições, admitem-se outras espécies de sistemas de investigação criminal preliminar em que, ou a titularidade é atribuída a um ente externo à polícia, como na investigação excepcional e subsidiária do órgão de acusação (STF, RE 593.727, Rel. Min Cezar Peluso, DJ 14.05.15), ou a investigação é conduzida pela polícia judiciária por delegação e/ou supervisão do titular, como no caso das investigações realizadas em inquéritos originários dos Tribunais e nas investigações de membros do Poder Judiciário ou do Ministério Público.

50. Admite-se a investigação criminal preliminar da acusação? Examine a decisão do STF no RE 593.727 de Relatoria do Min. Cezar Peluso.

Em regra, não se admite a investigação criminal preliminar conduzida pelo órgão de acusação, por prejudicar direitos e garantias fundamentais do processo penal, como os direitos ao devido processo legal, à igualdade (isonomia) processual, à paridade de armas e a proibição do *bis in idem*.

A jurisprudência do Supremo Tribunal Federal somente admite a investigação da acusação de modo excepcional e subsidiário à atuação da polícia judiciária, quando ela não puder ou não tiver condições de investigar (STF, RE 593.727, Rel. Min Cezar Peluso, DJ 14.05.15).

A Suprema Corte ainda estabeleceu outras limitações à investigação criminal preliminar do Ministério Público: a primeira, no sentido de que o procedimento ministerial deve observar as mesmas regras procedimentais e controles do inquérito policial; e a segunda de que a investigação deve ocorrer por meios próprios, ou seja, sem a participação da polícia judiciária.

7

PROCESSO PENAL II - SEGUNDA PARTE

Samuel Neri

Sumário: I – Ação penal – **II** – Jurisdição e competência – **III** – Questões e processo incidentais – **IV** – Provas – **V** - Procedimento – **VI** – Nulidade – **VII** – Recursos.

I - AÇÃO PENAL

1. Qual a ação penal no crime de estelionato?

O crime de estelionato, com a alteração promovida pelo pacote anticrime – Lei 13964/19 – passou a incorporar em sua normatização a regra da ação penal pública condicionada a representação, salvo quando a vítima for a Administração pública (direta ou indireta), criança ou adolescente, pessoa com deficiência mental ou idosa ou incapaz, pois nestas exceções será pública incondicionada. A regra, antes da alteração, era que o estelionato se aplicava a ação penal pública incondicionada, sem margens para exceções.

Dessa forma, pós alteração a regra que seja condicionada, salvo as citadas exceções que serão incondicionadas, mantendo atualmente duas formas de ação no crime de estelionato a depender das características da vítima, pouco importando as condicionais pessoas do autor.

Todavia, questão importante a ser enfrentada neste tema de ação penal em crime de estelionato é saber se esta norma que alterou a ação penal de incondicionada para algumas hipóteses de condicionamento a representação deve ou não retroagir. Por óbvio que esta questão só ganha relevo quando não estiver presente nenhuma das circunstâncias especificadas nos incisos do §5º do art. 171 do Código Penal.

A questão não está pacificada na doutrina e nem na jurisprudência, apesar de haver entendimento jurisprudencial dominante no sentido da retroatividade da norma.

Fato inegável é que a norma (Art. 171, §5º, do CP) trouxe circunstância que favorecem o réu, na medida em que cria condicionamento para o exercício do *ius puniendi*, abrindo margens para aplicação de causas extintivas da punibilidade por meio da decadência do direito de representação se não for exercido no prazo legal de 6 meses, bem como permite a aplicação da retratação da representação.

Sendo assim, por ser mais benéfica estaria sujeita a rega da retroatividade da norma mais benéfica, insculpida no art. 5º, XL, da CRFB/88 – direito fundamental- e, portanto, todas a ações que não tivessem trânsito em julgado deveria ser submetidas à esta regra da representação conforme a determina a lei. A vítimas dos crimes de estelionato deveriam ser intimadas a representar sob pena de decair do seu direito de representação. Importante destacar que o legislador não estabeleceu regras para o chamamento da vítima para formalizar a representação, sendo esta uma construção doutrinária e jurisprudencial.

Nesse sentido, da retroatividade o STJ e o STF já se manifestaram a favor e apesar de ser decisão de turma, é o que se tem prevalecido até o momento dos julgamentos que chegaram nas cortes no que tange esta temática. Todavia o marco final para retroatividade, segundo o STJ, conforme Informativo 691 (abril de 2021) seria o oferecimento da denúncia, pois nestes casos o ato jurídico do exercício da ação já teria se aperfeiçoado. Entretanto a 2ª Turma do STF decidiu no sentido de que a retroatividade deve ocorrer até o trânsito em julgado, alcançando inclusive ações penais em curso, conforme decidiu no Habeas Corpus nº 180421 de junho de 2021.

Por todo, o que tem prevalecido é que a ação penal no crime de estelionato é como regra condicionada a representação, salvo as exceções prevista na lei, e que deve retroagir para todos os procedimentos de inquérito e investigações que estão em curso, com divergência de entendimento entre o STJ e STF em relação ao marco final dessa retroatividade mais benéfica, já que este entende que se aplica até o trânsito em julgado e aquele até o oferecimento da denúncia.

2. Qual a diferença sucessão processual e substituição processual?

A sucessão processual ocorre nos casos de ação penal de iniciativa privada e ação penal pública condicionada a representação, quando o dono desse direito morre, deixando o referido direito ao seu cônjuge, ascendente, descendente ou irmão. A sucessão pode ser do direito a propositura da ação, ou da representação, ou ainda do direito de continuar com a ação. Art. 24, §1º, CPP e Art. 31 do CPP. Já a substituição processual ocorre nos casos em que o dono do direito de ação não exerce no prazo legal, sendo substituído por outro legitimado. Essa legitimação, nos casos de substituição, é extraordinária. Art. 5º, LIX, CRFB/88, Art. 100, §3º, do CP e Art. 29 do CPP.

3. O que é decadência imprópria?

A decadência imprópria ocorre quando o ofendido não propõe, no prazo legal de seis meses, a ação penal privada subsidiária da pública, contados do dia em que se esgota o prazo para oferecimento da denúncia pelo Ministério Público. Cabe destacar que a decadência imprópria não gera a extinção da punibilidade.

4. A representação tem caráter objetivo ou subjetivo?

A representação tem caráter objetivo, pois é realizada em face do fato delituoso. Logo todos que concorreram para infração devem ser incluídos no polo passivo da ação penal respectiva.

Nesse sentido cabe destacar que a representação feita a um indivíduo a todos se estenderá. Em sentido contrário, a renúncia a representação em face de um indivíduo a todos também se estenderá.

5. Em relação as condições da ação, qual a natureza jurídica da sentença declaratória de falência nos crimes falimentares?

As ações para serem proposta devem observar as condições para seu regular exercício. Nessa concepção, as ações devem observar as condições gerais que se constituem na legitimidade, interesse de agir, possibilidade jurídica e justa causa. Além dessas condições já descritas, algumas ações exigem outras condições específicas. No caso dos crimes falimentares a decisão que decreta a falência era uma condição para o regular exercício da ação, se constituindo em uma condição de procedibilidade. Todavia com a alteração da lei de falência, Lei 11.101, por força do art. 180 a decisão deixou de ser condição de procedibilidade e passou a ser considerada condição de punibilidade.

6. Mas, qual a diferença de condição de procedibilidade para condição objetiva de punibilidade?

As condições de procedibilidade são de natureza processual e são condições necessárias para o exercício do direito de ação. Podem ser de natureza genérica ou específica. Já as condições objetivas de punibilidade são condições exigida pela lei para que o fato se torne punível e que está fora do injusto penal, chama-se objetiva, porque independe do dolo ou da culpa do agente. Encontra-se entre o preceito primário e secundário da norma penal incriminadora, condicionando a existência da pretensão punitiva do estado.

7. O que é *condição de prosseguibilidade?*

É uma condição que surge de forma superveniente a propositura da ação e irá condicionar o prosseguimento da ação penal ao estabelecimento desta condição. uma condição para que o processo tenha continuidade. Isso aconteceu com a lesão corporal leve. Em 1995, quando a lei dos juizados entrou em vigor, a representação funcionava como uma condição de PROSSEGUIBILIDADE para os processos penais que já estavam em andamento, e como uma condição de PROCEDIBILIDADE para os processos que ainda não tinham tido início. Vide art. 91 da 9.099/95.

8. O que é *delatio criminis* postulatória?

A *delatio criminis* é a notícia do fato a Autoridade Policial. Trata-se de uma das formas de cognição mediata em relação a Autoridade Policial, ou seja, a Autoridade toma conhecimento do fato supostamente delituoso por meio de terceiro. Pode ocorrer por meio da vítima ou de terceiros, nos casos de ação penal pública condicionada.

Quando a vítima ou terceira pessoa apenas comunica o fato delituoso para a Autoridade Policial chama-se de "delatio criminis simples".

Todavia em determinados caso além de comunicar o fato delituoso à Autoridade Policial a vítima solicita a instauração de inquérito policial, sendo que isso se denomina de "delatio criminis postulatória".

9. Qual o prazo e o termo inicial para o oferecimento da representação?

Via de regra o prazo é de 6 (seis) meses a contar do dia em que a vítima, querelante, souber quem é o autor da infração penal. Todavia essa regra comporta exceção nas circunstâncias de crime de induzimento a erro essencial e ocultação de impedimento (06 meses a partir do trânsito em julgado da anulatória de casamento, art. 236, §único, CP). Outra hipótese acontece nos crimes contra a propriedade imaterial: prazo de 30 dias ou 08 contados da homologação do laudo pericial, conforme seja, respectivamente de investigado em liberdade ou preso (arts. 529 e 530). Ultrapassado o prazo, sem o oferecimento da queixa, haverá a extinção da punibilidade (art. 107, IV, do CP)

10. É possível a retratação da representação?

A representação é uma condição especial da ação penal. Assim, a ação penal poder ser condicionada a representação do ofendido, que deve ser ofertada no prazo de 6 meses a contar do dia em que o ofendido souber que é o autor da infração penal. Nessa esteira, o ofendido terá o prazo de 6 meses para oferecer a representação, sem a qual a ação não poderá ser iniciada.

Todavia, mesmo depois de oferecida a representação pode o ofendido se arrepender e desistir do oferecimento da representação. Quando o ofendido oferece a representação e depois se arrepende, denomina-se retratação da representação.

A retratação da representação é disciplinada pelo código de processo penal e estabelece que só poderá ocorrer até que seja oferecida a denúncia. Então a retratação da representação é cabível até o Ministério Público formular a denúncia. Frisa-se que a retratação da representação é cabível até o oferecimento da denúncia e não com o recebimento da denúncia. Logo, uma vez formulada a denúncia e oferecida no juízo competente, mesmo que ainda não tenha decisão de recebimento ou rejeição, não poderá ocorrer a retratação da representação. Art. 25 do CPP.

11. É possível a retratação da retratação da representação?

A questão é não pacífica na doutrina, havendo duas correntes:

1ª Corrente: Na doutrina prevalece no sentido de que é possível, desde que, dentro do prazo decadencial de 6 meses. Essa posição é defendida pelo Doutrinador Norberto Avena).

2ª Corrente: Não é possível, a retratação da representação importa em renúncia ao direito de ação, acarretando a extinção da punibilidade, não sendo possível ao ofendido "voltar atrás". Isso se consistiria em um abuso do direito e não exercício de direito. Essa posição, apesar de se minoritária, é defendida pelos doutrinadores Nucci e Mirabete.

12. Qual o prazo para o oferecimento da requisição do ministro da justiça nos crimes praticados contra a honra do presidente da república?

Não tem prazo. O prazo de 6 meses é apenas para a ação penal condicionada a representação e não se aplica, por falta previsão legal, a requisição do Ministro da Justiça.

13. Qual é o prazo para o oferecimento da denúncia?

A regra do CPP é que no caso de réu preso será 05 dias, solto 15 dias, todavia existem leis especiais que estabelecem outros prazos:

1) Lei de drogas: 10 dias;

2) Código Eleitoral: 10 dias;

3) Abuso de Autoridade: 48 horas;

4) CPPM: 05 dias preso, 15 dias solto;

5) Crimes contra a economia popular – 02 dias.

14. O que é ação penal pública subsidiária da pública?

São as circunstâncias em que o dono da ação, Ministério Público, não propõe a ação penal no prazo surgindo assim um legitimado extraordinário que irá lhe substituir, contudo este legitimado também pertence a um órgão público.

Ou seja, haverá uma ação penal pública em substituição a outra ação penal pública. Isso pode ocorrer nas seguintes hipóteses, segundo a doutrina:

Ocorre nas hipóteses de crimes previstos no Art. 2º, § 2º, do Decreto lei 201/67, versando sobre os crimes de responsabilidade de Prefeitos que prevê que na hipótese de inércia do Procurador Geral de Justiça, poderá este ser substituído pelo Procurador Geral da República.

Nos casa de federalização do crime. Que ocorrer nas hipóteses de deslocamento de competência da Justiça Estadual para a Justiça Federal. Isso irá acontecer quando há grave violação dos direitos humanos e o estado ne mantem inerte. O competente para julgar esse caso é o STJ, mediante representação do Procurador Geral da República.

15. O que é criptoimputação?

A doutrina denomina criptoimputação a imputação formulada sem a presença dos elementos mínimos essenciais para sua identificação como crime, isto é, quando há defeito severo na narração fática na denúncia, como na hipótese de imputação formulada apenas com as elementares do tipo penal, sem a devida vinculação aos fatos objeto de investigação. Como consequência, em razão da impossibilidade de defesa advinda da criptoimputação, a denúncia deve ser rejeitada (Art. 395, I, do CPP). Sendo recebida a denúncia, ainda que com o defeito na narração, pode ocorrer absolvição sumária na forma do art. 397, inc. III, do Código de Processo Penal, ou mesmo impetração de *Habeas Corpus* por faltar ao processo elemento essencial, hábil a configurar nulidade nos termos do art. 564, inc. IV, do Código de Processo Penal.

16. É possível a sucessão processual na ação penal privada personalíssima?

A ação penal personalíssima é aquela relativa ao crime de induzimento a erro essencial e ocultação de impedimento previsto no art. 236 do CP. Nessa hipótese, justamente por se tratar de uma questão extremamente pessoal, com a morte da vítima o direito de queixa morre com ele. Não admite a sucessão. Assim como no caso da ação que já estiver sido proposta, com a morte da vítima, que é o querelante, a ação irá perecer.

17. É possível processo judicialiforme no ordenamento jurídico?

O processo judicialiforme é aquele que o juiz inicia de ofício. No ordenamento jurídico brasileiro não é admissível, pois como vigora o sistema acusatório, o juiz deve se manter distante das funções de parte. Iniciar o processo, com a denúncia ou queixa, é função de parte. A jurisdição pressupõe a inércia. Ne procedat iudex ex officio. O processo, antigamente, tratando-se de contravenções penais, tinha início pelo auto de prisão em flagrante ou portaria da autoridade policial ou judiciária. Previsto no Art. 26 CPP e no 531. Este processo judicialiforme não foi recepcionado pela CF. O art. 531 foi revogado pela Lei 11.719/08. Independentemente dessa revogação, o processo judicialiforme já não tinha sido recepcionado pela CF, que em seu art. 129, I, dá atribuição privativa ao MP para oferecimento de denúncia.

18. Qual a espécie de ação penal no crime de injúria racial?

Os crimes contra a honra, injúria, calúnia e difamação, tem como regra o estabelecimento de ações penais privadas. Todavia em determinados casos específicos a ação poderá ser pública condicionada a representação. No caso da injúria que são proferidas ofensas se utilizando o autor de elementos de raça, cor, etnia, religião, origem ou condição de pessoa idosa ou portadora de deficiência, denominada pela doutrina e jurisprudência como "injúria racial" possui uma ação penal pública condicionada a representação.

19. Qual a espécie de ação penal no crime de racismo?

Ação penal pública incondicionada, pois o crime de racismo (lei 7.716/89) não atinge só a honra de uma pessoa, é uma oposição indistinta a toda uma raça, etnia, religião, procedência nacional. (STJ RHC 19166 e STF HC 90187). Consiste na segregação em decorrência de elementos de raça, cor, etnia, religião ou procedência nacional.

20. Qual a ação penal nos crimes contra honra praticados contra o funcionário público em razão do cargo?

Nesse caso existem duas possibilidades. Pode ser mediante queixa do próprio funcionário público ou mediante representação ofertada e neste caso o dono do direito de ação será o Ministério Público, conforme súmula 714 do STF. Todavia essa legitimidade, do próprio funcionário ofendido (mediante queixa-crime) e do Ministério Público mediante representação é uma legitimidade concorrente (ALTERNATIVA). Uma vez eleita uma via, não pode o funcionário público mais mudá-la (RHC 19.166/STJ).

21. Qual a ação penal nos crimes de lesão corporal culposa praticada na direção de veículo automotor?

A lesão corporal culposa na direção de veículo automotor geralmente será pública condicionada a representação. Todavia se o condutor estiver embriagado, participando de racha ou *transitando em velocidade superior à máxima permitida para a via em 50 km/h* transitando em velocidade superior à máxima permitida para a via em 50 km/h, a ação penal será pública incondicionada.

22. Qual a ação penal nos crimes lesão corporal praticado na relação de violência doméstica?

A ação é pública incondicionada. Súmula 542 do STJ.

As ações penais nos crimes de lesão corporal leve são, como regra, de ação penal pública condicionada a representação. Essa espécie de ação sofreu alteração com a edição da Lei 9099/95, pois até a edição da referida lei a ação era pública incondicionada. Nesse diapasão, a lei 9099/95 estabeleceu que os crimes de lesão corporal leve e culposa seria de processado mediante ação penal pública condicionada a representação.

Questão relevante é entender que o escopo da lei 9.099/95 é o desencarceramento, ou seja, estabelecer medidas despenalizadoras, é não levar o autor da infração penal ao cárcere. Nesse sentido a referida lei estabeleceu diversas medidas despenalizadoras, como a composição civil dos danos, transação penal e suspensão condicional do processo.

Em contrapartida veio a lei 11.340/06, que definiu quais são as espécies de violência doméstica praticada contra a mulher e dispensou tratamento mais rígido, justamente como forma de coibir a prática desse delito. A lei conhecida por lei Maria da Penha, tem a finalidade de dar tratamento mais rigoroso, ainda que no âmbito do processo ou procedimento.

O art. 41 da Lei 11.340/06 afastou a incidência da Lei 9.099/95 e todos seus consectários. Sendo assim, ao afastar a lei 9.099/95 a Lei Maria da

Penha afastou não só os institutos despenalizadores que beneficiam o réu como também afastou a natureza da ação penal nos casos de lesão leve, pois era justamente a lei 9.099/95 que disciplinava a espécie de ação definindo-a como ação pública condicionada a representação.

Frente a ausência de norma específica, ainda que por meio do afastamento provocado pelo referido Art. 41 da Lei 11.340/06, volta-se a regra geral que é tratar todas as ações penais como pública incondicionada. Isso se coaduna com o espírito da Lei Maria da Penhas que vem para dar esse tratamento mais rígido a esta espécie de delito. Assim ao definir que a ação penal é pública incondicionada retira-se da vítima a possibilidade de retratação da representação o que normalmente acontecia e que provocava a impunidade e reincidência dessa espécie de delito.

23. Qual a ação penal no crime de estupro de uma mulher adulta e plenamente capaz?

➜ Ação penal pública incondicionada. Importante destacar a cronologia da questão relativa as espécies das ações penais nos crimes contra a dignidade sexual. Inicialmente o crime de estupro se processava mediante ação penal privada, pois entendia que deveria ser decisão da vítima a propositura da ação ou não. Reviver toda a angústia proveniente de um crime tão bárbaro deveria ser decisão da vítima e cabia apenas a ela essa decisão tão difícil.

Todavia, com o advento da lei 12.015/09 houve uma alteração na espécie de ação, que passou de privada para ação penal pública a representação. Nesse caso o processamento da infração penal continuava a depender da vontade da vítima, mas agora que arcava com a custas do processamento era o Estado já que o Ministério Público passou a ser o titular do direito de ação.

Por último, com o advento da lei 13.718/18, que alterou o art. 225 do CP, a ação penal passou a ser pública incondicionada.

Com essa última alteração a vontade da vítima cedeu espaço para a imposição do Estado que agora irá processar o autor da infração independente da vontade da vítima. Essa recente alteração sofre críticas, pois pode promover uma revitimização da ofendida. O entendimento que prevaleceu nesse caso foi no sentido de que depender da vítima acabava por gerar impunidade, pois as vezes a vítima não queria passar por todo o processo, sendo assim o autor da infração acabava por não ser punido.

24. O que é ação de prevenção penal?

É ação a ser proposta contra o inimputável do art. 26, *caput*, pois é uma denúncia que não pede condenação, mas medida de segurança, a chamada absolvição imprópria. A inimputabilidade é a incapacidade do indivíduo de entender que sua conduta é ilícita e de se autodeterminar de acordo com esse entendimento.

Como o indivíduo não sabe que praticou uma conduta ilícita de nada adianta aplicar-lhe uma pena, pois isso não irá surtir efeitos já que ele não reconhece que praticou uma conduta contrária ao direito. Sendo assim, quando ficar comprovado que o indivíduo praticou uma infração penal, mas ao tempo do crime, era inimputável, deve ele ser submetida a uma medida de segurança para que seja tratado.

II – JURISDIÇÃO E COMPETÊNCIA

25. Quais os princípios da jurisdição?

A jurisdição é o Poder estatal de dizer o direito no caso concreto e solucionar a lide. Está relacionada à soberania de um Estado. A jurisdição possui como princípios basilares o princípio do juiz natural; Princípio da investidura; Princípio da inércia; Princípio da indeclinabilidade; Princípio da Indelegabilidade; Princípio da irrecusabilidade (inevitabilidade); Princípio da unidade.

O princípio da Investidura informa que só é possível exercer a jurisdição que dela é investido. Sendo que a investidura ocorre pela aprovação em concurso público de prova ou de provas e títulos ou por nomeação através do quinto constitucional.

O princípio da inércia estabelece que a jurisdição só será exercida mediante provocação. Não deve o juiz exercer a jurisdição de ofício, pois isso implica no comprometimento de sua imparcialidade.

Já o princípio da indeclinabilidade, também conhecido como inafastabilidade da jurisdição prescreve que uma vez que a jurisdição é monopólio do Estado ele não pode se abster de prestá-la quando for demandado. Não pode o juiz deixar de prestar a jurisdição quando solicitado.

Indelegabilidade se refere a circunstância de que o juiz não pode delegar a sua função de jurisdição a outro órgão que não possua a jurisdição. Não pode o juiz, por exemplo, deixar o Ministério Público decidir o processo.

Nessa esteira, a irrecusabilidade, conhecida como inevitabilidade informa que as partes não podem recursar o juiz no exercício da prestação jurisdicional.

Por derradeiro a unidade correlaciona a soberania. A soberania de um Estado é uma, logo, como a jurisdição decorre dessa soberania também será uma. Por isso que devemos entender que a competência não pode ser a divisão da jurisdição já que esta é uma e indivisível, como a soberania. A competência é a delimitação do exercício da jurisdição.

26. Cite as principais diferenças entre a competência relativa e a competência absoluta?

A competência absoluta pode ser declarada de ofício, não preclui, existe o predomínio do interesse público, gera uma nulidade absoluta, pois presume-se o prejuízo à parte. Já a competência relativa não pode ser declarada de ofício, mas isso é controvertido na doutrina, está sujeito a preclusão caso não seja alegada na primeira oportunidade, existe o predomínio do interesse da parte, gera nulidade relativa e por isso deverá a parte comprovar o prejuízo.

27. O que é competência funcional?

A competência é a delimitação do exercício da jurisdição. Sendo assim a competência funcional, que é um dos critérios de fixação da competência, é aquela em que a competência é fixada de acordo com a função que cada um dos órgãos jurisdicionais exerce no processo. Trata-se de competência absoluta. Pode ser horizontal ou vertical.

28. Cite um exemplo de competência funcional horizontal:

A competência funcional leva em consideração a função que cada órgão jurisdicional exerce no processo. Sendo o Tribunal do Júri um procedimento bifásico que existe a figura do juiz togado, que é o seu presidente, e o jurados que são os juízes da causa, nota-se a aplicação dessa classificação nesse tipo de procedimento.

A título de exemplo podemos citar que no Tribunal do Júri, que ocorre a divisão da função no mesmo grua de jurisdição o juiz togado pronúncia, os jurados absolvem ou condenam. Ainda no mesmo procedimento o juiz togado, após a decisão dos jurados, realiza a dosagem da pena. Ocorre a divisão de funções entre órgão distinto (juiz togado e Jurado) no mesmo grau de jurisdição.

Outro exemplo de competência funcional horizonta ocorre no caso de exigência de reserva de plenário nas ações que versem sobre inconstitucionalidade.

A competência funcional também pode ser vertical, nesse caso a divisão de função residirá em graus diferentes. Essa competência também é conhecida como competência funcional por hierarquia.

29. Em relação a justiça especial, no tocante a justiça militar estadual. Um militar no exercício de sua função que pratique o crime de abuso de autoridade deverá ser processado e julgado em qual juízo?

Até a recente alteração do art. 9º, II, do CPM os crimes de abuso de autoridade (lei 4898/65) eram de competência da justiça comum. Todavia, atualmente quase todos os crimes praticados por militares estaduais, ainda que a vítima seja civil, serão de competência da justiça militar estadual, salvo os crimes dolosos contra a vida. A súmula 172 do STJ está prejudicada pela alteração legislativa promovida pela lei.

30. Todo crime de atribuição da polícia federal será da competência da justiça federal?

Uma coisa é a atribuição investigativa outra é a competência jurisdicional. O fato de um crime se da atribuição da Polícia Federal não irá, necessariamente, atrair a competência da Justiça Federal. Podemos citar como exemplo o caso dos crimes que necessitam de uma repressão uniforme, como previsto no art. 144, §1°, I, da CRFB/88, no caso de crime interestadual. Nesse caso, apesar de ser atribuição da polícia federal realizar a investigação a competência continuará sendo da Justiça estadual.

31. Os correios, empresa brasileira de correios e telégrafos, que é uma empresa pública pode ter franqueados. No caso de ocorrer um crime contra uma das agências franqueadas dos correios? De quem é a competência?

A competência será da Justiça estadual (HC 39.200-SP, Rel. Min. Hélio Quaglia Barbosa, julgado em 29/11/2005). Apenas quando o próprio ente explorar a atividade é que a competência será da Justiça Federal, pois nesse caso o prejuízo será em detrimento de ente da União.

32. Um crime de roubo em uma casa lotérica. de quem é a competência jurisdicional?

A competência se divide em competência comum e especial. A competência especial se subdivide em militar e eleitoral. Já a competência comum pode ser federal ou estadual. A competência federal é tida como competência expressa, já a competência estadual é tida como residual, ou seja, o que não for da competência da Justiça Federal sobrará para a Justiça Estadual.

Nessa linha, devemos observar se o caso se adequa aquelas situações expressamente prevista como competência da Justiça Federal. O Art. 109 da CRFB/88 estabelece que será de competência da justiça federal as entidades da autárquicas ou empresas públicas federal, sendo que as agências de loterias são apenas permissionárias de serviço público.

Dessa forma, um roubo a uma loteria afeta o patrimônio privado do permissionário e não da União, logo a competência é da justiça estadual comum. (RHC 59.502/SC, Rel. Ministra MARIA THEREZA DE ASSIS MOURA, SEXTA TURMA, julgado em 25/08/2015, DJe 11/09/2015)

33. O crime de contrabando é de competência de qual juízo?

O crime de contrabando afeta a nacionalidade do nosso Estado, pois se constitui no ingresso de objeto ilícito no país. Sendo assim, afeta o interesse da União e por isso será de competência da Justiça Federal.

Entretanto devemos estabelecer que dentre a Justiça Federal será competente a Justiça Federal do local da apreensão do material contrabandeado. Súmula 151 do STJ.

34. Os crimes contra a ambientais são de competência da justiça estadual ou federal?

Via de regra os crimes ambientais são da competência da Justiça estadual. Serão, entretanto, da competência da Justiça Federal quando se tratar de bem da União. A preservação do meio-ambiente é de interesse de toda a coletividade e não apenas da União. Sendo assim, quando o crime ambiental for praticado no interior de bem da União, competência da Justiça Federal. Como por exemplo de pesca proibida (período) em mar territorial, que é bem da União. Ou ainda no caso de extração ilegal de recursos minerais, que são bens da União entre outras hipóteses.

35. Telbaldo, servidor público estadual, estava trafegando com seu veículo em uma rodovia estadual quando foi abordado por uma viatura da polícia rodoviária federal, os policiais estavam voltando do almoço e desconfiaram de Telbaldo que conduzia um veículo com insulfilme muito escuro. Ao ser abordado, Telbaldo apresentou aos policiais rodoviários uma CNH, documento emitido por órgão estadual, ideologicamente falsa. Nesse caso, de quem é a competência jurisdicional para processar e julgar Telbaldo?

A competência é da justiça federal, pois o crime de uso de documento falso tem a competência fixada em razão de quem o documento é apresentado e não do órgão emitente. Súmula 456 do STJ.

36. Uma contravenção penal praticada em face de servidor público federal, em razão do cargo, de quem é a competência?

A competência será da Justiça estadual, pois via de regra a Justiça Federal não julga as contravenções penais de acordo com o art. 109, IV, da CRFB/88. A exceção acontecerá quando a contravenção for praticada por juiz federal, por exemplo, que neste caso terá a competência da justiça federal em razão do foro por prerrogativa de função.

37. Uma encomenda, encaminhada pelos correios, saiu do estado do Rio de Janeiro, fez uma parada para triagem em São Paulo, mas possuía como destino Curitiba. Todavia, durante a triagem em São Paulo se descobriu o conteúdo que se constituía em droga ilícitas. Nesse caso, qual o juízo competente? RJ, SP ou Curitiba?

A competência será fixada em razão do local da apreensão da droga. Logo, a competência será da justiça estadual de São Paulo (Súmula 528 do STJ).

38. Deputado federal agride sua esposa em apartamento cedido pela união em razão do cargo que ele exerce, ou seja, apartamento funcional. Quem é o juiz competente para julgar este crime???

A competência será da vara estadual especializada em violência doméstica, pois de acordo com a nova orientação do STF o foro por prerrogativa de função que goza o deputado federal, que seria no STF, só se aplica se a infração penal estiver relacionada com o cargo. Nesse caso concreto é evidente que a infração penal nada tem a ver com o cargo, por isso será da competência da justiça especializada e não se aplica a competência por prerrogativa de função. (Ação penal 937 STF)

39. Em relação à competência territorial, qual teoria foi adotada pelo Código de Processo Penal para estabelecer o lugar do crime?

O CPP no art. 70 estabeleceu a teoria do resultado para fixar o local do crime. Dessa forma o local do crime será onde ocorre a consumação.

40. Levando em consideração que o CPP adotou a teoria do resultado para fixar o lugar do crime, existe exceção a esta regra? Qual?

Apesar do lugar da consumação ser utilizado como critério para fixar a competência a doutrina e jurisprudência admitem uma exceção, no caso de homicídio quando a vítima é deslocada para receber atendimento médico. Imagine a situação de uma pessoa esfaqueada em Minas Gerais, mas que foi transferida para um Hospital em São Paulo, devido sua expertise no tratamento daquele tipo de ferida, e porventura venha a óbito no estado de São Paulo. Se aplicarmos a regra do lugar do crime a justiça de São Paulo seria a competente. Entretanto, como as provas, a repercussão social do crime, as testemunhas estão todas em Minas Gerais a doutrina e jurisprudência adotam, excepcionalmente, a teoria da atividade. Nessa teoria da atividade o local do crime é onde aconteceu a ação, independentemente de onde venha acontecer ao resultado.

41. Cite um exemplo de conexão intersubjetiva por reciprocidade.

Essa espécie de conexão pressupões a multiplicidade de infrações penais e de autores. Pode citar a título de exemplo lesões corporais recíprocas.

42. Cite um exemplo de continência por cumulação subjetiva.

Ao fixar a competência devemos levar em consideração que um crime pode ser praticado em conjunto com outro, ou ainda que o crime pode ser praticado por mais de uma pessoa em concurso. Nesse raciocínio teremos disciplinado no CPP, as causas de conexão e continência. A continência, alvo da indagação, pode ser por cumulação objetiva ou subjetiva.

Quando duas ou mais pessoas forem acusadas da mesma infração teremos o caso de continência por cumulação subjetiva. Podemos citar como exemplo do crime de rixa, onde várias pessoas são acusadas do mesmo crime, contudo também podemos citar um homicídio praticado por duas pessoas em concurso. Importante destacar que a continência importa em crime único. Ainda que existam vários autores, como nos crimes de concurso necessário, a imputação é da mesma infração penal.

43. Um autor pratica um crime de sequestro no estado do Rio de Janeiro, mas leva sua vítima para outros diversos cativeiros em outros estados, passando por São Paulo, Minas Gerais e Bahia, onde finalmente a vítima consegue fugir. Descoberto o crime e identificado o autor, pergunta-se: qual o juízo competente para processar e julgar esse crime?

Por se tratar de crime permanente em que a consumação se prolonga no tempo e como o crime aconteceu em diversos estados, podemos afirmar que a consumação se deu em mais de um local. Nesse caso deverá ser utilizado um critério secundário de fixação da competência que é a prevenção. Ou seja, o juiz que praticar um ato decisório primeiro será o juízo prevento para julgar o caso.

III – QUESTÕES E PROCESSO INCIDENTAIS

44. O delegado pode determinar exame de sanidade menta na vítima?

Sim. O delegado de polícia pode determinar o exame de sanidade mental da vítima, sem autorização judicial. O que a lei restringe é o exame de insanidade no investigado com fulcro no art. 149, §1º, do CPP. O exame na vítima pode ser necessário para avaliar, por exemplo, seu discernimento e assim configurar, na falta deste, o crime de estupro de vulnerável.

45. Qual a diferença entre questões prejudiciais homogêneas e heterogêneas?

A questões prejudiciais são aquela controvérsia que afeta a própria existência da infração penal. Quando a questão prejudicial for da mesma matéria do que a questão prejudicada, como por exemplo ao furto para a receptação, será classificada como homogênea. Todavia se a questão prejudicada for de matéria da questão prejudicada estaremos diante de uma questão prejudicial heterógena. Dessa forma a diferença está em saber qual a matéria discutida na questão prejudicial, porque se for penal será homogênea e se for civil, como por exemplo furto e a discussão de natureza cível sobre a propriedade do bem supostamente furtado.

As questões prejudiciais possuem determinadas características que são a anterioridade, essencialidade e a autonomia.

Anterioridade que é a relação de necessidade de a questão prejudicial ser apreciada antes da resolução do mérito principal. A segunda característica é Essencialidade, interdependência ou necessariedade. Pois há uma relação lógica entre a questão prejudicial e a questão prejudicada, cuja existência depende daquela. Por derradeiro podemos apontar com sendo parte das características a Autonomia, pois a questão prejudicial pode ser objeto de uma ação autônoma.

Em relação aos sistemas de solução das questões prejudiciais teremos três sistemas. Sistema da cognição incidental, também chamado de predomínio da jurisdição penal. Nesse sistema o juiz penal sempre terá a competência para julgar a questão prejudicial, mesmo que seja relativo a outro ramo do direito.

O segundo sistema que se tem conhecimento é o Sistema da prejudicialidade obrigatória, neste sistema o juiz penal jamais terá competência para julgar a questão prejudicial referente a outro ramo do direito. Esse sistema limita sobremaneira a atuação do juiz penal.

O terceiro sistema é o sistema da prejudicialidade facultativa em que o juiz poderá ou não ter competência para julgar a questão prejudicial. Nesse sistema o juiz poderá ou não remeter o julgamento da questão prejudicial heterogênea para o juiz do outro ramo do direito. Existe uma discricionariedade do juiz nessa decisão.

Por derradeiro teremos o misto ou eclético. Esse sistema que é adotado pelo código de processo penal. Nesse sistema ocorre a fusão do sistema da prejudicialidade obrigatória com a facultativa.

Temos no art. 92 do CPP as questões prejudiciais obrigatórias e no art. 93 do CPP estão previstas as questões prejudiciais facultativas.

46. Em relação as questões prejudiciais heterogêneas, a decisão da esfera civil faz coisa julgada na esfera penal? O juiz criminal fica vinculado ao que foi decidido no cível?

Devemos separar as questões prejudiciais heterogêneas em obrigatórias ou facultativa. Sendo assim podemos afirmar que em relação as questões prejudiciais obrigatórias, que são aquelas que versam sobre o estado civil da pessoa, a decisão na esfera cível irá fazer coisa julgada na criminal. O juiz Criminal está limitado no que diz respeito a decisão relativa ao estado civil das pessoas. Isso se percebe não apenas pelo disposto no Art. 92 do CPP como também pelo parágrafo único do Art. 155 também do CPP.

Já em relação as questões prejudiciais heterogêneas, que versam sobre matéria extrapenal (cível) que não seja o estado civil das pessoas, como por exemplo relativo a direito de propriedade, direito empresarial etc. Neste caso a decisão civil não irá fazer coisa julgada na esfera penal. O juiz criminal tem está vinculado ao que foi decidido na justiça cível.

47. Em relação ao tema das questões prejudiciais o que se entende por "princípio da suficiência da ação penal"?

Segundo o princípio da suficiência da ação penal o direito penal será capaz dc solucionar a questão principal e a questão prejudicial, caso esta não seja de difícil solução. Tem aplicabilidade nas questões prejudiciais heterogêneas facultativas. Imaginemos um processo por receptação, contudo em sede de defesa, o réu alega que adquiriu o objeto de uma pessoa que não furtou o bem e sim ganhou como adiantamento da dissolução de uma empresa. Nesse caso havendo provas cabais de que o bem, supostamente furtado, na verdade pertence ao vendedor por direito, não há que se falar em receptação, já que este crime é parasitário e depende daquele.

48. Quais os requisitos para decretação do sequestro de bens?

O sequestro de bem, que pode recair sobre bens móveis ou imóveis, tem como requisito ser o objeto do sequestro adquirido como proventos da infração penal e existir indícios veementes dessa origem ilícita.

49. O arresto no processo penal serve para qual finalidade e recai sobre que espécie de bens?

O arresto visa atingir bens de origem lícita adquiridos pelo autor da infração penal com o escopo de garantir futura indenização da vítima da infração penal perpetrada pelo proprietário do bem. Pode recair sobre bens móveis ou imóveis. Nesse último caso deverá o arresto ser preparatório para a hipoteca legal.

50. Imagine que um veículo de uma empresa x foi apreendido sob a alegação de ter sido apropriado indebitamente por um dos sócios da referida empresa. Nesse caso o delegado poderá restituir o bem ou apenas o juiz terá esse poder?

O delegado de polícia poderá restituir o bem desde que não haja nenhuma dúvida de quem seja o proprietário. Caso contrário, havendo dúvida de quem seja o real proprietário apenas o juiz poderá restituir o bem mediante decisão no incidente de restituir de coisa apreendida que deverá constar com a devida fundamentação para decisão.

51. É possível arguir a suspeição de delegado de polícia?

Resposta: Não, a lei não autoriza a arguição de suspeição da autoridade policial. Todavia a lei recomenda que a própria autoridade se dê por suspeita se ocorrer um caso de suspeição. Isso se coaduna com o princípio da isonomia insculpido na CRFB/88, pois um delegado suspeito, seja por ser amigo ou inimigo de um dos envolvidos no inquérito, tende a não ser impessoal.

52. É possível a litispendência em inquérito policial?

O entendimento majoritário é que não. Não é possível, pois o instituto da litispendência, como o próprio nome sugere ocorre quando a dois litígios pendente de julgamento sobre o mesmo fato e no inquérito policial não há que se falar em litígio, pois inquérito não é processo e sim procedimento administrativo.

IV – PROVAS

53. Quais são as fases da atividade probatória?

A primeira é a proposição da prova (ou requisição), nesta fase as partes demonstram ao juízo competente que pretendem realizar aquele ou essa prova. É o momento que as partes pedem para produzir a prova. Como por exemplo arrolar testemunha.

A segunda e a admissão da prova. Depois que as partes já fizeram o requerimento de produzir a prova, cabe ao juiz avaliar se é possível a produção da prova e sua legalidade e pertinência com o caso concreto. Neste caso o juiz deve ser cauteloso, pois a vedação à produção da prova pode acarretar nulidade ao processo. A título de exemplo, o juiz admite a testemunha, já que não está naquele rol de pessoas proibida de depor, e manda intimar a testemunha.

A terceira fase da atividade é a produção da prova em si. Depois que o juiz admitiu a prova será realizada. Como por exemplo o juiz irá autorizar a colheita de depoimento da testemunha.

A quarta e última fase o juiz irá valorar a prova. Ou seja, irá atribuir o valor que achar conveniente a prova, seguindo, como regra, o sistema do livre convencimento motivado. Lembrando-se que no Tribunal do júri, no que tange o sistema de avaliação das provas, adota-se o sistema da íntima convicção.

54. Qual a diferença entre prova ilícita, ilegítima e irritual?

Prova ilícita é aquela que viola norma de direito constitucional. Prova ilegítima viola norma de direito infraconstitucional. Prova irritual é aquela que está prevista em lei como típica e exige uma formalidade para sua constituição, contudo é colhida sem a observância dessa forma legal, isto é, fugindo do rito previsto.

55. O réu é obrigado a se submeter as provas não invasivas?

A doutrina separa as provas não invasivas em cooperativas (ativas) ou não cooperativas (passivas). Sendo assim as provas não invasivas cooperativas dependem de um comportamento ativo do investigado/réu como por exemplo coleta de material grafotécnico, reprodução simulada dos fatos etc., nessas hipóteses a prova só será realizada se tiver a ação do investigado, por isso ele não é obrigado a realizar. Em outro giro, as provas não invasivas não cooperativas que não dependem de um comportamento ativo do investigado/réu ele será obrigado a participar. Podemos citar a título de exemplo o reconhecimento, a submissão a raio x para verificação de ingestão de substância entorpecente etc.

56. Qual a diferença entre dados telefônicos e comunicação telefônica?

Os dados telefônicos são os registros de ligações feitas e recebidas, bem como a duração da ligação. Como relacionam com dado pessoal do indivíduo estão protegidos pelo direito constitucional à privacidade (art. 5º, X, da CRFB/88) e só podem ser acessados com a permissão do direito ou por meio de autorização judicial. A comunicação telefônica é a conversa realizada entre os interlocutores, igualmente protegida pelo direito constitucional, mas no que tange a inviolabilidade expressa prevista no Art. 5º, XII, da CRFB/88. A comunicação é passível de interceptação na forma da lei 9.296/98.

57. Existe, segundo a jurisprudência, a obrigatoriedade da autoridade policial em fazer a transcrição de todo o áudio proveniente da interceptação telefônica?

Não. Uma vez realizada a interceptação, deve a autoridade policial realizar a documentação desta diligência. Todavia há uma diferença entre a transcrição, que a íntegra do diálogo realizado pelo alvo interceptado e a degravação, que é apenas da parte que interessa a investigação. Por óbvio que é comum que além de fatos relevantes para investigação o alvo interceptado realize diversas ligações que não interesse a investigação, de cunho pessoal do investigado, e essa parte da conversa do investigado que é irrelevante para investigação a autoridade policial não está obrigada a transcrever.

58. A autoridade policial pode representar pela quebra dos dados telefônicos em crime de ameaça?

Devemos diferenciar comunicação telefônica de dados telefônicos. A comunicação é a conversa entre dois ou mais interlocutores que, geralmente, é protegida pelo sigilo das comunicações prevista no art. 5º, XII, da CRFB/88. Todavia esse sigilo por ser afastado nas restritas hipóteses prevista na lei

9.296/96. A lei só autoriza a quebra do sigilo da comunicação nos crimes punidos com reclusão, nesse caso não caberia interceptação em caso de crime de ameaça por ser punido com detenção. Entretanto os dados telefônicos, que são os registros das ligações feitas e recebidas, bem como a duração da ligação não se constituem em comunicação. Ainda sim os referidos registros estão abrangidos pelo direito constitucional (Art. 5°, X, da CRFB/88) de privacidade e intimidade, contudo não estão submetidos aos requisitos de quebra da lei de interceptação das comunicações telefônicas e, por isso, devem ser avaliados no caso de quebra sob a ótica da ponderação dos direitos. Devemos avaliar o caso concreto e ponderar os princípios colidente, intimidade e segurança, sendo assim se o resultado for no sentido de que deva prevalecer a segurança poderá ser concedido a quebra dos dados telefônicos em caso de ameaça. Registra-se que as restrições referentes à lei 9296/96 são apenas para a comunicações e não para os dados telefônicos. Dessa forma, a resposta é positiva no sentido de ser possível a autoridade policial representar pela quebra de dados telefônicos em crime de ameaça.

A título de exemplo, imaginemos que um homem acusa sua ex-companheira de lhe ameaçar constantemente por meio de ligações. Após a representação da Autoridade Policial e deferimento judicial, verifica-se que na verdade os registros de ligação comprovam que é o homem quem liga constantemente para sua ex-companheira. Assim, nesse caso concreto, apesar de se tratar de crime de ameaça seria possível a quebra de dados telefônicos justamente para comprovar a verdade.

59. Em relação aos meios de obtenção de prova, diga se existe diferença entre colaboração premiada e delação premiada.

Os meios de obtenção de prova podem ser ordinários ou extraordinários. Em relação aos meios ordinários estes estão especificados no código de processo penal como é o caso de busca e apreensão. Entretanto, em especial em legislação extravagante, existem meios extraordinário de obtenção de prova. A lei 12.850/13 é um exemplo de lei especial que prevê estes meios extraordinário de obtenção de prova. Colaboração premiada é o gênero da qual a delação é espécie.

Nem toda colaboração premiada irá levar a delação de um correu ou partícipe, ela pode simplesmente apontar onde fica o cativeiro onde a vítima é mantida. Nesse caso a colaboração não levou a nenhum outro autor. Já a delação premiada leva inexoravelmente na identificação de demais autores da organização, sendo que a delação é uma espécie de colaboração só que com apontamento de corréus. Dessa forma a colaboração é o gênero da qual a delação é espécie.

60. O que é ação controlada?

Ação controlada é a não atuação da autoridade policial em seus agentes em um caso que, geralmente, deveriam agir por se tratar de estado flagrancial de acordo com o art. 301 do CPP, já que para Autoridade e seus agentes o flagrante é obrigatório. Nesse caso a Autoridade Policial mediante autorização judicial pode deixar de prender em flagrante um indivíduo com o escopo de segui-lo e assim conseguir entender.

Dentro desse tema, podemos destacar que existe diferença entre uma entrega limpa e um entrega suja.

Na entrega limpa é retirado o objeto ilícito durante a execução de uma ação controlada. A ação controlada e a não atuação da Autoridade Policial e seus agentes, diante de uma situação flagrancial que em regra deveriam atuar.

Todavia a autoridade e seus agentes não realizam a prisão em flagrante com o escopo de prender maior número de pessoas ou identificação de outros indivíduos e/ou apreensão de mais materiais ilícitos. Com essa finalidade e nas restritas hipóteses da lei, a autoridade policial, diante da execução de uma ação controlada, pode substituir o objeto ilícito por outro objeto lícito, com a finalidade de preservar a prova da materialidade do crime.

Por exemplo: Imaginemos que o Delegado de polícia toma notícia de que uma encomenda aportou nos correios e que ela possui cocaína. Então, para saber quem irá retirar a mercadoria e segui-lo o Delegado antes retira a cocaína de dentro da encomenda e coloca um pó branco (talco), com o escopo de preservar a prova. Isso é entrega limpa. A entrega limpa acontece justamente quando o produto ilícito é retirado da relação de execução da ação controlada, com a finalidade de lhe preservar.

Já na entrega suja ocorre a permanência do objeto ilícito durante a execução de uma ação controlada. A ação controlada depende de autorização judicial. Imaginemos que conforme o exemplo acima exposto, o Delegado de polícia ao tomar conhecimento de que aportou em uma agência dos correios uma encomenda com cocaína.

Assim, o delegado não retira o material ilícito da encomenda com receio de que o traficante possa verificar a natureza da substância. Ato contínuo o delegado se coloca na condição de seguir a droga para prender outros traficantes ou até mesmo apreender outros materiais ilícitos.

Nesse caso, como o objeto ilícito (droga) permaneceu durante a execução da ação controlada (também chama de entrega vigiada) isso se denomina entrega suja.

61. É possível a condução coercitiva de réu?

A condução é possível desde que não seja para ser interrogado. Não podemos olvidar que a decisão recente do STF vetou por completo a condução coercitiva para fins de interrogatório (ADPF nº 395 e 444 STF). Sendo assim, não há limitação de condução coercitiva quando a finalidade por exemplo for submeter a pessoa a um exame de raio X para verificar se não ingeriu drogas. A limitação, de acordo com o STF, é apenas para interrogatório, pois se o investigado possui o direito constitucional e infralegal de permanecer em silêncio e de não auto incriminar-se, não faz sentido obrigá-lo a comparecer em sede policial ou judicial. Dessa forma, caberá condução coercitiva, em caráter excepcional, desde que não seja para interrogatório.

Neste caso, se faz pertinente diferenciar a provas invasivas das provas não invasivas.

As provas invasivas são aquelas que penetram o corpo, como extração de sangue ou células do interior da boca para elaboração de exame de DNA. Nesse caso o réu não está obrigado a se submeter por conta do seu direito ao silêncio que traz como corolário o direito a não autoincriminação.

Já a provas não invasivas, que são aquelas que não penetram o corpo, se subdividem em colaborativas que dependem da atuação do investigado/réu e não colaborativa, as quais o investigado/réu não precisa cooperar em nada, apenas se submeter.

Como dito, submissão a um exame de Raio X para verifica a existência de drogas no interior do organismo do investigado é uma prova não invasiva e não colaborativa a qual o réu poderia inclusive ser conduzido para sua realização.

Entretanto, em relação as provas invasivas, que certamente o investigado/réu não poderia ser submetido a uma condução coercitiva, assim como as provas não invasivas, mas que dependem da colaboração do réu como exame grafotécnico, não poderiam se fundamentos legítimos para condução do réu, já que ele não está obrigado a cooperar com a produção de tais provas.

Podemos citar que o réu, assim como o investigado, não é obrigado a produzir prova contra si.

62. Durante o interrogatório o investigado mente em relação a sua identificação. Como proceder?

O investigado possui o direito a não autoincriminação. Todavia esse direito não é absoluto e encontra limites. Em relação aos fatos, segunda parte do interrogatório, o investigado pode mentir, omitir ou calar a verdade. Todavia em relação a primeira parte do interrogatório que se refere aos dados pessoais do investigado ele não pode faltar com a verdade sob pena de incorrer no crime de falsa identidade. (RE 640139 STF)

63. O que se entende por confissão simples e confissão qualificada?

A confissão é o reconhecimento da imputação que é atribuída ao réu. Ao confessar o crime o réu pode simplesmente reconhecer que praticou o crime sem mais nada acrescentar. Quando o réu reconhece a imputação sem nada mais acrescentar isso significa que fez uma confissão simples. Todavia, o réu pode além confessar a prática do delito, apresenta uma causa justificante de sua ação. Nesse caso o réu pode apresentar uma causa excludente da ilicitude que seria capaz de justificar sua ação. Sendo assim o réu confessa, mas apresenta um causa justificante e isso se chama de confissão qualificada.

64. Uma criança de 7 anos pode ser testemunha?

O Código de Processo Penal em seu art. 202 afirma que toda pessoa pode ser testemunha. Assim, resta evidente que sendo uma pessoa, independentemente de sua idade ou capacidade mental ela poderá ser classificada como uma prova testemunhal. Importante destacar que o valor probatório de um testemunho de uma criança deve ser menor, geralmente, pois ela pode distorcer a realidade por falta de discernimento. Justamente em decorrência desse pouco valor da prova testemunhal de uma criança é que afirmam ser a criança uma informante. Todavia, apesar do valor ser de uma mera informação, a natureza jurídica desse meio de prova permanece inalterado e continuará sendo classificada como testemunha. Uma coisa é o meio de prova, classificação, outra coisa é o valor da prova, que será de mera informação.

65. O que é testemunha fedatária?

A testemunhas fedatária é aquela que presencia um ato processual ou procedimental. Ela não presencia nenhuma circunstância relativa ao fato criminoso. Podemos citar como exemplo a testemunha que presencia apenas a apresentação do preso na delegacia de polícia. A testemunha confirma a autenticidade de um ato processual ou procedimental. Essa testemunha fedatária também é conhecida como testemunha imprópria ou testemunha instrumentária.

66. O que é testemunha de beatificação?

É a testemunha que depõe sobre a vida pregressa do réu. A testemunha irá relatar circunstâncias da personalidade do réu. Normalmente o réu arrola testemunhas que são do seu convívio e que possam corroborar o fato dele ser uma boa pessoa, como se beatificassem ele, ou seja, afirmassem que ele é quase um "santo", daí o nome de beatificação para essa espécie de testemunha. Ela também é conhecida como testemunha abonatória, de antecedentes, de canonização ou de caráter, todas designação para a mesma espécie de testemunho. O fato de não trazer algo relevante para os fatos reduz o valor probatório dessa espécie de testemunha.

67. O que são testemunhas extranumerárias?

São testemunhas arroladas além do número legal. A oitiva de testemunhas além do número legal pode ocorrer por necessidade do juízo e neste caso serão chamadas de testemunha do juízo, chamadas ao processo de ofício pelo juiz. Todavia, excepcionalmente poderá a parte requer a oitiva de outras testemunhas além do número legal, em especial quando se tratar de testemunha referida, que é aquela que é citada por uma testemunha anterior.

68. Quais são as pessoas dispensadas de prestar testemunho?

Algumas pessoas, por sua relação íntima com o réu, são dispensadas de prestar depoimento como é o caso de ascendente ou descendente, o afim em linha reta, o cônjuge, ainda que desquitado, o irmão e o pai, a mãe, ou o filho adotivo. Todavia, vale pontuar que essa dispensa só irá ocorrer se for possível compor a prova dos autos de outra forma. Caso não exista outra forma essas pessoas serão chamadas a depor, mas dela não se exigirá o compromisso de dizer a verdade. (Art. 206 do CPP)

69. Quais são as pessoas proibidas de depor?

As pessoas que em razão de função, ministério, ofício ou profissão, devam guardar segredo como é o caso de um Padre, um psicólogo, um advogado etc. Essas pessoas irão prestar depoimento, apenas se desobrigadas pela pessoa a qual o segredo profissional interessar e se assim quiserem (art. 207 CPP).

70. Qual o sistema de inquirição de testemunhas?

O atual sistema é denominado *direct/cross-examination* (exame cruzado) ou de inquirição direta, pois são as próprias partes que fazem a inquirição da testemunha. Abandona-se assim o antigo sistema de inquirição presidencialista em que as partes faziam as perguntas ao juiz e este fazia a pergunta para a testemunha. No exame cruzado, a testemunha arrolada por uma das partes é submetida a inquirição da outra parte. Já na inquirição direta a parte que arrolou a testemunha quem faz as perguntas.

71. Existe uma ordem de inquirição de testemunhas? Quem pergunta primeiro? Acusação ou defesa?

O código de processo penal estabelece uma ordem na inquirição das testemunhas. Atualmente à luz do sistema *cross-examination* quem faz as perguntas são as próprias partes. Nesse sentido, a ordem das perguntas se inicia com a acusação e depois com a defesa. Contudo, existe uma exceção a essa regra, pois no tribunal do júri, em relação as testemunhas arroladas pela defesa é a própria defesa começa a fazer as perguntas.

72. A alteração da ordem na relação de realizar a inquirição das testemunhas gera nulidade ou é uma mera irregularidade?

Precisamos entender que regra em processo penal é garantia para o réu, pois é necessário limitar o poder estatal. O estado precisa de limites já que sempre foi, historicamente, abusivo durante a persecução penal. Sendo assim, as regras do processo penal por mais singelas que pareçam ser devem ser observadas.

Nesse sentido, a posição jurisprudencial dominante é no sentido de que a alteração da ordem na realizar as perguntas às testemunhas gera uma nulidade relativa, logo, depende de comprovação de efetivo prejuízo. (HC 111.815/SP – STF)

73. Quais são as características da prova testemunhal?

A prova testemunhal deve ser produzida a luz do contraditório judicial, logo pressupõe que seja realizada na fase do processo, já que inquérito policial é inquisitivo e não tem contraditório nem ampla defesa. Sendo assim essa espécie de prova, testemunhal, possui a característica da Jurisdicionalidade, Objetividade, Oralidade, retrospectividade e ser personalíssima e individual.

É jurisdicional justamente porque deve ocorrer durante o processo, ou seja, na fase judicial. A testemunha deve relatar fato objetivos que teve conhecimento atrás de seus sentidos humanos e não falar de suas impressões pessoais, salvo quando indissociável da narrativa dos fatos. No atual sistema processual a oralidade é a regra, pois ele importa em concentração dos atos e maior celeridade, sendo a prova testemunhas devem ser colhida de forma oral.

Todavia, não podemos esquecer que o Presidente da República, Vice-Presidente, o presidente do Senado, da Câmara dos Deputados e do Supremo Tribunal Federal tem a prerrogativa de prestar depoimento por escrito, o que excepciona essa característica.

A testemunha sempre irá falar de alguma coisa relativa ao passado, ao que ela já presenciou, por isso a característica da retrospectividade.

Quando for intimada a testemunha deve comparecer pessoalmente, por isso a característica da pessoalidade, pois não é possível prestar depoimento por procuração, ainda que seja com poderes especiais.

Por derradeiro teremos como característica a individualidade. Isso significa que a testemunha, quando prestar seu testemunho deverá prestá-lo de forma separada das demais testemunhas.

74. Qual a diferença entre prova ilícita e prova ilegítima?

A constituição vedou expressamente as provas ilícitas. Entretanto a CRFB/88 não disse nada em relação às provas ilegítimas. A prova ilícita viola norma de direito constitucional e a prova ilegítima viola norma de direito infraconstitucional. Ambas as provas são vedadas pelo ordenamento jurídico.

Podemos citar a título de exemplo de prova ilícita, uma busca e apreensão realizada sem autorização judicial e sem autorização do morador. Nesse caso é claro que a prova obtida durante a busca será ilícita pois irá violar o direito a inviolabilidade expresso na própria constituição federal.

Já a prova ilegítima, pode ser representada pelo seguinte exemplo: Imagine que uma das partes apresente uma prova que pretende produzir na sessão plenária do procedimento do Tribunal do Júri apenas dois dias antes, sendo que a lei impões que seja três dias antes. Por certo que essa prova irá violar a norma processual e se constituirá em uma prova ilegítima.

75. É possível a utilização de prova ilícita no processo penal?

A prova ilícita, assim como ilegítima, é vedada pelo ordenamento jurídico, se constituindo essa vedação em um direito fundamental insculpido no próprio art. 5º da CRFB/88 como uma cláusula pétrea, ou seja, um direito fundamental. Apesar de se constituir em um direito fundamental, previsto na constituição, a vedação serve tanto ao Estado quanto ao réu, pois o ordenamento jurídico não se interesse em um processo com prova obtidas de forma ilícita por nenhuma das partes.

Entretanto, a doutrina e jurisprudência admitem a utilização da prova ilícita quando for a única forma de comprovar a inocência do réu. Nesse caso, para parcela da doutrina aplica-se a lógica da ponderação de direitos e o princípio da proporcionalidade, já que não é proporcional a título da preservação de uma regra processual condenar um inocente e lhe privar de um dos seus direitos de maior importante que é a liberdade. Outra parcela da doutrina trabalha com a ideia da exclusão da ilicitude pela legítima defesa ou estado de necessidade.

Nessa hipótese violará uma norma constitucional, da vedação das provas ilícitas, mas para beneficiar a quem a garantia primordialmente visava justamente proteger. Nesse caso chama-se de violação positiva dos direitos fundamentais, pois viola-se um direito fundamental (vedação das provas ilícitas), mas para salvaguardar o direito a quem a garantia inicialmente visava proteger.

Não podemos olvidar que em processo penal regra é garantia para o réu, por mais que as vezes limite seu direito também, mas que sempre foi abusivo na história da persecução penal foi o Estado.

76. O ordenamento adota a teoria da árvore envenenada expressamente?

Sim, atualmente a prova ilícita é vedada assim como a prova derivada da ilícita. Após a reforma de 2008 o CPP incorporou a referida teoria em seu art. 157 do CPP e passou expressamente a vedar a prova derivada da ilícita.

77. O que se entende por curso hipotético de investigação?

É uma outra forma de se denominar a teoria da descoberta inevitável, que visa admitir, de forma excepcional, a prova ilícita por derivação, quando ficar comprovado que ela seria obtida inevitavelmente seguindo os meios de praxe da investigação. Essa teoria, assim como a teoria da fonte independente, é admitida no nosso ordenamento jurídico.

78. O que se entende por teoria da tinta diluída?

Também conhecida como mancha purgada ou nexo atenuado. Ocorre nas hipóteses de se obter uma prova ilícita por derivação e superveniente haver a ratificação da prova e sua aceitação por quem a prova obtida por meio derivadamente ilícito deveria prejudicar. Imaginemos que um indivíduo "A" venha a ser preso e torturado, em decorrência dessa tortura revela a localização de "B" que está com armas e drogas em um esconderijo do grupo organizado. A polícia então de posse dessa informação representa pela expedição do competente mandado de busca e apreensão que é concedido pelo juiz competente.

Nesse caso a polícia vai ao local e cumprindo todas as formalidades do mandado consegue prender "B" e apreender armas e drogas. Em tese essa prisão, assim como todas as provas dela obtida são ilícitas, todavia se posteriormente os indivíduos, especialmente o indivíduo "B", vem em juízo e confessa a prática do delito assumindo toda a conduta, isso poderia fazer com que as provas ilicitamente derivas pudessem ser aproveitadas. É como se "B" convalidasse a ilicitude. Por isso chama-se de nexo atenuado, pois o indivíduo a quem a prova ilícita por derivação deveria prejudicar, confessa o crime e não se importa com a forma que ela foi obtida. Essa teoria não é aceita no nosso ordenamento jurídico.

79. O que é teoria da serendipidade?

É o encontro fortuito de provas, ou seja, durante a investigação para se obter uma determinada prova se encontra outra ou outras, de forma fortuita. O STF chama isso de crime achado. Imagine que durante uma interceptação para apurar crime de tráfico de drogas a polícia escute o investigado confessar um homicídio. Nesse caso a confissão será válida, apesar de não ser o objeto inicial da investigação.

80. Quais as espécies de serendipidade?

A doutrina separa a serendipidade em primeiro grau: que é aquele crime ou autor encontrado fortuitamente, mas que tem relação com o crime investigado. Por exemplo no caso de interceptação para apurar tráfico de drogas se encontra fortuitamente informações de um homicídio de um usuário de drogas que estava em débito com o traficante, pois nesse caso os dois crimes guardam relação entre si. Assim como define a serendipidade de segundo grau, quando o crime achado não tem relação com o crime investigado, por exemplo no caso de uma interceptação para apurar tráfico de drogas se consegue obter, fortuitamente, uma confissão de um crime de violência doméstica praticado pelo traficante.

Ainda há a separação em serendipidade objetiva, quando o que é encontrado fortuitamente é um outro crime e serendipidade subjetiva, quando o que é encontrado fortuitamente é outro sujeito (autor ou partícipe) da infração penal que até então era desconhecido.

V - PROCEDIMENTO

81. Quais são os procedimentos comuns e como fazer para definir o procedimento a ser aplicado no caso concreto?

O código de processo penal estabelece que os procedimentos serão separados em comuns e especiais. Em relação aso procedimentos comuns o CPP designa três procedimentos, sendo eles o ordinário, sumário e sumaríssimo.

Para definição, leva-se em conta a pena máxima em abstrato do crime. Nos crimes cujo a pena máxima é igual ou superior a 4 anos se aplica o procedimento ordinário. Nos crimes cuja pena é superior a 2 anos e inferior a 4 anos se aplica o procedimento sumário. Por derradeiro às infrações de menor potencial ofensivo, que são aquelas com pena máxima em abstrato não superior a 2 anos, submetidos à lei 9.099/95, aplica-se o procedimento sumaríssimo.

Importante destacar que para definir a espécie de procedimento devemos considerar o concurso de crimes, seja formal ou material, mas essa cumulação de crimes para cálculo da espécie do procedimento é um tema não pacífico.

Nesta mesma esteira, deve-se considerar as qualificadoras, até porque elas preveem uma nova escala pena, ou seja, um novo preceito secundário da infração penal. Bem como as causas de aumento e diminuição obrigatória da pena.

Outra questão que deve ser mencionada é o fato de algumas infrações, apesar da sua pena máxima e enquadrar em uma determina espécie de procedimento, segue um procedimento diverso do que deveria ser originalmente. Isso acontece, por exemplo, nos crimes de menor potencial ofensivo, rito sumaríssimo, quando o caso for complexo ou houver a necessidade de citação por edital. Nessas duas circunstâncias dada a incompatibilidade do caso concreto com o princípio da celeridade processual do rito sumaríssimo, desloca-se o procedimento para o rito sumário.

Ainda como exemplo, também podemos citar os crimes praticado contra o Idoso, na forma do estatuto do idoso, pois caso seja uma infração cuja pena máxima em abstrato seja inferior a 4 anos, aplicar-se-á o rito procedimental sumaríssimo. Nesse caso cumpre destacar que não se trata de aplicar os benefícios previsto no rito sumaríssimo da Lei 9099/95, mas apenas a celeridade do rito procedimental.

82. Quais são as espécies de causas de rejeição da denúncia?

Resposta: As causas que podem levar a rejeição da denúncia estão contidas no art. 395 do CPP e são a inépcia da petição inicial, seja ela denúncia ou queixa-crime. Nesse caso a inépcia se configura pela falta de preenchimentos dos elementos mínimos da petição inicial. O art. 41 do CPP trás os elementos que a denúncia ou queixa devem conter. Podemos citar um caso de rejeição de denúncia ou queixa por inépcia no caso de criptoimputação, que a falta de descrição da conduta do denunciado ou do querelante, dependendo da espécie da ação penal.

A falta de preenchimentos das condições da ação também se constitue em causa de rejeição de denúncia ou queixa. Neste caso devemos analisar tantos as condições genéricas, que são a legitimidade, interesse de agir e possibilidade jurídica do pedido, quanto as condições especiais que a ação exija.

Por derradeiro, mais não menos importante, teremos a falta de justa causa como forma de rejeição de denúncia ou queixa. Nesse caso a rejeição ocorrerá por falta de elementos mínimos de autoria e/ou materialidade da infração penal.

83. O processo penal admite citação ficta?

A citação ficta é aquela que se presume que o réu foi citado. Existe dois tipos de citações fictas no nosso ordenamento jurídico processual penal, sendo a citação por edital e a citação por hora certa. Ambas são admitidas no nosso ordenamento jurídico, embora a citação por hora certa encontre sua disciplina no código de processo penal se trata de um instituto mais desenvolvido pelo processo civil que neste caso é utilizado por analogia. Então a resposta é positiva, existe sim citação ficta no processo penal.

84. Quais são os elementos intrínsecos e extrínsecos do mandado de citação?

A citação é composta de alguns elementos que deve ser observado na hora de elaboração do mandado de citação, logo são elementos que compõe a própria citação e são chamados de elementos intrínsecos, sendo eles o nome do juiz; o nome do querelante nas ações iniciadas por queixa; o nome do réu, ou, se for desconhecido, os seus sinais característicos; a residência do réu, se for conhecida; o fim para que é feita a citação; o juízo e o lugar, o dia e a hora em que o réu deverá comparecer e a subscrição do escrivão e a rubrica do juiz.

Já os elementos extrínsecos, se referem ao que está fora do corpo do mandado de citação, logo é o que deve ser feito durante a execução do ato, se constituindo em leitura do mandado ao citando pelo oficial e entrega da contrafé, na qual se mencionarão dia e hora da citação, bem como a declaração do oficial, na certidão, da entrega da contrafé, e sua aceitação ou recusa.

85. Qual procedimento é aplicável nos crimes do estatuto do idoso?

Nos crimes previstos no estatuto do idoso, cuja pena máxima não ultrapasse 4 anos, seguir o rito procedimental da lei 9.099/95. Cabe destacar que isso não significa que essa espécie de crimes seja de menor potencial ofensivo, o que se aplica é o procedimento mais célere inerente ao Jecrim.

86. Os crimes cuja pena seja de 3 anos devem seguir qual rito procedimental?

O rito procedimental será o sumário. O rito sumário é aplicável aos crimes com pena máxima superior a 2 anos e inferior a 4 anos. O rito procedimental dos crimes cuja pena ultrapasse 4 anos será o ordinário. E os crimes com pena inferior a 2 anos seguirão o rito sumaríssimo, geralmente.

87. É possível a aplicação da *mutatio libelli* em segunda instância?

A *mutatio libelli* é a mudança da definição jurídica em decorrência do surgimento de fato não contido na denúncia. O procedimento pressupões contraditório em relação a está fato novo não contido. Caso fosse autorizado a mutatio em sede de 2ª instância isso poderia violar o direito de ampla defesa e contraditório.

Por isso podemos responder que não é possível a mutatio que é a mudança da imputação em decorrência de fato não contido inicialmente na denúncia não é admitida em segunda instância, segundo a súmula 453 do STF.

88. O tribunal do júri só julga crimes dolosos contra a vida?

Não, pois o Tribunal do Júri julga os crimes doloso contra a vida mais os que lhe são conexos ou continentes. Como regra o Tribunal do Júri exerce via atrativa de outros crimes que lhe são conexos e/ou continente e por isso pode um crime de ocultação de cadáver, por exemplo, ser julgado pelo conselho de sentença do Tribunal do Júri.

89. É possível alterar a competência do tribunal do júri?

Será possível alterar apenas para ampliar a competência, mas não para restringir, por se tratar de uma garantia fundamental prevista na Constituição Federal. Sendo assim, seria possível o legislador ampliar, em tese, a competência do Tribunal do Júri para julgar também o crime de latrocínio, apesar deste deleito ser contra o patrimônio e não contra a vida.

90. O que se entende como despronuncia e quem pode realizá-la?

A desprонúncia acontece por conta do provimento de um recurso interposto em face de uma decisão de pronúncia. Sendo assim ao proferir uma decisão de pronúncia e remeter, a princípio, o réu para o julgamento na sessão plenária, caberá recurso em sentido estrito para o Tribunal de Justiça. Nesse caso uma vez dando provimento ao recurso e anulando a decisão de pronúncia ora recorrida, ocorrerá o que a doutrina chama de despronúncia.

91. O que é excesso de pronúncia e qual a sua consequência?

Ocorre quando o juiz togado, ao final da primeira fase do Tribunal do Júri, pronuncia o réu mãos exagera na hora de apontar os indícios de autoria e materialidade do delito. Nesse momento processual o juiz togado, que não é o juiz da causa, já que compete aos jurados julgarem o réu, não pode se exceder nessa manifestação. A decisão de pronúncia deve ser suscinta e se limitar apenas em afirmar que existem indícios mínimos de autoria e materialidade do delito. O excesso da pronúncia poderá influenciar, negativamente, os jurados que são pessoas leigas. Imagine o jurado ler na decisão que o juiz disse que tem provas robustas de que o autor é culpado, isso poderá lhe influenciar na sua tomada de decisão. Sendo assim o excesso de pronúncia gera nulidade para o processo.

VI – NULIDADE

92. Qual a diferença entre nulidade relativa e absoluta?

A nulidade absoluta o vício que atinge norma de ordem pública; O prejuízo da parte é presumido (presunção iuris tantum; A nulidade absoluta é insanável, logo não se sujeita à preclusão. Ou seja, pode ser arguida a qualquer momento, inclusive após o trânsito em julgado do processo, porém nesse último caso, apenas em favor da defesa, através do HC ou da Revisão Criminal. Pode ser reconhecida de ofício pelo juiz.

Já a nulidade relativa o Vício que atinge norma de interesse das partes. Deve ser arguida no momento oportuno, sob pena de preclusão, que implicará na sanação da nulidade. O seu reconhecimento de ofício pelo juiz é controvertido, pois parte da doutrina defende que não é possível (Norberto Avena e Guilherme de Souza Nucci) e outra parte defende que é possível o reconhecimento de ofício (Renato Brasileiro).

93. Quais são os princípios que regem as nulidades? Explique-os de forma sucinta!

Princípio da tipicidade das formas; Princípio da instrumentalidade das formas; Princípio do prejuízo conhecido como "*pas de nullité sans grief*"; Princípio da eficácia dos atos processuais; Princípio da restrição processual à decretação da ineficácia; Princípio da causalidade ou da consequencialidade; Princípio da conservação dos atos processuais; Princípio do interesse; Princípio da lealdade; Princípio da convalidação.

O princípio da tipicidade das formas descreve que todo ato processual tem sua forma prevista em lei e sua inobservância pode gerar uma nulidade. Todavia, este princípio é mitigado pelo princípio da instrumentalidade das formas.

Por sua vez, o princípio da instrumentalidade das formas estabelece que o processo não é um fim em sai mesmo. Por conta dessa instrumentalidade, se o ato ou processo defeituoso atingiu sua finalidade, não deve ser declarada sua nulidade.

O Princípio do prejuízo conhecido como "*pas de nullité sans grief*" se traduz na máxima de que não se declara a nulidade sem haja prejuízo para a parte, seja ela absoluta ou relativa (CPP, arts. 563 e 566). Nas nulidades absolutas, esse prejuízo é presumido, já na nulidade relativa, o prejuízo deve ser comprovado pela parte a quem ele interessa.

No princípio da eficácia dos atos processuais, o ato nulo continua a produzir efeitos enquanto uma decisão judicial não decretar sua invalidação.

O Princípio da restrição processual informa que a decretação da ineficácia e invalidação de um ato processual somente pode ser ocorrer se houver instrumento processual para isso e for manejado no momento adequados, do contrário o ato continua a produzir seus efeitos. Por exemplo, podemos citar a sentença absolutória eivada de nulidade absoluta com trânsito em julgado. Não há o que fazer, pois depois do trânsito em julgado não cabe mais revisão *pro societatis*. A acusação tinha até o esgotamento da via recursal para alegar a nulidade absoluta, mas depois que transita em julgado, por falta de previsão de um instrumento hábil para rediscutir a questão o fato se torna consumado e imutável.

Informa o princípio da causalidade ou da consequencialidade que uma vez declarada a nulidade do ato, todos os atos processuais que dele sejam dependentes ou consequentes também deverão ser anulados (CPP, art. 573, §§1º e 2º).

No que tange ao princípio da conservação dos atos processuais entende-se que devemos preservar os atos processuais que não dependa do ato anterior declarado inválido. Este princípio se correlaciona com o anteriormente mencionado.

Princípio do interesse descreve que ninguém pode arguir nulidade referente à formalidade que só interesse à parte contrária (CPP, art. 565, 'in fine'). Cabe a parte interessada na invalidade do ato alegar a nulidade. No entanto, esse princípio não se aplica às nulidades absolutas, pois essas se relacionam a interesse de ordem pública, podendo ser arguida por qualquer parte e até mesmo pelo juiz, de ofício.

Este referido princípio também não se aplica ao Parquet, pois este órgão pode arguir nulidade em favor do réu sem nenhum problema, já que é uma instituição que tem a atribuição constitucional de tutelar interesses individuais indisponíveis, como a liberdade de locomoção e está interessado em promover a justiça e não simplesmente conseguir condenação.

De acordo com o princípio da lealdade ninguém pode arguir nulidade para a qual tenha dado causa ou concorrido. Trata-se de uma espécie de desdobramento da boa-fé objetiva, que veda comportamentos contraditórios. "'Ne venire contra factum proprium".

Por derradeiro, mas não menos importante, temos o princípio da convalidação. Trata-se de princípio aplicável as nulidades relativas e se traduz na possibilidade de remoção do defeito, para que o ato processual possa ser considerado válido e eficaz.

Em relação a essa possibilidade de convalidação devemos esclarecer que pode ser realizada pelas seguintes formas:

Suprimento que consiste no acréscimo de elementos que não constaram do ato inicial. Podemos citar por exemplo o aditamento da peça acusatória (Art. 569 do CPP).

Retificação que é corrigir a parte defeituosa do ato processual. A título de exemplo, é o que ocorre quando se copia uma tese de direito com nome de partes de outro processo.

Ratificação que ocorre nos casos de ilegitimidade do representante da parte no tocante à capacidade postulatória. Depois de regularmente legitimado, basta ao representante ratificar os atos anteriormente praticados.

Prolação da sentença, pois na decisão de mérito em favor do prejudicado pela irregularidade ocorre o afastamento da conveniência de se declarar uma nulidade relativa em seu benefício.

94. A citação por edital de réu preso é causa de nulidade?

Sim, o entendimento que prevalece que se trata de causa de nulidade. Existe a súmula 351 do STF que regula a matéria.

A súmula parte do pressuposto de que só é possível a citação por edital se esgotados os meios de localização do réu. Assim, seria um absurdo citar por edital alguém que está preso na mesma unidade da federação. Entretanto, essa Súmula perdeu sua importância por conta do art. art. 366 do CPP, que prevê a suspensão do processo pela revelia do acusado citado por edital.

VII - RECURSOS

95. Quais os fundamentos da existência da previsão de recurso no processo penal?

Falibilidade humana, inconformismo das pessoas e previsão do direito ao duplo grau de jurisdição.

Como estamos diante de serem humanos, até mesmo os juízes são passíveis de falhar em suas decisões. Não acreditamos que seja por querer, mas se trata de uma possibilidade que intrinsicamente ligada à sua condição humana. Nesse sentido deixar um réu submetido apenas uma única decisão de um homem, que pode ser falho, é um risco muito grande. Daí a necessidade de se reconhecer a possibilidade de erro e falhas e permitir que haja uma revisão daquela decisão.

Ao ser condenado, ou mesmo absolvido, a decisão certamente irá desagradar uma das partes. Nesse sentido também é ínsito da condição humana não aceitar bem o que é contrário ao nosso interesse. Então, o inconformismo deve desaguar em um instrumento que possa canalizá-lo de forma correta e suprir sua necessidade. Ainda que seja para ratificar a ausência do direito ou mesmo lhe garantir, caso a decisão contrária ao interesse seja proferida de forma equivocada. O inconformismo, ínsito do ser humano também, deve ser preenchido por meio da via recursal.

Por derradeiro, mas não menos importante, teremos como fundamento ontológico do recurso o princípio do duplo graus de jurisdição.

O princípio do duplo grau de jurisdição não está expresso na nossa Constituição da República Federativa, mas decorre de seus preceitos. Apesar de não ter positivado expressamente este princípio, como fez com tantos outros, a constituição adota o referido princípio, pois estabeleceu competência recursas para seus órgãos jurisdicionais. O STF e demais tribunais superiores possuem sua competência recursal emanada da própria constituição federal, logo não há dúvidas de que se trata de um princípio de elevada importância e que tem assento constitucional, ainda que não expresso.

96. Quais são os pressupostos objetivos e subjetivos recursais?

Os pressupostos objetivos são: Cabimento, adequação, tempestividade, inexistência de fato impeditivo ou extintivo. Já os pressupostos subjetivos são: legitimidade e interesse recursal.

Cabimento é a previsão legal de recurso contra a decisão que se pretende insurgir.

Adequação descreve que para cada decisão que comporte recurso, só existirá uma única forma de recorrer. Correlaciona-se com o princípio recursal da unirecorribilidade. Esse pressuposto objetivo acaba sofrendo uma certa mitigação por força do princípio da fungibilidade. Por força deste princípio, o recurso errado será conhecido com recurso correto, desde que estão presentes dois requisitos: falta de erro grosseiro e boa-fé.

Tempestividade é a interposição do recurso no prazo legal, ou seja, dentro do prazo estabelecido pela lei para sua interposição. A tempestividade deve-se verificar quando da interposição do recurso, já que predomina que a perda do prazo para apresentação de razões recursais é mera irregularidade.

Em relação aos prazos dos recursos e sua tempestividade cabe destacar:

- **Carta testemunhável**: tem prazo de interposição de **48 horas** (razões em 2 dias da intimação se seguir o rito do RESE ou 8 dias se seguir o rito da apelação). Tem aplicação subsidiária. Para que esse prazo seja contado em horas, do mandado de intimação deve constar o horário de sua realização, caso não conste o horário da intimação da decisão o prazo de interposição é contado em dia (2 dias).

- **Embargos de declaração**: Neste recurso, a interposição já é acompanhada das razões e em primeira ou segunda instância têm prazo de interposição de 2 dias.
- **Apelação** a interposição deve se em 5 (cinco) dias e as razões em 8 dias.
- **Recurso em sentido estrito – RESE**, a interposição deve ser em 5 (cinco) dias e as razões em 2 dias.
- **Agravo em Execução** deve ser interposto em 5 (cinco) dias e as razões em 2 dias. Este recuso segue o mesmo processamento do RESE.
- **Embargos de declaração** o prazo é de 2 (dois) dias.
- **Apelação nos juizados** e **embargos infringentes e de nulidade** (nos dois casos a interposição deve ser acompanhada das razões. Têm o prazo de interposição de 10 dias.
- **Recurso extraordinário** e **especial**. Nos dois casos a interposição deve ser acompanhada das razões e tem prazo de interposição de 15 dias.
- **RESE contra lista dos jurados:** Tem o prazo de interposição de 20 dias. As razões devem ser apresentadas em dois dias.

Inexistência de fato impeditivo ou extintivo. No que tange ao fato impeditivo temos a ausência de renúncia. Não custa lembrar que renúncia do réu ao direito de apelação, manifestada sem a assistência do defensor, não impede o conhecimento da apelação por este interposta. Não se aplica mais, como causa de renúncia o não recolhimento ao cárcere por parte do réu por sua flagrante incompatibilidade com a Constituição Federal.

Em relação aos fatos extintivos podemos destacar que se traduz nos casos de desistência que ocorre após a interposição do recurso e a deserção, nos casos de falta de preparo do recurso do querelante em crimes de exclusiva ação penal privada. Não se aplica mais como forma deserção a fuga do recorrente nos casos em que a lei exige o seu recolhimento à prisão por ser incompatível com a Constituição Federal.

Em outro giro, os pressupostos subjetivos, temos a legitimidade que se constitui na capacidade de interpor o recurso. A legitimidade é do Ministério Público, do querelante, do assistente de acusação, do defensor do réu e do próprio réu. Nesse último, cabe destacar que o réu possui capacidade postulatória autônoma para interpor recurso.

Por último teremos o pressuposto subjetivo do interesse recursal que deriva da sucumbência que nada mais é do que uma situação de desvantagem jurídica oriunda da emergente decisão recorrida.

97. O Ministério Público pode recorrer em favor do réu?

Sim, pode. Pois o Ministério Público mais do que interessado em cum condenação está interessado em uma condenação justa. Sendo assim, por ter entre usas atribuições a defesa da ordem jurídica e o estado democrático de direitos possui legitimidade recursal em favor do réu.

O prazo recursal do MP e agora também da Defensoria Pública, começa a contar a partir do momento da entrega dos autos no setor administrativo, pouco importando a data em que o promotor ou defensor aponha seu ciente da decisão. O Parquet não possui prazo em dobro como a Defensoria Pública.

98. O réu pode recorrer de uma absolvição?

Resposta: Sim, pois no processo penal existe a sentença absolutória imprópria, que reconhece a existência de autoria e materialidade, além de reconhecer que o réu era inimputável ao tempo do crime. Nesse caso o réu será submetido a uma medida de segurança, mesmo sendo absolvido por falta de culpabilidade.

Nesse caso o réu terá sim interesse recursal uma vez que isso influencia em seus *status libertatis*. O réu não irá terá sua liberdade até que se comprove por meio de laudo pericial que não apresenta mais um risco para toda a sociedade.

99. Quais são os efeitos que um recurso pode ter? E o que se entende por reexame necessário?

Efeito devolutivo, inerente a todos os recursos. Efeito suspensivo, que só alguns recursos possuem. Efeito REGRESSIVO/DIFERIDO/ITERATIVO que é aquele efeito que possibilita o juiz que proferiu a decisão a se retratar (juízo de retratação) inerente apenas a alguns recursos como RESE, Agravo em execução e carta testemunhável; Efeito extensivo, que é quando a decisão de um recurso (pautado em caráter objetivo) pode ser estendido a outro corréu mesmo que ele não tenha interposto o recurso e efeito substitutivo, pois a decisão em sede de recurso substitui a decisão recorrida.

O reexame necessário se constitui nas hipóteses que a lei prevê, obrigatoriamente, que a decisão deva passar por um reexame, ou como aponta parte da doutrina, por um duplo grau obrigatório. São circunstância específicas elencadas taxativamente na hipótese de concessão de *Habeas Corpus* (Art. 574, I, do CPP), Decisão que arquiva ou absolve em crimes contra economia popular (Art. 7º da Lei 1521/51) e nas circunstâncias de decisão que concede reabilitação criminal (Art. 746 do CPP).

100. Quais são os princípios recursais?

Nos recursos vigoram os seguintes princípios: Voluntariedade, disponibilidade, personalidade dos recursos, unirecorribilidade, suplementação dos recursos, complementariedade dos recursos, dialética, *non reformatio in pejus, reformatio in mellius*

A voluntariedade informa que os recurso só serão interpostos se a parte interessada assim quiser. Não há que se falar, via de regra, em obrigação em recorrer. Pode ser que a parte esteja satisfeita com a decisão e não queria recorrer. A decisão judicial somente será revista se a parte sucumbente tomar a iniciativa de recorrer.

Questão curiosa é o que se denomina de recurso de ofício, ou reexame necessário, que são circunstância que o recurso é realizado de ofício pelo juiz em determinadas circunstâncias. A natureza recursal dessas hipóteses é de constitucionalidade no mínimo questionável, por violar o sistema acusatório e outros princípios correlatos.

Com efeito, o reexame necessário tem, na realidade, natureza jurídica de condição de eficácia objetiva da decisão recorrida, e não de recurso propriamente dito, exatamente pela falta de voluntariedade. Trata-se de uma providência acauteladora diante de decisões que, por serem extremamente favoráveis à acusação ou à defesa, mostram-se potencialmente relevantes ao interesse público, e por isso reclamam a devolução total da matéria ao juízo ad quem. As suas estritas hipóteses de incidências estão nos arts. 574, I e 746 ambos do CPP e Art. 7º da lei 1521/51.

A disponibilidade dos recursos é coro corolário do princípio da voluntariedade. A parte legitimada a recorrer pode dispor de seu direito, seja por meio da renúncia ou da desistência do recurso. Neste caso devemos ter atenção, pois existe uma exceção que é no caso de recurso interposto pelo PARQUET, pois conforme o art. 576 do CPP "o MP não poderá desistir de recurso que haja interposto".

No princípio da personalidade o recurso só pode aproveitar, via de regra, a parte que interpôs. Desse princípio derivam a regra de que o recurso só pode ser aproveitado por quem fez a interposição, mas essa regra comporta exceção que se encontra no efeito extensivo dos recursos, quando o fundamento do recurso for de caráter objetivo e se relacionar com circunstâncias comuns a todos os réus do processo. Podemos citar uma circunstância de incompetência absoluta. Na mesma esteira, informa esse princípio que a situação de quem recorreu não pode ser agravada, verifica-se isso no outro princípio, na *non reformatio in pejus*.

Unirecorribilidade está ligada a forma de recorrer. A ideia geral é de que para cada decisão só exista uma forma de recorrer. Esse princípio comporta exceção, como no caso de uma decisão que viole norma de direito constitucional e legal, ao mesmo tempo, pois nesse caso caberá R.E para o STF e Resp. para o STJ (art. 26 da Lei 8.038/90).

Na suplementação, que vem em contraponto a variabilidade dos recursos, a parte pode interpor novo recurso, suplementando outro já interposto, desde que no prazo legal e baseado em fundamento diverso. A título de exemplo, podemos citar a circunstância em que a sentença é impugnada com apelação sob o fundamento de excesso de rigor na fixação da pena do pelo juiz presidente e, depois, ainda no prazo, nova apelação é interposta, desta vez fundamentada na ocorrência de decisão dos jurados manifestamente contrária à prova dos autos.

Na complementariedade o recorrente pode complementar a fundamentação de seu recurso se houver integração ou complementação da decisão original, em virtude do acolhimento de Embargos de Declaração que produzam efeitos infringentes ou modificativos.

A dialética informa que deve haver contraditório em sede recursal. Por isso que o recorrente deve declinar os motivos pelos quais pede o reexame da decisão, o que possibilitará parte contrária apresentar suas contrarrazões. Não por outra razão que existe súmula do STF no sentido de afirmar que é constitui nulidade a falta de intimação do denunciado para oferecer contrarrazões ao recurso interposto da rejeição da denúncia, não a suprindo a nomeação de defensor dativo (SÚMULA 707 DO STF).

Todavia, este princípio comporta exceção, pois existe a possibilidade de julgamento de um RESE ou de uma Apelação sem apresentação de razões ou contrarrazões (Art. 589 e Art. 601, ambos do CPP).

O princípio do *non reformatio in pejus* descreve que em recurso exclusivo da defesa, a situação do acusado não pode ser agravada, mesmo em se tratando de um erro material, quando apenas a defesa recorreu de decisão. Este princípio da *non reformatio in pejus* terá aplicação tanto em relação direta, quando o réu é condenado, por exemplo, e só ele recorre da decisão. Neste caso não pode o tribunal piorar a situação que ele já tem. Mas, também te aplicabilidade de forma indireta quando a decisão recorrida, em recurso exclusiva da defesa, é anulada e necessita de outro julgamento.

Em um recurso exclusivo da defesa, caso a decisão de primeira instância venha a ser anulada, o acusado não poderá ter a sua situação agravada quando do novo julgamento. Esse efeito que a decisão nula produz (de impedir que a nova decisão agrave a situação do acusado) é denominado de *efeito prodrômico.*

Aprofundando o tema, importante destacar o caso da aplicação do referido princípio non reformatio in pejus quando estivermos diante de uma decisão proferida por juízo absolutamente incompetente. A questão apresente divergência, sendo que prevalece no STF que mesmo assim não o referido princípio terá sua aplicabilidade, não podendo o juiz competente agravar a situação do réu, em recurso exclusivo da defesa.

Por derradeiro temos o princípio da *reformatio in mellius.* Neste princípio, que segue justamente a lógica contrário do anterior, pode o juiz, em um recurso exclusivo da acusação melhorar a situação do réu.

8

MEDICINA LEGAL

André Uchôa

Sumário: **I.** História da medicina legal – **II.** Peritos e perícias – **III.** Asfixiologia forense – **IV.** Sexologia – **V.** Toxicologia forense – **VI.** Traumatologia – **VII.** Lesões e morte por projétil de arma de fogo – **VIII.** Lesões e morte por energia térmica – **IX.** Lesões e morte por energia elétrica – **X.** Baropatias – **XI.** Identidade e identificação criminal.

I. HISTÓRIA DA MEDICINA LEGAL

1. Como se divide a medicina legal?

A parte da medicina legal que interessa para a prova de delegado é a medicina legal especial, dividida em diversas disciplinas: antropologia forense, asfixiologia forense, criminologia, genética médico-legal, infortunística, policiologia forense, psicologia forense, psiquiatria forense, sexologia forense, tanatologia forense, toxicologia forense, traumatologia forense e vitimologia.

II. PERITOS E PERÍCIAS

2. Qual o conceito de perícia, perícia médico-legal e perito?

A perícia é todo exame realizado por profissional não médico, desde que destinado a uso como meio de prova em juízo ou no âmbito de um procedimento administrativo, como um procedimento investigatório.

Já a perícia médico-legal é todo exame levado a efeitos por profissionais da medicina (clínicos, laboratoriais ou necroscópicos) e destinados a uso em juízo.

E, por fim, perito é o profissional de nível superior (artigo 159, CPP), especialista em determinada área do conhecimento humano e que, por designação de autoridade competente, presta serviços à justiça ou à polícia a respeito de fatos, pessoas ou coisas.

3. Quais são os modos de realização de uma perícia?

Na área da perícia médica, há a perícia direta e a indireta. Uma perícia feita de forma direta é quando se tem contato direto com o corpo de delito, considerado este como sendo o objeto de análise sob o qual recai a perícia; ex.: uma munição, uma gota de sangue, uma mesa, um corpo humano vivo ou morto etc. Se o perito analise diretamente todos os objetos retro citados, há uma perícia direta.

No entanto, se, pelos mais variados motivos, o perito não tem acesso diretamente aos objetos oriundos e relacionados ao fato criminoso em análise será feita então a chamada perícia indireta. Como exemplo podemos citar um homicídio, por exemplo, onde não há o cadáver, mas apenas é encontrada uma fotografia do cadáver. Esse contato que não é direto com o corpo de delito é chamado de perícia indireta (artigo 167, CPP).

4. Quais as finalidades de uma perícia?

A perícia pode ter mais de uma finalidade: perícia de retratação ou *percipiendi* ou narrativa; interpretativa ou *deduciendi* ou científica; e opinativa.

A perícia de retratação (ou *percipiendi* ou narrativa) ocorre quando o perito, com conhecimento específico, analisa um fato e a partir de então, traduz a situação, sem tirar maiores conclusões. Permitindo assim que pessoas comuns entendam o que ocorreu de fato.

A segunda modalidade, chamada de interpretativa ou *deduciendi* ou científica), é a mais comum, mais plausível, é aquela em que o perito não só passa esse quadro, esse relato, mas tira também suas conclusões científicas. O perito não se restringe a apresentar um retrato da situação, mas apresenta sua conclusão, demonstra um resultado científico, portanto, uma perícia interpretativa.

Na terceira modalidade, chamada de opinativa, o perito além de apresentar a solução técnica, também emite uma opinião para o futuro, por exemplo. Um caso comum dessa perícia é quando um perito analisa a periculosidade de um indivíduo cumprindo medida de segurança ou de um preso que pede progressão de regime. O perito apresenta não só o contexto atual desse indivíduo, mas o que pode ocorrer no futuro.

Além disso, com relação ao momento de sua realização, a perícia é dividida em duas espécies: a perícia retrospectiva e perícia prospectiva. A primeira espécie é a mais comum, aquela que olha para traz, o crime já aconteceu e o perito ajuda a esclarecer o caso. A prospectiva é aquela em que se olha para frente, dando uma previsão do que pode vir a ocorrer.

5. Quais são as espécies de peritos?

Os peritos se dividem em três espécies: oficiais, nomeados e assistentes técnicos.

O perito oficial é o servidor público da ativa. Por exemplo, os médicos legistas e peritos criminais titulares de cargo efetivo que se submeteram a concurso público.

Os quadros do poder público não têm profissionais de todas as espécies. Logo existem situações específicas em que o juiz ou delegado nomeiam um determinado perito para uma determinada função. Estes são os peritos nomeados chamados de peritos *ad hoc*. Enquanto exercem essa função, esses peritos, por força do artigo 327 do CP, são considerados funcionários públicos com as mesmas responsabilidades e respondendo pelos mesmos delitos próprios de funcionários.

6. O que é corpo de delito?

Trata-se do conjunto de vestígios que o crime deixa no mundo exterior, é tudo aquilo que podemos ver e observar das marcas deixado pelo fato criminoso, de forma que pode ser percebido pelos sentidos. Logo sendo "sensível" à visão, à olfação, ao tato, ao paladar e à audição é passível de ser recuperado e analisado. Em uma cena de crime, por exemplo, o instrumento do crime, o sangue pelo chão, a faca e cadáver compõem o conjunto sensorial. São os vestígios no local do fato, no instrumento utilizado para a prática, nas peças nas pessoas vivas ou mortas. Corpo de delito é a materialidade delitiva em si.

7. O corpo de delito pode ser permanente e transitório?

Esse corpo de delito pode ser permanente (*delicta factis permanentis*) ou transitórios (*delicta factis transeuntes*). Permanente é aquela evidência da materialidade delitiva que não se perde com o passar do tempo. Por exemplo, um disparo de uma arma de fogo em uma parede deixa sua marca por muito tempo. Por outro lado, uma agressão na região bucinadora (na bochecha) do rosto de uma pessoa, como por exemplo uma bofetada, gerando uma rubefação, irá desaparecer rapidamente, visto que essa lesão é altamente fugaz. Este é o chamado corpo de delito transitório ou transeunte, onde o tempo é determinante da produção probatória.

8. O que é exame de corpo de delito direto e indireto?

Quando há contato direto com os sinais/vestígios da infração, é o exame do corpo de delito direto. Quando não há esse contato direto, seja porque os vestígios não existem mais ou nunca foram localizados, tenta-se reconstituir isso de maneira indireta através da formação do corpo de delito indireto (artigo 167, CPP).

Se não existisse o exame de corpo de delito indireto, por exemplo, não seria possível haver imputações de homicídio sem corpo. Pode haver, portanto, a imputação de homicídio sem o cadáver por conta de evidências, de provas testemunhais ou por algum outro vestígio não material do próprio crime. Há muitos casos de aceitação do exame do corpo de delito indireto na jurisprudência.

Outra hipótese que se tolera o exame de corpo de delito indireto é diante da recusa da vítima. Nesses casos, a palavra da vítima acaba pesando, principalmente nos crimes contra a dignidade sexual. A vítima sofreu uma lesão à sua dignidade sexual, mas não quis fazer o exame nas primeiras horas. A palavra dela conta, até porque nos crimes contra a dignidade sexual, o mais importante é a prova do dissenso (atos praticados sem consenso) do que a prova do ato em si. Crimes contra a honra também são um exemplo.

9. Quais são os prazos para a confecção dos laudos pelos peritos?

Os peritos emitem laudos que são regidos por regras diferentes no processo penal e do processo civil. O artigo 160 do CPP determina que o perito entregue o laudo em 10 dias. Porém, nem sempre há a conclusão definitiva desse laudo em 10 dias, por isso, são prorrogáveis, a critério judicial, já que lei não dá o prazo para essa prorrogação.

No processo civil processo civil é diferente, o artigo 477 do CPC é mandatório no sentido de que a entrega do laudo seja em até 20 dias antes da audiência, para que se possa intimar as partes dessa juntada e fazer a análise e eventual pedido relacionado a isso.

Vale lembrar que assistentes técnicos não emitem laudos, emitem pareceres. Quem emite laudo é só o perito oficial.

10. A falsa perícia é crime?

➩ O código Penal prevê no artigo 342 do CP em relação as declarações e conclusões dos peritos tipificando a conduta de falsa perícia ou falso testemunho.

Logo é falsa perícia ou falso testemunho afirmar aquilo que não condiz com a verdade, assim como constituiu também falsa perícia também negar aquilo que é verdadeiro e silenciar diante do que se sabe. Por conta disso o silêncio constitucionalmente assegurado é apenas compatível com o réu. A testemunha ou perito não têm direito ao silêncio. Se silenciarem e for descoberto que tinham informações a prestar, praticam o artigo 342 do CP.

11. Qual é o objeto de uma perícia?

➩ Os objetos podem ser: pessoa viva, cadáver, objetos, coisas, bens e animais. O perito não julga, seu papel é dizer o "aqui e o agora" (*hic et nunc*), além de visualizar e fazer referência (*visum et repertum*). É o papel do "aqui e agora" com olhos técnicos informando o que ele viu e emitir opiniões sobre o que pode vir acontecer.

12. O que é documento médico-legal?

➩ Um documento médico-legal é toda informação escrita de origem médica que relata uma matéria de interesse jurídico ou médico legal consistindo em instrumentos escritos por médicos que visam elucidar questões de relevância policial ou judicial, servindo como meio de prova.

13. Qualquer atestado médico é documento médico-legal?

Há três espécies de atestados médicos: o oficioso; o administrativo; e o judiciário.

- O oficioso são os atestados solicitados por quaisquer pessoas a cujo interesse atendem, visando unicamente ao interesse privado (atestado médico para justificar falta ao trabalho etc.)

Ex: a pessoa vai a uma consulta e pede ao médico que ateste que não pode trabalhar por motivo de doença a fim de justificar faltas ou atrasos. Esse é o atestado médico oficioso. Não é documento médico-legal.

O atestado médico administrativo são os exigidos pelas autoridades administrativas. (atestados que os servidores públicos são obrigados a apresentar quando solicitam licença ou requerem a aposentadoria). Esse também não é documento médico-legal.

Por último, o atestado médico judiciário são os atestados requisitados por juiz (aqueles com que os jurados justificam suas faltas ao tribunal do júri). Somente os atestados que interessam à justiça constituem documentos médico-legais.

14. Qual a finalidade do atestado de óbito?

Sua finalidade é para atestar a morte ou liberação do corpo para inumação (enterramento) ou cremação. Hoje em dia o atestado de óbito é regulado por uma resolução do Conselho Federal de Medicina 1.290/89.

Essa resolução diz no seu artigo 1º que o médico só poderá atestar a morte que ele constatou pessoalmente. Porém, às vezes, não acontece assim, porque uma pessoa é encontrada morta em casa e os familiares ligam para o médico e dizem o ocorrido. O médico, então, fornece o atestado mesmo sem atestar pessoalmente.

O artigo 3º diz que se a morte acontecer no ambiente hospitalar, qualquer médico pode atestar a morte. Porém, se a causa da morte for suspeitar (por exemplo, envenenamento), nenhum deles pode atestar o óbito, só o médico legista. Isso porque nos casos de morte violenta (suicídio, acidente ou crime) a necropsia é obrigatória em 100% dos casos.

III. ASFIXIOLOGIA FORENSE

15. O que é afogamento real, azul, verdadeiro ou molhado?

O afogamento é uma espécie de asfixia por modificação do ar ambiental, na qual se substitui o ar respirável por líquido. Pode ser dividido em afogamento Real, azul, verdadeiro e molhado ou afogamento Branco de Parrot que também pode ser chamado de afogamento seco. Naquele o cadáver é encontrado em meio líquido apresentando os sinais de certeza de afogamento, como por exemplo: Mancha de Pautalf, diferença de densidade do sangue do átrio esquerdo quando comparado com o do átrio direito, diferença no ponto de congelamento do sangue dos átrios (crioscopia de carrara) ou algas diatomáceas na medula óssea dos ossos longos. Esses achados periciais comprovam que a morte ocorreu por afogamento verdadeiro ou azul.

16. O que é afogado branco de parrot e como comprovar a morte por afogamento em cadáveres putrefeitos?

O afogamento é uma espécie de asfixia por modificação do ar ambiental, na qual se substitui o ar respirável por líquido. Pode ser dividido em afogamento Real, azul, verdadeiro e molhado ou afogamento Branco de Parrot que também pode ser chamado de afogamento seco. Naquele o cadáver é encontrado em meio líquido apresentando os sinais de certeza de afogamento, como por exemplo: Mancha de Pautalf, diferença de densidade do sangue do átrio esquerdo quando comparado com o do átrio direito, diferença no ponto de congelamento do sangue dos átrios (crioscopia de carrara) ou algas diatomáceas na medula óssea dos ossos longos. Esses achados periciais comprovam que a morte ocorreu por afogamento. Entretanto haverá hipóteses em que um cadáver é encontrado em meio líquido e os sinais patognomonicos de afogamento não estarão presentes, a essa hipótese dá-se o nome de afogado branco de parrot. A doutrina médica – legal aponta que nesses casos a morte pode ter ocorrido por um reflexo vagal ou por um espasmo de glote, justificando assim a ausência de sinais de certeza de afogamento.

No caso de corpos putrefeitos os exames de praxe como por exemplo: densidade dos átrios ou ponto de congelamento do sangue podem estar prejudicados pela putrefação, o que levaria à necessidade de outros exames pericias mais específicos, como o encontro de algas diatomáceas na medula óssea dos ossos longos que estaria presente mesmo no cadáver em putrefação e comprovaria a entrada de liquido (agua doce ou salgada) que conteriam essas as algas que por sua vez passariam para a corrente sanguínea e se alojariam na medula dos ossos longos, comprovando a morte por afogamento.

17. O que são docimasias e quais são suas espécies?

Os exames periciais para comprovação de nascimento com vida são as Docimasias que podem ser de várias origens, tais como: gastrointestinais, auriculares, circulatórias, visuais etc.

Nessa esteira a docimasia pulmonar de galeno é a mais famosa configurando uma docimasia hidrostática. Nela coloca-se o pulmão na água, se ele flutuar, é porque o nascituro respirou, pois os pulmões receberam ar. Sendo assim pode-se afirmar que a docimasia foi positiva, ou seja, nasceu com vida. Mas caso afunde, deve-se pegar uma tesoura e cortar os pulmões embaixo da água, caso algum dos pedaços flutue e porque esse pulmão flutuou, logo respirou e nasceu com vida sendo a Docimasia positiva.

Contudo, se, ainda assim, não flutuar, faz-se novo corte nos pulmões agora em pedacinhos, se pelo menos um pedacinho flutuar é porque respirou, logo nasceu com vida. Por fim se todos afundarem, pega-se um soquete e esmaga-se os pedacinhos de pulmão. Se surgirem bolhas de ar é porque respirou. Entretanto se ainda assim não houver bolhas é porque não respirou, tratando-se de um natimorto.

Já na Docimasia visual pulmonar de Bouchut – o pulmão que não respirou é vermelho escuro, é muito denso, ele lembra um fígado, as bordas são agudas e a superfície é lisa. Entretanto em um pulmão que respirou, as bordas são arredondadas, ele fica mais claro, mais avermelhado, ele tem baixa densidade e na superfície são vistos vários mosaicos, que são os alvéolos.

Há ainda a Docimasia microscópica pulmonar de Balthazard-Lebrun nesta deve-se cortar um pedaço do tecido pulmonar e levar ao microscópio para observar se os alvéolos estão distendidos (abertos), caso estejam é porque o pulmão respirou, se eles estiverem compactos, é porque não respirou. Essa é uma docimasia importante porque quando o feto nasce morto, a equipe médica bombeia (insuflação de ar) ar para dentro dos pulmões visando reanimá-lo. Só que se ele estiver morto, essa manobra não vai distender os alvéolos, que só se distendem fisiologicamente. Ocorre que como os médicos fizerem a insuflação, o pulmão vai flutuar, mesmo assim ele teria nascido morto. Há também as docimasias extrapulmonares. A primeira é a de Breslau, nesta pega-se o esôfago, intestino delgado, intestino grosso, estomago e amarra-se tudo nas duas pontas. Dessa forma se o feto nascente respirou pode ter entrado ar dentro do tubo digestivo. Nesse caso, se flutuar é porque respirou. Essa docimasia faz com o tubo digestório o que a docimasia de Galeno fez com o pulmão. Cuidado, porque se o feto estiver em putrefação, o pulmão e aparelho gastrointestinal estarão de gases da putrefação, apresentado assim um falso positivo. Outro ponto importante é a hipótese de o feto respirar o líquido amniótico, o que pode fazer o pulmão afundar dando um resultado de falso negativo. Por isso a importância do exame microscópico. Por fim, pode-se encontrar apenas a cabeça de um feto, neste caso uma opção é a de usar a docimasia extrapulmonar auricular de Wendt-Wieden-Gellée, que consiste em mergulhar a cabeça do feto na água, retirar o pavilhão auditivo, perfurar o tímpano, se sair bolha de ar, é porque ele respirou. No entanto deve-se ficar atento para o cadáver em putrefação, pois nesse caso ocorrerão bolhas oriundas do fenômeno da putrefação, gerando um falso positivo.

18. O que é esganadura?

É uma hipótese de asfixia por constrição do pescoço na qual a força que aperta do pescoço da vítima é produzida diretamente pelas mãos do agressor, atacando diretamente o pescoço da vítima, podendo causar: infiltração hemorrágica cervical, ruptura muscular, fratura do hioide, lesões vasculares cervicais e fratura de cartilagem laríngea.

19. O que é enforcamento?

Consiste na forma de asfixia na qual a força que traciona o laço e aperta o pescoço é o próprio peso do corpo da vítima, podendo causar: infiltração hemorrágica cervical, ruptura muscular, fratura do hioide, lesões vasculares cervicais e fratura de cartilagem laríngea.

20. O que é estrangulamento?

Consiste na forma de asfixia na qual a força que traciona o laço e aperta o pescoço é QUALQUER OUTRA QUE NÃO SEJA o próprio peso do corpo da vítima, podendo causar: infiltração hemorrágica cervical, ruptura muscular, fratura do hioide, lesões vasculares cervicais e fratura de cartilagem laríngea.

21. O que é o sinal de morgagni-valsalva-orfila-roemer?

No pescoço, dentro de sua estrutura, há o osso hioide revestido de músculos. A força do laço ou das mãos atacando diretamente o pescoço pode provocar a quebra deste osso. Quando esse osso aparece quebrado, recebe o nome de Sinal de Morgagni-Valsalva-Orfila-Roemer. Pode ocorrer no enforcamento, no estrangulamento e na esganadura.

22. O que é máscara de morestin?

Este sinal ocorre em uma modalidade de sufocação indireta, chamada de compressão do tórax. Quando há um peso sobre o tórax da vítima o coração fica comprido contra a coluna vertebral, impedindo sua sístole (contração) e diástole (distensão ou relaxamento), fazendo com que o sangue não chegue a todas as partes do corpo. Assim, a circulação de retorno fica prejudicada, ou seja, nem todo sangue que é expulso do coração, consegue retornar, pois o coração está comprimido contra a coluna vertebral. Desta forma haverá um acúmulo de sangue no interior dos vasos da cabeça e do pescoço, causando um extravasamento de sangue nas malhas dos tecidos gerando uma equimose (milhares de petéquias na região do pescoço e da face). Essa equimose é chamada de Máscara de Morestin ou Cianose Cérvico-Faciel de Le Dentu.

23. Explique a teoria física do confinamento?

O corpo humano é normalmente mais quente (36,5°C) do que o meio ambiente. Dessa forma o corpo sendo mais quente do que o meio ambiente e não havendo a renovação do ar o corpo cede calor para o meio ambiente para que fique em equilíbrio. Nesta linha, o hipotálamo então percebendo que o ambiente está esquentando envia uma ordem para que se aumente a sudorese, fazendo o corpo perder líquido, já que o suor aumente, esse suor irá evaporar e aumentar a umidade do ar ambiental. A umidade do ar ambiental aumentada, retardará a evaporação do suor. Quanto mais úmido o ar ficar, mais difícil será a evaporação do suor. Como a evaporação do suor fica mais difícil, fica mais difícil também será a retirada de calor do corpo, que sairia junto com a água da transpiração. Desta forma o corpo continuará quente, instalando-se uma hipótese de hipertermia. Ou seja, a temperatura corporal aumenta, em um quadro de hipertermia, ocorrendo a morte. Essa é a teoria física do confinamento.

24. Explique a teoria química do confinamento?

Sem a renovação do ar ambiental, os níveis de gás carbônicos aumentam. Com isso, o centro respiratório bulbar, estimulado pelo gás carbônico, acelera o ritmo respiratório. Por conta disso, o consumo de oxigênio aumenta. Desta forma, surgem os sinais de hipóxia e hipercapnia, causando a morte.

25. Quais são os sinais gerais de asfixia?

Sangue fluido e escuro, congestão polivisceral e manchas de Tardieu (petéquias disseminadas), constituem a chamada tríade asfíxica. Isto não é sinal patognomônico de asfixia, isto porque mortes rápidas ou fulminantes sem muita perda de sangue induzem esse quadro de tríade asfíxica.

26. Explique os sinais gerais de asfixia.

Congestão Polivisceral – em medicina, quando se diz que um vaso está congesto significa que ele está repleto de sangue. A congestão significa completamente cheio. Congestão polivisceral é a congestão de muitas vísceras, isto é, com a progressiva falta de oxigênio (hipoxia) e o excesso de gás carbônico (hipercapnia), o organismo provoca uma vasodilatação generalizada e, com isso, as vísceras, muitos vascularizadas, ficam repletas de sangue que está contido nos vasos que as constituem.

Sangue Fluido – quando ocorre a morte, o um sistema chamado de sistema fibrinolítico é acionado e, deste modo, a fibronolisina destrói a fibrina, assim, o sangue do cadáver não coagula. Se o sangue não coagula ele fica fluido.

Sangue Escuro – Além disso, com a morte aumenta-se a taxa de hidrogênios positivos, na medida em que não há oxigênio (que forma a oxiemoglobina que dá a tonalidade vermelho vivo ao sangue), com isso, a hemoglobina se liga ao hidrogênio formando a hemoglobina reduzida, que possui cor vermelho escuro. Por isso, o sangue dos cadáveres asfixiados fica fluido e escuro.

Petéquias Disseminadas – como esses vasos estão repletos de sangue, a pressão dentro dos vasos aumenta ocasionando um extravasamento de sangue. O sangue que extravasou se infiltra nas malhas dos tecidos gerando inúmeras petequias.

IV. SEXOLOGIA

27. Qual a diferença entre estado puerperal e puerpério?

O estado puerperal não se confunde com puerpério, sendo aquele um fato biológico bem estabelecido que a parturição desencadeia numa súbita queda nos níveis hormonais e alterações bioquímicas no sistema nervoso central. A disfunção ocorreria no eixo Hipotálamo-Hipófise-Ovariano, e promoveria estímulos psíquicos com subsequente alteração emocional. Em situações especiais, como nas gestações indesejadas, conduzidas em segredo, não assistidas e com parto em condições extremas, uma resposta típica de transtorno dissociativo da personalidade e com desintegração temporária do ego (o conceito de Ego é visão da Psicologia com abordagem voltada a Psicanálise) poderiam ocorrer. Já o puerpério é um conceito médico que corresponde ao período entre o final do parto e a retomada das funções ovulatórias normais da mulher.

28. Quais são os elementares típicas do crime de infanticídio no que tange os aspectos médico-legais?

I) O crime de infanticídio apresenta como elementares, a mulher que mata o próprio filho durante ou logo após ao parto sob a influência do ESTADO PUERPERAL, vale lembrar que o parto se inicia com a dilatação do colo do útero ou com o rompimento do saco amniótico e termina com a expulsão da placenta (dequitação ou secundamento).

Importante ainda destacar que estado puerperal não se confunde com puerpério, sendo aquele um fato biológico bem estabelecido que a parturição desencadeia numa súbita queda nos níveis hormonais e alterações bioquímicas no sistema nervoso central. A disfunção ocorreria no eixo Hipotálamo-Hipófise-Ovariano, e promoveria estímulos psíquicos com subsequente alteração emocional. Em situações especiais, como nas gestações indesejadas, conduzidas em segredo, não assistidas e com parto em condições extremas, uma resposta típica de transtorno dissociativo da personalidade e com desintegração temporária do ego (o conceito de Ego é visão da Psicologia com abordagem voltada a Psicanálise) poderiam ocorrer. Já o puerpério é um conceito médico que corresponde ao período entre o final do parto e a retomada das funções ovulatórias normais da mulher.

29. Como comprovar pericialmente, aborto em mulher viva?

Os achados pericias que podem comprovar gravidez pregressa e por conseguinte a possibilidade de aborto em mulher viva são: sinais mamários por meio da congestão das mamas cuja rede venosa subcutânea se torna mais visível (sinal haller), saída de líquido leitos, o colostro que é mais abundante poucos dias após o aborto, sinais genitais – a genitália releva mucosa de tonalidade arroxeada na vulva (sinal de jacquemier ou chadwick), na vagina sinal de kluge e no colo do útero por causa do aumento da vascularização. O útero tem consistência diminuída pelo aumento do líquido intersticial dos tecidos (embebição gravídica), alterações cutâneas há uma tendência de hiperpigmentação que é mais comum na aréola mamária, mas que ocorre também no abdômen e na face. No abdômen forma-se uma linha escura ao longo da linha mediana entre o umbigo e o púbis, a linha negra da gravidez. Na face, a mancha chama-se CLOASMO GRAVÍDICO.

Outro achado pericial possível são os lóquios drenados pelo orifício do colo uterino. Inicialmente sanguinolentos, ao fim de 3 dias tornam-se serosos e amarelados. Havendo infecção, passam a piossanguinolentos e exalam odor desagradável. Indicam que houve perda do revestimento interno da parede uterina, que se apresenta cruenta e sangrante. Destaca-se ainda o encontro de partes fetais ou da placenta em meio ao conteúdo vaginal garante que havia gravidez. Sendo realizada a perícia no mesmo dia ou ATÉ 3 DIAS seguintes ao aborto, no máximo, há a possibilidade de detectar CÉLULAS TROFOBLÁSTICAS em esfregaço vaginal. Para que o ovo se implante com sucesso na mucosa uterina, é preciso que os níveis de progesterona e de estrogênio se mantenham elevados, o que só acontece se o corpo amarelo ovariano continuar a ser estimulado.

Como a influência estimulatória da hipófise tende a ser inibida pelo aumento daqueles hormônios, a manutenção do funcionamento do corpo amarelo no início da gravidez carece de um novo hormônio estimulante. É aí que entra a GONADOTROFINA CORIÔNICA. É uma GLICOPROTEÍNA semelhante ao hormônio luteinizante da hipófise.

Quanto à ultrassonografia, seu valor na perícia de casos de aborto fica limitado porque, na maioria das vezes, o embrião foi eliminado. Resta, contudo, a possibilidade de avaliação morfologia e das dimensões uterinas, que pode ajudar no diagnóstico de gravidez pregressa.

Nos casos de aborto com retenção do embrião, que pode ocorrer quando são usados métodos farmacológicos, cresce de importância não apenas pela sua visualização, mas pela constatação de alterações sugestivas de anomalias do ovo ou ausência de batimentos.

30. Quem é o recém-nascido para a medicina legal?

O recém-nascido é aquele feto que ainda está ligado ao cordão umbilical e não recebeu nenhum cuidado. Está coberto pelo indulto sebáceo (substância que facilita a saída da criança no parto). É a criança com corpo sujo de sangue recoberto pelo indulto sebáceo e ligado ao cordão umbilical.

V. TOXICOLOGIA FORENSE

31. Em relação ao uso de derivados etílicos, responda aos seguintes itens: (i) descreva o quadro clínico da embriaguez pelo álcool. (ii) um agente ingeriu uma boa quantidade de álcool, encontra-se bastante embriagado, irritado e agressivo. Analise a importância médico-legal dessa fase. (iii) considerando que esse agente continuou ingerindo grande quantidade de álcool e se encontra bastante embotado, prostrado, sujo e "caído no chão" qual a importância médico-legal dessa fase da embriaguez?

Esse quadro é marcado por: congestão das conjuntivas, taquicardia, taquipneia, taquiesfigmia, hálito alcoólico-acético, alteração do equilíbrio, da marcha e perturbação da coordenação motora (sinal de Romberg), ataxia (incoordenação motora), dismetria (perturbação na medida dos movimentos) e disdiadococinesia (desordem na realização de movimentos rápidos e opostos).

(II) esta fase é também chamada de fase da confusão ou do "Leão" que possui grande interesse médico-legal na qual ocorrem normalmente crimes de sangue praticados por condutas comissivas;

(III) a fase do sono ou comatosa ou do porco, sua consciência fica embotada, não reagindo a estímulos, as pupilas dilatam e não reagem à luz, os esfíncteres relaxam e a sudorese é profunda. É a fase da inconsciência, importância jurídica de praticar possíveis crimes omissivos impróprios se estiver na posição de garantidor.

32. Qual seria o comportamento e os principais sinais físicos esperados de um toxicômano sob efeito de cocaína?

A cocaína é uma droga psicoanaléptica e como tal gerará um estado de euforia, hiperatividade, sensação de bem-estar, aumento da autoestima, chegando à onipotência. Nos usuários que utilizam a via pulmonar ou venosa, tais sensações são muito amplificadas e conhecida como "high" ou "flash". Este estado pode ser acompanhado por redução do juízo crítico, impulsividade, agitação psicomotora, insônia e pânico. Conforme vai passando o efeito da droga sobrevém depressão, inquietude e ansiedade, que levam à necessidade de novamente consumir.

VI. TRAUMATOLOGIA

33. O que é debilidade permanente do art. 129 do CP?

A debilidade permanente é uma espécie de lesão corporal grave, prevista no artigo 129, inciso III do Código Penal. A debilidade é uma diminuição parcial da capacidade funcional. Não se confundindo com perda ou inutilização, pois assim caracterizaria lesão corporal gravíssima. Pode ocorrer a debilidade anatômica ou funcional, sendo perceptível, inclusive, quando o indivíduo estiver em movimento (dinâmico) ou em repouso (estático). Caracterizando a debilidade, como lesão grave, apenas se for permanente, isto é, longa, duradoura. São exemplos: lesões nos feixes nervosos causando a fraqueza nos membros ou partes deles, traumatismo que levam a surdez parcial, alterações da sensibilidade tátil da pele, lesões em órgãos duplos, sendo unilateral o comprometimento etc.

34. O que são lesões corporais leves?

As lesões corporais leves causam mínimas alterações no organismo, como rubefações, edema traumático, escoriações, equimoses, hematomas, feridas contusas superficiais, entorses, luxações e fraturas. Sendo consideradas lesões fugazes não prejudiciais, de pronto restabelecimento que não prejudicam o funcionamento normal do organismo.

35. O que é deformidade permanente?

A deformidade permanente é uma espécie de lesão corporal gravíssima, prevista no artigo 129, inciso IV, do Código Penal. A deformidade permanente é um dano estético que causa repugnância aquele que observa, acarretando a baixa de autoestima da vítima. Essa deformidade deve ser aparente, sendo que qualquer parte do corpo pode ser observada mesmo em momentos mais íntimos. São exemplos a vitriolagem (queimaduras extensas por ação térmica ou química), paralisia facial traumática, mutilação da orelha externa etc.

36. O que é deformidade incurável?

A enfermidade incurável é uma espécie de lesão corporal gravíssima, prevista no artigo 129, inciso II, do Código Penal. Segundo o Professor Hygino de Carvalho Hércules, a enfermidade incurável é qualquer alteração nas funções, seja orgânica ou psíquica, de natureza congênita ou adquirida, que reduz a potencialidade do indivíduo, comprometendo a saúde, mas não ameaçando diretamente a sua vida. São exemplos: a cegueira, a surdez, paralisias etc.

37. O que é incapacidade permanente para o trabalho?

A lesão é chamada de incapacidade permanente para o trabalho e é considerada uma espécie de lesão corporal gravíssima, prevista no artigo 129, inciso I, do Código Penal. O indivíduo perde por um período de tempo a possibilidade de executar alguma tarefa, sendo qualquer tipo de atividade profissional em geral, desde que lícita. São exemplos: perda funcional de ambos os membros inferiores e superiores, cegueira etc.

38. O que é traumatologia forense?

Traumatologia é o ramo da medicina legal que estuda as lesões e estados patológicos, imediatos ou tardios, produzidos por violência sobre o corpo humano. Trata também das diversas modalidades de energias causadoras desses danos.

39. O que é a pele e como se divide?

A pela é a primeira barreira contra agressões externas e é importante na identificação criminal. A pele é ponto fundamental no estudo da medicina legal e é o maior órgão do corpo humano. A pele tem duas camadas: a epiderme e a derme. O prefixo epi significa em cima de (epiglote em cima da glote), logo, epiderme é a camada que fica em cima de uma outra camada que é a derme. É a camada mais superficial, mais externa, sem filetes nervosos e vasos sanguíneo, que se renova de 28 em 28 dias.

A epiderme é a camada mais externa da derme. Na epiderme há cinco subcamadas – camada córnea, camada lúcida, camada granulosa, camada espinhosa e camada basal (ou geradora ou germinativa). A basal é a camada mais profunda da epiderme, ou seja, é a camada que está em contato com a derme. A camada córnea é a que está em contato com o meio ambiente. A córnea, a lúcida, a granulosa e a espinhosa são formadas por células mortas. Na camada basal as células estão vivas. Logo, conforme as células vão se superficializando, elas vão perdendo o núcleo, até que chegam na camada córnea como células achadas, laminadas, impregnadas por queratinócito, queratina, que isola a pele evitando que certas substâncias entrem e saiam do corpo.

40. O que é trauma?

Um trauma é uma energia, que pode ser física, química, biológica ou mista. Essa energia atinge o corpo humano causando uma alteração no seu funcionamento físico ou psíquica causando lesão.

41. O que são instrumentos cortantes?

São instrumentos que cortam porque tem gumes. O instrumento cortante vai funcionar por pressão e deslizamento. Dessa forma ele produz a chamada lesão incisa. Logo, o instrumento é cortante e a lesão é incisa.

Sendo assim, os instrumentos cortantes transferem energia cinética por deslizamento e leve pressão através de uma borda aguçada a que se dá o nome de gume ou fio.

O gume desses instrumentos, por definição, atua mais por deslizamento do que por pressão. As fibras dos tecidos são seccionadas e os vasos permanecem abertos nas vertentes das feridas.

Portanto, um agente mecânico cortante é um instrumento que só corta, não perfura e não contunde. O contato de um instrumento cortante ocorre por meio de uma borda aguçada (por exemplo, navalha, lâmina de barbear, bisturi).

42. O que são instrumentos perfurantes?

O instrumento perfurante é aquele que não tem gume e sua massa não é suficiente para contundir, entretanto tem ponta, logo, só perfura, não cortando e nem contundindo, são exemplos: prego, tachinha, agulha, espinho de rosa.

43. Como se dividem os instrumentos perfurantes?

Dividem-se em instrumentos perfurantes de pequeno calibre (prego, tachinha, agulha, espinho de rosa) e de médio calibre (picador de gelo, chave de fenda de tamanho médio).

44. Qual o valor médico legal da cauda de escoriação ou cauda de rato de romanese ou rato de lacassagne?

O valor médico legal da causa de escoriação é demostrar a incidência do golpe, ou seja, demostrar onde foi a entrada e a saída do golpe, sendo certo que a cauda de escoriação marcará a parte correspondente a saída da ação vulnerante.

45. O que são instrumentos contundentes?

Instrumento contundente é aquele que age por uma pressão ou compressão sobre uma determinada superfície. É o agente ou instrumento que só contunde, pois não tem ponta e não tem gume, logo só contunde.

46. O que é uma lesão contusa?

Uma lesão contusa é a solução de continuidade causada por ação contundente, que interessa todos os planos da pele, inclusive o subcutâneo. Um de seus mecanismos de ação é a compressão.

47. Cite exemplos de instrumentos contundentes sólidos, líquidos e gasosos.

Um martelo, uma pedra, o chão, a mão fechada, o cotovelo podem ser instrumentos contundentes sólidos. Mas esses instrumentos podem ser líquidos e gasosos também, como por exemplo, a água com pressão (água da mangueira de bombeiros) ou o ar comprimido (turbina de um avião).

48. Qual o nome da lesão produzida por instrumento contundente?

A lesão produzida pelo instrumento contundente é chamada de lesão contusa.

49. Em relação às feridas contusas e incisas, qual das duas sangras mais?

Na ferida contusa, normalmente, se o instrumento vulnerante agir por pressão, isso fará com que os vasos sanguíneos fiquem esmagados, comprimindo-os, dificultando a saída do sangue, logo, ocorrendo menos sangramento, em regra. Por outro lado, nas lesões feitas por instrumentos cortantes, estes agem mais por deslizamento do que por pressão. Sendo assim, os vasos sanguíneos não estão comprimidos e sim cortados, gerando um sangramento maior.

50. O que são instrumentos perfurocortantes?

São aqueles dotados pelo menos de uma ponta e uma lâmina ou gume. Pérfuro-Cortantes é o instrumento que perfura e corta. O contato ocorre por meio de uma ponta e borda aguçadas, por exemplo, faca, punhal, estrela ninja etc. Esses instrumentos produzem lesões perfuro-incisas. O agente vulnerante perfura e corta e a ação é por pressão e deslizamento.

51. O que são instrumentos perfuro-contundentes?

São instrumentos de ação composta. Esses instrumentos perfuram e contundem. Perfuram porque têm ponta e contundem porque têm massa (conjunto de átomos que formam um corpo), o contato com o corpo da vítima ocorre por meio de uma ponta romba.

52. O que são instrumentos corto-contundentes?

São instrumentos que tem fio, lâmina, só que esta lâmina não é afiada a ponto de produzir uma incisão limpa, com as bordas limpas, com fundo limpo. Esses instrumentos cortam porque têm gume e contundem porque tem massa. Ocorre por meio de uma borda aguçada com grande massa.

Neste caso, o instrumento não é muito afiado e, para a produção do corte é necessária uma pancada, isto é, deve ser "jogado" com força sobre a superfície para cortar, exemplo arcada dentária, guilhotina etc.

53. Qual o nome da lesão produzida por instrumento contundente?

As lesões provocadas por instrumentos corto-contundentes são denominadas corto-contusas.

54. Quais são as características dos leões corto-contusas?

As bordas da lesão não são limpas, não são lisas, são irregulares, além disso, o fundo da lesão também é irregular, observa inchaço, arroxeamento, equimoses surgem nas bordas da lesão. Esse tipo de lesão apresenta não só a incisão, mas as marcas da contusão, por exemplo, a equimose, característica da contusão.

55. Quais são os exemplos de instrumentos corto-contundentes?

Exemplos de instrumentos corto-contundentes podem ser o machado, a machadinha, a foice, a enxada, a guilhotina, a arcada dentária humana (corta porque os dentes são afiados e tem massa, porque a mandíbula consegue empregar no local que incide uma grande força através do masseter, músculo da mandíbula).

56. O que é escoriação?

Pode-se definir escoriação como sendo um tipo de lesão na qual ocorre o arrancamento traumático da epiderme com a exposição da derme, sem ultrapassá-la, pois, caso isso acontecesse, deixaria de ser escoriação e se tornaria ferida. A pele é composta por duas camadas, a derme e a epiderme. Quando se arranca a epiderme e expõe-se a derme, sem, contudo, ultrapassá-la, estar-se-á diante de uma escoriação.

57. É possível a ocorrência de escoriação no cadáver? Caso possível, como seria?

É possível, contudo, essa escoriação não geraria extravasamento de líquido. O leito da escoriação produzida no cadáver será seca e apergaminhada, marcada por uma placa amarela, de consistência firme ao toque, semelhante ao couro.

58. O que são os derrames subcutâneos de serosidade de morrel-lavallée?

São coleções de linfa provenientes dos vasos linfáticos traumatizados por contusões tangenciais, como acontece nos atropelamentos em que os pneus, por atrição, deslocam a pele formando grandes bolsas linfáticas entre os planos ósseos e a região intersticial (tecidos).

59. O que é rubefação?

É a mais simples das lesões, ocorre pela hiperemia observada no local de impacto de um agente contundente. Resulta da dilatação dos capilares e vênulas locais em virtude da liberação de mediadores químicos como a histamina.

60. Qual é a mais simples das lesões corporais?

A doutrina médico-legal vai dizer que a rubefação é a mais simples das lesões e está umbilicalmente atrelada a uma ação normalmente contundente, isto é, na rubefação, o sangue está dentro dos vasos sanguíneos. Essa ação contundente gera um processo de vasodilatação na área empregada e, essa vasodilatação periférica, causa uma hiperemia (aumento do fluxo de sangue naquela região).

Se há um aumento de fluxo nessa região, ela fica vermelha, há um rubor, a região fica ruborescida (avermelhada) e gera calor. Dessa forma, a região fica geralmente quente, vermelha e edemaciada.

61. Como ocorre o processo de vasodilatação?

Esse aumento de fluxo sanguíneo pela vasodilatação ocorre por meio de um mediador químico chamado histamina. O corpo, percebendo estar sob uma agressão, libera a histamina que faz a vaso dilatação e gera a hiperemia na região.

62. Como se divide o tecido sanguíneo?

O sangue tem uma parte sólida e uma parte líquida. A parte líquida é o plasma e a sólida são os elementos figurados do sangue (leucócitos, plaquetas e eritrócitos).

63. O que significa a fugacidade da rubefação?

A rubefação é uma lesão é fugaz, ou seja, passageira, que não é permanente. Dura normalmente 10 minutos.

64. Onde está o sangue na rubefação?

Na rubefação, o sangue está dentro dos vasos, o que a diferencia, por exemplo, da equimose, onde o sangue está fora dos vasos.

65. Qual o valor médico legal de uma rubefação?

A presença de uma RUBEFAÇÃO tecnicamente denota que houve uma lesão corporal, sendo este seu valor médico-legal.

66. O que é ferida?

Ferida é a lesão que ultrapassa a epiderme e a derme atingindo os planos mais profundos.

67. O que é uma lesão consolidada?

Se diz que uma lesão é consolidada quando esta tiver parado de evoluir, ou seja, ela não piora e não melhora. Essa consolidação pode ser com cura ou sem cura.

68. Qual a diferença entre consolidação com cura e sem cura de uma lesão?

A consolidação com cura reestabelece o *status quo ante*, ou seja, o tecido volta a ser o que era antes da lesão. Já na consolidação sem cura não se reestabelece o *status quo*, ou porque houve uma alteração anatômica ou alteração funcional no local da lesão visto que surge no local uma cicatriz que não havia antes.

69. Qual a diferença entre ferida e escoriação?

A doutrina médico-legal, diz que uma das diferenças é que a escoriação consolida com cura e a ferida consolida sem cura. Isto porque as escoriações se regeneram. O tecido epitelial vizinho irá reproduzir a camada epidérmica que foi arrancada. Numa escoriação, as camadas da epiderme passam a reproduzir células que foram arrancadas pelo trauma o que ocorre em torno de 28 dias depois, reestabelecendo o *status quo ante* anatômico e funcional, por essa razão a consolidação ocorre com cura.

Já a ferida a consolidação ocorre sem cura, porque as feridas não regeneram, elas cicatrizam. Minimamente não se reestabelece o *status quo* antes anatômico, já que, naquela região, vai haver algo que não havia antes, ou seja, uma cicatriz. Outra diferença entre ferida e escoriação está no fato de que na escoriação a lesão não ultrapassa a derme o que ocorre na ferida.

VII. LESÕES E MORTE POR PROJÉTIL DE ARMA DE FOGO

70. Quais são as cavidades que um projétil pode formar durante o trajeto?

Quando o projétil entra no corpo ele cria uma cavidade, em forma um túnel que não existia antes, que corresponde ao trajeto do projétil. Esse trajeto vai formar a chamada cavidade permanente e a cavidade temporária.

71. O que é a cavidade permanente?

A cavidade permanente é aquela que pode ser vista pelo perito legista no momento da autópsia. Ela é produzida pela passagem do projétil, que cria um túnel no corpo da vítima pelo afastamento dos tecidos ao longo de seu trajeto.

72. O que é a cavidade permanente?

A cavidade temporária é formada pela onda de pressão que foi criada pela passagem do projétil. Essa onda de pressão é a formadora da cavidade temporária que também pode causar lesão. Assim, a lesão não está ocorrendo somente pela passagem do projétil, mas pela onda de pressão gerada por esta passagem. Desse modo, a cavidade temporária não pode ser constatada no momento da necropsia ou autopsia. Passada a onda de pressão, essa cavidade deixa de existir.

73. Quais são as cinco características da cavidade temporária?

A primeira característica da cavidade temporária é que ela é pulsátil. Essa cavidade não é uniforme porque o projétil não viaja de maneira uniforme, vai perdendo a estabilidade, mudando de posição na formação da cavidade permanente. O projétil pode estar de ponta, pode estar de lado, gastando mais ou menos energia cinética no trajeto, fazendo a cavidade temporária ser mais ou menos ampla. A cavidade temporária vai variando, por isso é pulsátil ao longo do trajeto.

A segunda característica é que ela depende da velocidade do PAF. Quanto maior a velocidade, possivelmente, maior a cavidade temporária. Isso por conta da fórmula da energia cinética. Quanto maior a velocidade maior a energia cinética, quanto maior a energia cinética maior a cavidade temporária. Em projeteis de baixa velocidade as cavidades temporárias tendem a ser menores.

A terceira característica é que ela depende também da estabilidade do PAF. Quanto maior a estabilidade menor a cavidade temporária. Se o projétil está mais estável, ele gasta menos energia cinética, logo, produz uma onda de pressão menor, produzindo uma cavidade temporária menor.

A quarta característica é que ela depende do calibre da arma também. O calibre da arma é o diâmetro do projétil. Quanto maior o calibre da arma, é sinal de que o projétil tem uma massa maior, essa massa influencia na fórmula da energia cinética. Logo, influencia na cavidade temporária.

A quinta característica é que a cavidade temporária depende do trajeto. Imaginando que o projétil venha em uma determinada direção dentro do corpo e bata em um osso e vire "cambalhota" diminuindo sua estabilidade. Neste caso, será aumentada a cavidade temporária. Assim, o trajeto também influencia na cavidade temporária. Olhando só para o quesito tamanho do trajeto e desconsiderando as outras influências, um trajeto menor, provavelmente, produzirá uma cavidade temporária maior e um trajeto maior produziria uma cavidade temporária menor. Isso porque em um trajeto maior o projétil chega com menor velocidade ao final, isto é, com menos energia cinética, produzindo assim uma menor cavidade temporária.

74. O que é centro de pressão e centro de massa no paf?

➦ São pontos importantes verificados no PAF porque influenciam na estabilidade do projétil. Quando o tiro sai da boca da arma animado por uma energia cinética, ele encontra a resistência do ar, que desestabiliza o projétil. Assim, surge o conceito de centro de pressão, que é um ponto imaginário onde as partículas de ar colidem contra o projétil oferecendo resistência a ele. Já centro de massa é o centro geométrico do projétil, é o ponto de equilíbrio do projétil e não se confunde com o centro de pressão.

75. O que deve ocorrer para que o projétil tenha maior estabilidade?

➦ Para que um projétil viaje com a maior estabilidade possível é preciso ter um alinhamento entre o centro de massa e o centro de pressão. Esses dois precisam estar alinhamos para que o PAF viaje com a maior estabilidade possível.

76. O que é o sinal de chavigny?

➦ Uma vez efetuado o disparo, o projétil é lançado pelo cano da arma e sai do cano da arma impregnando de uma série de substâncias que aderem ao projétil (pólvora, graxa, óleo, micropartículas de metal do cano da arma). Quando o projétil passa pela pele toda essa "sujeira" se limpa na pele deixado uma marca chamada de orla de enxugo ou orla de alimpadura ou sinal de Chavigny.

77. A orla de orla de enxugo é um sinal patognomônico de lesão de entrada?

➦ Sim, se há orla de enxugo a lesão é de entrada, pois não há orla de enxugo em lesão de saída.

78. O que é a orla de equimose?

Quando o projétil passa pela pele, gera uma lesão e faz com que os vasos sanguíneos se rompam, havendo um derramamento de sangue provocado por esses vasos que se romperam pela passagem do projétil, formando o que se chama de orla de equimose.

79. O que é anel de fisch?

É o somatório da orla de enxugo + orla de escoriação.

80. Qual o valor médico legal do anel de fisch?

Seu valor médico legal é determinar a incidência do disparo. Se o anel de Fisch apresentar orla de enxugo e de escoriação concêntricas (com o mesmo centro), é sinal de que o projétil ingressou no corpo da vítima de forma perpendicular ao maior eixo do corpo, formando um ângulo de 90 graus. Além disso, outro valor médico-legal do anel de fish é determinar que a lesão é de entrada.

81. O que é a orla de escoriação?

O conceito de escoriação é uma lesão na qual há o arranchamento traumático da epiderme com a exposição da derme. A derme e a epiderme têm índices de elasticidade diferente. Em virtude dessa diferença de elasticidade, surge então a orla de escoriação. Arranca-se a epiderme e expõe-se a derme em determinada região.

82. O que é orla ou zona de chamuscamento?

A zona de chamuscamento traz em si a ideia de queimadura. Ocorre quando o fogo que sai do cano da arma chega a encostar na roupa ou pele da vítima, é o tiro a "queima roupa" ou queima pele. A distância média para ficar a marca da chama do cano da arma é 5 centímetros. Logo, um tiro a queima roupa seria de 0 a 5 centímetros de distância entre o cano da arma e a vítima, que faz a pele apresentar marcas de queimadura, logo, apresentar a zona de chamuscamento ou queimadura.

83. O que é o sinal de hoffman?

Quando o tiro é dado com cano encostado, deve-se diferenciar quando há ou não plano ósseo por baixo. Quando há plano ósseo por baixo (o crânio, por exemplo, possui uma tábua óssea dupla), quando o tiro é efetuado e o projétil disparado com o cano encostado no plano ósseo, os gases oriundos da explosão causada pelo disparo explodir a pele para fora já que não há espaço para a dispersão do gás. Assim, o gás vai com que sai do cano com o projétil, vai bater no osso e explodir a pele para fora, formando a boca de mina de Hoffman.

A fumaça, o fogo, todas essas micropartículas, têm que encontrar um caminho para sua dispersão e essa pressão da arma contra a pele não deixa com que se dissipem. O resultado é que tudo isso acompanha o projétil e vai para baixo da pele. No entanto, como o espaço nessas regiões é formado pela pele e osso, apenas, esses vapores vão bater no osso e voltar, descolando a pele, ou seja, vão abrir um espaço, descolando a pele do osso, e esse espaço tem uma certa elasticidade, mas depois disso se rompe. É como se o disparo tivesse cavado uma mina, por isso, é chamado de câmara de mina ou câmara de Hoffmann.

84. O que é o sinal de werkgaertner?

O sinal de Werkgaertner é a situação de um disparo encostado, muito comum nos casos de suicídio. Quando a arma é encostada, o calor do disparo acaba por fazer uma marca a fogo da borda do cano na pele. Não é sinônimo de suicídio, é sinônimo de disparo com cano encostado em área sem plano ósseo por baixo.

Em outras palavras, quando o tiro encostado for em local sem plano ósseo por baixo da pele, não haverá o sinal de boca de mina no Hoffman. Os gases vão bater e não tem plano ósseo. Assim a pele bate na boca da arma como se fosse um carimbo batendo na pele, fazendo o desenho da boca da arma tatuada na pele. Esse é o chamado sinal de Puppe-Werkgaertiner.

A pele dá uma pancada na boca da arma como se fosse um carimbo. Pode ficar tatuada inclusive a alça de mira. Então, o valor médico-legal do sinal de Puppe-Werkgaertiner é indicar tiro encostado sem plano ósseo por baixo.

85. O que é o sinal de benassi?

É a tatuagem da pólvora no osso. O sinal de Benassi indica que o tiro foi com cano encostado no plano ósseo por baixo e, dessa forma tatuou a pólvora no osso do crânio.

86. Um esqueleto foi encontrado cinco anos após a morte. O perito provou que houve uma morte em razão de disparo de arma de fogo com o cano encostado. Qual foi o sinal visto pelo perito para assim concluir?

Sinal de Benassi no osso. A boca de mina de Hoffman é um sinal que fica a pele, por isso, se desfaz com a putrefação do cadáver. Porém, o sinal de Benassi permanece por muito mais tempo porque a marca fica presente no osso.

VIII. LESÕES E MORTE POR ENERGIA TÉRMICA

87. Como se dividem as queimaduras pela classificação de lussena hoffmann?

Se dividem em primeiro, segundo, terceiro e quarto grau, assim descritas. As queimaduras de primeiro grau, são muitos comuns e fazem surgir o eritema, a vermelhidão da pele. Já a queimadura de 2º grau é mais grave. Além do eritema, além da dor, ocorre a formação das flictenas, que são as bolhas que podem estar rotas ou íntegras. Mais séria ainda é a queimadura de terceiro grau, que causa não só bolhas, mas um ferimento, uma ferida aberta. No terceiro grau ocorre a escarificação da derme. A variação de temperatura continua a ser aumentada, o calor continua a ser conduzido para essa região e agora começa-se a lesionar a derme. Por fim no quarto grau ocorre a carbonização que é a transformação dos tecidos orgânicos em carvão.

IX. LESÕES E MORTE POR ENERGIA ELÉTRICA

88. O que é o sinal de lichtemberg?

Quando a energia elétrica de origem natural ou cósmica atinge o corpo ela gera o chamado sinal de Lichtemberg. O sinal de Lichtemberg é visualizado na pele, só que ocorre nos vasos sanguíneos superficiais. Esses vasos sanguíneos superficiais, em virtude da passagem da corrente elétrica sofrem uma inflamação, uma vasculite elétrica. Essa inflamação faz com que os vasos inflamados decalquem sua trama vascular na pele. A trama vascular fica visível na pele, em formato arboriforme, ramificado, por isso, essa lesão é chamada de lesão arboriforme. Essa lesão e temporária, fugaz, ou seja, desaparece rapidamente. Internamente pode produzir hemorragias musculares, queimaduras, roturas de vasos grossos, rotura no coração, congestão e hemorragia dos globos oculares, equimoses subpleurais, fraturas e queimaduras mais ou menos profundas por conta da carga elétrica.

89. O que é marca ou sinal elétrico de jellineck?

É a marca que denuncia o ponto de contado entre o corpo e a corrente elétrica. Essa lesão provocada pela entrada da energia elétrica formando o sinal de Jellineck é uma lesão dura, seca, ácida, indolor, com bordas elevadas, com fundo escavado. Em outras palavras, quando se trata de energia elétrica artificial, a lesão de entrada recebe o nome de marca elétrica de Jellineck e provoca uma pequena cratera, tem forma circular, elíptica ou estrelada, de consistência endurecida, com bordas altas, leito deprimido, tonalidade branca ou amarelada, fixa, indolor e asséptica. O ferimento é indolor podendo reproduzir a forma do condutor que originou a descarga. Se ela produzir a forma do condutor elétrico, pode-se dizer que é uma lesão Patognomônica. Mas nem sempre haverá essa lesão, ou seja, a marca de Jellineck não é um sinal que estará presente sempre. A lesão de entrada é seca, é ácida, porque essa lesão é uma lesão desidratada. Já a lesão de saída da corrente elétrica é uma lesão alcalina e úmida.

X. BAROPATIAS

90. Dentro das baropatias, o que significa embolia traumática pelo ar?

A embolia traumática pelo ar é a formação dessas bolhas rapidamente no sangue do mergulhados, causada por uma descompressão ineficiente, geralmente por conta de uma subida rápida. A embolia traumática é uma doença aguda da descompressão e pode causar a rotura das paredes alveolares e hemorragia intrapulmonar, por conta dos gases (nitrogênio) que caem na circulação arterial causando uma disseminação universal e embolias gasosas difusas.

XI. IDENTIDADE E IDENTIFICAÇÃO CRIMINAL

91. Quais são as 5 características que fazem da papiloscopia o método de identificação mais utilizado?

Unicidade

A técnica que for escolhida para a identificação deve permitir a distinção clara, precisa, entre o identificado e os demais, deixando quase nenhuma dúvida entre a pessoa que se quer identificar (identificando) e os demais.

Imutabilidade

Significa que essa técnica de identificação deve se basear em uma característica desse indivíduo que não sofra grandes alterações com o passar do tempo. Por exemplo, a fisionomia não é um bom critério, porque vai mudando ao longo do tempo, além disso, podem ser feitas cirurgias plásticas, por isso, não é um critério tão confiável, o desenho digital não se altera, via de regra, ao longo dos anos.

Perenidade

Os dados escolhidos não devem se perder com o passar do tempo. Significa que determinada característica irá ficar com o indivíduo por toda a sua vida. Assim, pode ser excluído como método de excelência, por exemplo, a dentição, a arcada dentária. Os dentes são imutáveis, mas não são perenes. Durante toda a vida o ser humano tem três dentições: infantil, adulta e uma adquirida depois. Além disso, os dentes podem ser extraídos e implantados, podem ser corrigidos através de procedimento odontológico. Dessa forma, a arcada dentária é um bom método, mas não é absoluto, porque não cumpre o critério da perenidade.

Praticabilidade

O método escolhido deve permitir bom grau de segurança e confiabilidade e não constranger aos identificados. Deve ser de prática fácil, sem dificuldade técnica para sua colheita e armazenamento.

Classificabilidade

A técnica/método deve permitir a comparação de dados de forma sistemática e precisa. Deve apontar rapidamente o identificado em uma população. Os dados colhidos devem ser acessíveis de forma rápida e prática.

9

CRIMINOLOGIA

Maurílio Coelho Lima

Sumário: I. Conceito. Finalidade. Objetos. História da criminologia. Ciências criminais. Método da criminologia – **II.** Teorias criminológicas: demonologia. Fisionomia. Frenologia. Escola clássica. Escola positiva – **III.** Teorias criminológicas sociológicas – **IV.** Vitimologia – **V.** Prevenção criminal e reação social. Criminologia contemporânea – **VI.** Tópicos especiais

I. CONCEITO. FINALIDADE. OBJETOS. HISTÓRIA DA CRIMINOLOGIA. CIÊNCIAS CRIMINAIS. MÉTODO DA CRIMINOLOGIA

1. Conceitue criminologia, aponte sua finalidade e seu objeto de estudo.

A criminologia pode ser conceituada como a ciência empírica e interdisciplinar que tem por objeto o estudo do crime como fenômeno social e individual, tendo-se como enfoque, também, as causas da criminalidade, a personalidade do delinquente, sua conduta delituosa e a maneira de ressocializá-lo. Busca-se, portanto, por meio da criminologia, entender o delito, o delinquente, a vítima e o controle social.

2. Quais são as espécies de agentes de controle social?

Os agentes de controle social podem ser formais ou informais, de acordo com a natureza. O controle informal é aquele exercido de forma difusa pela sociedade, possuindo caráter educativo e atuando com espeque voltado à socialização do indivíduo. Os agentes de controle informal podem ser representados pela família, pela escola, por igrejas ou pelo ciclo de amizades.

Já o agente de controle social formal é constituído pelos órgãos estatais de natureza sancionadora e coercitiva (Polícia, Ministério Público, Judiciário, Sistema Penitenciário, entre outros). Os agentes formais de controle são a última trincheira, atuando de forma subsidiária, ou seja, quando o controle informal não impedir o conflito ou não conseguir a ressocialização do indivíduo.

3. Como se dá o controle social formal de primeira, de segunda e de terceira geração?

O controle social formal é dividido em seleções, sendo a primeira delas representada pela Polícia Judiciária, dirigida por delegados de polícia de carreira, sendo representada pelas Polícias Civis e pela Polícia Federal. Com efeito, é a polícia judiciária a responsável pelo início da persecução penal, por meio da atividade de investigação, que tem por finalidade apontar a autoria, materialidade e circunstância do delito.

Já a segunda seleção do controle social formal é representada pela atuação do Ministério Público, com o início da ação penal, por meio do oferecimento da denúncia.

Por derradeiro, a terceira seleção decorre da tramitação do processo na Justiça, com a consequente condenação do criminoso, após o trânsito em julgado da sentença penal condenatória.

4. A quem é atribuída a designação "o pai da Criminologia"?

Em razão do emprego do método empírico em suas pesquisas experimentais sobre a delinquência nata, Cesare Lombroso, médico psiquiatra e antropólogo, foi consagrado como o "Pai da Criminologia". Lombroso foi o autor da obra O Homem Delinquente, marco no estudo da criminologia, que buscou estudar o delinquente por meio de suas características morfológicas, apontando aspectos comuns apontados como estigmas da criminalidade.

5. O que foram as denominadas Ordálias?

As Ordálias (ou julgamentos divinos) eram consideradas meios de prova judiciária na Idade Média e tinham como objetivo constatar a inocência ou culpabilidade do acusado de determinado delito, por intermédio de testes que envolviam a participação de elementos da natureza, e cujo resultado seria interpretado como um juízo divino. Os exemplos clássicos envolviam o fogo ou a água, em que os acusados eram submetidos a altas temperaturas – como travessia de carvão em incandescência – ou eram jogados, com os membros amarrados, em um rio ou lago. Se o acusado sobrevivesse é porque Deus o salvara em razão da inocência.

6. Conceitue política criminal.

O conceito de política criminal é objeto de divergência doutrinária, mas pode ser entendido como conjunto sistemático de princípios e estratégias que o Estado utiliza no combate à criminalidade. Como disciplina auxiliar das ciências criminais, a política criminal orienta o legislador na construção de tipos penais, guiando as decisões tomadas pelo poder público. No âmbito legislativo brasileiro, podem ser citados como exemplos de política criminal a despenalização do uso de drogas, o Estatuto do Desarmamento e a inimputabilidade do menor de dezoito anos.

7. Em que consiste o método empírico utilizado pela Criminologia?

O empirismo é uma metodologia que se baseia na análise e na observação dos fatos para se chegar a uma conclusão científica. A criminologia é uma ciência do ser, empírica, que se serve do método indutivo, utilizando-se da teoria filosófica, que enfatiza o papel da experiência e da percepção sensorial para a formação do conhecimento. Em outras palavras, a criminologia utiliza-se do método empírico para analisar o fenômeno criminal, buscando primeiro conhecer a realidade para depois explicá-la.

8. Em que consiste o ramo da criminologia denominado *green criminology*?

A criminologia verde (ou *green criminology*) consiste na responsabilidade penal de empresas e indústrias responsáveis pela prática de crimes ecológicos e tem como objetivo a proteção do meio ambiente e da biodiversidade.

9. Por que a criminologia é classificada como interdisciplinar?

A criminologia é interdisciplinar porque requer auxílio de outras ciências para a compreensão do fenômeno delitivo. A interdisciplinaridade refere-se, portanto, ao intercâmbio de conceitos diretivos, fazendo com que haja interação entre duas ou mais ciências. São ciências que auxiliam a criminologia: a biologia, a medicina, a psiquiatria, a psicologia, a medicina legal, dentre outras.

10. Diferencie criminalística e criminologia.

Criminalística é disciplina auxiliar das ciências criminais volta às investigações por meio de perícias e exames laboratoriais nas hipóteses em que há vestígios deixados pela infração penal.

Já a criminologia é a ciência empírica e interdisciplinar que tem por objetivo estudar os fatores que contribuem para a ocorrência no fenômeno delitivo, o delinquente, a vítima e o controle social.

II. TEORIAS CRIMINOLÓGICAS: DEMONOLOGIA. FISIONOMIA. FRENOLOGIA. ESCOLA CLÁSSICA. ESCOLA POSITIVA

11. Havia cientificidade nas produções da denominada Escola Clássica? Aponte ao menos três autores que se destacaram como expoentes.

A Escola Clássica é considerada como pertencente a uma fase pré-científica da criminologia, uma vez que não estavam presentes métodos de pesquisa científica. Os clássicos utilizavam-se, portanto, do método dedutivo ou lógico-abstrato, em que se partia de um princípio geral e dele se retirava as consequências lógicas.

A Escola Clássica tem como seus principais expoentes Francesco Carrara e Cesare Beccaria. Apesar de não haver unanimidade na doutrina acerca de quais autores se filiam à citada Academia, podem ser citados também como expoentes Giovani Carmagnani, Pelegrino Rossi e Emilio Brusa.

12. Para a Escola Clássica, em que está lastreada a responsabilidade penal do delinquente?

De acordo com a escola clássica, a responsabilidade penal do delinquente é lastreada na imputabilidade moral e no livre-arbítrio humano, sendo o homem livre em suas escolhas e, por isso, moralmente culpado e legalmente responsável por seus crimes.

13. Quais as contribuições de Cesare Beccaria para os estudos da criminologia?

O Italiano Cesare Bonesana, mais conhecido como Marquês de Beccaria, foi o autor da obra Dos Delitos e das Penas, que impactou substancialmente na forma de abordagem ao direito de punir do Estado. O Marquês de Beccaria foi representante da fase pré-científica da criminologia e foi considerado um visionário, uma vez que revolucionou a forma de estudar a criminalidade, dando a esta um enfoque garantista e prevencionista. Um dos precursores em conferir atenção aos direitos humanos do delinquente, Beccaria expõe diversos argumentos contrários aos descomedimentos e arbitrariedades cometidos contra os intitulados infratores.

À época, aquele que infringisse a norma era submetido a penas cruéis e a tratamento desumano, muitas vezes sem que houvesse respeito ao princípio da legalidade em sentido estrito. Com efeito, Beccaria defendia que somente a lei poderia fixar penas e definir crimes, sendo que apenas o Magistrado legalmente instituído na função teria competência para o julgamento dos delinquentes. Ademais, defendeu o estudioso que deveria haver certa proporcionalidade entre o crime praticado e a pena a ele cominada, acrescentando-se ao processo de julgamento a publicidade e a proibição da tortura. Assim, Beccaria aduzia que a prevenção de delitos seria alcançada por meio de leis claras e de fácil compreensão, o que, consequentemente, geraria um temor na sociedade.

14. Aponte as principais características da Escola Clássica.

A Escola Clássica, que empregava um método abstrato e dedutivo, tinha o delito como ente jurídico abstrato, não se preocupando com a ressocialização ou reintegração do delinquente e, por consequência, não se atinha à gênese ou prevenção do delito.

Para os clássicos a pena era tida como mera retribuição, corolário da natureza humana, que é livre em suas ações e tem a opção de praticar o bem ou o mal. Nesse contexto, os clássicos buscavam a aplicação da justiça – e não da vingança – sendo a responsabilidade penal do delinquente lastreada no livre-arbítrio.

No que concerne ao criminoso, a Escola Clássica o via como aquele indivíduo que tinha a opção de se comportar de acordo com as leis ou praticar determinado delito. O criminoso é visto como um ser livre que pratica o delito por escolha moral, alheia a fatores externos.

15. Discorra sobre as correntes utilitarista e contratualista, surgidas no contexto da Escola Clássica.

A teoria utilitarista possuía como premissa o livre arbítrio do homem, que tinha como intuito natural a busca pelo prazer. Com efeito, para esta vertente, o pretenso autor do delito fazia um cálculo entre o prazer que seria gerado pela prática da infração e as chances de sofrer prejuízo e dor. Sopesando-se satisfação e prejuízo, sabendo o que é certo e o que é errado, bem como das consequências de seu ato, o indivíduo escolhia se prosseguiria ou não na conduta delituosa. Nesse cenário, vislumbrava-se que a relevância da punição residia exatamente no caráter preventivo, evitando-se, assim, a prática de novos crimes. Por derradeiro, oportuno destacar que, em razão da ausência de capacidade mental completa, eram excluídos da abrangência desse raciocínio os menores e os loucos.

Já a teoria contratualista tem como axioma o contrato social, em que todos – particular e Estado – precisam acatar as regras contratuais estabelecidas. Tais regras abrangem também o poder punitivo do Estado, que deve obedecer aos limites discriminados pelo contrato. Nesse contexto, a pena tem como objetivo a reparação do dano causado pela violação do contrato social.

16. O que defende a vertente criminológica denominada Frenalogia?

A frenalogia, desenvolvida pelo médico e fisiologista Franz Joseph Gall, estuda o crânio como forma de determinar o caráter e a capacidade mental do indivíduo. Para os frenólogos a chave para explicar o comportamento delitivo está no crânio, sendo defendido por Franz Gall que existem as chamadas "zonas de criminalidade", em que as tendências comportamentais do homem seriam localizadas em determinadas regiões do cérebro.

A teoria de Franz Joseph Gall tinha como base a premissa de que cada região do cérebro seria responsável por uma faculdade e, a partir do estudo das cabeças dos condenados à morte, dizia ser possível comprovar seus instintos de defesa, coragem e tendência à agressividade. Diante disso, Gall elaborou um mapa cerebral, dividindo o cérebro em trinta e oito regiões, em que o crime poderia ser causado por um desenvolvimento parcial e não compensado do encéfalo, o que ocasionaria uma hiperfunção de determinado sentimento.

17. Em que consiste a vertente da criminologia denominada Demonologia?

A demonologia busca explicar o mal por meio da existência de demônio, tendo tais estudos afetado sobremaneira os doentes mentais, posto que eram tidos por endemoniados. No que concerne ao criminoso, a demonologia desenvolveu a chamada "teoria da tentação", em que o delinquente, embora não possuído, era tentado por um espírito do mal. Com efeito, tinham o crime como um mal externo à natureza humana.

18. Discorra sucintamente sobre o Positivismo Criminológico, apontando suas principais ideias e autores que se destacaram.

A Escola Positiva, que teve como principal precursor Cesare Lombroso, surge como marco científico da criminologia, em que a atenção não mais se volta para o crime em abstrato, mas para o criminoso. O crime era tido como mero sintoma do criminoso, sendo este o centro e o objeto da investigação científica.

Com a Escola Positiva, avança-se do método dedutivo, de lógica abstrata, para o método indutivo e de observação (empírico), em que são rechaçados o livre arbítrio e a liberdade humana como fundamentos de responsabilidade. Os positivistas consideravam o delito como um fato real, natural, empírico, histórico e concreto, fundando-se em fatos decorrentes do empirismo – observação e experimentação.

O positivismo eleva a defesa social como fator essencial de fundamentação da pena, deixando de lado a prevenção geral (coação psicológica) em favor da prevenção especial (ressocialização), guiada por um sistema de medidas e tratamentos de readaptação do criminoso.

Por derradeiro, cabe destacar que, além de Lombroso, foram expoentes da Escola Positiva Rafaelle Garofalo e Enrico Ferri.

19. Em que consistiu a fase antropobiológica da Escola Positiva? Qual o seu principal expoente?

A Escola Positiva Antropobiológica, que teve como principal expoente Cesare Lombroso, estudava o crime a partir de particularidades do criminoso, levando-se em conta as características físicas deste. Lombroso reuniu todas as disciplinas voltadas ao estudo da delinquência, como a antropometria criminal, biologia, etiologia criminal, sociologia, psiquiatria, direito penal e medicinal legal, em uma larga antropologia criminal.

20. Quais as principais contribuições de Cesare Lombroso para a criminologia?

Cesare Lombroso, a quem é atribuído o título de "pai da criminologia", teve como principal contribuição à criminologia a utilização do método empírico-dedutivo e, com isso, trazer pela primeira vez um caráter científico à criminologia. Foi o autor da obra O Homem Delinquente, marco no estudo da criminologia, e responsável pela difusão das teorias do delinquente nato e do atavismo.

O estudo de Lombroso sobre a teoria do homem delinquente, que analisou milhares de presos – em vida e pós-morte –, apontou o crime como fenômeno biológico, em que existiam características comuns, físicas e psicológicas, a determinado grupo criminoso.

Dos estudos de Lombroso surge a teoria do delinquente nato, que seria uma variedade humana que reproduz características próprias dos seus antepassados em linha reta, chegando-se até aos animais. Nesse contexto, para Lombroso o delinquente e o não delinquente se distinguiriam por conta de uma gama de anomalias e estigmas de origem atávica ou degenerativa.

21. Em que consiste a teoria do criminoso nato?

Trata-se de teoria cunhada por Cesare Lombroso, em que se aponta o criminoso nato como aquele indivíduo propenso a praticar crimes em razão de ativismo, ou seja, por retroceder às inclinações de seus ancestrais remotos e menos civilizados. O pensamento lombrosiano trazia a concepção de que as características físicas, fisiológicas e mentais dos indivíduos demonstravam se a pessoa era predisposta a delinquir. A ideia principal da construção do criminoso nato era considerar o delinquente como ser atávico, um selvagem que já nasceu delinquente, produto da regressão a estados primitivos da humanidade.

22. Quais as críticas tecidas às ideias de Cesare Lombroso?

Apesar do amplo reconhecimento sobre as valiosas contribuições prestadas à criminologia, Cesare Lombroso foi exaustivamente criticado por estudiosos da criminologia. Do ponto de vista metodológico as críticas foram no sentido de que houve inúmeros erros na valoração estatística, em razão do pobre tratamento concedido aos dados. Além disso, foi apontando como errônea a generalização da teoria da delinquência nata, pendente de credibilidade científica por desconsiderar fatores sociais e psicológicos na formação do indivíduo, bem como os fatores políticos que determinam o que é crime e, consequentemente, quem é criminoso.

23. Em que consistiu a fase da sociologia criminal na Escola Positiva?

A Sociologia Criminal, que tem como principal expoente Enrico Ferri, é orientada pelo pensamento da Escola Positiva e enxerga a criminalidade como decorrente não apenas de fatores físicos, mas também de determinações antropológicas e sociais. Aponta Ferri que o fator social tem a maior relevância na prática do delito, agindo o homem da forma que sente (e não como pensa). Com efeito, a Sociologia Criminal nega a relevância do livre-arbítrio, apontando a responsabilidade social do criminoso como substituta da responsabilidade moral, apontando Ferri que o crime é fruto de causas naturais, devendo, portanto, se infligir a pena de acordo com a periculosidade do indivíduo, afastando-o do convívio social.

24. Qual a classificação de Cesare Lombroso para os criminosos?

Lombroso classificou os criminosos como nato, louco criminoso de ocasião e criminoso por paixão.

25. Qual o principal expoente da fase jurídica da Escola Positiva? Aponte suas principais ideias.

A fase jurídica da criminologia teve como principal representante Raffaele Garofalo, apontado como o responsável por dar notoriedade ao termo Criminologia, compreendendo-a como a ciência da criminalidade, do delito e da pena. Garofalo rechaçou as ideias de Lombroso, que eram voltadas à investigação anatômica, e concentrou seus estudos na personalidade do autor do delito e suas anomalias psíquicas.

A fase jurídica da Escola Positiva passa a dar maior relevância à prevenção especial da pena e aos métodos práticos de sua graduação, trazendo-se a baila o conceito de delito natural, que abrangia aquele que sempre existiu na sociedade humana, independentemente das circunstâncias e exigências de uma determinada época ou das particularidades do legislador. Nesse contexto, o crime deveria corresponder à violação de dois sentimentos altruístas fundamentais: a piedade e a probidade. A piedade estaria relacionada ao sentimento geral violado nos crimes contra a pessoa e a probidade vinculada ao sentimento violado pelos crimes contra o patrimônio.

26. Quais as duas espécies de delitos cunhadas por Raffaele Garofalo?

Raffaele Garofalo apontava a existência de duas espécies de delito: o legal e o natural.

Delito legal foi conceituado como aquele que se revela em condutas incriminadas apenas em determinado tempo e lugar, por não ofenderem o senso de moralidade. O exemplo clássico é o dos crimes contra a ordem tributária.

Já o delito natural é aquele que lesa os sentimentos de altruísmo ou de piedade, inerentes à condição humana, independentemente do local ou tempo em que foi praticado, como é o caso dos crimes contra a vida.

27. Segundo Enrico Ferri, em que consiste a Lei da Saturação?

Para Ferri os fatores criminógenos seriam de ordem antropológica, física e social. Nesse contexto, entendendo a criminalidade como fenômeno social comum, que se rege por dinâmica própria, os cientistas da criminologia poderiam antecipar o número de delitos e a classe destes em determinado momento de uma sociedade. Para isso, levar-se-ia em consideração os fatores individuais, físicos e sociais, cientificando a incidência de cada um.

28. Qual o conceito dado por Enrico Ferri para o criminoso passional?

Parra Ferri o criminoso passional era aquele que não teria domínio sobre seu temperamento afetivo, em razão da debilidade em seu senso moral, acentuado por aspectos emocionais e psíquico-neuróticos. Tal criminoso é caracterizado por ideias fixas ou obsessivas, excesso de emoção na conduta criminosa, arrependimento posterior e tendência suicida após a prática do delito.

29. Em relação ao método de estudo, qual a diferença entre a escola positiva e a escola clássica?

A escola clássica utilizava o método apriorístico baseado na dedução e na dogmática, ao passo que a escola positiva empregava o método empírico, amparado no estudo indutivo-experimental do crime e seus fatores criminógenos.

30. Defina o denominado criminoso impetuoso.

O criminoso impetuoso é aquele que comete um delito sob influência de forte emoção, sem qualquer premeditação. Trata-se de indivíduo que acaba sendo impulsionado por seus sentimentos e comete um crime, arrependendo-se posteriormente por ter agido por puro instinto.

III. TEORIAS CRIMINOLÓGICAS SOCIOLÓGICAS

31. Qual a diferença de pensamento entre as teorias consensual e conflitiva?

Tanto a criminologia do consenso quanto a criminologia do conflito são vertentes sociológicas da criminologia, em que as estruturações não têm como paradigma etiológico fatores patológicos.

A teoria consensual possui viés funcionalista e tem como premissa um conjunto de valores e ideias comuns a todos os membros da sociedade, que serve como base para que haja uma convivência harmoniosa na coletividade. Sustenta essa teoria que o propósito da sociedade acontece quando há concordância com as regras de convívio. A finalidade será atingida quando houver harmonia entre as instituições, de modo que a sociedade aceite as normas vigentes. Por outro lado, no momento em que o indivíduo infringe a norma, passa a ser o único responsável pelo comportamento delitivo, devendo ser punido pelo mal causado. A Teoria da Anomia, Teoria da Associação Diferencial, Teoria da Subcultura Delinquente e a Teoria da Desorganização são vertentes da Teoria Consensual.

Já a Teoria do Conflito, de cunho argumentativo, aponta que a coesão social se funda na coação que alguns membros da sociedade exercem sobre os outros, ou seja, afirma que o entendimento social decorre da imposição de alguns valores e sujeição a outros. São vertentes da Teoria do Conflito a Teoria do Etiquetamento, a Teoria do Interacionismo Simbólico, a Teoria Crítica, o Abolucionismo, o Realismo de Esquerda e a Criminologia Minimalista.

32. O que é a Escola de Chicago? Para essa Escola o que impulsiona a criminalidade? Aponte seus principais expoentes.

A Escola de Chicago é compreendida dentro da Teoria do Consenso e tem esse nome em razão de ter sido nesta cidade norte-americano em que foi criado o primeiro departamento de sociologia do mundo, que analisava o fenômeno criminal tendo-se por base a sociedade como um todo.

A cidade de Chicago encontrava-se num momento de explosão demográfica no centro urbano, o que acabou por ensejar o aumento da violência e dos índices de criminalidade. Nesse contexto, foram desenvolvidas as teorias macrossociais do crime, em que não se tinha como foco o indivíduo, mas a sociedade como um todo. Diferentemente das Escolas Clássica e Positiva, a Escola de Chicago examinava o fenômeno criminal considerando as questões sociais urbanas, em especial as que se relacionam com o aspecto demográfico.

Assim sendo, a tese desenvolvida pelos estudiosos da Escola era a de que a explicação do crime reside na ideia de zonas de delinquência – espaços geográficos que explicam o crime e também sua distribuição pela área. Essa análise foi denominada como teoria da ecologia criminal (ou desorganização social), uma vez que o estudo era consolidado na análise das condições sociais através do método empírico.

Dentre os principais nomes da Escola de Chicago, podem ser citados Robert Park, Clifford Shaw, Ernest Burgess e Henry Mckay.

33. Discorra sobre a Teoria das Janelas Quebradas.

A teoria das janelas quebradas, preconizada pelos criminólogos James Wilson e George Kelling, difunde a ideia de que existe uma relação de causalidade entre a desordem e a criminalidade. Parte-se da premissa de que a incidência de crimes é maior nos locais em que há negligência estatal, devendo até mesmo os pequenos delitos serem imediatamente reprimidos, sob pena de ser criada uma cultura de impunidade.

O experimento sociológico realizado pelos estudiosos usou dois veículos alocados em diferentes locais dos Estados Unidos – sendo um em um bairro da periferia e outro em um distrito mais rico. Em pouco tempo o veículo estacionado no bairro pobre foi completamente vandalizado, tendo o outro veículo restado intacto. Diante da situação, os estudiosos quebraram uma das janelas do carro que estava estacionado no bairro rico, tendo se repetido com este as mesmas cenas de vandalismos e furtos do bairro mais pobre.

Diante disso, concluíram que a classe social não é fator determinante para a prática de delitos, mas sim a presença ou ausência do Estado na localidade.

34. Em que consiste a Teoria da Tolerância Zero? Quais argumentos podem ser apontados como razões para a ineficácia de tal teoria no Brasil?

A teoria da tolerância zero tem íntima relação com a denominada teoria das janelas quebras, tendo a desordem social como fator criminógeno decisivo. Com a ideia de que a ausência do Estado incentiva a sensação impunidade e de que a repressão a todo e qualquer delito deve ser máxima e imediata, o então prefeito de Nova York, Rudolph Giuliani, instituiu o programa Tolerância Zero. O objetivo do programa foi o combate rápido e rigoroso a todo o tipo de infração penal, das mais simples às mais complexas, tendo, em razão disso gerado queda nos índices de criminalidade da cidade americana.

A doutrina aponta duas razões principais para se asseverar que a teoria da tolerância zero não funcionaria no Brasil: o fato de o sistema carcerário nacional ser precário – insuficiente e ineficiente – e o fato de os tribunais superiores adotarem postura oposta a tal teoria, como é o caso da aplicação do princípio da insignificância a determinadas infrações penais.

35. Qual a compreensão que se extrai da teoria da anomia?

A teoria da Anomia, desenvolvida por Émile Durkheim e ajustada à sociedade Norte-Americana por Robert Merton, enxerga a sociedade como um organismo humano, que necessita realizar certas funções vitais para manter a própria sobrevivência. Caracteriza-se, portanto, como uma teoria estrutural, baseada no determinismo sociológico e avoca para o crime os caracteres de normalidade e funcionalidade. Com efeito, para a teoria da anomia o crime é inevitável, sendo considerado um fenômeno social cultural, normal e útil para sociedade, desde que controlável.

Nesse contexto, a teoria da anomia aponta que o indivíduo delinquente é aquele que não aceita as regras de convivência social impostas por sentir-se frustrado em razão de não conseguir atingir seus objetivos no seio da sociedade.

Assim sendo, a pena, para Durkeim, tem como função manter intacta a coesão social e toda vitalidade da consciência comum.

36. O que é a teoria da associação diferencial?

A teoria da associação diferencial (ou do aprendizado da delinquência), que teve como principal expoente Edwin Sutherland, defende que o comportamento delituoso é consequência de um processo de aprendizagem que se desenvolve no meio em que o crime é cometido. A teoria do aprendizado busca, portanto, explicar o comportamento criminoso por meio de mecanismos de aprendizagem, sustentando que o comportamento desviante pode ser aprendido com outras pessoas. Com efeito, a criminalidade passa a ser compreendida não mais como resultado de um processo de socialização, mas de uma socialização diferencial, em que os impulsos criminosos são aprendidos de acordo com o ponto de vista que os contatos diferenciais – pessoas com quem o indivíduo convive – apresentam sobre a lei e o sistema de valores vigente.

37. O que se entende por teoria da subcultura delinquente?

A teoria da subcultura delinquente, que tem como principal expoente Albert Cohen, tem por objeto a análise de grupos que não aceitam as regras de convivência social impostas e acabam optando por formarem os denominados grupos subculturais. Cohen investigou os motivos das elevadas taxas de criminalidade entre os jovens de classes baixas, residentes em determinados bairros pobres, concluindo que o comportamento criminal se trata de uma rebelião contra normas e valores estabelecidos pela classe média. Com efeito, tais grupos excluídos estabelecem suas subculturas, que, não raras vezes, ensejarão em prática de delitos e fomento à criminalidade. Podem ser citados como exemplos desses grupos as máfias, gangues urbanas e as facções criminosas.

38. O que é a Teoria do Etiquetamento?

A Teoria do Etiquetamento (da rotulação, da reação social ou *labeling approach*), que tem como principais representantes Lemert e Howard Becker, aponta que a criminalidade é criada pelo próprio controle social, ou seja, o sistema penal é uma forma de dominação social. Com efeito, o criminoso é o indivíduo etiquetado como tal pelo Estado, muitas vezes em razão de critérios impostos pelos grupos que detém o poder, não sendo a natureza de criminoso inerente a ele. A explicação para o crime concentra-se nas respostas formais do Estado para o comportamento antinormativo, sendo que a intervenção da justiça na esfera criminal pode acentuar a criminalidade, uma vez que, na prisão, o contato com outros presos é inevitável, ensejando a criação de mais criminosos.

Nesse contexto, o delito é visto como uma etiqueta atribuída a partir de complexos processos de interação social. Trata-se de um processo de estigmatização que dificulta sobremaneira a reinserção do criminoso à sociedade, uma vez que afeta a percepção que o indivíduo tem sobre si mesmo.

39. Discorra sucintamente sobre a Criminologia Minimalista.

A Criminologia Minimalista (minimalismo penal ou direito penal mínimo) consiste fundamentalmente em atribuir ao Direito Penal apenas o estritamente necessário, conferindo aos outros ramos do direito a resolução de casos considerados menos graves. Defende o minimalismo penal uma menor atuação do direito penal, relegando aplicação deste apenas em casos excepcionais, em que se tutela bens jurídicos considerados relevantes. Existem duas vertentes principais de pensamento minimalista: o minimalismo radical e o minimalismo moderado.

O Minimalismo Radical tem vertente de pensamento muito assemelhada ao abolicionismo penal e sustenta a aplicação do direito penal apenas em casos excepcionalíssimos.

Já o Minimalismo Moderado possui viés garantista, atribuindo ao direito penal caráter de subsidiariedade e de fragmentariedade, calcando-se no princípio da insignificância, em que o direito penal só deve intervir no caso concreto quando houver relevante lesão ao bem jurídico tutelado.

IV. VITIMOLOGIA

40. O que é vitimologia?

Vitimologia é a disciplina da criminologia que estuda a vítima enquanto sujeito passivo do crime, sua participação no delito e os fatores de vulnerabilidade e vitimização.

41. Quais as três fases pelas quais passou o estudo da vítima na história da civilização ocidental?

No decorrer da história são apontadas três fases pelas quais a vítima passou: a denominada idade de ouro, a neutralização do poder da vítima e a redescobrimento do papel da vítima.

A idade de ouro da vítima compreende o período entre os primórdios da história da humanidade até o final da Alta Idade Média e refere-se ao período de protagonismo da vítima, que tinha em suas mãos o domínio do sistema de vingança privada. Durante este período era permitido ao particular vingar-se livremente do agressor, ocasião em que, não raras as vezes, eram cometidos diversos abusos.

Já no período de neutralização do poder da vítima, esta deixa de ter o poder de reação ao fato delituoso, que passa a ser exercido pelo poder público. O monopólio para aplicação da lei penal passa para o ente Estatal, transmutando a vítima para um verdadeiro estado de neutralidade nas lides penais, havendo certa marginalização de seu papel.

Por derradeiro, no período de redescobrimento do papel da vítima, esta volta a ser objeto de preocupação do sistema penal, retomando sua importância sob um enfoque mais humano por parte do Estado. Com efeito, a criminologia passa a dedicar uma de suas disciplinas para o estudo da vítima e os legisladores passam a despender maior atenção a elas na confecção das normas.

42. Aponte a classificação das vítimas de acordo com Benjamim Mendelsohn.

Segundo Benjamim Mendelsohn a vítima pode ser completamente inocente (ou ideal), menos culpada do que o delinquente (ou vítima por ignorância), vítima tão culpada quanto o delinquente, vítima mais culpada que o delinquente (ou vítima provocadora) e vítima como única culpada.

A vítima completamente inocente (ou ideal) é a que não participa de nenhuma forma no evento criminoso, ou seja, apenas o delinquente tem culpa no episódio. É o caso do crime de infanticídio, em que o recém-nascido ou o nascente não concorre de modo algum para o evento criminoso praticado pela puérpera.

Já na hipótese de vítima menos culpada do que o delinquente (ou vítima por ignorância) há alguma contribuição da vítima para a ação criminosa. É o que ocorre, por exemplo, na ocasião em que a vítima frequenta determinado local, reconhecidamente inseguro, expondo objetos de valor sem a devida cautela.

No caso da vítima tão culpada quanto o delinquente a participação da vítima é indispensável para a caracterização do crime. É o que ocorre nos casos de estelionato com torpeza bilateral, em que a vítima age de má-fé, normalmente objetivando auferir lucro fácil, sendo tal ação necessária para que o crime se configure.

A vítima mais culpada que o delinquente (ou vítima provocadora) é aquela que provoca o autor da infração penal com seu comportamento, sendo sua colaboração mais relevante para a prática delituosa. É o caso do homicídio privilegiado em que o agente comete o crime impelido por motivo de relevante valor social ou moral, ou sob o domínio de violenta emoção, logo em seguida a injusta provocação da vítima.

Por derradeiro, a vítima como única culpada é aquela a quem se atribui, com exclusividade, a responsabilidade pelo evento. A doutrina utiliza como exemplo a vítima da operação denominada roleta-russa.

43. Em que consiste a Síndrome da Mulher de Potifar?

A síndrome da mulher de Potifar tem origem em passagem bíblica que narra a situação de um jovem – José – que se recusa a ter relações sexuais com a esposa de Potifar, membro do alto escalão do governo do Egito. Em razão das negativas de José, a esposa de Potifar imputa falsamente a este a tentativa de estupro. Diante da história bíblica narrada, criou-se a teoria em que se busca analisar a credibilidade e a validade da palavra da vítima em determinados delitos – especialmente os de índole sexual –, que normalmente possuem como fonte probatória singular o testemunho da vítima.

44. O que se entende por vitimodogmática? Apresente dois exemplos do instituto no Código Penal Brasileiro.

A vitimodogmática trata do estudo da contribuição da vítima na ocorrência de determinada infração penal e a influência dessa participação na dosimetria da pena. A repercussão na fixação da pena pode variar de uma total isenção de pena ou a uma simples atenuação.

No Código Penal Brasileiro há vários dispositivos em que a vítima é apontada como fator de influência para a aplicação da pena, destacando-se o art. 65, III, *c*, que aponta como circunstância atenuante o fato de o agente ter cometido o delito sob a influência de violenta emoção, provocada por ato injusto da vítima e o art. 121, §1º, que dispõe sobre o homicídio privilegiado, em que o autor age sob domínio de violenta emoção, logo em seguida a injusta provocação da vítima.

45. O que são cifras negras?

Cifra negra, também chamada cifra oculta ou subnotificação, é o grupo de crimes que não chega ao conhecimento das autoridades competentes, maculando os índices oficiais de criminalidade registrados pelos órgãos de segurança pública.

46. Correlacione as denominadas cifras cinzas com a atuação do Delegado de Polícia como mediador de conflitos.

As cifras cinzas são as ocorrências policiais registradas na Delegacia de Polícia, mas que encontram, ainda neste ambiente, a solução do conflito. Nesse contexto, a Autoridade Policial, como primeiro garantidor dos direitos fundamentais do cidadão, é vista como o mediador natural de determinados conflitos que chegam até a delegacia. Assim, em determinadas situações, como, por exemplo, uma leve discussão entre vizinhos, o Delegado de Polícia poderá atuar como facilitador da interação e do diálogo entre as partes.

47. Qual a compreensão se extrai do conceito de cifras amarelas?

As cifras amarelas consistem no número de ocorrências praticadas por funcionário público e que não são notificadas aos órgãos responsáveis por receio de algum tipo de represália.

48. O que são as cifras douradas?

As cifras douradas são subespécie de cifra negra e espelham as infrações penais do colarinho branco, praticadas pela elite política e econômica, mas que não são reveladas e nem apuradas.

49. Conceitue vitimização e aponte a diferença entre a vitimização primária, secundária e terciária.

O processo de vitimização refere-se às consequências negativas que o fenômeno do crime causa à vítima e pode ser primária, secundária ou terciária.

A vitimização primária abrange os efeitos naturais da infração penal, compreendendo todos os danos e prejuízos sofridos pela vítima – a efetiva lesão ao bem jurídico, bem como os abalos psicológicos daí decorrentes.

Já a vitimização secundária, também chamada revitimização ou sobrevitimização, engloba o sofrimento adicional causado à vítima pelas instâncias formais de controle social – polícia, ministério público e judiciário. É muito comum nos crimes sexuais, em que a vítima prefere não recorrer aos órgãos de persecução penal, uma vez que não deseja reviver os momentos de dor pelos quais passou.

Por derradeiro, a vitimização terciária é aquela que decorre dos familiares e do grupo social da vítima, os quais a segregam e humilham em razão do crime por ela sofrido.

50. Diferencie vitimização indireta e vitimização difusa?

A vitimização indireta abrange o sofrimento de pessoas intimamente ligadas à vítima de determinada infração penal. Apesar de não terem sido diretamente o sujeito passivo do delito, padecem com o sofrimento do ente querido.

Vitimização difusa refere-se aos casos em que inexiste uma vítima determinada, sendo a própria coletividade atingida pela infração penal. É o caso, por exemplo, de crimes contra a administração pública.

51. O que são as denominadas cifras verdes?

As cifras verdes são aquelas que englobam os delitos cometidos contra o meio ambiente e que não chegam ao conhecimento das autoridades competentes.

52. O que são as cifras rosas?

A cifra rosa engloba os delitos de caráter homofóbico que não chegam ao conhecimento do Estado.

53. Em que consiste a Síndrome de Estocolmo?

A Síndrome de Estocolmo, tema explorado pelo psicólogo e criminólogo Nils Bejerot, refere-se ao fenômeno em que a vítima de um crime passa a ter relação de afinidade com o autor do ato criminoso. O nome do acontecimento deve-se ao fato de a primeira constatação ter ocorrido em Estocolmo, Suécia, em 1973, ocasião em que diversas vítimas ficaram por vários dias como reféns em um assalto a banco. No caso ocorrido em Estocolmo foi identificado que as vítimas criaram certa afinidade com os criminosos, chegando até mesmo a utilizarem o próprio corpo como escudo para os algozes.

V. PREVENÇÃO CRIMINAL E REAÇÃO SOCIAL. CRIMINOLOGIA CONTEMPORÂNEA

54. O que é prevenção criminal?

Não há um consenso sobre o conceito de prevenção criminal na doutrina, podendo ser apontado como todo ato que visa inibir ou até mesmo impedir o cometimento de determinados crimes. Abrange as estratégias e programas destinados a implementar medidas de precaução para evitar a prática do delito, objetivando, assim, a redução dos índices criminais.

55. Diferencie prevenção primária, secundária e terciária.

A prevenção primária atua na origem da criminalidade, antes que ela se manifeste, e traduz-se na conscientização da sociedade, por meio de políticas públicas, com o objetivo de que os indivíduos não compactuem com as tentações da criminalidade. Diz respeito a instrumentos preventivos de médio a longa prazo e manifesta-se por meio de estratégias políticas, culturais e sociais, proporcionando qualidade de vida ao indivíduo.

Já a prevenção secundária abrange o conjunto de ações policiais e políticas públicas dirigidas a determinados grupos de risco. Diferentemente da prevenção primária, que atua na origem da criminalidade, na prevenção secundária a atuação ocorre em momento posterior ao crime, sendo apontada como instrumento preventivo de curto a médio prazo.

Por fim, a prevenção terciária é aplicada após o fenômeno criminal e consiste nas políticas de execução penal, sendo voltada à população carcerária. Trata-se de instrumento de curto a médio prazo e tem como objetivo reduzir a reincidência, por meio da ressocialização do autor do delito.

56. Em que consiste a teoria absoluta (ou retributiva) da pena.

A teoria absoluta (ou retributiva) defende que a pena é a imposição de castigo ao criminoso, ou seja, retribuição pelo crime praticado. Não há preocupação, portanto, com a prevenção delitiva.

57. Discorra sobre a finalidade da pena para a teoria relativa e suas subespécies.

A teoria relativa (ou preventiva) assevera que a pena é aplicada como forma de prevenção a delitos futuros e subdivide-se em prevenção geral e prevenção especial.

A prevenção geral é a que vale para todos e pode ser negativa ou positiva. Para a prevenção geral negativa a pena é utilizada como forma de intimidação psicológica da coletividade e tem por objetivo desestimular potenciais criminosos. Já na perspectiva da prevenção geral positiva o objetivo da pena é demonstrar a vigência da lei, tendo como objetivo estimular a confiança da sociedade na higidez do Estado.

Por seu turno, a prevenção especial tem por foco o próprio delinquente que praticou a infração penal e que se encontra cumprindo pena, dividindo-se em prevenção especial positiva e negativa. Sob o prisma da prevenção especial negativa a pena dever servir para inibir a reincidência e sob o enfoque da prevenção especial positiva a preocupação é com a ressocialização do delinquente.

58. Em que consiste a Teoria da Escolha Racional?

A teoria da escolha racional, aplicada à criminologia por Ronald Clarke e Derek Cornish, baseia-se na maximização dos ganhos e na minimização dos custos. A decisão de praticar determinada infração penal é racional, entendida a partir de uma série de cálculos (morais, punição, estímulo etc.) e disposições (necessidades, vantagens e soluções percebidas) dos agentes.

VI. TÓPICOS ESPECIAIS

59. Em que consiste a Teoria do Cenário da Bomba Relógio?

A Teoria do Cenário da Bomba Relógio (ou *ticking bomb scenario*) apresenta uma situação hipotética em que diversas bombas são armadas em locais diferentes de determinada cidade. Os criminosos responsáveis pela instalação dos dispositivos são presos, mas não se sabe a localização exata em que os artefatos explosivos foram instalados. Diante da situação, questiona-se a possibilidade de aplicação de técnicas de tortura para que os criminosos digam onde esconderam as bombas.

Para alguns adeptos desta teoria, na situação apresentada seria possível a tortura, uma vez que a proteção da vida e integridade física de inocentes valeria mais que a proteção dada aos terroristas.

60. Qual a compreensão se extrai da Teoria dos Testículos Despedaçados?

A Teoria dos Testículos Despedaçados (ou *broquen balls*) sustenta que autores de infrações penais de menor gravidade, quando enfrentados pela polícia com energia e eficácia, em regra, admitem o insucesso e acabam migrando para locais distintos, na esperança não mais serem alcançados pelos agentes estatais na nova localidade.

61. Em que consiste o Direito Penal do Amigo?

Se contrapõe ao direito penal do inimigo, que aponta a supressão de determinadas garantias processuais e a punição com prisão para o criminoso. Com efeito, para o direito penal do amigo, o autor de determinados delitos, em especial os de colarinho branco, pertence ao mesmo ciclo social que agentes públicos (Juízes, Promotores, Delegados de Polícia) e devem ser tratados de forma diferente. Com isso, o "amigo" passa a usar da amizade para tentar se beneficiar no âmbito da persecução penal, não sendo objeto de prisão cautelar, não usando algemas, dentre outras benesses. O argumento utilizado é o de que, nos crimes de colarinho branco, não há emprego de violência ou grave ameaça, não representando o "amigo" nenhum risco à sociedade, devendo gozar dos mais diversos privilégios.

62. Em que consiste a Criminologia *Queer*?

A criminologia *Queer*, em tradução literal "criminologia do estranho", tem por foco os grupos formados por gays, lésbicas, transexuais, bem como qualquer indivíduo que não acompanha ou contraria o padrão normativo que vige em determinada sociedade. O objetivo deste viés da criminologia é levar em consideração a orientação sexual e a identidade de gênero do indivíduo sem que julgamentos negativos sejam feitos, propondo que tais minorias sejam objeto de estudo levando-se em consideração as experiências por eles vividas.

63. Em que a endocrinologia pode auxiliar a criminologia?

A endocrinologia, sob o enfoque criminal, estuda a relação existente entre a disfunção endócrina e a consequente influência da atividade hormonal no temperamento e no caráter do indivíduo, propiciando a prática delitiva. Nesse contexto, é possível apresentar como exemplo o caso da mulher que, durante a fase da tensão pré-menstrual, passa por modificação anormal de temperamento, em razão de desajuste hormonal. Em tais circunstâncias, é possível constatar casos em que o judiciário leva em consideração, no momento da aplicação da pena, a condição da autora de determinado crime.

64. Qual é o papel da polícia judiciária para a criminologia?

Dispõe o art. 144 da Constituição de 1988 que segurança pública é dever do Estado, direito e responsabilidade de todos, sendo exercida para a preservação da ordem pública e da incolumidade das pessoas e do patrimônio. Dentre os órgãos que a Constituição apresenta como responsáveis pela Segurança Pública, encontram-se a Polícia Civil e a Polícia Federal, responsáveis pela função de polícia judiciária e investigativa, constituindo o chamado controle social formal de primeira seleção, sendo a polícia judiciária a responsável pela investigação criminal do delito que não foi evitado pelo controle social informal.

Com efeito, constata-se que a polícia judiciária é aquela que auxilia o poder judiciário no cumprimento de suas ordens e a polícia investigativa é aquela que atua na apuração de infrações penais e sua autoria, sendo ambas funções conduzidas pelo Delegado de Polícia no âmbito das Polícias Civis e da Polícia Federal.

65. Em que consiste o criminoso fronteiriço?

O criminoso fronteiriço é o semi-imputável pela lei penal, uma vez que seu estado psicológico se situa na zona limítrofe entre a higidez e a insanidade mental. Os criminosos fronteiriços não são doentes mentais, mas também não são normais. Com efeito, apresentam permanentes deformidades do senso ético-moral, distúrbio de afeto e de sensibilidade cujas alterações psíquicas os levam ao delito.

Nesse contexto, vale destacar que a semi-imputabilidade encontra previsão legal no art. 26, parágrafo único, do Código Penal Brasileiro, sendo estabelecido que a pena poderá ser reduzida de um a dois terços, se o agente, em virtude de perturbação de saúde mental ou por desenvolvimento mental incompleto ou retardado não for inteiramente capaz de entender o caráter ilícito do fato ou de determinar-se de acordo com esse entendimento.

10

DIREITO DA INFÂNCIA E JUVENTUDE

Paulo Francisco Soares Pereira e Rafael Ferreira de Souza

Sumário: I. Princípios e direitos fundamentais – **II.** Ato infracional

I. PRINCÍPIOS E DIREITOS FUNDAMENTAIS

1. O que é direito da criança e adolescente?

O direito da criança e do adolescente é o conjunto de princípios e normas jurídicas que disciplinam a proteção à criança e ao adolescente. Está previsto na Constituição Federal de 1988, no artigo 227 (atualizado pela EC 65/2010), na Lei 8.069/90 (Estatuto da Criança e do Adolescente), bem como foi previsto na Convenção dos Direitos da Criança, aprovada pelo Congresso Nacional, através do Decreto Legislativo 28/90 e promulgada pelo Presidente da República, por meio do Decreto 99.710/90.

2. O ECA é considerado um microssistema jurídico. Explique.

Sim. Da mesma forma que o CDC, o ECA possui princípios próprios e normas de natureza material, administrativa, processual e penal e representa um movimento progressivo de deslocamento de matérias antes restritas ao Código Civil, as quais migraram para a Lei 8.069/90, visando resguardar, regular e proteger os interesses de público alvo específico, no caso o público infantojuvenil.

3. Por qual motivo o ECA é chamado de estatuto?

Porque se trata de uma lei que regula, de forma específica, os interesses das crianças e adolescentes.

4. O ECA passou por muitas alterações legislativas? Dentre as mais recentes, qual cite uma alteração legislativa significativa?

Desde sua entrada em vigor, a Lei 8.069/90, passou por diversas alterações em seu texto original até agosto de 2019.

Pode-se citar a Lei 13.441/2017 que instituiu o art.190-A a 190-E, do ECA, que prevê a infiltração policial virtual (cibernética ou eletrônica), em basicamente três categorias de delitos: pedofilia (arts. 240, 241, 241-A, 241-B, 241-C, 241-D do ECA); infração descritas no art. 217-A CP, infração descrita no art. 218 CP e art. 218-B, CP; infração do art. 154-A do CP.

A Lei 13.812/2019, também de conteúdo relevante, previu a criação do Cadastro Nacional de Pessoas Desaparecidas.

5. Alguma norma contida na redação original do ECA foi declarada inconstitucional no bojo de ADI?

Duas normas foram objeto de ADI e foram declaradas, em parte inconstitucionais.

O artigo 254, caput, foi objeto da ADI 2.404, cuja decisão Final ocorreu em 01.08.2017 e declarou a inconstitucionalidade da expressão que obrigava veículos de Rádio e Televisão a transmitirem conteúdos de acordo com o horário estabelecido pela classificação indicativa.

A segunda norma objeto de ADI foi a parte final do §2º do art. 247 "*ou a suspensão da programação da emissora até por dois dias, bem como da publicação do periódico até por dois números*", declarada inconstitucional pelo STF na ADIN 869-2/1998.

6. Qual legislação, anterior ao ECA, realizava a proteção à criança e ao adolescente?

O antigo Código de Menores – Lei 6.697/79, que se limitava à disciplina dos menores em situação irregular e que foi revogada pela Lei 8.069/90.

7. Qual era o âmbito de aplicação do revogado Código de Menores? Dirigia-se a todas as crianças e adolescentes?

A legislação revogada dirigia-se, especificamente, a uma *categoria* de crianças e adolescentes enquadradas em âmbito de incidência delimitado pela Doutrina ou Ideologia da Situação Irregular.

8. Em que consistia a Doutrina da Situação Irregular?

A doutrina da Situação Irregular, prevista no art. 1º, inc. I e art. 2º, do revogado Código de Menores, estabelecia que eram objeto de incidência da lei os menores de 18 anos de idade, abandonados moral e materialmente, vítimas de maus-tratos ou castigos imoderados impostos pelos pais ou responsável, além dos autores de *infrações penais*. A atuação estatal era centralizada no Poder Judiciário, que tratava os menores unicamente como objetos de Proteção assistencial.

9. Qual a diferença entre criança e adolescente?

R: A distinção foi prevista no artigo 227 da CF 88 que afirma que Criança é a pessoa de até doze anos incompletos. Na data em que completar doze anos, tem início a adolescência, que, perdurará até o dia anterior ao seu aniversário de dezoito anos, quando passará à condição de adulto, sendo, a partir daí, considerado imputável para fins penais.

10. Além da CF/88 há distinção entre criança e adolescente estabelecida no texto do ECA?

Sim, de acordo com o artigo 2°, *caput*, criança é pessoa com até 12 (doze) anos incompletos, e adolescente aquela que tiver entre 12 (doze) e 18 (dezoito) anos, adotando-se o critério cronológico absoluto.

11. O que é o critério cronológico absoluto? Foi adotado integralmente pelo ECA?

O critério cronológico absoluto, adotado integralmente pelo ECA em seu art. 2º, considera a proteção integral da criança ou adolescente em função de sua faixa etária, ou seja, entre 12 (doze) e 18 (dezoito) anos, pouco importando se, por qualquer motivo, vier a adquirir o adolescente a capacidade civil (HC 94.938, Rel. Min. Cármen Lúcia, julgamento em 12-8-08, DJE de 3-10-08).

12. As crianças e adolescentes gozam dos mesmos direitos dos adultos?

Crianças e adolescentes gozam dos mesmos direitos dos adultos e ainda possuem direitos específicos, em razão da incidência da doutrina da proteção integral a sua condição de pessoa em desenvolvimento, assegurando sê-lhes, por lei ou por outros meios, todas as oportunidades e facilidades, a fim de lhes facultar o desenvolvimento físico, mental, moral, espiritual e social, em condições de liberdade e de dignidade.

13. Em que consiste a aplicação extensiva do ECA?

A aplicação ou tutela extensiva foi prevista no parágrafo único do art. 2º do ECA, para casos expressamente previstos em lei, onde há a possibilidade de aplicação excepcional de normas do Estatuto às pessoas entre 18 (dezoito) e 21 (vinte e um) anos.

Basicamente, a extensão das normas do ECA ocorrerá em três situações.

O primeiro caso está previsto no §5º do art. 121 do ECA, refere-se à aplicação de medida socioeducativa ao maior de 18 (dezoito), até completar 21 (vinte e um) anos de idade, limite etário da aplicação da medida socioeducativa de internação. Nessa situação, se estiver cumprindo medida socioeducativa e atingir a idade limite, ocorrerá a liberação compulsória. Tal hipótese é possível nos casos em que a apuração do ato infracional se protrai após o adolescente atingir a maioridade penal e visa evitar que os jovens adultos sejam desligados de forma "automática" de programas de proteção e promoção social, eventualmente vinculados enquanto adolescentes.

A segunda situação, prevista no art. 40, do ECA, prevê a adoção do Estatuto aos jovens entre 18 e 21 anos, quando, na adoção, os adotantes já possuíam a guarda ou tutela do adotando antes dele completar 18 (dezoito) anos. Em tais casos, o procedimento será o regido pelo ECA nos arts. 165 a 170, e a competência para o processo e julgamento será da Justiça da Infância e da Juventude (conforme art. 148, inciso III, do ECA).

Por fim, a Lei nº 13.431/2017, que instituiu o "Sistema de Garantia de direitos da criança e do adolescente vítima ou testemunha de violência" dispôs, no art. 3º, parágrafo único, sobre a possibilidade de sua aplicação para vítimas e testemunhas entre 18 (dezoito) e 21 (vinte e um) anos de idade.

14. Qual medida socioeducativa é aplicável ao adulto?

O STJ possui entendimento pacífico de que o art. 121, § 5º, do ECA, admite a possibilidade de prolongamento do cumprimento da medida socioeducativa até os 21 anos de idade, abrangendo qualquer medida imposta ao adolescente.

Em razão disso, a Terceira Seção editou a Súmula 605, de modo a afastar eventuais controvérsias dispondo que: "*A superveniência da maioridade penal não interfere na apuração de ato infracional nem na aplicabilidade de medida socioeducativa em curso, inclusive na liberdade assistida, enquanto não atingida a idade de 21 anos*".

15. O adolescente que tenha sido emancipado ainda é alcançado pelas disposições do ECA?

Quando o ECA dispôs no art. 1º sobre a proteção integral, estabelecendo a tutela jurídica especial em relação as crianças e adolescentes, com fundamento em sua vulnerabilidade, não estabeleceu exceções.

Conforme o Enunciado 530, aprovado na VI Jornada de Direito Civil do Conselho de Justiça Federal "*A emancipação, por si só, não elide a incidência do Estatuto da Criança e do Adolescente (E.C.A)*".

O adolescente emancipado, ainda que esteja afastado do Poder Familiar, extinto pela emancipação, ainda se insere no contexto de proteção preconizado pelo ECA, que o considera possuidor de discernimento incompleto.

Dessa forma, o adolescente emancipado, continua vinculado à delimitação de sua faixa etária, sem desvirtuar sua condição de adolescente, permanecendo ainda sob submissão das normas protetoras do Estatuto e também a algumas restrições estabelecidas em lei, ou seja, não poderá adotar, obter CNH, comprar armas, munições, bebidas alcoólicas, não poderá se candidatar a cargo político, entrar em espetáculos restritos a maiores de 18 anos etc.

16. É possível a não aplicação de normas do ECA ao adolescente emancipado?

A emancipação gerará a extinção do poder familiar e, consequentemente da guarda, concedendo autorização ao adolescente emancipado para praticar, por si só, alguns atos que anteriormente dependiam da autorização dos pais ou responsável. Exemplo: o emancipado poderá até mesmo viajar ao exterior sem autorização (art. 84 do ECA), e consequentemente poderá se hospedar, desacompanhado, em hotel, pensão ou congênere.

17. Diferencie a doutrina da situação irregular daquela denominada doutrina da proteção integral.

A doutrina da situação irregular, vigorou até o advento da CF88 e tutelava apenas o menor abandonado ou tido como *delinquente*, tratado, à época, como mero objeto de direito. O foco da atuação estatal recaia sobre o Poder Judiciário, onde vigorava a cultura da internação daqueles que se encaixassem na condição de menores *carentes* ou *delinquentes*.

A doutrina da Proteção Integral, adotada pelo ECA, teve seus paradigmas calcados por diversos documentos internacionais, como Declaração Universal dos Direitos da Criança, de 1959, ratificada pelo Brasil e a CF 88, no artigo 227.

Com a doutrina da proteção integral, de caráter universal, pautada por modelo democrático de atuação estatal, com participação da sociedade civil, todas as Crianças e adolescentes obtiveram o "status" de sujeitos de direitos e de garantias fundamentais, deixando para trás a condição de meros objetos passivos da atuação repressiva estatal.

18. Quais os princípios regem o direito das crianças e adolescentes?

Os princípios da proteção Integral, Prioridade Absoluta, Melhor Interesse; Condição Peculiar da Pessoa em desenvolvimento; Municipalização e Participação Popular.

19. Explique o princípio da proteção integral.

Previsto no art. 1° do ECA e no art. 227 da CF, abrange todos os direitos da personalidade, concedendo ainda direitos e garantias próprias e especiais à criança e ao adolescente, que se encontram na situação específica de pessoa em desenvolvimento, merecedores de tutela diferenciada e integral.

O princípio fundamenta um sistema garantista, fortemente influenciado pelo princípio da dignidade da pessoa humana. O art. 227 da CF, confere absoluta prioridade a todas crianças e adolescentes no que se refere ao direito à vida, à saúde, à alimentação, à educação, ao lazer, à profissionalização, à cultura, à dignidade, ao respeito, à liberdade e à convivência familiar e comunitária, além de colocá-los a salvo de toda forma de negligência, discriminação, exploração, violência, crueldade e opressão.

A proteção integral prevista no 1° do ECA regulamentou o texto constitucional e alçou as crianças e adolescentes à condição de sujeitos especiais de direitos **concretos**, cuja efetivação poderá ser buscada através de políticas públicas mais eficazes e até mesmo pela provocação do Poder Judiciário.

Os entes federativos (União, Estados, Distrito Federal e Municípios), o Conselho Tutelar, Conselho Municipal de Direitos, Polícia Judiciária, Defensoria Pública, Ministério Público e Poder Judiciário representam o aparato Estatal na tutela dos direitos previstos no ECA. Além desse rol, o art. 227 da CF88, também inclui a família e a sociedade como participantes diretos desse sistema protetivo.

20. Explique o princípio da prioridade absoluta.

Consta expressamente do art. 227, *caput*, da CF, a "absoluta prioridade" dos direitos das crianças e adolescentes, que possuem precedência, sem exceções, no direito à vida, à saúde, à alimentação, à educação, ao lazer, à profissionalização, à cultura, à dignidade, ao respeito, à liberdade e à convivência familiar e comunitária.

No eventual conflito de direitos, seu interesse se sobrepõe em relação aos direitos das pessoas em geral, inclusive, aos interesses dos idosos, cujo direito de prioridade foi estabelecido apenas norma infraconstitucional (art. 3º da lei 10.741/2003).

A prioridade absoluta vincula os gestores da coisa pública, os governantes, os legisladores, órgãos estatais e também a família.

Neste sentido, o artigo 4º do ECA, dispõe que a garantia da prioridade compreende:

I - Primazia no recebimento de proteção e socorro;

II - Precedência no atendimento nos serviços públicos ou de relevância pública;

III - Preferência na formulação e execução de políticas públicas;

IV - Destinação privilegiada de recursos públicos.

21. Explique o Princípio do Melhor ou Superior Interesse da Criança e Adolescente.

O princípio do melhor interesse não está expresso na CF ou no ECA. Sustenta-se, contudo, na doutrina, que está inserido no conteúdo da proteção integral (CF, art. 227, *caput*, e ECA, art. 1º).

Após a ratificação da Convenção Internacional Sobre Direitos da Criança, através do decreto 99.710/90, o instituto do "*C*", originário do direito inglês, foi incluído em nosso sistema jurídico com força de lei ordinária.

Dirige-se ao legislador e os aplicadores do direito, como princípio orientador e base do sistema protecionista aos direitos das crianças e adolescentes.

Significa que as normas ou situações devem ser interpretadas com a finalidade de conferir primazia às necessidades da criança e do adolescente. Havendo conflito de normas, prevalecerá a que for mais benéfica aos interesses dos infantes, em detrimento dos demais interesses.

22. Explique o Princípio da Condição Peculiar da Criança ou Adolescente em Desenvolvimento.

Previsto no art. 6º do ECA, o princípio também confere tratamento especial às crianças e adolescentes como pessoas em desenvolvimento, ao mesmo tempo em que norteia a aplicação dos demais princípios do Direito Infantojuvenil, estabelecendo-se como critério hermenêutico preponderante na interpretação das leis.

A imaturidade das crianças e adolescentes, pessoas em desenvolvimento, as torna vulneráveis e serve de fundamento justificador do tratamento diferenciado a elas conferido. A partir do momento em que vão adquirindo conhecimento e experiências, de forma gradativa, o tratando será adaptado ao seu desenvolvimento atual.

Em caso de ato infracional, por exemplo, às crianças se aplicam medidas de proteção e aos adolescentes medidas socioeducativas, sem prejuízo das medidas de proteção cabíveis.

23. Explique o Princípio da Municipalização.

O Princípio da Municipalização é resultado da determinação constitucional que ordena a descentralização e ampliação da política assistencial (art. 204, I, e §7º do art. 207). Está previsto no art. 88, I e II, do ECA, que trata da política de atendimento municipalizada e da criação de Conselhos Municipais dos direitos da criança e do adolescente.

Em que pese o art. 100, parágrafo único, inciso III, do ECA, atribuir as três esferas de governo a responsabilidade solidária na tutela dos direitos infantojuvenis, no âmbito dos Municípios, o fortalecimento da atuação do Poder Público local revela-se relevante em razão da crescente necessidade de adaptação de tais direitos às realidades locais.

Por fim, a Lei 12.594/2.012 (Lei do Sinase), atribuiu ao Município a atribuição de instituir o Sistema Municipal de Atendimento Socioeducativo e a criação de programas para execução dessas medidas (art. 5º).

24. Explique o Princípio da Participação Popular.

De acordo com esse princípio, além dos órgãos e entes estatais, incumbe à sociedade o dever de zelar pelos direitos da criança e adolescente.

São exemplos de participação popular, os Conselhos de Direitos da Criança do Adolescente (art. 88, II, do ECA), os Conselhos Tutelares (arts. 131 e 132 do ECA), a atuação de ONGs (art. 100, III, do ECA), os "auxiliares voluntários", figura prevista no art. 198 do ECA e o acolhimento familiar de crianças ou adolescentes em situação de risco (art. 34 c/c §2º do art. 260).

25. O que são Direitos Fundamentais no contexto do direito da infância e juventude?

São os previstos no art. 227, "caput", da CF 88, indispensáveis à formação das pessoas em desenvolvimento e aplicáveis a todas as crianças e adolescentes, sem qualquer tipo de discriminação, conforme o Artigo 3º, parágrafo único do ECA.

26. O ECA prevê rol taxativo dos direitos fundamentais relacionados às crianças e adolescentes?

Não, em razão do caráter universal do sistema de garantias de direitos fundamentais, que confere as crianças e adolescentes todos os direitos fundamentais inerentes à pessoa humana (art. 3º do ECA), só há lugar para um rol meramente exemplificativo de direitos. São exemplos de direitos fundamentais, o direito à vida e saúde (arts. 7º a 14), à liberdade, respeito e dignidade (arts. 15 a 18); à convivência familiar e comunitária (arts. 19 a 52), a educação, cultura, esporte e lazer (arts. 53 a 59), à profissionalização e à proteção do trabalho (arts. 60 a 69).

A Lei nº 13.257, de 2016, que incluiu o art. 265-A do ECA, previu a obrigação do Poder Público de realizar a ampla divulgação, veiculada em linguagem clara, compreensível e adequada a crianças e adolescentes, especialmente às crianças com idade inferior a 6 (seis) anos, dos direitos da criança e do adolescente nos meios de comunicação social.

27. Com relação ao direito de liberdade, quais as restrições do direito de ir e vir de crianças e adolescentes?

O inciso I do artigo 16 do Estatuto afirma que o direito à liberdade da criança e do adolescente compreende, entre outros direitos, o de "*ir e vir e estar em logradouros públicos e espaços comunitários, ressalvadas as restrições legais*".

Obviamente, que o direito de ir e vir da criança e do adolescente encontra restrições. A liberdade, preconizada pela lei, é a estabelecida em benefício das crianças e adolescentes e não aquela que lhes traga efeitos prejudiciais, de forma que não podem exercitá-la, livremente, enquanto não atinjam o necessário grau de maturidade.

O próprio ECA, em razão de maior grau de fragilidade das crianças e adolescentes, desempenhando clara função protetiva, lhes retira parcela de autonomia da vontade, frente às decisões e perigos a que são expostos durante a infância a adolescência.

As crianças e adolescentes não poderão abandonar a escola (art. 54, §3º), poderão frequentar diversões e espetáculos, de acordo com sua faixa etária (art. 75 caput), ou quando menores de 10 anos, somente quando acompanhadas dos pais e responsáveis (art. 75, parágrafo único).

Segundo o art. 80, caput do ECA, **não podem** ter acesso a estabelecimentos que explorem comercialmente bilhar, sinuca ou congênere ou por casas de jogos, assim entendidas as que realizem apostas.

O art. 82 do ECA estabelece que criança ou adolescente não podem se hospedar em hotel, motel, pensão ou estabelecimento congênere, salvo quando autorizados ou acompanhados pelos pais ou responsável.

Com redação dada pela Lei nº 13.812/2019, o art. 83 estabeleceu que "*Nenhuma criança ou adolescente menor de 16 (dezesseis) anos poderá viajar para fora da comarca onde reside desacompanhado dos pais ou dos responsáveis sem expressa autorização judicial*".

As exceções à necessidade de autorização judicial foram estabelecidas no §1º do art. 83, de forma que as crianças e adolescentes menores de 16 anos não precisarão de autorização judicial para viajar sozinhos, quando tratar-se de comarca contígua de sua residência; se a viagem for realizada na mesma unidade da Federação, ou incluída na mesma região metropolitana e se estiverem acompanhados de ascendente ou colateral maior, até o terceiro grau, comprovado documentalmente o parentesco ou de pessoa maior, expressamente autorizada pelo pai, mãe ou responsável.

Segundo o art. 85 do ECA sem prévia e expressa autorização judicial, nenhuma criança ou adolescente nascido em território nacional poderá sair do País em companhia de estrangeiro residente ou domiciliado no exterior.

Para viagens ao exterior (art. 84, incisos I e II, do ECA), o menor de 16 anos não precisará de autorização judicial se estiver acompanhado dos pais. Se estiver acompanhado de apenas um dos pais, será necessária a apresentação de documento com firma reconhecida, onde o outro genitor autorize a viagem. Se o acompanhante for um terceiro, é preciso autorização judicial.

A Vara Especializada da Violência Doméstica ou Familiar Contra a Mulher possui competência para o julgamento de pedido incidental de natureza civil, relacionado à autorização para viagem ao exterior e guarda unilateral do infante, na hipótese em que a causa de pedir de tal pretensão consistir na prática de violência doméstica e familiar contra a genitora. STJ. 3ª Turma. REsp 1.550.166-DF, Rel. Min. Marco Aurélio Bellizze, julgado em 21/11/2017 (Info 617).

28. A falta de comunicação dos casos de suspeita de castigos físicos e maus tratados configura crime? Qual a providência a ser adotada em casos de suspeita de maus-tratos?

Não. A falta de comunicação dos casos de suspeita de castigos físicos e maus tratados configura mera infração administrativa na forma do art. 245 do ECA que prevê: "***Deixar o médico, professor ou responsável por estabelecimento de atenção à saúde e de ensino fundamental, pré-escola ou creche, de comunicar à autoridade competente os casos de que tenha conhecimento, envolvendo suspeita ou confirmação de maus-tratos contra criança ou adolescente: Pena - multa de três a vinte salários de referência, aplicando-se o dobro em caso de reincidência***".

O texto da Lei 13.010/2014 (*Lei Menino Bernardo ou Lei da Palmada*) aprovado pelo Congresso nacional, ampliava o rol de profissionais sujeitos à obrigação de comunicar à autoridade competente os casos de castigo físico, tratamento cruel ou degradante ou maus-tratos contra criança ou adolescente e previa punição com multa de 3 a 40 salários, mas sofreu veto presidencial sob a justificativa de que atingia profissionais sem habilitação específica para lidar com o tema.

Acrescente-se que de acordo com o art. 13 do ECA, os casos de suspeita ou confirmação de castigo físico, de tratamento cruel ou degradante e de maus-tratos contra criança ou adolescente serão obrigatoriamente comunicados ao Conselho Tutelar da respectiva localidade, sem prejuízo de outras providências legais.

29. Adolescente infrator que esteja submetido a medida sócio educativa de internação pode ter os estudos interrompidos?

Não há dispositivo que trate expressamente do tema estabelecendo mecanismos objetivos e claros para a manutenção do ensino ao adolescente que esteja submetido a medida socioeducativa de internação.

Porém, o art. 82 da Lei 12.594/2012, estabeleceu aos Conselhos dos Direitos da Criança e do Adolescente, aos órgãos responsáveis pelo sistema de educação pública e as entidades de atendimento, o prazo de 1 (um) ano a partir da publicação da Lei do SINASE, para garantir a inserção de adolescentes em cumprimento de medida socioeducativa na rede pública de educação, em qualquer fase do período letivo, contemplando as diversas faixas etárias e níveis de instrução.

30. Criança ou adolescente podem trabalhar? Quais as restrições existentes?

O tema, de suma importância, consta de vários documentos internacionais importantes, dos quais o Brasil é signatário, no âmbito de proteção à infância e sobre o trabalho infantil, como a Declaração dos Direitos da Criança, de 1959, a Convenção da ONU sobre os Direitos da Criança, de 1989 e a Convenção nº 182/1999, da OIT.

Na legislação pátria, no capítulo 5, sob o título o Direito à Profissionalização e à Proteção no Trabalho, o art. 60 do ECA estabeleceu a proibição de qualquer trabalho a menores de quatorze anos de idade.

Ocorre que, o art. 7º, XXXIII, da CF, cuja redação original era seguida pelo art. 60 do ECA, foi alterado pela EC 20/98 que estabeleceu a proibição de qualquer trabalho a menores de 16 (dezesseis) anos, salvo na condição de aprendiz, a partir de 14 (quatorze) anos. Dessa forma, a idade mínima para o trabalho, foi alterada de 14 (quatorze) para 16 (dezesseis) anos.

O art. 67 do ECA proíbe o trabalho penoso, o trabalho realizado em locais prejudiciais à formação e ao seu desenvolvimento físico, psíquico, moral e social do adolescente, e ainda o trabalho realizado em locais que não permitam a frequência escolar.

Com relação ao trabalho noturno, conforme o art. 67, I, do ECA, é vedado em termos absolutos. Fora do período noturno, poderá trabalhar, a partir dos 16 (dezesseis) anos, como empregado, ou antes disso, na condição de aprendiz, a partir dos quatorze anos.

O art. 61 do ECA prevê que a proteção ao trabalho dos adolescentes é regulada por legislação especial, sem prejuízo do disposto em suas normas. A legislação especial, ou seja, a Consolidação das Leis do Trabalho (Decreto-Lei 5.452/1943) trata do trabalho do adolescente entre os artigos 402 e 441, onde estabelece as condições para o trabalho de adolescentes entre 14 anos a 17 anos.

Mais recentemente foram incluídas à CLT disposições da Lei do Aprendiz (10.097/2000), que prevê normas e direitos ao adolescente que ingresse no mercado de trabalho, como por exemplo a necessidade de inscrição em programa de aprendizagem com conteúdo pedagógico, a garantia do acesso à educação e a fixação de carga horária de trabalho reduzida.

Ainda que a Constituição proíba de forma enfática, sem estabelecer exceções, o trabalho infantil, por meio de autorizações judiciais que utilizam o art. 406 da CLT como fundamento, tem sido autorizada, a participação de crianças e adolescentes em novelas, filmes, espetáculos circenses, desde que se observe o regime especial fixado por portaria do Juízo da Infância e Juventude.

Na Ação Direta de Inconstitucionalidade (ADI) 5326, ajuizada pela Associação Brasileira de Emissoras de Rádio e Televisão (Abert), o STF, em decisão majoritária, tomada na sessão plenária, referendou medida liminar concedida pelo ministro Marco Aurélio em agosto de 2015 para suspender a eficácia de normas conjuntas de órgãos do Judiciário e do Ministério Público nos Estados de São Paulo e de Mato Grosso que dispunham sobre a competência da Justiça do Trabalho para conceder autorização de trabalho artístico para crianças e adolescentes. O Supremo, então, decidiu que compete à Justiça Estadual (e não à Justiça do Trabalho) autorizar trabalho artístico de crianças e adolescentes.

Dessa forma, compete à Justiça Comum Estadual (juízo da infância e juventude) apreciar os pedidos de alvará visando a participação de crianças e adolescentes em representações artísticas. O art. 114, I e IX, da CF/88, na redação conferida pela Emenda Constitucional 45, de 2004, não dá prerrogativa à Justiça do Trabalho para analisar pedidos de autorização de crianças e adolescentes em representações artísticas. Não há, no caso, conflito relacionado a relação de trabalho. STF. Plenário. ADI 5326/DF, Rel. Min. Marco Aurélio, julgado em 27/9/2018 (Info 917).

31. Adolescente menor de 14 anos, desacompanhado da família ou responsável, poderá residir em alojamento destinado a categoria de base de time de futebol profissional?

Não, pois a vedação ao trabalho ao menor de 14 anos é absoluta (CF/88 art. 7º XXXIII). Em respeito **à convivência familiar, direito fundamental expressamente assegurado pela CF 88 e pelo ECA** (art. 227, da CF/88 e art. 4º, da Lei nº 8.069/90), o menor de 14 anos poderá frequentar o local como atividade de lazer, sempre na companhia dos pais ou responsáveis.

32. Qual é a situação dos adolescentes maiores de 14 anos em relação aos clubes de futebol?

O art. 29, § 4º, da Lei 9.615/1998 (Lei Pelé), possibilita a criação de um *vínculo esportivo*, semelhante ao criado no contrato de aprendiz, entre o atleta não profissional, em formação, maior de quatorze, e o clube, que poderá dele receber auxílio financeiro, sob a forma de bolsa de aprendizagem, livremente pactuada mediante contrato formal, sem que seja gerado vínculo empregatício entre as partes.

Ainda segundo a Lei Pelé (art. 28-A), os clubes poderão somente poderão assinar contratos profissionais com jogadores quando eles completarem 16 anos.

33. Quais as formas de violência contra criança ou adolescente?

A violência contra a criança e adolescente pode ser física, psicológica, sexual e institucional.

A violência institucional é a cometida pelos organismos públicos ou não conveniados cuja função seria garantir a proteção das crianças e adolescentes.

Estabelece o art. 4º do ECA que, "para os efeitos desta Lei, sem prejuízo da tipificação das condutas criminosas, são formas de violência:

I - violência física, entendida como a ação infligida à criança ou ao adolescente que ofenda sua integridade ou saúde corporal ou que lhe cause sofrimento físico;

II - violência psicológica:

a) qualquer conduta de discriminação, depreciação ou desrespeito em relação à criança ou ao adolescente mediante ameaça, constrangimento, humilhação, manipulação, isolamento, agressão verbal e xingamento, ridicularização, indiferença, exploração ou intimidação sistemática (bullying) que possa comprometer seu desenvolvimento psíquico ou emocional;

b) o ato de alienação parental, assim entendido como a interferência na formação psicológica da criança ou do adolescente, promovida ou induzida por um dos genitores, pelos avós ou por quem os tenha sob sua autoridade, guarda ou vigilância, que leve ao repúdio de genitor ou que cause prejuízo ao estabelecimento ou à manutenção de vínculo com este;

c) qualquer conduta que exponha a criança ou o adolescente, direta ou indiretamente, a crime violento contra membro de sua família ou de sua rede de apoio, independentemente do ambiente em que cometido, particularmente quando isto a torna testemunha;

III - violência sexual, entendida como qualquer conduta que constranja a criança ou o adolescente a praticar ou presenciar conjunção carnal ou qualquer outro ato libidinoso, inclusive exposição do corpo em foto ou vídeo por meio eletrônico ou não, que compreenda:

a) abuso sexual, entendido como toda ação que se utiliza da criança ou do adolescente para fins sexuais, seja conjunção carnal ou outro ato libidinoso, realizado de modo presencial ou por meio eletrônico, para estimulação sexual do agente ou de terceiro;

b) exploração sexual comercial, entendida como o uso da criança ou do adolescente em atividade sexual em troca de remuneração ou qualquer outra forma de compensação, de forma independente ou sob patrocínio, apoio ou incentivo de terceiro, seja de modo presencial ou por meio eletrônico;

c) tráfico de pessoas, entendido como o recrutamento, o transporte, a transferência, o alojamento ou o acolhimento da criança ou do adolescente, dentro do território nacional ou para o estrangeiro, com o fim de exploração sexual, mediante ameaça, uso de força ou outra forma de coação, rapto, fraude, engano, abuso de autoridade, aproveitamento de situação de vulnerabilidade ou entrega ou aceitação de pagamento, entre os casos previstos na legislação;

IV - violência institucional, entendida como a praticada por instituição pública ou conveniada, inclusive quando gerar revitimização".

II. ATO INFRACIONAL

34. O que é ato infracional?

Ato infracional é a conduta, praticada por criança ou adolescente, descrita como crime ou contravenção penal (artigo 103 do ECA).

35. Em que consiste a teoria da atividade no direito da infância e juventude?

Segundo a teoria da atividade (art. 104, parágrafo único, do ECA e art. 4º do CP), considera-se praticado o ato infracional ao tempo da ação ou omissão. Se, por exemplo, este ato é praticado na véspera de completar doze anos, ainda que o resultado ocorra depois, será tratado como criança e não como adolescente.

36. A teoria da atividade repercute de alguma forma na responsabilidade dos maiores de 18 (dezoito) anos pela prática de atos infracionais?

Em decorrência do que dispõe a Teria da Atividade, as normas do ECA aplicam-se aos maiores de 18 anos quanto aos atos infracionais por eles praticados antes de completada a maioridade.

Quando o jovem completar 21 (vinte e um) anos, a ele não poderão mais ser aplicadas as normas relativas ao procedimento de ato infracional.

Estabelece o art. 46, §1º, da Lei do SINASE, que no caso de o maior de 18 (dezoito) anos, em cumprimento de medida socioeducativa, responder a processo-crime, caberá à autoridade judiciária, ou seja, Juiz da Infância e Juventude, decidir sobre eventual extinção da execução, cientificando da decisão o juízo criminal competente.

Conforme o teor da Súmula 605 do STJ (Terceira Seção, REsp 1.705.149-RJ, julgado em 14/03/2018, DJe 19/03/2018): "A superveniência da maioridade penal não interfere na apuração de ato infracional nem na aplicabilidade de medida socioeducativa em curso, inclusive na liberdade assistida, enquanto não atingida a idade de 21 anos".

Recentemente, a 6ª Turma do STJ (HC 551319/RS de 12/05/2020) decidiu, em caso de maior sentenciado ao cumprimento de medida socioeducativa de internação, preso por cometimento de crime de roubo já adulto, que é válida a extinção da internação quando o Juízo da execução apontar que os esforços da socioeducação não lograrão êxito na reeducação dele, haja vista a prática de fato delituoso enquanto estava em liberdade, e a decretação de prisão preventiva, e, portanto, não restarem objetivos pedagógicos na execução de medida socioeducativa. No caso, o STJ entendeu que caberá à autoridade judiciária decidir sobre a extinção da internação ante a superveniência de processo-crime após adolescente completar 18 anos de idade, cientificando da decisão o juízo criminal competente, devendo o julgador fundamentar sua decisão, nos termos do art. 46, § 1º, da Lei 12.594/2012.

37. No tocante à apuração de atos infracionais, em que consiste o Princípio do Juiz Imediato.

O princípio do juiz imediato, previsto no art. 147, incisos I e II, do ECA, prevê que o foro competente para apreciar e julgar as medidas, ações e procedimentos que tutelam interesses, direitos e garantias positivados no

ECA, é determinado pelo lugar onde a criança ou o adolescente exerce, com regularidade, seu direito à convivência familiar e comunitária.

Não obstante o art. 147, I e II, do ECA, trate de competência territorial, tem natureza de competência absoluta, ou seja, de norma de ordem pública, se sobrepondo às regras gerais de competência do CPC.

A opção legislativa priorizou o direito fundamental à convivência familiar e comunitária da criança e adolescente, em detrimento dos interesses dos pais biológicos ou outros responsáveis formalmente investidos.

38. Qual a consequência da prática de ato infracional por criança?

São diversas das aplicáveis aos adolescentes. Às crianças aplicam-se medidas de proteção, não podendo a elas ser aplicadas medidas socioeducativas previstas no ECA. Aos adolescentes, por sua vez, podem ser aplicadas medidas de proteção e também as medidas socioeducativas.

39. Há apuração do ato infracional praticado por crianças? Quais medidas podem ser tomadas após sua prática?

Após a prática do ato infracional por crianças, é prevista no ECA (art. 136, incisos I e II c/c arts. 101, incisos I a VII e 129, incisos I a VII, todos da Lei nº 8.069/90) a atuação Conselho Tutelar, a quem incumbe o atendimento e a posterior aplicação de medidas de proteção à criança acusada da prática de ato infracional, assim como medidas pertinentes aos pais ou responsável. Estas medidas podem ser impostas isolada ou cumulativamente (art. 99 do ECA).

40. É possível que alguma providência seja tomada pela Polícia Judiciária em caso de ato infracional praticado por criança?

Havendo necessidade de investigação do ato infracional atribuído à criança, caberá ao Delegado de Polícia, e não ao Conselho Tutelar, que não tem poder investigatório, a apuração dos fatos, como no caso, por exemplo, de infrações de natureza grave, onde haja a suspeita de participação de adolescentes ou imputáveis.

A depender do tipo de infração praticada, poderá ser necessária, por exemplo, a oitiva de testemunhas ou apreensão de objetos relacionados ao fato.

Concluídas as investigações, seu resultado deverá ser encaminhado ao Conselho Tutelar para providências cabíveis quanto à aplicação de eventual medida de proteção à criança.

Ressalte-se, contudo, que o Conselho Tutelar pode e deve, imediatamente após tomar conhecimento do fato, atuar em proteção à criança, independentemente da eventual investigação policial, bastando a presença de uma das situações previstas no art. 98, da Lei nº 8.069/90.

Se na comarca não houver Conselho Tutelar, as investigações deverão ser remetidas ao Juiz da Infância e Juventude (art. 262 do ECA).

41. Ato de indisciplina escolar pode ser submetido à apreciação da autoridade policial?

Trata-se de mera desobediência à norma escolar interna, a ser resolvida no âmbito do colégio, não constituindo ato infracional, salvo quando configurar também crime ou contravenção.

42. O que são Medidas Protetivas no âmbito do direito da criança e do adolescente?

São as medidas previstas nos artigos 6º e 21 da Lei 13.431/2017 que normatizou e organizou o sistema de garantia de direitos da criança e do adolescente vítima ou testemunha de violência.

A citada lei ainda criou mecanismos para prevenir e coibir a violência e estabeleceu medidas de assistência e proteção à criança e ao adolescente em situação de violência (art. 1º lei 13.431/17).

Além das medidas previstas nos artigos 6º e 21 da Lei 13.431/17, alguns dispositivos das leis 11.340/06 (como por exemplo os artigos 22, 23 e 24 da Lei 11.340/06) e 8.069/90 complementarão o sistema de proteção (artigo 6º, parágrafo único da Lei 13.431/17).

Conforme o artigo 6º da lei 13.431/17 a criança e o adolescente vítima ou testemunha de violência têm direito a pleitear, por meio de seu representante legal, medidas protetivas contra o autor da violência (art. 6º).

43. Qual a atribuição legal do Delegado de Polícia no contexto da aplicação da Lei 13.431/17?

O art. 21 da Lei 13.431/17 prevê a possibilidade de a autoridade policial, nas situações que coloquem em risco a integridade física, psíquica e moral das crianças e adolescentes atendidas (art. 19, incisos II a IV da Lei 13.431/17), representar ao juiz pela aplicação de "medidas de proteção" contra o autor da violência ou investigado.

São medidas de proteção, as previstas nos incisos I a VI do art. 21 da lei 13.431/2017: *I - evitar o contato direto da criança ou do adolescente vítima ou testemunha de violência com o suposto autor da violência; II - solicitar o afastamento cautelar do investigado da residência ou local de convivência, em se tratando de pessoa que tenha contato com a criança ou o adolescente; III - requerer a prisão preventiva do investigado, quando houver suficientes indícios de ameaça à criança ou adolescente vítima ou testemunha de violência; IV - solicitar aos órgãos socioassistenciais a inclusão da vítima e de sua família nos atendimentos a que têm direito; V - requerer a inclusão da criança ou do adolescente em programa de proteção a vítimas ou testemunhas ameaçadas; e VI - representar ao Ministério Público para que proponha ação cautelar de antecipação de prova, resguardados os pressupostos legais e as garantias previstas no art. 5º desta Lei, sempre que a demora possa causar prejuízo ao desenvolvimento da criança ou do adolescente.*

Observe-se que além das demandas relacionadas à segurança pública (art. 21, incisos I a III Lei 13.431/17), o inc. IV impõe à autoridade policial a atribuição de "*solicitar aos órgãos socioassistenciais a inclusão da vítima e de sua família nos atendimentos a que têm direito*" o que implica realizar encaminhamentos à "rede de proteção" existente na administração pública local, como por exemplo aos serviços de saúde, educação e assistência social.

44. Qual a diferença entre as Medidas Protetivas da Lei 13.431/17 e as Medidas de Proteção previstas no Título II do ECA dos artigos 98 a 101?

Embora contenham denominações semelhantes, são providências diversas. As primeiras podem ser pleiteadas pela criança ou adolescente por meio de seu representante legal (art. 6º lei 13.431/2017) ou pela Autoridade Policial (art. 21 da Lei 13.431/17) no caso de crianças e adolescentes vítimas ou testemunhas de violência.

As medidas previstas no Título II do ECA são as providências tomadas pelos Conselhos Tutelares e juízes, em uma das *situações de risco*, para garantir a preservação dos direitos de todas as crianças e adolescentes.

O art. 101 do ECA, prevê um rol meramente exemplificado de medidas Específicas de Proteção, aplicáveis em qualquer das hipóteses do art. 98 do ECA, ou seja, sempre que os direitos reconhecidos no ECA forem ameaçados ou violados por ação ou omissão da sociedade ou do Estado; por falta, omissão ou abuso dos pais ou responsável; em razão da própria conduta da criança ou adolescente.

45. O Conselho Tutelar tem atribuição para aplicar medidas protetivas?

O Conselho Tutear poderá aplicar as medidas protetivas previstas no art. 101 do ECA (incisos I a VII) exceto o acolhimento institucional, o acolhimento familiar e a colocação em família substituta, que serão aplicadas pela autoridade judiciária.

O Conselho Tutelar aplica a medida e fiscaliza o cumprimento das medidas cabíveis, mas não possui atribuição para executá-las (resolução de nº 17 do CONANDA).

46. Criança pode ser submetida a medida socioeducativa?

Não. As medidas socioeducativas, previstas no art. 112 do ECA aplicam-se, exclusivamente, aos adolescentes autores de ato infracional. No caso de criança autora de ato infracional, o atendimento e posterior aplicação de medidas de proteção a ela, assim como a seus pais ou responsável, caberá o Conselho Tutelar, conforme se depreende da conjugação dos artigos 136, incisos I e II c/c arts. 101, incisos I a VII e 129, incisos I a VII, todos da Lei nº 8.069/90.

O Conselho Tutelar deverá adotar providências de cunho estritamente protetivo, sem necessidade de "comprovação" da participação da criança no ato infracional, bastando estar configurada uma das situações previstas no art. 98 da Lei nº 8.069/90.

47. Criança pode ser apreendida quando praticar ato infracional?

Sim, porém, a medida terá contorno protetivo e não repressivo. Trata-se de apreensão imprópria, que visa, simultaneamente à efetiva tutela de bens jurídicos da criança e da vítima do ato infracional, como nos casos de atos infracionais assemelhados a crimes graves, em especial os de ação penal pública incondicionada, onde vige o princípio da obrigatoriedade.

Nesses casos será necessária atuação estatal balizada pela legalidade e temporariedade apreensão da criança para possibilitar a apuração imediata de possível coautoria ou participação de imputáveis ou adolescentes.

Após o esclarecimento dos fatos e a realização das medidas de polícia judiciária (investigatórias) necessárias, deve a Autoridade Policial providenciar a comunicação do fato à família ou a pessoa indicada pela criança e encaminhá-la ao Conselho Tutelar, cujo acionamento, recomenda-se seja concomitante aos atos policiais de apuração dos fatos.

Lembre-se, por fim, que a apreensão irregular de criança ou adolescente pode dar ensejo a prática do crime previsto no art. 230 do ECA.

48. Quais hipóteses autorizam a apreensão de adolescente?

Conforme o artigo 106 do ECA a apreensão do adolescente poderá ocorrer em caso de flagrante de ato infracional ou por ordem escrita e fundamentada da autoridade judiciária competente.

O artigo 173 do ECA estabelece que a autoridade policial deverá proceder à apreensão do adolescente em caso de flagrante de ato infracional cometido mediante violência ou grave ameaça a pessoa.

Pode-se afirmar que à luz da doutrina e jurisprudência pátria e dependendo da análise do caso concreto, ensejarão apreensão e, consequentemente, poderão importar em imposição de medida socioeducativa de internação (art. 122 do ECA), os atos de violência ou ameaça análogos a crimes graves, punidos com reclusão.

49. Quais são os direitos do adolescente apreendido?

No caso de apreensão em flagrante, o adolescente deverá ser cientificado de direitos (art. 106, par. único do ECA) e encaminhado à autoridade policial competente (art. 172 do ECA), de preferência à Delegacia de Polícia Especializada, onde houver, mesmo quando o ato for praticado em companhia de imputável.

O adolescente apreendido tem direito à identificação dos responsáveis pela sua apreensão, devendo ser informado acerca de seus direitos (art. 106, parágrafo único, do ECA). A apreensão e o local onde se encontra serão imediatamente comunicados ao juiz da Infância e Juventude e à sua família ou pessoa por ele indicada (art. 107 do ECA). Se a apreensão ocorrer aos sábados, domingos e feriados, esta comunicação será feita ao juiz de plantão.

50. Em quais hipóteses o adolescente poderá ser liberado após ter sido apreendido em flagrante de ato infracional? Quem é a autoridade responsável pela liberação?

Assim que receber a situação de flagrante de ato infracional, caso tenha sido cometido sem violência ou grave ameaça à pessoa (quando não presentes os requisitos do art. 122, incisos I e II, do ECA) a autoridade policial deve avaliar, imediatamente, a possibilidade de imediata liberação do adolescente aos pais ou responsável (art. 174, primeira parte, do ECA), sob termo de compromisso de apresentá-lo ao Ministério Público no mesmo dia, ou, não sendo possível, no primeiro dia útil seguinte (parágrafo único do art. 107 do ECA).

Nas hipóteses em que o adolescente não for liberado pelo Delegado de Polícia, como no caso de um ato infracional equiparado de roubo simples, poderá o MP, por ocasião da oitiva informal, promover a liberação do adolescente desde que entenda não estarem presentes elementos suficientes e/ou idôneos à decretação da internação provisória, podendo ainda, de forma fundamentada, conceder a remissão como forma de exclusão do processo (cf. arts. 126, *caput* e art. 180, inciso II, do ECA).

51. Após o encaminhamento do adolescente ao MP, quais as condutas possíveis a serem tomadas pelo membro do parquet?

Conforme o artigo 175, não sendo o adolescente liberado pela Autoridade Policial, será encaminhado, desde logo, ao representante do Ministério Público, juntamente com cópia do auto de apreensão ou boletim de ocorrência, o qual, no mesmo dia e à vista do procedimento encaminhado, procederá imediata e informalmente à sua oitiva e, em sendo possível, de seus pais ou responsável, vítimas e testemunhas (art. 179, *caput*).

Em seguida, o MP poderá, conforme o art. 180 do ECA, a saber: promover o arquivamento dos autos; conceder a remissão (casos em que o próprio Promotor determina a imediata liberação) ou representar à autoridade judiciária para aplicação de medida socioeducativa (que conduz à ação socioeducativa pública), requerendo ou não (desde que não existam elementos suficientes para o decreto), na própria peça inaugural da persecução infracional, a internação provisória como medida cautelar.

52. Após a flagrante de ato infracional, o que é necessário para que o adolescente permaneça internado provisoriamente?

Será necessária decisão judicial fundamentada (ECA, art. 108), baseada em indícios suficientes de autoria e materialidade que demonstre a "necessidade imperiosa" da medida excepcional, denominada "internação provisória", que nesse caso terá como antecedente lógico a apreensão em flagrante (ECA, art. 174, *in fine*).

A medida tem fundamento na gravidade do ato infracional e sua repercussão social, para garantia da segurança pessoal do adolescente ou a manutenção da ordem pública.

53. Qual tratamento foi dispensado pelo ECA ao adolescente auto de ato infracional portador de transtorno mental?

Estabelece o §3º do art. 112 do ECA que os adolescentes portadores de doença ou deficiência mental receberão tratamento individual e especializado, em local adequado às suas condições.

Se ao tempo da prática do ato infracional o adolescente não possuía capacidade para assimilar as medidas socioeducativas, cujo caráter é retributivo, a ele deverá ser aplicada internação em hospital psiquiátrico ou submissão a tratamento ambulatorial prevista no art. 101, V, do ECA.

Segundo o art. 64 da Lei do SINASE, quando o transtorno mental surgir ao tempo da execução da medida socioeducativa, o juiz, ouvidos o Defensor e o Ministério Público, poderá suspender a execução desta medida com vistas a incluir o adolescente em programa de atendimento integral à saúde mental, designando responsável para acompanhar e informar sobre a evolução do atendimento ao adolescente.

A suspensão da execução da medida socioeducativa será avaliada, no mínimo, a cada 3 (três) meses. Poderá ainda o juiz ainda remeter cópias dos autos ao Ministério Público para avaliação de propositura de ação de interdição.

54. O adolescente pode ser apreendido por ato infracional análogo à porte ou posse de droga para uso próprio?

Não, conforme entendimento da 1ª e 2ª TURMAS do STF, vide Informativos 742 e 772, ambos de 2014 onde ficou consolidado que, se nem mesmo a pessoa maior de idade poderá ser presa, não se pode também impor restrição de liberdade em desfavor do menor.

55. Discorra sobre os princípios que regem a medida sócio educativa de internação.

São princípios que regem a medida socioeducativa:

1. Princípio da Brevidade ou temporariedade (art. 121, §3º, do ECA): a medida de internação, em nenhuma hipótese, poderá superar o período máximo de três anos. Não há fixação de prazo determinado pelo juiz, de forma que a internação definitiva deverá ter sua manutenção reavaliada a cada seis meses, mediante decisão fundamentada. Passado o período de três anos, o adolescente deverá ser liberado ou então colocado em regime de semiliberdade ou de liberdade assistida (§4º do art. 121 do ECA). A liberação será compulsória aos 21 anos de idade (§5º do art. 121 do ECA). Em caso de desinternação será necessária, sempre, decisão judicial e oitiva do Ministério Público.
2. Princípio da Excepcionalidade (art. 122, §2º, do ECA): a regra é a liberdade do adolescente. A privação de liberdade por meio da internação é a última "ratio" dentre as medidas socioeducativas. Sendo possível, deverá ser imposta medida menos onerosa ao direito de liberdade do adolescente.
3. Princípio do Respeito à Condição Peculiar da pessoa em desenvolvimento: o cumprimento da internação deverá ocorrer em entidade exclusiva para adolescentes, em local diverso de local do destinado ao abrigamento de crianças e adolescentes em situação de risco, com obediência a rigorosa separação por critérios de idade, compleição física e gravidade da infração.

56. O que é internação provisória? Quem pode determiná-la?

É a decretada pelo juiz, antes da sentença definitiva, quando estiverem presentes indícios de autoria, prova de materialidade e imprescindibilidade da medida (art. 108, parágrafo único, do ECA); ou para garantir a segurança pessoal do adolescente ou a manutenção da ordem pública, caso de ato infracional grave (art. 174 do ECA), cabendo ao magistrado, fundamentar o seu convencimento em dados concretos que exijam a restrição da liberdade, em virtude de sua excepcionalidade (STJ. 5ª T. HC nº 143584/SP. Rel. Min. Arnaldo Esteves de Lima. J. em 01/10/2009).

57. É possivel a decretação de internação provisória em caso de crime praticado sem violência? É necessária a reiteração da prática de atos infracionais?

Nos casos de atos infracionais praticados sem violência ou grave ameaça, revela-se possível, mas excepcionalíssima a possibilidade de aplicação de internação provisória, que só se justificaria nas hipóteses do parágrafo único do art. 108 (indícios de autoria, prova de materialidade e necessidade imperiosa da medida), somadas ao disposto no art. 174 do ECA (para segurança pessoal do próprio adolescente ou manutenção da ordem pública) e ainda considerando a reiteração da conduta pelo adolescente.

O STJ, consonância com os precedentes julgados a respeito do tema, editou a Súmula 492, onde dispôs que "*O ato infracional análogo ao tráfico de drogas, por si só, não conduz obrigatoriamente à imposição de medida socioeducativa de internação do adolescente*".

58. É possivel a internação provisória antes do oferecimento da representação pelo Ministério Público?

De acordo com o entendimento constante do Enunciado 02 Fórum Nacional da Justiça Juvenil – FONAJUV (28/03/2019 Palmas-TO), excepcionalmente, é possível a decretação da internação provisória pré-processual, antes mesmo do oferecimento da representação, em razão de requerimento da autoridade policial ou do Ministério Público, respeitado o prazo máximo de 45 dias para conclusão do processo.

Outra corrente, aplica por analogia o art. 10 do CPP, para admitir a internação provisória antes do oferecimento da representação, mas, nesse caso, as investigações devem ser concluídas em 10 (dez) dias e a representação ofertada no prazo de 5 (cinco) dias, contados da data em que o Ministério Público receber o procedimento da autoridade policial.

Contrariamente ao enunciado FONAJUV, há forte corrente doutrinária, em especial entre membros do Ministério do Público, que afirma que a internação provisória, sempre teria como pressuposto a representação oferecida pelo MP para a decretação da internação provisória.

59. Qual o prazo máximo da internação provisória? Esse prazo pode ser prorrogado, sobretudo quando encerrada a instrução do procedimento infracional?

O prazo máximo da manutenção da internação provisória é de 45 dias, período esse em que o procedimento judicial deve ser concluído, conforme os artigos 108 e 183 do ECA. Conta-se o prazo a partir a apreensão do adolescente não se admitindo prorrogação (art. 16, § 2º, da Resolução nº 165 do CNJ e Enunciado 12 do FONAJE).

60. Qual a consequência prevista em lei em caso de descumprimento do prazo?

Se o descumprimento do prazo for injustificado, poderá configurar o crime do art. 235 do ECA, sendo cabível a impetração de *habeas corpus*.

Não há crime quando o excesso de prazo foi provocado pela defesa.

61. O que é a internação definitiva? Qual o prazo?

Internação definitiva é a determinada por sentença prolatada no processo de apuração de ato infracional nas hipóteses do art. 122 do ECA, quando o ato infracional envolver violência ou grave ameaça contra pessoa ou então quando houver reiteração no cometimento de outras infrações graves.

A sentença que impõe a internação definitiva não fixa o tempo da internação, de forma a cada 6 (seis) meses sua manutenção deve ser reavaliada em decisão judicial fundamentada.

O período máximo de internação jamais excederá a 3 (três) anos. Após o atingimento desse período o adolescente poderá ser liberado; colocado em regime de semiliberdade ou colocado em regime de liberdade assistida.

É possível o retorno à internação, após o cumprimento dos 3 (três) anos, caso haja descumprimento reiterado e injustificável da medida anteriormente imposta (art. 122, III, do ECA) ou então em razão da prática de novo ato infracional.

62. Quais são os princípios que regem a execução de medidas socioeducativas?

São os previstos no art. 35 da Lei nº 12.594/2012 que dispôs que a "*execução das medidas socioeducativas reger-se-á pelos seguintes princípios: I – legalidade, não podendo o adolescente receber tratamento mais gravoso do que o conferido ao adulto; II – excepcionalidade da intervenção judicial e da imposição de medidas, favorecendo-se meios de autocomposição de conflitos; III – prioridade a práticas ou medidas que sejam restaurativas e, sempre que possível, atendam às necessidades das vítimas; IV – proporcionalidade em relação à ofensa cometida; V – brevidade da medida em resposta ao ato cometido, em especial o respeito ao que dispõe o Art. 122 da Lei nº 8.069, de 13 de julho de 1990 (Estatuto da Criança e do Adolescente); VI – individualização, considerando-se a idade, capacidades e circunstâncias pessoais do adolescente; Criminal / Criminal 95 VII – mínima intervenção, restrita ao necessário para a realização dos objetivos da medida; VIII – não discriminação do adolescente, notadamente em razão de etnia, gênero, nacionalidade, classe social, orientação religiosa, política ou sexual, ou associação ou pertencimento a qualquer minoria ou status; e IX – fortalecimento dos vínculos familiares e comunitários no processo socioeducativo.*"

63. Quais dispositivos legais regem a execução de medidas socioeducativas?

A lei do SINASE Lei nº 12.594/2012, regulamentou a execução das medidas socioeducativas aplicadas aos adolescentes que pratiquem ato infracional.

No art. 39 da lei do SINASE ficou estabelecido que no caso das medidas socioeducativas de prestação de serviços à comunidade, liberdade assistida, semiliberdade ou internação, será instaurado um processo autônomo de execução para cada adolescente.

A SINASE, no artigo 38 estabeleceu que as medidas de proteção, de advertência e de reparação de dano, quando aplicadas de forma isolada, serão executadas nos próprios autos do processo de conhecimento, sem necessidade de instauração de procedimentos de execução.

64. É possível a unificação de medidas socioeducativas?

Sim. A unificação de medidas socioeducativas foi prevista no art. 45 e seguintes da Lei do SINASE (Lei 12.594/12).

É a realizada pelo juiz responsável pela execução da medida, para adequá-la aos prazos máximos estabelecidos no ECA para o seu cumprimento e ainda com a finalidade uniformizar a execução das medidas, sendo necessária a prévia oitiva do Ministério Público e homologação judicial da unificação (art. 45 da lei 12.594/2012).

65. O prazo de internação provisória é computado no período de internação definitiva?

Há divergência sobre o tema.

Uma primeira corrente defende a existência de detração penal, isto é, o prazo de internação provisória deve ser abatido dos três anos de período máximo de medida socioeducativa de internação, por força do art. 42 do CP, aplicado analogicamente.

Uma segunda corrente afasta a detração penal no Juízo da Infância e Juventude, pois considera a finalidade pedagógica e não de sanção penal da internação, sendo a ela inaplicável o dispositivo do Código Penal. Portanto, a lacuna acerca da detração, foi proposital, sendo vedada a aplicação analógica do art. 42 do CP.

Cumpre lembrar que, no caso de internação, o adolescente deverá ser reavaliado, para fins de manutenção da medida, no máximo a cada 6 (seis) meses e, nesse prazo, não resta dúvida que o tempo de internação provisória será levado em conta, agilizando-se, destarte, esta avaliação.

66. Quais as fases de apuração de ato infracional?

A apuração do ato infracional praticado por adolescente, disciplinada nos arts. 171 a 190 do ECA, sujeita-se a 3 (três) fases sucessivas:

a) Fase policial;

b) Fase do Ministério Público;

c) Fase judicial.

67. No que consiste a fase policial?

A fase policial pode iniciar-se através de flagrante de ato infracional ou, quando este não for possível, depois de realizado boletim de ocorrência circunstanciado, através da apuração policial em face da existência de indícios de participação de adolescente na prática de ato infracional.

Conforme o artigo art. 172 do ECA, o adolescente apreendido em flagrante de ato infracional será, desde logo, encaminhado à autoridade policial competente.

Caso haja no local uma delegacia de polícia especializada para atendimento de adolescente, mesmo no caso de ato infracional praticado em coautoria com imputável, em razão da especialidade da matéria e dos princípios que regem o direito infantojuvenil, deverá ser encaminhado com prioridade ao órgão especializado. Posteriormente, após a lavratura do procedimento de apuração de ato infracional, o imputável será encaminhado à unidade de polícia judiciária para providencias cabíveis.

Conforme dispõe o art. 173 do ECA, o delegado de polícia, em caso de flagrante de ato infracional cometido mediante violência ou grave ameaça, terá o dever de lavrar o auto de apreensão, ocasião em que deverá ainda ouvir as testemunhas e o adolescente.

Nas demais hipóteses de flagrante, ou seja, não tratando de ato infracional praticado mediante violência ou grave ameaça a pessoa, a lavratura do auto poderá ser substituída por boletim de ocorrência circunstanciado (art. 173 e parágrafo único do ECA).

Em todas as hipóteses, o Delegado de Polícia deverá também identificar ao adolescente os responsáveis pela sua apreensão, informando-o sobre os seus direitos; comunicar imediatamente a apreensão ao juiz e à família (ou pessoa indicada pelo próprio adolescente), bem como o local onde ele se encontra acolhido, ainda que se trate de domingo ou feriado, proceder à apreensão do produto e dos instrumentos da infração, assim como requisitar os exames ou perícias necessários à comprovação da materialidade e autoria da infração.

Comparecendo qualquer dos pais ou responsável, o adolescente será prontamente liberado pela autoridade policial, sob termo de compromisso e responsabilidade de sua apresentação ao representante do Ministério Público, no mesmo dia ou, sendo impossível, no primeiro dia útil imediato (art. 174, 1ª parte, do ECA). Sendo o adolescente liberado, a autoridade policial encaminhará imediatamente ao representante do Ministério Público cópia do auto de apreensão ou boletim de ocorrência (art. 176 do ECA).

Mesmo no caso de comparecimento dos pais, a autoridade policial poderá deixar de liberar o adolescente quando, pela gravidade do ato infracional e sua repercussão social, concluir que ele deve permanecer sob internação para garantia de sua segurança pessoal ou manutenção da ordem pública (art. 174, parte final, do ECA).

Em caso de não liberação, a autoridade policial encaminhará, desde logo, o adolescente ao representante do Ministério Público, juntamente com cópia do auto de apreensão ou boletim de ocorrência (art. 175 do ECA).

Não sendo caso de apreensão em flagrante, o adolescente apreendido por força de ordem judicial será, desde logo, encaminhado à autoridade judiciária, conforme art. 171 do ECA.

Sendo impossível a apresentação imediata, a autoridade policial encaminhará o adolescente à entidade de atendimento, que fará a apresentação ao representante do Ministério Público no prazo de vinte e quatro horas (§1º do art. 175 do ECA).

Nas localidades em que não houver entidade de atendimento, a apresentação será realizada pela própria autoridade policial, que encaminhará o adolescente ao Ministério Público, no prazo de 24 (vinte e quatro) horas. À falta de repartição policial especializada, o adolescente aguardará a apresentação em dependência separada da destinada a maiores, não podendo, em qualquer hipótese, exceder o prazo de 24 (vinte e quatro) horas (§2º do art. 174).

Acrescente-se, ainda, que o adolescente a quem se atribua autoria de ato infracional não poderá ser conduzido ou transportado em compartimento fechado de veículo policial, em condições atentatórias à sua dignidade, ou que impliquem risco à sua integridade física ou mental, sob pena de responsabilidade. A violação dessa norma caracterizará o crime do art. 232 do ECA.

Por fim, conforme o disposto no art. 177 do ECA, afastada a hipótese de flagrante de ato infracional, quando houver indícios da participação do adolescente na prática de ato infracional, a autoridade policial deverá realizar a investigação dos fatos através da instauração de procedimento de apuração de ato infracional, cujo procedimento não encontra previsão legal no ECA. Prevalece, contudo, que aplicam-se, subsidiariamente, as normas do CPP, que possibilitam, inclusive, a utilização de medidas cautelares sigilosas como meio de produção de elementos informativos de ato infracional.

Concluída a investigação dos fatos a autoridade policial encaminhará ao representante do Ministério Público relatório das investigações e demais documentos (art. 177 segunda parte).

68. O adolescente apreendido pode permanecer em estabelecimento policial? Em caso afirmativo, em que hipóteses?

A permanência do adolescente em estabelecimento policial é excepcional e pode se dar:

(i) quando, na fase do artigo 174 do ECA, o delegado não liberar e adolescente e não for possível a imediata apresentação ao Ministério Público nem o encaminhamento à entidade para que esta faça a apresentação ao MP, oportunidade em que poderá ficar por até 24 horas em dependência separada, na forma do artigo 175 do ECA; e

(ii) decretada a internação provisória, quando não houver vaga de imediato em estabelecimento adequado, oportunidade em que poderá ficar por até cinco dias aguardando a remoção em repartição policial, na forma do artigo 185, §2°, do ECA.

69. A previsão contida no art. 122, II, do ECA de que adolescente deverá ser internado em caso "reiteração no cometimento de outras infrações graves" exige um número mínimo de infrações?

Não. O ECA não estabeleceu um número mínimo ou exato de atos infracionais graves para justificar a internação do adolescente infrator com fundamento no art. 122, II, do ECA, uma das hipóteses expressas de aplicação da medida socioeducativa de internação. O juiz deve analisar e levar em consideração as peculiaridades do caso concreto e as condições específicas do adolescente, como por exemplo o meio social onde vive, grau de escolaridade, família, dentre outros aspectos subjetivos, para aplicar ou não a medida de internação, cuja imposição será possível até mesmo ao adolescente que tenha cometido apenas sua segunda infração grave. STF. 1ª Turma. HC 94447, Rel. Min. Luiz Fux, julgado em 12/04/2011. STJ: HC 231.170-SP, Quinta Turma, DJe 19/4/2013. STF: HC 84.218-SP, Primeira Turma, DJe 18/4/2008. HC 280.478-SP, Rel. Min. Marco Aurélio Bellizze, julgado em 18/2/2014. STJ. 5ª Turma. HC 457.094/SP, Rel. Min. Joel Ilan Paciornik, julgado em 04/10/2018.

70. Não sendo possível a apresentação imediata ao Ministério Público, qual deverá ser a providência adotada pela autoridade policial?

Sendo impossível a apresentação imediata, a autoridade policial encaminhará o adolescente à entidade de atendimento, que fará a apresentação ao representante do Ministério Público no prazo de vinte e quatro horas.

71. O que é o boletim circunstanciado? Quando é cabível?

É o elaborado pela autoridade policial nas hipóteses de flagrante de ato infracional não praticado com violência ou grave ameaça (art. 173 e parágrafo único do ECA). A autoridade policial deverá identificar ao adolescente os responsáveis pela sua apreensão, informando-o sobre os seus direitos; comunicar imediatamente a apreensão ao juiz e à família (ou pessoa indicada pelo próprio adolescente), bem como o local onde ele se encontra acolhido, ainda que se trate de domingo ou feriado; apreender o produto e os instrumentos da infração e, por fim, requisitar os exames ou perícias necessários à comprovação da materialidade e autoria da infração.

72. Fora das hipóteses de apreensão em flagrante de ato infracional, por meio de que procedimento são apuradas as práticas de atos infracionais?

Trata-se do procedimento de apuração de ato infracional.

Tendo em vista que não foram estabelecidas normas especificas pelo ECA quanto à realização do procedimento, aplicam-se, subsidiariamente, as normas do Código de Processo Penal, consoante art. 152 do ECA.

Concluída a investigação, o delegado de polícia deverá elaborar relatório e, através do Cartório Judicial, o encaminhará ao Ministério Público, juntamente com os demais documentos relacionados aos fatos.

73. No tocante à apuração dos crimes contra a dignidade sexual de criança e adolescentes, é possível infiltração de agente em sistemas digitais?

Sim, através da novidade legislativa introduzida pela Lei n. 13.441/17, que alterou os artigos 190-A, 190-B, 190-C, 190-D e 190-D do ECA para prever a infiltração de agentes policiais em ambiente virtual da internet, com o fim de investigar crimes contra a dignidade sexual de criança e de adolescente previstos nos artigos arts. 240, 241, 241-A, 241-B, 241-C e 241-D do ECA e nos arts. 154-A, 217-A, 218, 218-A e 218-B do Código Penal.

O novo meio de obtenção de prova possibilita o uso de identidade simulada para amealhar informações relevantes à investigação e realizar a penetração em dispositivo informático do criminoso com a finalidade de coletar provas.

A infiltração virtual será precedida de autorização judicial devidamente circunstanciada e fundamentada, que estabelecerá os limites da infiltração para obtenção de prova, ouvido o Ministério Público.

Dar-se-á por requerimento do Ministério Público ou representação do delegado de polícia e não poderá exceder o prazo de 90 (noventa) dias, sem prejuízo de eventuais renovações, desde que o total não exceda a 720 (setecentos e vinte) dias e seja demonstrada sua efetiva necessidade, a critério da autoridade judicial.

Importante mencionar que o Art. 190-C incluído ao ECA pela lei 13.441/17 previu que "Não comete crime o policial que oculta a sua identidade para, por meio da internet, colher indícios de autoria e materialidade dos crimes previstos nos arts. 240, 241, 241-A, 241-B, 241-C e 241-D desta Lei e nos arts. 154-A, 217-A, 218, 218-A e 218-B do Decreto-Lei nº 2.848, de 7 de dezembro de 1940 (Código Penal)".

Observe-se que o art. 190-C não mencionou explicitamente qual a causa de exclusão de ilicitude deverá ser aplicada ao agente infiltrado virtual.

74. No que consiste a remissão?

É providência prevista nos arts. 126 a 128 e também no art. 188 do ECA, concedida pelo Membro do Ministério Público ou pelo Juiz que implica, a depender da fase em que se encontre, na exclusão, extinção ou suspensão do processo de ato infracional.

Prevista no art. 126, *caput*, do ECA, a Remissão pré-processual ou imprópria, ocorre antes do início do procedimento judicial, por concessão direta do MP, quando seu reconhecimento implicará em exclusão do processo.

A remissão processual, prevista no art. 126, parágrafo único, do ECA, é a concedida pelo Juiz, podendo se manifestar como forma de suspensão ou extinção do processo, após a propositura de ação socioeducativa.

A remissão poderá, eventualmente, incluir a aplicação de qualquer das medidas previstas no ECA (remissão cumulada), exceto a colocação em regime de semiliberdade e a internação.

75. A remissão proposta pelo Ministério Público precisa ser homologada pelo Juiz?

Conforme previsto no art. 181, *caput*, do ECA, exige-se, expressamente, que a remissão, em todas as modalidades, seja homologada pelo juiz.

Conforme os artigos 127 e 128 do ECA, a remissão não implicará, necessariamente, no reconhecimento ou comprovação da responsabilidade, nem prevalece para efeito de antecedentes e poderá ser revista judicialmente, a qualquer tempo, mediante pedido expresso do adolescente ou de seu representante legal, ou do Ministério Público.

76. O Princípio da insignificância tem aplicação em se tratando de atos infracionais?

Sim, conforme entendimento consolidado na jurisprudência do STJ. Pode-se citar o exemplo de ato infracional equiparado a furto qualificado onde foi aplicado o princípio da insignificância levando-se em conta a mínima ofensividade da conduta do agente, nenhuma periculosidade social da ação, o reduzidíssimo grau de reprovabilidade do comportamento e a inexpressividade da lesão jurídica provocada (STJ. 6ª T. HC nº 193787/RS. Rel. Min. Haroldo Rodrigues. J. em 12/04/2011).

77. As medidas socioeducativas estão sujeitas a prescrição?

Sim, conforme entendimento sumulado do STJ sobre o tema. Preceitua a Súmula 338 do STJ que: "*A prescrição penal é aplicável nas medidas socioeducativas*".

Dentre os fundamentos invocados para a edição da Súmula 338 do STJ foi utilizada a "característica punitiva" das medidas socioeducativas de forma a possibilitar a aplicação do sistema prescricional do Código Penal (art. 109), conforme o REsp 489188/SC, Rel. Ministro GILSON DIPP, QUINTA TURMA, julgado em 26/08/2003, DJ 29/09/2003, p. 317.

Em sentido contrário ao disposto na Súmula 338 do Superior Tribunal de Justiça, afirma-se que a medida socioeducativa possui natureza jurídica diversa das penas estabelecidas no Código Penal, o que tornaria imprópria a utilização de institutos do Direito Penal, que na prática, poderiam causar tratamento mais rigoroso ao adolescente do que ao imputável.

Por fim, há ainda posicionamento no sentido da inexistência do instituto da prescrição das medidas socioeducativas, que, por possuírem o fim de reeducação e proteção do adolescente, a elas não seria cabível o uso de analogia com normas previstas no Código Penal para os imputáveis. Assevera-se ainda que o ECA e a Lei do SINASE não possuem disposição legal sobre o tema, o que impossibilitaria sua aplicação ao Direito Infantojuvenil.

A Quinta Turma do STJ (AgRg no REsp 1856028-SC, Rel. Min. Reynaldo Soares da Fonseca, julgado em 12/05/2020 - Info 672) decidiu, de forma unânime, que, tratando-se de medida socioeducativa aplicada sem termo, o prazo prescricional deve ter como parâmetro a duração máxima da internação (3 anos), e não o tempo da medida, que poderá efetivamente ser cumprida até que o socioeducando complete 21 anos de idade.

78. A prática de ato infracional gera maus antecedentes na esfera penal?

Os atos infracionais não podem ser considerados maus antecedentes para a elevação da pena-base, tampouco para a reincidência.

As medidas socioeducativas, cuja proposta é educativa, não podem influenciar a aplicação da pena-base em infração penal cometida após a maioridade, pois, não obstante o ato cometido pelo inimputável seja correspondente a um ilícito penal, as medidas impostas a ele têm propósito educativo, não se inserindo nas clássicas finalidades da pena criminal.

79. A prática de atos infracionais anteriores pode justificar a decretação ou manutenção da prisão preventiva?

Sim, considerando-se a gravidade do ato infracional praticado, podem justificar a decretação ou manutenção da prisão preventiva como garantia da ordem pública, pois podem indicar que a personalidade do agente é voltada à criminalidade, havendo fundado receio de reiteração na prática delituosa.

É necessário ainda que o juiz analise o tempo decorrido entre o ato infracional e o crime e que haja a comprovação efetiva da ocorrência do ato infracional. STJ. 3ª Seção. RHC 63.855-MG, Rel. para acórdão Min. Rogerio Schietti Cruz, julgado em 11/05/2016.

80. Atos infracionais anteriores podem ser considerados para os efeitos da reincidência?

Não, pois conforme o art. 63 do Código Penal é reincidente quem "*comete novo crime, depois de transitar em julgado a sentença que, no País ou no estrangeiro, o tenha condenado por crime anterior*". O art. 64, que trata do quinquênio depurador, refere-se ao cumprimento e à extinção de pena, não a ato infracional e as medidas dele decorrentes.

81. Os atos infracionais podem ser valorados negativamente na circunstância judicial da personalidade do agente?

Sim, conforme constou de tese jurídica fixada recentemente pelo STJ. A prática de ato infracional, embora não possa ser utilizada para fins de reincidência ou maus antecedentes, por não ser considerada crime, pode ser sopesada na análise da personalidade do paciente, reforçando os elementos já suficientes dos autos que o apontam como pessoa perigosa e cuja segregação é necessária (HC 510.354/SP, Rel. Ministro REYNALDO SOARES DA FONSECA, QUINTA TURMA, julgado em 18/06/2019, DJe 01/07/2019).

11

DIREITO CIVIL

Rafael Ferreira de Souza

Atualização: William Rodrigues Cavalcante

Sumário: I. Princípios e parte geral – **II.** Bens – **III.** Prescrição e decadência – **IV.** Obrigações e contratos – **V.** Responsabilidade civil – **VI.** Posse e propriedade.

I. PRINCÍPIOS E PARTE GERAL

1. O que se entende por constitucionalização do direito civil?

Com a Constituição de 1988, passou-se a perceber a constitucionalização dos ramos. No Brasil como no mundo, as constituições passaram a se ocupar de temas que anteriormente eram exclusivamente tratados no âmbito do direito privado. Isto resultou em um influxo valorativo de princípios fundamentais, também no ambiente privado. Esse foi um processo que começou lá no século XX, e no Brasil, foi melhor percebido, com a nossa Constituição de 1988.

A constitucionalização do direito civil significa a migração de regras do direito privado para o texto constitucional, evidenciando o papel central da Constituição Federal de 1988 no ordenamento jurídico.

Sob a égide do Código Civil de 1916, que recebeu influência direta do código civis francês, inspirado nos postulados da liberdade, igualdade e fraternidade inaugurados pela Revolução Francesa, a autonomia privada era um valor praticamente absoluto, informado por características individualistas e patrimonialistas, onde a propriedade e a força obrigatória dos contratos – *pacta sunt servanda* –, não admitia a interferência do Estado nas relações privadas, pelo simples motivo de que o particular tinha direito às suas liberdades. O movimento de constitucionalização do direito civil, revelador da busca por efetiva isonomia nas relações entre os seres humanos, implica a necessária releitura dos institutos do direito privado a partir dos fundamentos principiológicos constitucionais, representados na dignidade da pessoa humana (artigo 1º, III, da Constituição Federal), na solidariedade social (artigo 3º, III, da CF) e na igualdade substancial (artigos 3º e 5º da CF).

A recepção, em sede constitucional, de temas que antes, na dicotomia tradicional "público-privado" eram tratados exclusivamente em sede privada, como a família, a propriedade, o consumidor, os contratos, promoveu rompimento do viés patrimonialista versado no Código Civil de 1916, abrindo-se caminho para a despatrimonialização do direito civil, colocando o **"ser"** em plano superior ao **"ter"**. Assim, o direito civil, vocacionado à tutela da vida humana em sociedade, antes estruturado no individualismo, passa a ser filtrado, à luz dos valores constitucionais, com a redefinição do conteúdo de certos direitos.

Portanto, ante a constitucionalização do direito civil, a Constituição Federal passa a funcionar como tábua axiológica, prevendo princípios e valores tais como justiça distributiva, igualdade substancial, dignidade da pessoa humana, solidariedade social, função social da propriedade, função social do contrato, mitigação da autonomia da vontade e novos parâmetros para a família. Afasta-se a ideia de que o Código Civil seria a "constituição das relações privadas".

Neste ambiente, percebe-se uma rematerialização do próprio Direito Civil. É o Direito Civil admitindo uma nova tábua valorativa (a Constituição da República de 1988). De novo, vou voltar porque eu já afirmei: Essa discussão traz à baila a tábua valorativa analisada em cada caso concreto. A aplicação dos direitos fundamentais, no âmbito da iniciativa privada, das relações privadas, é decorrência desse processo.

A constitucionalização do direito civil e as teorias da eficácia horizontal dos direitos fundamentais e do diálogo das fontes constituem os principais marcos teóricos do moderno Direito Civil Brasileiro.

2. Quais princípios informam o Código Civil de 2002? Explique, fazendo um paralelo com a legislação anterior.

São três os princípios norteadores do Código Civil de 2002: a) princípio da eticidade; b) princípio da socialidade; c) princípio da operabilidade.

A **eticidade** representa que as relações jurídicas devem ser pautadas pela lealdade e ética entre as partes. Tem como corolário o princípio da boa-fé objetiva, que representa a lisura na atuação das partes em todas as fases da relação, desde a negociação até a execução dos contratos e obrigações. O princípio da boa-fé objetiva desempenha três funções no âmbito do Direito Civil: função de interpretação (artigo 113 do Código Civil), função de controle (artigo 187 do Código Civil), função de integração/prestação (artigo 422 do Código Civil). Se na vigência do Código de 16 os contratos, por exemplo, eram cumpridos sob a influência da força obrigatória (*pacta sunt servanda*), com a incidência da boa-fé, a ética é o valor que informa o cumprimento das obrigações.

Sociabilidade significa a superação do modelo individualista nas relações, de modo que todos os vínculos devem ser direcionados ao bem comum. Concretiza-se pela atribuição de função social aos institutos fundamentais do direito privado, como a propriedade, o contrato, a família, a empresa, a posse, a responsabilidade civil, o testamento etc., fazendo prevalecer os valores coletivos aos individuais, respeitando-se os direitos fundamentais dos seres humanos. Procura-se, com isso, superar o caráter individualista da codificação anterior.

Operabilidade tem o sentido de que a utilização dos institutos do Direito Civil deve ser realizada de forma fácil. É a simplificação do Direito Civil. Consiste no estabelecimento de soluções normativas de modo a facilitar e simplificar a interpretação e a aplicação do direito, eliminando-se, por exemplo, as dúvidas hermenêuticas que persistiam no Código de 1916, como a controvertida distinção entre prescrição e decadência. Viabiliza efetividade e concretude na aplicação das normas, diante do sistema de cláusulas gerais, que concede ao aplicador da lei o poder de interpretar a norma mais adequada à situação concreta, mantendo-se a completude do sistema.

3. Em que consiste a teoria da eficácia horizontal dos direitos fundamentais? Tem incidência no âmbito do Direito Civil?

Os direitos fundamentais surgiram com eficácia vertical. Eles se revelaram como uma proteção do particular em face dos árbitros Estatais. Essa relação público-privado é uma relação de cogência, que se faz presente até hoje. Nesta relação vertical e cogente, os direitos fundamentais dão maior legitimidade a essas imposições, não permitindo que o Poder Público imponha coisas arbitrárias ao particular.

Com a evolução, o direito passou a tutelar valores como igualdade material e fraternidade. E aí, nesse ambiente, você começa a verificar que não só o Estado, mas também o particular, pode ser violador de garantias fundamentais. Então, com isso, você começa a admitir a eficácia horizontal dos direitos fundamentais.

A **teoria da eficácia horizontal dos direitos fundamentais**, também identificada como teoria irradiante, decorre da constatação de que os direitos fundamentais, previstos constitucionalmente, não significam meros direitos subjetivos oponíveis apenas em face do Poder Público, mas sim, incidentes em todas as relações da ordem jurídica, inclusive privadas. Segundo a teoria, os direitos fundamentais irradiam seus efeitos também nas relações entre particulares, mitigando a autonomia privada, a fim de restabelecer o equilíbrio das partes, prestigiando a dignidade da pessoa humana, independentemente da participação direta do Estado. Nesse sentido a autonomia nas relações privadas não pode afastar a aplicação dos direitos fundamentais.

Como exemplo, veja-se o emblemático caso em que o Supremo Tribunal Federal, ante a exclusão de sócio dos quadros de entidade dotada de personalidade jurídica de direito privado, o que ocorreu sem que fosse oportunizada a chance de rebater as acusações e produzir provas a seu favor, determinou a reintegração do associado, entendendo violado o direito à ampla defesa e ao contraditório, previsto no artigo 5º, inciso LV da Constituição Federal de 1988. (STF, 2ª Turma, RExt 201.819/RJ, j. em 11/10/2005).

4. O que se entende por teoria do diálogo das fontes?

A **teoria do diálogo das fontes, ou diálogo de conexão, ou ainda diálogo de complementariedade**, desenvolvida na Alemanha e trazida para o Brasil pela professora Claudia Lima Marques, preconiza a interpretação unitária do ordenamento jurídico, de forma sistemática e coordenada, superando-se critérios clássicos de solução de conflitos entre normas, no que, por exemplo, uma norma especial excluiria a incidência da norma geral. Pela teoria do diálogo das fontes, fica afastada a ideia de que as leis devem ser aplicadas de forma isolada umas das outras, propiciando que o ordenamento jurídico seja interpretado de forma unitária: as normas jurídicas não se excluem, mas complementam-se.

A teoria tem campo fértil de aplicação em relação ao Código Civil de 2002 e ao de Defesa do Consumidor. Isso porque Código Civil 2002, ao aproximar dos ideais constitucionais, trouxe em seu bojo normas que são mais protetivas do que outras previstas na legislação especial. Nesses casos, há espaço para incidência do diálogo das fontes, sendo possível a aplicação da lei geral em lugar da lei especial, sempre que aquela tiver previsão mais benéfica para o sujeito de direitos que se pretende proteger.

Por exemplo, o artigo 445, §1° do Código Civil é mais favorável ao consumidor do que as normas do Código de Defesa do Consumidor, quando prevê prazos para alegação de vícios. Nesse caso, aplica-se o Código Civil em detrimento do Código de Defesa do Consumidor, superando-se a ideia de este último seria um microssistema totalmente isolado e de aplicação absoluta.

5. O que são direitos da personalidade e, de forma geral, quais suas características?

Os direitos da personalidade são conceitualmente identificados como direitos subjetivos essenciais, inatos e permanentes, intransmissíveis e irrenunciáveis, vocacionados à tutela avançada da pessoa humana. É o conjunto de caracteres e atributos da pessoa humana que diz respeito ao seu desenvolvimento físico, espiritual, moral e intelectual, ou seja, aos seus interesses extrapatrimoniais, refletindo o necessário para se ter vida digna.

No tocante às características, cumpre destacar que o artigo 11 do Código Civil preconizou serem os direitos da personalidade **intransmissíveis e irrenunciáveis**, havendo a doutrina desenvolvido tais conceitos, apontando rol dilatado de atributos, quais sejam:

Indisponíveis relativamente, no sentido de que não é possível a disposição permanente de direitos da personalidade, muito embora seja viável a cessão temporária ou parcial de certos direitos da personalidade, sobretudo quando há efeito patrimonial, como a imagem, ou ainda nos casos de ponderação de interesses, como a doação de órgãos. Esta disposição deve ser excepcional e restrita, uma vez que o direito da personalidade, em si, é intransmissível e irrenunciável;

Inatos, ou seja, a partir da concepção o nascituro é titular de direitos da personalidade;

Absolutos, no sentido de serem oponíveis *erga omnis,* ou seja, todos devem respeitar a personalidade do outro. Portanto, não são inter-partes (relativos).

Imprescritíveis, não havendo possibilidade de se alegar prescrição do direito (muito embora possa haver prescritibilidade da pretensão indenizatória decorrente da sua violação);

Extrapatrimoniais, ou seja, insuscetíveis de apreciação econômica, ainda que eventual lesão possa produzir consequências monetárias, como no dano moral, decorrente de violação de direitos da personalidade;

Vitalícios, extinguindo-se com a morte, sendo intransmissíveis. Reconhece-se, porém, como direito da personalidade da pessoa viva, a proteção dos direitos da personalidade da pessoa já morta. São os chamados **lesados indiretos** (artigo12, parágrafo único, do Código Civil).

6. Os direitos da personalidade encontram-se previstos exaustivamente no Código Civil? Submetem-se a enumeração taxativa?

O Código Civil, quando trata dos direitos da personalidade em capítulo próprio, não esgota as hipóteses de tutela jurídica, sendo, portanto, exemplificativo o rol dos artigos 11 a 21 do citado Diploma. A Constituição Federal é ampla na proteção dos direitos da personalidade, no que prevê, em seu artigo 1°, inciso III, uma **Cláusula Geral dos Direitos da Personalidade**, representada pelo **Princípio da Dignidade da Pessoa Humana**, valor máximo do sistema jurídico brasileiro. Desse princípio decorrem os direitos especiais decorrentes da personalidade, como a vida, integridade física, honra, imagem, nome, liberdade etc., revelando categoria elástica, compreendida a partir da própria evolução da humanidade. Não há definição, o que demonstra um amplo poder de aplicação do princípio, permitindo que novos valores incorporados à pessoa não estejam carentes de proteção.

Aprofundamento:

Enunciado CJF nº 274 do Conselho da Justiça Federal: Os direitos da personalidade, regulados de maneira não exaustiva pelo Código Civil, são expressões da cláusula geral de tutela da pessoa humana, contida no Art. 1°, III da CRFB.

O uso de **CLÁUSULAS GERAIS** foi uma técnica Legislativa utilizada no Brasil pelo Código Civil de 2002. Através das cláusulas gerais, você viabiliza que os direitos fundamentais concretizem o seu conteúdo. O Código Civil de 2002 é poroso, ele pode ser raciocinado como uma esponja. Ele não é rígido, tem espaços que podem ser preenchidos. E quem vai preencher esses espaços são exatamente os direitos fundamentais. Assim, uma redação legislativa que utiliza cláusulas gerais, é uma redação legislativa que prestigia a incidência dos direitos fundamentais.

7. Em que momento se inicia a personalidade da pessoa física? Esclareça o que é nascituro e se tem personalidade jurídica.

No tocante às pessoas naturais ou físicas, o início da personalidade jurídica se dá no momento do nascimento com vida, consoante dispõe de forma clara o artigo 2º do Código Civil. Não basta, portanto, que o feto tenha sido expelido do ventre materno, sendo necessária a comprovação de que tenha nascido com vida, diga-se, que tenha respirado. Quanto à prova da respiração, cumpre mencionar o teste denominado docimasia hidrostática de Galeno, segundo a qual os pulmões do recém-nascido são colocados em num recipiente com água e, no caso de boiarem, tem-se a prova da respiração, o que não ocorre com os pulmões que não chegaram a inalar oxigênio. Há de se ressaltar que a prova testemunhal seria plenamente válida, caso haja quem possa relatar os movimentos respiratórios do recém-nascido. No Brasil, para a aquisição da personalidade, pouco importa o tempo de vida, desde que haja respiração, ainda que por poucos segundos, viabilizando a titularidade de direitos, como por exemplo, sucessórios, com a aquisição e transmissão de patrimônio.

Quanto ao nascituro, aquele que já foi concebido, mas ainda não nasceu, a questão não é pacífica na doutrina. Três principais teorias pretendem justificar sua natureza jurídica:

a) **Teoria natalista ou negativista** (Caio Mário, Orlando Gomes, Sílvio Rodrigues, Arnold Wald), segundo a qual o nascituro não é dotado de personalidade, porque essa inicia-se no momento do nascimento com vida, cabendo àquele apenas expectativas de direitos. A crítica a esse raciocínio é de que desconsidera o texto da lei, no que expressamente põe a salvo, desde a concepção, os direitos do nascituro, distanciando-o da proteção avançada dos direitos da personalidade, tendência do Direito Civil pós-moderno, bem assim ignora diversos dispositivos legais que conferem direitos àquele que foi concebido e ainda não nasceu – o nascituro pode ter a paternidade reconhecida conforme dispõe o artigo 26, parágrafo único, do Estatuto da Criança e do Adolescente, combinado com o 1.609, parágrafo único, do Código Civil; pode ser donatário, nos termos do artigo 542 do Código Civil; pode ser beneficiado por legado ou herança, conforme o artigo 1.798 do Código Civil; está sujeito à curatela, consoante dispõe o artigo 1.779 do Código Civil; e pode ser destinatário de alimentos gravídicos, deferidos à gestante, nos termos da Lei nº 11.804/2008. Os adeptos da teoria natalista afirmam que o

Supremo Tribunal Federal adotou essa posição no julgamento da Ação Direta de Inconstitucionalidade nº 3.510, ao declarar a constitucionalidade de dispositivos previstos na Lei de Biossegurança, relativos às pesquisas com células tronco embrionárias, assentando não caracterizado aborto ou violação à dignidade da pessoa humana.

b) **Teoria concepcionista ou conceptualista** (Teixeira de Freitas, Clóvis Beviláqua, Francisco Amaral), para a qual o nascituro é dotado de personalidade, sendo, portanto, pessoa humana, com os direitos resguardados pela lei. Cumpre ressaltar, na jurisprudência do Superior Tribunal de justiça, decisões reconhecendo dano moral ao nascituro, pela morte do pai, ocorrida antes do seu nascimento (STJ, 4ª Turma, REsp 399.028/SP, j. em 26/2/2002), e direito à indenização pelos pais, decorrente da morte acidental de feto, reconhecendo-se proteção conferida pelo sistema jurídico à vida intra-uterina, desde a concepção, com fundamento no princípio da dignidade da pessoa humana (STJ, 3ª Turma, REsp 1.120.676/SC, j. em 7/10/2010).

c) **Teoria condicionalista ou da personalidade condicional ou mista** (Maria Helena Diniz)**:** para essa teoria, os direitos da personalidade são adquiridos desde a concepção, como o direito à vida, à integridade física, aos alimentos, à imagem etc., porquanto o nascituro goza de **personalidade jurídica formal.** Quanto aos direitos de cunho patrimonial, relacionados à chamada **personalidade jurídica material**, estariam condicionados ao nascimento com vida, como é o caso do direito de comprar, vender, aceitar doação, testamento etc. Essa é a teoria adotada pela maior parte da doutrina moderna, como Cristiano Chaves de Farias, Nelson Rosenvald, Pablo Stolze, Carlos Roberto Gonçalves e Maria Helena Diniz, prestigiando-se os ideais de despatrimonialização do direito civil, porque confere tutela diferenciada aos direitos extrapatrimonais.

8. Embriões laboratoriais (in vitro) são nascituros? Possuem direitos da personalidade?

Há duas correntes sobre o tema.

Uma primeira vertente, **corrente ampliativa**, equipara o embrião laboratorial – ente concebido, mas carente de vida intrauterina -, com o nascituro – ente concebido, embora não nascido, dotado de vida intrauterina. Segundo esse raciocínio, o embrião é protegido desde a concepção, ainda que laboratorial, invocando-se como justificativa o artigo 2º do Código Civil, no que não diferenciado se o produto da concepção se encontra no ventre materno ou fora dele.

De outro lado, a **corrente restritiva** assevera que nascituro é apenas o que se encontra no ventre materno, excluindo o embrião laboratorial da proteção alusiva aos direitos da personalidade.

Cumpre destacar que o artigo 5º da Lei nº 11.105/2005 (Lei de Biossegurança) permite, para fins de pesquisa e terapia, a utilização de células-tronco embrionárias obtidas de embriões humanos produzidos por fertilização *in vitro* e não utilizados no respectivo procedimento, desde que sejam embriões inviáveis ou congelados há três anos ou mais, a partir da data do congelamento, observado o consentimento dos genitores e vedada a comercialização. O Supremo Tribunal Federal considerou constitucional os dispositivos que autorizam as pesquisas em células-troncos embrionárias, afastando a tese que preconizava a violação dos princípios da dignidade da pessoa humana e do direito à vida.

9. Explique, considerados os direitos da personalidade, o que são os lesados indiretos ou por ricochete.

Os direitos da personalidade guardam como principal característica a sua intransmissibilidade. Todavia, havendo ato direcionado a lesionar a personalidade de morto, o que obviamente se revela impossível, uma vez que o morto não tem personalidade, surge viável que parentes vivos sofram a lesão, ante violação dos próprios direitos da personalidade. É o que está preconizado no artigo 12, parágrafo único, do Código Civil, ao estabelecer que, em se tratando de morto, terá legitimação para requerer que cesse a ameaça, ou a lesão, a direito da personalidade, e reclamar perdas e danos, o cônjuge sobrevivente, ou qualquer parente em linha reta, ou colateral até o quarto grau. Trata-se, nesses casos, de lesão indireta, reflexa, por ricochete, a atingir direito da personalidade de pessoa viva. São esses os lesados indiretos.

Observem que se o dano é dirigido ao morto, não causará nenhum efeito jurídico, por ausência de personalidade daquele que deixou de existir. Portanto, os direitos da personalidade projetam-se para além da morte do titular, incorporando-se ao patrimônio da parente, nos termos da lei. O direito de reparação do dano não é em nome do morto, mas em nome do próprio lesado indireto que, ao pretender a reparação, pleiteia direito em nome próprio. Não se trata, portanto, de substituição processual.

Aprofundamento:

Atenção para o fato de o artigo 20 do Código Civil ter previsto rol mais restrito para a reparação da lesão indireta do direito à imagem, sem incluir os colaterais.

Enunciado nº 05 do Conselho da Justiça Federal: 1) as disposições do art. 12 têm caráter geral e aplicam-se, inclusive, às situações previstas no art. 20, excepcionados os casos expressos de legitimidade para requerer as medidas nele estabelecidas; 2) as disposições do art. 20 do novo Código Civil têm a finalidade específica de regrar a projeção dos bens personalíssimos nas situações nele enumeradas. Com exceção dos casos expressos de legitimação que se conformem com a tipificação preconizada nessa norma, a ela podem ser aplicadas subsidiariamente as regras instituídas no art. 12.

Na Jurisprudência: Sobre o tema, veja-se o esclarecedor acórdão proferido STJ, 4ª Turma, REsp 521.697/STJ/RJ, j. em 16/2/2006.

10. Pessoas Jurídicas tem direitos da personalidade? Em que consiste o atributo da elasticidade?

Os direitos da personalidade estão ancorados na cláusula geral da Dignidade da Pessoa Humana, não sendo, pois, titularizados por pessoas jurídicas. Constituem uma categoria de direitos subjetivos do homem para o homem. O enunciado nº 286 do Conselho da Justiça Federal veicula: "Os direitos da personalidade são direitos inerentes e essenciais à pessoa humana, decorrentes de sua dignidade, não sendo as pessoas jurídicas titulares de tais direitos".

Entretanto, os direitos da personalidade trazem consigo o atributo de elasticidade, viabilizando que a proteção que decorre desses direitos chegue até as pessoas jurídicas. É o que previsto no artigo 52 do Código Civil, ao estabelecer que se aplica às pessoas jurídicas, no que couber, a proteção dos direitos da personalidade.

Logicamente, direitos relacionados à integridade física, honra subjetiva, imagem-voz, dentre outros, revelam-se inconcebíveis de proteção perante a pessoa jurídica. De outro lado, a imagem atributo, o nome e sua tutela empresarial, a privacidade do segredo de empresa, por exemplo, são pilares compatíveis com a natureza das pessoas jurídicas, sendo objeto da elasticidade conferida aos direitos da personalidade.

Aprofundamento:

Na jurisprudência recente do Superior Tribunal de Justiça, há decisões reconhecendo a ocorrência de dano moral e o dever de indenizar empresa que teve título de crédito indevidamente protestado por instituição financeira, reconhecendo-se caracterizado o condão de abalo à credibilidade da empresa. (STJ, 3ª Turma, REsp 433.954/MG, j. em 15/5/2003).

Verbete nº 227 da súmula do STJ: "A pessoa jurídica pode sofrer dano moral".

11. Determinada pessoa se envolveu em um crime há muitos anos, tendo sido condenada à pena de prisão, cumprida e extinta de forma regular. Vinte anos após o ocorrido, um canal de televisão resolve realizar uma reportagem sobre o caso, incluindo no roteiro alusões ao nome e imagem daquela pessoa. Considerados os direitos da personalidade, essa pessoa teria algum fundamento jurídico para impedir que a matéria fosse levada ao ar?

➦ O moderno direito civil, construído a partir da constitucionalização de normas de direito privado, movimento denominado constitucionalização do direito civil, confere aos direitos da personalidade tutela avançada, com base no princípio norteador do sistema jurídico: a dignidade da pessoa humana. Nesse contexto, e relativamente ao caso concreto apresentado, a pessoa objeto da reportagem poderia, segundo a doutrina, articular em seu favor a incidência do chamado **direito ao esquecimento**, segundo o qual, como corolário da proteção conferida aos direitos da personalidade, as pessoas têm o direito de serem esquecidas pela sociedade, pela opinião pública e pela imprensa. O passado dos indivíduos, considerados atos praticados ou sofridos, ausente interesse público que justifique, não devem reverberar de forma eterna e incondicional, desconsiderando a evolução do ser humano e a renovação da própria vida em sociedade. O direito ao esquecimento, como direito da personalidade, não envolve apenas eventual tutela reparatória, caracterizada por indenização, mas também mediante ações de obrigação de fazer, como por exemplo aquela direcionada contra veículos de comunicação, sites e provedores de busca como o Google, para que deixem de exibir notícias e reportagens que, mesmo com conteúdo verídico, possam gerar dano à imagem do particular. A proteção constitucional da personalidade não admitiria que a imprensa explore, por tempo ilimitado, a pessoa do criminoso e sua vida privada.

A discussão quanto a existência e alcance do direito ao esquecimento revela conflito aparente entre a liberdade de expressão (ou informação) e os atributos individuais da pessoa humana, como a intimidade, privacidade e honra. O assunto tem relevância maior nos dias atuais, ante as novas tecnologias e mídias voltadas às redes sociais e veículos digitais de comunicação e informação.

O **direito ao esquecimento (também é chamado de "direito de ser deixado em paz" ou o "direito de estar só)** deve ser entendido como direito da personalidade, fundado na dignidade da pessoa humana, como inclusive já se consignou expressamente no enunciado nº 531 do Conselho da Justiça Federal: "A tutela da dignidade da pessoa humana na sociedade da informação inclui o direito ao esquecimento".

Aprofundamento:

Na jurisprudência, o tema foi tratado pelos Tribunais superiores, havendo recente decisão, proferida pelo Supremo Tribunal Federal, assentando o direcionamento sobre a matéria. Vejam o desenvolvimento do assunto:

Como exemplo da jurisprudência até recentemente dominante, veja-se que, em 2013, o **Superior Tribunal de Justiça** reconheceu que, apesar de reportagem a respeito da denominada **"Chacina da Candelária"** ter veiculado os acontecimentos de forma fidedigna, a alusão a envolvidos, 13 anos depois dos fatos, após terem sido absolvidos ou cumpridas as penas, viola direito da personalidade ao esquecimento, uma vez que tais pessoas não podem permanecer estigmatizadas de forma indefinida perante a sociedade. Prestigiou-se a presunção legal e constitucional de regenerabilidade da pessoa humana. (STJ, 4ª Turma, REsp 1.334.097/RJ, j. em 28/5/2013).

A resolução do caso concreto, face a liberdade de imprensa, resolve-se mediante a ponderação de interesses, uma vez inexistentes direitos absolutos.

O Supremo Tribunal Federal, em recente decisão, assentou que o ordenamento jurídico brasileiro não consagra o denominado direito ao esquecimento. Segundo decidiu, a aceitação de um "direito ao esquecimento" afrontaria a liberdade de expressão.

A tese fixada pela Corte, no âmbito de julgamento de recurso extraordinário sob a sistemática da repercussão geral, ficou assim estabelecida: "É incompatível com a Constituição a ideia de um direito ao esquecimento, assim entendido como o poder de obstar, em razão da passagem do tempo, a divulgação de fatos ou dados verídicos e licitamente obtidos e publicados em meios de comunicação social analógicos ou digitais. Eventuais excessos ou abusos no exercício da liberdade de expressão e de informação devem ser analisados caso a caso, a partir dos parâmetros constitucionais – especialmente os relativos à proteção da honra, da imagem, da privacidade e da personalidade em geral – e as expressas e específicas previsões legais nos âmbitos penal e cível." **STF, Plenário, RE 1.010.606/RJ, Rel. Min. Dias Toffoli, j. em 11/2/2021 (Repercussão Geral – Tema 786).**

12. No tocante ao direito à imagem, existe ofensa mesmo que a veiculação não tenha caráter vexatório?

O direito à imagem é autônomo, sendo possível, portanto, a ocorrência de ofensa à imagem de determinada pessoa sem que com isso haja sido atingida a honra ou intimidade. Assim, é cabível pleitear-se indenização pela utilização de imagem sem autorização do titular, ainda que não se tenha atingido a honra da pessoa. Nesse sentido, veja-se o que dispõe o verbete nº 403 da Súmula do STJ: "Independe de prova do prejuízo a indenização pela publicação não autorizada de imagem de pessoa com fins econômicos ou comerciais".

13. Diferencie a tutela preventiva e compensatória dos direitos da personalidade.

A lógica da proteção dos direitos se dava, antes do Código Civil de 2002, de acordo com a fórmula lesão – reparação. Todavia, este binômio se mostra insuficiente para a proteção dos direitos da personalidade. Muitas vezes, a proteção adequada demanda evitar a lesão.

O artigo 12 do Código Civil preconiza proteção jurídica dos direitos da personalidade de forma ampla, compreendendo a pretensão fazer cessar a ameaça, ou a lesão, a direito da personalidade, bem assim reclamar perdas e danos. Nesse contexto, tem-se tutela preventiva e compensatória, sem prejuízo de outros mecanismos, como a tutela penal, tutela administrativa e, até mesmo, a autotutela.

A **tutela preventiva** volta-se a evitar a ocorrência ou alargamento do dano, revelando a despatrimonialização dos direitos da personalidade. Dá-se mediante tutela específica, adequada ao caso concreto, exigindo-se que se faça cessar a ameaça ou lesão.

A **tutela repressiva ou compensatória** tem campo quando já ocorrido o dano, não havendo, portanto, outra alternativa ao direito senão viabilizar a reparação integral, resolvendo-se, em regra, mediante indenização por perdas e danos extrapatrimoniais.

14. Diferencie direito subjetivo e direito potestativo.

Direito subjetivo é a possibilidade (faculdade) do indivíduo agir, segundo a sua vontade, na busca da satisfação de um interesse próprio, existencial ou patrimonial, respeitados os limites impostos pelo ordenamento jurídico (*facultas agendi*). Em uma relação jurídica padrão, o sujeito ativo titulariza um direito subjetivo, ao qual vai corresponder um dever jurídico (em sentido amplo) do sujeito passivo. A violação desse dever jurídico implica o nascimento de uma pretensão por parte do titular do direito violado, que se extingue pela prescrição, em razão do tempo (artigo 189 do Código Civil).

Já o **direito potestativo** pode ser conceituado como o direito a formação de uma situação jurídica, sendo que a ele não corresponde um dever, não podendo, portanto, ser violado. É o poder jurídico do titular sobre alguém, em proveito próprio, no sentido de poder modificar a situação jurídica de outra pessoa, que se encontra em "estado de sujeição". O direito potestativo é extinto pela decadência, ou seja, pelo transcurso do tempo, embora nem todo direito potestativo tenha prazo para ser exercido.

15. O que é emancipação? O fato influencia na aquisição de direitos ou imputabilidade penal?

A emancipação é a aquisição antecipada da capacidade civil ou de fato, extinguindo-se o poder familiar exercido pelos pais ou representantes. Implica a possibilidade de o emancipado praticar, por si só, os atos da vida civil. Pode se dar de forma **voluntária ou convencional,** pela concessão dos pais, ou de um deles na falta do outro, mediante instrumento público, a partir dos 16 anos de idade, independentemente de homologação judicial; **por decisão judicial**, quando concedida por sentença; e **em decorrência de lei**, nas hipóteses taxativamente elencadas: casamento, exercício de emprego público efetivo, colação de grau em curso de ensino superior, estabelecimento civil ou comercial, ou pela existência de relação de emprego, desde que, em função deles, o jovem tenha economia própria.

Não é correto falar-se em antecipação da maioridade, uma vez que a única capacidade alterada com a emancipação é a de fato, não ocorrendo, porém, a antecipação de direitos que não possuía à época da emancipação, como por exemplo, o de tirar carteira de motorista. Da mesma forma, a emancipação não interfere na imputabilidade penal, tampouco afasta a incidência das normas protetivas do Estatuto da Criança e do Adolescente.

16. A emancipação por concessão dos pais ou voluntária pode ser revogada?

A emancipação, como regra geral para todas as hipóteses, é definitiva, irretratável e irrevogável.

A emancipação voluntária é, a rigor, ato irrevogável. Todavia, sendo ato de vontade, pode ser desconstituída uma vez comprovado vício. A emancipação deve ser para beneficiar o menor. Assim, a emancipação concedida pelos pais pode ser anulada se ficar provado que o ato foi praticado para libertarem-se, por exemplo, do dever de prestarem pensão alimentícia.

17. A emancipação cessa a responsabilidade civil dos pais ou responsáveis do emancipado?

O artigo 932, inciso I do Código Civil prevê serem também responsáveis pela reparação civil os pais, pelos filhos menores que estiverem sob sua autoridade e em sua companhia. Ocorrida a emancipação, a rigor, tem-se por encerrada o poder familiar e, portanto, exonerados os pais da responsabilidade civil por atos praticados pelo menos emancipado.

A doutrina e a jurisprudência têm prevalecido no sentido de que a responsabilidade persiste quando a emancipação é decorrente de concessão dos pais, ou seja, voluntária. Isso porque os pais não podem utilizar do instituto para se eximirem dos deveres decorrentes do poder familiar. De outro lado, se a emancipação é decorrente de outro motivo, como o casamento, o exercício de emprego público efetivo, a colação de grau em curso de ensino superior, a aquisição de economia própria, decorrente de estabelecimento civil ou comercial, ou ainda pela existência de relação de emprego, os pais ficam livres da responsabilidade.

18. É possível a emancipação antes dos 16 anos?

A emancipação pressupõe a idade mínima de 16 anos, não havendo, atualmente, exceção a essa regra.

Até recentemente, havia uma única hipótese excepcional de emancipação antes dos 16 anos completos, qual seja, a decorrente do casamento, autorizado para aquele que ainda não havia atingido a idade núbil, em razão de gravidez. A nova redação do artigo 1.520 do Código Civil, dada pela Lei nº 13.811/2019, preconiza que não será permitido, em qualquer caso, o casamento de quem não atingiu a idade núbil de 16 anos, afastando-se a então excepcional hipótese de emancipação.

19. A união estável gera emancipação?

Há duas correntes sobre a questão. A primeira, fundada no artigo 226, §3º, da Constituição Federal, entende que sim, a união estável é fato gerador da emancipação. Articula com a ideia da impossibilidade de o menor constituir família e permanecer sob o poder familiar de outrem.

A segunda corrente entende não ser a união estável geradora de emancipação, uma vez carente de solenidade, independente da autorização dos pais ou do suprimento judicial. Ademais, o objetivo da incapacidade é a proteção do incapaz. Por isso, a cessação da proteção merece interpretação estrita.

20. No que consiste a desconsideração da personalidade jurídica?

A pessoa jurídica possui personalidade e patrimônio autônomos, distintos da personalidade e patrimônio dos sócios que a compõe. Ante tal realidade, eventual credor da sociedade, não poderá mover ação em face de sócio, parte ilegítima para figurar no polo passivo de ação de cobrança consideradas dívidas do ente jurídico. Todavia, o princípio da autonomia da pessoa jurídica não é absoluto, sendo excepcionado pela **teoria da desconsideração da personalidade jurídica.**

A desconsideração da personalidade jurídica é, portanto, o afastamento, episódico e excepcional, da autonomia patrimonial da pessoa jurídica, visando impedir violação de sua função social, decorrente da utilização indevida da empresa. Tem-se, como efeito, a possibilidade de atribuição, ao sócio, de responsabilidade por dividas sociais.

21. Diferencie as teorias maior e menor da desconsideração da personalidade jurídica.

Para a **teoria maior**, a desconsideração da personalidade jurídica tem, como pressupostos, a insolvência e o uso fraudulento da personalidade jurídica. É a teoria adotada pelo Código Civil que, em seu artigo 50, exige, para o afastamento da autonomia patrimonial, além da insolvência para pagamento, o desvio de finalidade (teoria maior subjetiva) ou confusão patrimonial (teoria maior objetiva). O desvio de finalidade ocorre quando a pessoa jurídica pratica algum ato ilícito ou fraudulento. Já a confusão patrimonial ocorre, por exemplo, quando o sócio, para ocultar sua participação em negócio cuja prática estava proibida, constitui uma pessoa jurídica, celebrando o contrato em nome dela.

No tocante à **teoria menor**, o afastamento da autonomia exige apenas a insolvência da pessoa jurídica para pagamento de suas obrigações, dispensando-se a prova do uso abusivo de sua personalidade e autonomia. É a teoria adotada no Código de Defesa do Consumidor – artigo 28 – e no direito ambiental – artigo 4º da Lei nº 9.605/98.

22. A mera insolvência de uma pessoa jurídica, em uma relação civil, é fundamento para a responsabilidade pessoal de sócio?

A mera insolvência, dentro de uma relação civil, não é fundamento para a desconsideração da autonomia patrimonial de uma pessoa jurídica. A doutrina aponta que o Código Civil, em seu artigo 50, adotou a chamada teoria maior da desconsideração da personalidade jurídica, sendo exigida, para além da mera insolvência, a comprovação de desvio de finalidade ou confusão patrimonial.

23. Se o sócio controlador de sociedade empresária transferir parte de seus bens à pessoa jurídica controlada com o intuito de fraudar partilha em dissolução de união estável, a companheira prejudicada terá como reverter isso de modo a resguardar sua meação?

No caso em que o convivente utiliza a pessoa jurídica da qual é sócio para esconder patrimônio pessoal, para fugir de responsabilidade, em detrimento de companheira, é possível que essa articule com a aplicação da **desconsideração inversa da personalidade jurídica**. Em regra, a teoria da desconsideração da personalidade jurídica tem aplicação para as hipóteses em que, em razão de utilização indevida da pessoa jurídica, afasta-se o véu da autonomia patrimonial para, atingindo patrimônio do sócio, buscar-se a satisfação de dívidas do ente jurídico. Já na desconsideração inversa, busca-se, no patrimônio da pessoa jurídica, bens suficientes para a solução de dívidas pessoais do sócio.

Portanto, a **desconsideração inversa da personalidade jurídica** caracteriza-se pelo afastamento da autonomia patrimonial da sociedade, para, contrariamente do que ocorre na desconsideração da personalidade propriamente dita, atingir o ente coletivo e seu patrimônio social, de modo a responsabilizar a pessoa jurídica por obrigações do sócio controlador.

Aprofundamento:

Na jurisprudência: STJ, 3ª Turma, REsp 948.117/MS, j. em 22/6/2010.

24. Em que consiste o instituto da conversão substancial do negócio jurídico?

Conversão substancial ou recategorização encontra previsão legal no artigo 170 do Código Civil. Em regra, o negócio nulo não se convalida. Todavia, se o negócio for nulo por vicio de forma ou objeto, mas a vontade manifestada for válida, poderá haver incidência do instituto da **conversão substancial**, consistente no aproveitamento da vontade válida, reclassificando ou recategorizando o negócio, que passa a ser de outra espécie. Tem, como requisito subjetivo, a vontade válida, manifestada em negócio nulo pela forma ou objeto, e como requisito objetivo, a existência de outro negócio apto ao recebimento da vontade.

Veja-se o que dispõe, a respeito do tema, o enunciado nº 13 do Conselho da Justiça Federal: "O aspecto objetivo da convenção requer a existência do suporte fático no negócio a converter-se."

Exemplos: Título de crédito nulo convertido em confissão de dívida através de ação monitória; Conversão de testamento público nulo em testamento particular; Contrato de compra e venda nulo por instrumento particular, convertido em promessa de compra e venda para ação de adjudicação compulsória visando o registro.

25. No que consiste a lesão, considerada defeito do negócio jurídico? Qual a consequência? Em que se diferenciam a lesão e a aplicação da denominada teoria da imprevisão.

A lesão, defeito invalidante do negócio jurídico, caracteriza-se pela desproporção entre as prestações da avença, em virtude do abuso da necessidade ou da inexperiência de uma das partes que, assim, assume obrigação excessivamente onerosa. A lesão é, portanto, defeito relacionado aos negócios jurídicos desequilibrados economicamente, caracterizados pela desproporcionalidade da equação econômico-financeira entre a parte, por vulnerabilidade de uma delas, justamente a parte prejudicada.

Vale advertir que a lesão, prevista do artigo 157 do Código Civil, é causa de anulação do negócio jurídico, por vício de consentimento. Já no Código de Defesa do Consumidor, onde encontra previsão nos artigos 6°, inciso V, 39, inciso V e 51, inciso IV, a lesão é tratada como causa de nulidade absoluta do contrato, avaliada de forma objetiva, não sendo tratada como vício de consentimento.

Na lesão, o negócio jurídico já nasce desequilibrado, enquanto na **Teoria da Imprevisão**, o negócio jurídico nasce válido e, depois, se desequilibra, pois ocorre em contratos de execução continuada ou diferida. Ademais, a lesão invalida o negócio jurídico, já pela referida teoria, revisa-se ou resolve-se o contrato.

A doutrina e jurisprudência indicam que deve haver primordialmente a tentativa de preservação do negócio, aplicando o **princípio da conservação**. A anulação deve ser entendida como a ***ultima ratio***. Nos vícios da vontade, a aplicação da preservação é mais restrita, uma vez que incide sobre a vontade da pessoa. Já no caso de lesão, a doutrina aponta que a anulação deve ser exceção, uma vez que há apenas um desequilíbrio econômico, não incidindo vício na vontade dos contratantes.

26. Em um contrato no qual foi estipulada uma cláusula penal, caso haja o inadimplemento, é possível que o credor exija o valor desta cláusula penal e mais as perdas e danos?

Depende da natureza da cláusula penal, se moratória ou compensatória.

Existem dois tipos diferentes de cláusula penal: aquela vinculada ao descumprimento (total ou parcial) da obrigação, e aquela que incide na hipótese de mora (descumprimento parcial de uma prestação ainda útil). A primeira é designada pela doutrina como **compensatória**, a segunda como **moratória**.

A **cláusula penal compensatória** funciona a um só tempo como punição pelo descumprimento e como compensação previamente fixada pelos próprios contratantes pelas perdas e danos decorrentes desse mesmo inadimplemento. Surge inviável pretender-se, para além do que estabelecido no contrato, seja acrescido outro valor com fundamento na mesma justificativa: a recomposição de prejuízos. Portanto, é vedada a cumulação de cláusula penal com qualquer outra demanda ressarcitória, sob pena de condenação duplicada do devedor e enriquecimento sem causa do credor.

Tratando-se de **cláusula penal moratória**, o credor estará autorizado a exigir não apenas o cumprimento tardio do avençado, como ainda a cláusula penal estipulada, decorrente da mora. Verificada a ocorrência de perdas e danos, originados do descumprimento da obrigação ou cumprimento tardio, possível a cobrança, cumulativa, da indenização correspondente.

27. É possível a flexibilização da coisa julgada material nas ações de investigação de paternidade?

A jurisprudência formada no âmbito do Superior Tribunal de Justiça direciona ser possível a flexibilização da coisa julgada material nas ações de investigação de paternidade, na hipótese em que o pedido de reconhecimento do vínculo foi julgado improcedente por falta de provas. A ideia é a de que não podem ser impostos limites processuais para o esclarecimento dos laços familiares. Após o trânsito em julgado da sentença, sobrevindo a possibilidade de produção da prova faltante, como por exemplo, a realização de exame de DNA, surge viável o afastamento da preclusão do título para que nova sentença seja proferida. Contudo, não se admite o ajuizamento de nova ação para comprovar a paternidade mediante a utilização de exame de DNA em caso no qual o pedido anterior foi julgado improcedente com base em prova pericial produzida de acordo com a tecnologia então disponível.

Aprofundamento:

Na jurisprudência: STF, Pleno, RExt 363.889/DF, com repercussão geral, j. em 2/6/2011.

II. BENS

28. O que são bens jurídicos?

Bens jurídicos são valores materiais e imateriais que podem ser objeto de uma relação jurídica. Em outras palavras, bens jurídicos representam tudo aquilo que pode se submeter ao poder do titular e ser objeto de direitos subjetivos. O Código Civil não traz nenhuma definição específica de bens. Assim, bem jurídico, de forma genérica, pode ser definido como toda utilidade física ou ideal, objeto de um direito subjetivo.

29. Bens e coisas são sinônimos?

A parte geral do Código Civil não faz qualquer referência à palavra "coisa". Segundo a doutrina (Caio Mário, Orlando Gomes, Gustavo Tepedino etc.), entende-se que bem é gênero, sendo espécies os bens em sentido estrito e as coisas. Diferenciam-se quanto a materialidade: se o bem é materializado, trata-se de coisa – utilidades corpóreas ou materiais; já os bens em sentido estrito seriam bens incorpóreos – como uma prestação, os direitos autorais, a honra ou a imagem e demais direitos da personalidade etc.

30. O que se entende por patrimônio mínimo?

R: Com o advento da nova tábua axiológica trazida à luz pela Constituição Federal de 1988, é preciso reconhecer que a proteção do patrimônio é funcionalizada para a proteção da pessoa. Trata-se do que se convencionou chamar de despatrimonialização do direito privado. Esta realidade interpretativa incide, como não poderia ser diferente, sobre o patrimônio, que deve ser funcionalizado para proteção da dignidade da pessoa humana.

O que se denomina **"Estatuto Jurídico do Patrimônio Mínimo"** é a tese desenvolvida por Luiz Edson Fachin, segundo a qual, em respeito à dignidade da pessoa humana, as normas civis devem sempre resguardar um mínimo de patrimônio, para que cada pessoa tenha uma vida digna, ou seja, resguardo de um patrimônio mínimo para cada ser humano, como piso para o exercício dos demais direitos de modo digno.

Vários textos normativos são corolários dessa ideia, como: a proibição da prodigalidade; proibição da penhora de certos bens fundamentais; no campo da família é reconhecida uma limitação ao exercício de direitos subjetivos obrigacionais prejudiciais ao núcleo familiar, que passa a estar protegido por um patrimônio mínimo, a salvo da regra da responsabilidade patrimonial; "bem de família", com previsão na lei 8.009/90.

Cumpre destacar que a **teoria do patrimônio mínimo** não tem aplicação apenas nos casos previstos em lei. É reconhecida a proteção do patrimônio mínimo em todas as situações nas quais a resguardo patrimonial de alguém puder sacrificar a dignidade do titular.

III. PRESCRIÇÃO E DECADÊNCIA

31. Conceitue e diferencie prescrição e decadência.

A **prescrição** é a perda da possibilidade de exigir de alguém um determinado comportamento, ou seja, é a perda da pretensão, nascida da violação de um direito subjetivo, em razão do decurso do tempo. O direito material, em si, permanece intacto, como por exemplo, quando ocorre o pagamento de dívida prescrita, que não pode ser objeto de restituição.

Já a **decadência** acarreta a perda de um direito material (potestativo) que não foi exercido pelo seu titular no prazo previsto em lei, ou seja, a decadência implica a extinção do direito em si.

Sobre a distinção entre prescrição e decadência, o Código Civil de 2002 adotou um critério objetivo, eliminando as dúvidas que eram comuns na sistemática do Código de 1916, enunciando taxativamente os casos de prescrição nos artigos 205 e 206, sendo de decadência todos os demais prazos previstos em imediata conexão com a disposição normativa que a estabelece. Assim, prazos não previstos nestes dois artigos, serão de decadência.

32. É possível renunciar à prescrição ou à decadência?

A **renúncia da prescrição** é o ato pelo qual o devedor abre mão do direito de argui-la. O Código Civil, no artigo 191, proíbe a renúncia prévia, ou seja, não se pode renunciar a um prazo prescricional ainda em curso. Consumado o prazo, a renúncia torna-se possível. Assim, por exemplo, um prazo prescricional de 10 (dez) anos só poderá ser renunciado após o decurso desse tempo.

Quanto à decadência, nas hipóteses em que o prazo decadencial é fixado em lei, é nula a renúncia, seja ela prévia ou consumada, por força do artigo 209 do Código Civil. Tratando-se, porém, da decadência convencional, a renúncia é sempre admitida, pouco importando se o prazo encontra-se em curso ou já consumado.

A renúncia pode ser **expressa ou tácita**. Na primeira, o devedor declara por escrito que não pretende arguir a prescrição; na segunda, ele pratica algum ato positivo, incompatível com o desejo de alegar a prescrição, como uma carta reconhecendo a dívida ou um pedido de parcelamento do débito. Convém ainda esclarecer que a renúncia, além de exigir uma prescrição consumada, não pode prejudicar terceiros. Urge, portanto, que o renunciante seja solvente.

33. Prazos prescricionais e decadenciais podem ser alterados por convenção entre as partes envolvidas?

O artigo 192 do Código Civil de 2002 diz expressamente que as partes não podem alterar prazos prescricionais, já que a prescrição somente poder ser fixada por lei. Diferente, contudo, é a solução quanto à decadência, que admite a delimitação pela via negocial e, portanto, passível de ter o prazo ampliado ou reduzido por convenção entre as partes.

34. Diferencie as causas suspensivas, impeditivas e interruptivas da prescrição.

A incidência de uma causa impeditiva faz com que o prazo prescricional não chegue a se iniciar. No caso das causas suspensivas, o prazo prescricional em curso sofre uma parada temporária, continuando, de onde havia parado, após a cessação do obstáculo. Finalmente, as causas de interrupção fazem com que o prazo prescricional que já teve seu curso inaugurado seja reiniciado por inteiro, desconsiderando-se o período anteriormente transcorrido, quando cessada a causa que lhe originou.

As causas impeditivas ou suspensivas são as mesmas e encontram-se previstas nos artigos 197 a 199 do Código Civil, diferenciando-se quanto ao momento em que ocorrem. Se antes de iniciado o curso do prazo, serão impeditivas, porquanto impedem o início. Se ocorridas após o início da contagem, serão suspensivas. As causas interruptivas encontram-se no artigo 202 do Código Civil.

35. O que é a teoria da actio nata? É adotada em nosso ordenamento jurídico?

Trata-se de teoria direcionada a delimitar o termo inicial do prazo prescricional, ou seja, pretende identificar a partir de qual momento inicia-se a contagem do prazo prescricional. Segundo a teoria, o termo inicial do prazo prescricional é a violação do direito. O Código Civil, no artigo 189, adotando a tese, dispõe que, violado o direito, nasce para o titular a pretensão, a qual se extingue, pela prescrição, nos prazos definidos da lei. Assim, por exemplo, o direito de pedir indenização nasce quando constatada a lesão e suas consequências, momento em que se inicia a contagem do prazo de prescrição.

Cumpre ressaltar que a jurisprudência atual no âmbito do Superior Tribunal de Justiça direciona à adoção de entendimentos mais favoráveis às vítimas de danos, considerada a constatação de que nem sempre a data da violação do direito é coincidente com a data em que a vítima tomou conhecimento da violação. Nesses casos, **entende-se atendido o princípio da *actio nata*** com o início da contagem do prazo prescricional na data em que a vítima tomou ciência inequívoca do dano e de sua autoria, revelando-se entendimento consectário com o fato de que a vítima não poderia agir antes disso.

Aprofundamento:

Súmula 229/STJ – O pedido do pagamento de indenização à seguradora suspende o prazo de prescrição até que o segurado tenha ciência da decisão.

Súmula 278/STJ – O termo inicial do prazo prescricional, na ação de indenização, é a data em que o segurado teve ciência inequívoca da incapacidade laboral.

IV. OBRIGAÇÕES E CONTRATOS

36. Diferencie obrigações de resultado e de meio.

Nas **obrigações de resultado**, o devedor se vincula a um efeito determinado que, se não alcançado, implica descumprimento passível de responsabilidade. É o caso, por exemplo, do transportador, que se compromete a entregar objeto em tempo e local específicos. No caso das **obrigações de meio**, o devedor não é compelido à obtenção do resultado, mas somente ao emprego da diligência possível para que o resultado pretendido seja alcançado. É a hipótese relacionada à obrigação de médico contratado para buscar a cura de pessoa doente (o que não se confunde com as hipóteses de cirurgias plásticas embelezadoras).

37. O que é obrigação natural e em que se difere da obrigação civil? É possível a repetição de indébito se o devedor paga uma obrigação natural?

Obrigação é relação jurídica entre um credor, titular do direito de crédito, e um devedor, incumbido da prestação de dar, fazer ou não fazer algo em favor do primeiro. A obrigação se forma pelo elemento subjetivo (partes), objetivo (prestação de dar, fazer ou não fazer) e ideal ou jurídico (vínculo jurídico formado entre as partes). A **obrigação natural**, como por exemplo, uma dívida de jogo ou dívida prescrita, apesar de tratar-se de uma relação de débito e crédito que vincula objeto e sujeitos determinados, não é dotada de exigibilidade jurídica, no que se difere da obrigação civil, essa sim, dotada de exigibilidade.

No caso do pagamento de uma obrigação natural, o devedor não poderá pretender repetição de indébito, pois não houve pagamento indevido, embora não fosse a dívida juridicamente exigível. É o que está disposto no artigo 882 do Código Civil. Trata-se do que a doutrina denomina *soluti retentio*, ou seja, o direito de o credor reter o pagamento que foi feito a si, ainda que o pagamento fosse inexigível juridicamente. Exceções: (i) segundo a doutrina, para proteger incapaz que tenha pagado a obrigação natural, em uma interpretação sistemática do artigo 814 do Código Civil; e (ii) para proteger terceiro de boa-fé quando, por exemplo, o devedor adimple obrigação prescrita em detrimento de outros credores, cujas dívidas ainda são exigíveis, tornando-se insolvente – artigo 171, inciso II, do Código Civil.

38. Qual a consequência do inadimplemento superveniente voluntário de obrigação de fazer infungível?

As consequências do descumprimento de obrigação de fazer infungível dependem se houver culpa ou não do devedor. No caso do inadimplemento sem culpa do devedor, a obrigação simplesmente se resolve, liberando-se o devedor. De outra forma, no caso do descumprimento por culpa do devedor, a solução é a indenização por perdas e danos que o inadimplemento causar. Estas são as soluções preconizadas no artigo 248 do Código Civil.

39. Na cessão de crédito, a concordância do devedor é elemento necessário à validade do negócio?

A concordância do devedor não é elemento necessário para que o credor possa ceder o crédito a terceiro, porquanto tal concordância não está relacionada à validade do negócio jurídico. Todavia, o artigo 290 do Código Civil estabelece que a cessão não tem **eficácia** em relação ao devedor, senão quando a este notificada. Assim, tal notificação não tem por objetivo a obtenção da anuência do devedor, mas apenas conhecimento, porquanto este sofrerá os efeitos do negócio jurídico. A notificação vincula o devedor cedido ao cessionário, impedindo que o pagamento seja realizado ao credor inicial. Caso haja o pagamento ao credor inicial, mesmo após ter sido o devedor cedido notificado da cessão, ter-se-á um mal pagamento. De outro lado, realizado o pagamento ao credor cedente sem que tenha sido notificado da cessão o devedor, este, se de boa-fé, poderá pretender liberar-se da obrigação, consoante dispõe do artigo 292 do Código Civil, restando ao cessionário o direito de regresso, na forma do artigo 876 do citado Diploma legal.

40. Em que consiste a teoria do adimplemento substancial?

O inadimplemento de obrigação confere ao credor diversas opções em busca de satisfazer seu direito, seja a possibilidade de resolução do contrato, a cobrança de perdas e danos ou mesmo a busca pela tutela específica da obrigação, quando a prestação ainda for possível e útil ao credor.

Todavia, a busca da satisfação do interesse do titular não pode deixar de levar em conta os princípios que informam as relações obrigacionais, sobretudo a função social e o boa-fé objetiva, evitando-se que o exercício de um direito seja efetivado de forma abusiva. Nesse contexto, a teoria do adimplemento substancial sustenta que a atividade do devedor, embora não haja sido perfeita, quando se aproxima substancialmente do resultado final esperado, revelando inadimplemento mínimo, torna viável limitar-se a faculdade de exercício do direito de resolução do contrato pelo credor. Em outras palavras, a mora do devedor, sendo de escassa importância, não autoriza a resolução do contrato.

A jurisprudência tem apontado requisitos para a aplicação da teoria do adimplemento substancial, sendo eles, a existência de expectativas legítimas geradas pelo comportamento das partes; o pagamento faltante há de ser ínfimo em se considerando o total do negócio; deve ser possível a conservação da eficácia do negócio sem prejuízo ao direito do credor de pleitear a quantia devida pelos meios ordinários.

Para aprofundamento, ver o que decidido pelo Superior Tribunal de Justiça no REsp nº 272.739/MG (*leading case):* [...] O cumprimento do contrato de financiamento, com a falta apenas da última prestação, não autoriza o credor a lançar mão da ação de busca e apreensão, em lugar da cobrança da parcela faltante. O adimplemento substancial do contrato pelo devedor não autoriza ao credor a propositura de ação para a extinção do contrato, salvo se demonstrada a perda do interesse na continuidade da execução, que não é o caso. [...]

Aprofundamento:

Na jurisprudência: Afastando a incidência da teoria: STJ, 4ª Turma, REsp 1.581.505/SC, j. em 18/8/2016.

Enunciado 361 do Conselho da Justiça Federal: O adimplemento substancial decorre dos princípios gerais contratuais, de modo a fazer preponderar a função social do contrato e o princípio da boa-fé objetiva, balizando a aplicação do art. 475.

41. Explique no que consiste a teoria da boa-fé objetiva no âmbito contratual.

A boa-fé objetiva, incidente no âmbito contratual, é entendida como a **exigência de comportamento leal dos contratantes**, ou seja, a **boa-fé de comportamento.** Portanto, é aplicável a ambos os contratantes, sem nenhuma intenção de favorecer ou resgatar a parte mais fraca. Veja, por exemplo, o instituto do "*duty to mitigate the loss*" ou dever de mitigar o prejuízo, revelando que a boa-fé objetiva se aplica também ao credor, que não pode deixar de se comportar para diminuir o próprio prejuízo. Também, o instituto do *substancial performance*, exigindo comportamento ético do credo, quando há adimplemento substancial da obrigação, limitando o direito de resolução do contrato.

A doutrina, representada de forma expoente por Judith Martins Costa, aponta a existência de **três funções características da boa-fé objetiva**: a) **Função de interpretação** (artigos 112 e 113 do Código Civil), segunda a qual, o intérprete, ao realizar a análise de um contrato, deve avaliar a conduta das partes e as reais finalidades da avença. Toda e qualquer cláusula contratual deve ser interpretada conforme seu sentido e alcance eticamente esperados; b) **Função de controle, ou limitadora, ou restritiva** (artigo 187 do Código Civil), significando que aquele que contraria a boa-fé comete ato ilícito, por abuso de direito. Espécie de "freio" na contratação. c) **Função de integração** do contrato (artigo 422 do Código Civil), representando que a boa-fé deve integrar todas as fases contratuais, obrigando os contratantes a guardar, assim na conclusão do contrato, como em sua execução, os princípios de probidade e boa-fé, fazendo surgir os chamados deveres anexos, como cuidado, respeito, cooperação, informação etc.

Aprofundamento:

Enunciado n° 25 do Conselho da Justiça Federal: O art. 422 do Código Civil não inviabiliza a aplicação pelo julgador do princípio da boa-fé nas fases pré-contratual e pós-contratual.

Enunciados n° 70 do Conselho da Justiça Federal: A boa-fé objetiva deve ser observada pelas partes na fase de negociações preliminares e após a execução do contrato, quando tal exigência decorrer da natureza do contrato.

42. No que consiste a violação positiva do contrato?

A violação positiva do contrato, ou adimplemento imperfeito, é espécie de inadimplemento contratual, decorrente da violação de deveres anexos do negócio. Em outras palavras, caracteriza-se quando o contratante cumpre formalmente a obrigação principal contratada, mas viola os deveres anexos decorrentes da boa-fé objetiva, em suas funções integrativas de proteção e cooperação. São exemplos desta violação o dever de informação, de assistência, de cooperação e de sigilo. Havendo o descumprimento desses deveres haverá a violação positiva do contrato, implicando em inadimplemento, que poderá ensejar o pedido, pela parte inocente, da resolução do contrato ou até mesmo a oposição da exceção de contrato não cumprido.

43. Explique, de modo geral, o que significa obrigações sujeitas a termo, encargo ou condição.

Existem obrigações cuja exigibilidade é imediata, por isso chamadas obrigações puras ou simples. Outras, porém, estão sujeitas a elementos acidentais, submetidas a **termo, encargo ou condição**. **Termo** é o acontecimento futuro e certo em que começa ou termina a eficácia do negócio jurídico. As obrigações sujeitas a **encargo**, ou **obrigações modais**, contam com uma contraprestação imposta ao credor, como por exemplo, testamento beneficiando uma pessoa, mas impondo-lhe a obrigação de prestar alimentos a um terceiro. **Condicionais** são as obrigações cujos efeitos ou extinção dos efeitos são condicionados a evento futuro e incerto, não produzindo efeitos enquanto o evento condicional não se implementar (condição suspensiva) ou cessando os efeitos com o implemento do evento (condição resolutiva).

44. Dolo de terceiro: o que é? Anula o negócio jurídico?

Dolo é o vício conceituado como artifício empregado, por ato positivo ou negativo, para enganar alguém, induzindo-o à prática de um negócio jurídico, ante falsa ideia da realidade. O dolo de terceiro é o tal vício no negócio jurídico, causado por quem não é parte na relação negocial.

O dolo de terceiro só anula o negócio jurídico quando a parte beneficiada sabia ou tinha possibilidade de saber de sua existência, ainda que não tenha concorrido para o artifício. Nesse caso, além da anulação, ambos, a parte beneficiada e o terceiro, respondem pelas perdas e danos. Se, ao contrário, a parte a quem aproveita o dolo, não tinha possibilidade de saber da má-fé do terceiro, o negócio jurídico será válido e apenas o terceiro responderá pelas perdas e danos da parte a quem enganou. Cumpre destacar que, para que o negócio seja válido, não basta a boa-fé da parte beneficiada, consistente no desconhecimento do dolo de terceiro, sendo indispensável, ainda, que ela tenha procedido com erro desculpável, revelado pela impossibilidade de perceber o engodo desse terceiro. Veja-se o artigo 148 do Código Civil.

V. RESPONSABILIDADE CIVIL

45. Qual a diferença entre responsabilidade civil contratual e extracontratual?

A responsabilidade civil é fundada no princípio do *neminem laedere*, ou seja, a recomendação, a todos indistintamente, de agir de forma a não lesar os direitos de outrem. Se o dano decorrer do descumprimento de uma obrigação estabelecida em negócio jurídico contratual, assumida voluntariamente entra as partes, tem-se, em razão da origem do dano, a denominada responsabilidade civil contratual. De outro lado, a responsabilidade civil extracontratual, ou *aquiliana*, origina-se da prática de um ato ilícito (ato em desconformidade com a norma) ou abuso de direito, independentemente da existência de relação contratual. Diferenciam-se, portanto, na origem da responsabilização.

46. O que é a teoria da perda de uma chance?

A perda de uma chance consiste na subtração de uma oportunidade de obter futura vantagem ou de evitar um prejuízo em razão de um dano injusto. Ou seja, o autor do ato ilícito, com a sua conduta, faz com que a vítima perca a oportunidade de obter uma situação futura vantajosa. A jurisprudência, sobretudo no âmbito do Superior Tribunal de Justiça, aponta que, para a aplicação da tesa da perda de uma chance, o dano deve ser real, atual e certo, dentro de um juízo de probabilidade, afastando as hipóteses de mera possibilidade, porquanto o dano potencial ou incerto, no espectro da responsabilidade civil, em regra, não é indenizável.

Aprofundamento:

Na jurisprudência: STJ, 4ª Turma, REsp 788.459/BA, j. em 8/11/2005; STJ, 3ª Turma, REsp 1.104.665/RS, j. em 9/6/2009.

Em 2022, a 3ª Turma do Superior Tribunal de Justiça (STJ) estabeleceu indenização por danos materiais contra um escritório de advocacia que, contratado para atuar em ação de prestação de contas, deixou o processo tramitar durante quase três anos sem qualquer intervenção, o que culminou na condenação dos clientes ao pagamento de quase R$ 1 milhão (REsp 1.877.375).

47. O que se entende por função pedagógica da responsabilidade civil? No Brasil admite-se a chamada indenização punitiva ou "*punitive damage*"?

A natureza jurídica da reparação por dano moral, no Brasil, é eminentemente compensatória, ou seja, a indenização, em regra, deve ser fixada nos estritos limites do dano, visando a compensar a vítima sem implicar enriquecimento sem causa. Todavia, a despeito da ausência de legislação específica em sede de tutela individual, a doutrina aponta que o valor atribuído à título de indenização deve abarcar um caráter dúplice, qual seja, tanto punitivo do agente causador do dano, quanto compensatório em relação à vítima, especialmente em casos graves ou reincidentes. Essa é a denominada teoria do desestímulo ou da função pedagógica da responsabilidade civil. O instituto, chamado *punitive damage,* representa, portanto, a possibilidade de indenizações cujo valor devem cumprir a função não só de recompor os prejuízos e ofensas perpetrados, mas também de desestimular a reincidência do agente na conduta lesiva. Apesar de existirem decisões reconhecendo a aplicação da tese (STJ, 1ª Turma, REsp 965.500/ES, j. em 18/12/2007; STJ, 2ª Turma,

REsp 860.705/DF, j. em 24/10/2006), a jurisprudência predominante no Superior Tribunal de Justiça afasta a possibilidade das indenizações de caráter punitivo, em razão da falta de previsão legal.

48. Em que situações os pais respondem pelos atos dos filhos menores?

Os pais respondem pelos atos dos filhos menores, que estiverem sob sua autoridade e em sua companhia (artigo 932, inciso I, do Código Civil).

49. De quem é a responsabilidade decorrente de dano causado por coisas caído de um prédio?

O artigo 938 do Código Civil preconiza que aquele que habitar prédio, ou parte dele, responde pelo dano proveniente das coisas que dele caírem ou forem lançadas em lugar indevido. Trata-se de responsabilidade civil objetiva, estando o responsável obrigado à reparação do dano independentemente de culpa, sendo necessária apenas a comprovação do nexo causal. Se não identificada a unidade da qual defenestrado ou caído o objeto, cumpre ao condomínio a reparação do dano, sem prejuízo de ação de regresso contra o causador do dano. Trata-se de solução consentânea com a teoria do risco, prevista no artigo 927, parágrafo único do Código Civil.

50. O que se entende por teoria do corpo neutro?

R.: Trata-se de uma leitura da própria teoria do fato de terceiro, especialmente aplicada na seara dos acidentes de trânsito: o agente que, sem participação volitiva, é arremessado contra outrem, como se um projétil fosse, não deve ter responsabilidade civil, que recairá no verdadeiro causador da cadeia de danos, como se dá, por exemplo, no engavetamento de veículos.

51. Para que fique caracterizado dano moral, é preciso que a vítima tenha sentido dor ou sofrimento?

Em outro tempo, dano moral era caracterizado por dor, humilhação, vexame etc., ou seja, por sentimento negativo. Atualmente, o dano moral é caracterizado por violação dos direitos da personalidade, submetendo-se a um tipo específico de prova, ou seja, incita na própria coisa: *in re ipsa*. Basta provar a violação do direito da personalidade para que reste caracterizado o dano moral.

VI. POSSE E PROPRIEDADE

52. O que é posse, quais a teorias existentes a respeito de sua caracterização e qual delas foi adotada por nossa legislação?

A posse é o exercício de fato, pleno ou não, de um dos poderes inerentes à propriedade (usar, fruir, gozar e dispor – artigo 1.228 do Código Civil). Duas teorias procuram explicar a posse:

a) Teoria subjetiva de Savigny, segundo a qual, para haver posse, é necessária a apreensão física da coisa e a vontade de ser dono (*corpus mais animus domini*).

b) Teoria Objetiva (simplificada) de Ihering, para quem a posse se concretiza com a mera conduta do possuidor, de agir como se dono fosse, pouco importando à vontade em relação à propriedade (*corpus*).

O Código Civil adotou a teoria objetiva para caracterização da posse, conforme o artigo 1.196.

Para além das citadas teorias clássicas, a moderna concepção de direito civil constitucional revela a necessária busca de incidência, à posse, dos aspectos da socialidade do direito, revelando-se pertinente mencionar a teoria da função social da posse.

A função social da posse concretiza-se na medida em que o possuidor exerce a sua posse levando em conta os fins sociais a que ela se destina, precipuamente o trabalho e a moradia. Portanto, se a propriedade não é utilizada com vista a cumpria sua função social, o proprietário está sujeito a perdê-la, para que seja destinada a quem cumpra com as obrigações constitucionais decorrentes dos deveres inerentes à propriedade.

53. No que consiste a interversão da posse?

É a alteração do caráter da posse, ou mutação da *causa possessionis*. Em regra, manterá a posse o mesmo título com que foi adquirida. Em outras palavras, a natureza inicial da posse se mantém durante todo o período em que possuidor detiver a coisa. Assim, uma posse que tenha se originado de clandestinidade, violência ou precariedade, mantém sua natureza de posse injusta independente do comportamento de quem exerce a posse. É o que disposto no artigo 1.203 do Código Civil que, em seu texto, todavia, admite exceções, dependentes de prova, que permitem a alteração do título possessório.

A doutrina aponta duas hipóteses em que poderá ocorrer o convalescimento da posse: por **fato de natureza jurídica**, como a realização de contrato posterior ou acordo entre as partes, por exemplo, entre o esbulhador e o possuidor esbulhado, fazendo cessar a ilicitude da posse. Nesse caso, a posse injusta convalesce, sanando-se os vícios, tornando-se posse justa.

Por **fato de natureza material**, revelado pela manifestação de atos exteriores e prolongados do possuidor da inequívoca intenção de privar o proprietário do poder de disposição sobre a coisa. Veja-se, nesse sentido, o Enunciado nº 237 do Conselho da Justiça Federal: "É cabível a modificação do título da posse – *interversio possessionis* – na hipótese em que o até então possuidor direto demostrar ato exterior e inequívoco de oposição ao amigo possuidor indireto, tendo por efeito a caracterização do *animus domini*".

54. Aquele que tem a posse agredida pode valer-se, por si só, de alguma forma de proteção jurídica? No que consiste a autoexecutoriedade?

O possuidor pode valer-se da legítima defesa da posse e do desforço imediato para manter ou recuperar a posse agredida. Trata-se do que se denomina autoexecutoriedade, uma vez que independe de autorização do Poder Judiciário. A **legítima defesa da posse** consiste na reação a uma turbação, autorizando o possuidor a utilizar dos meios necessários para evitar a perda da posse. O **desforço imediato** é dirigido ao esbulho consumado, implicando defesa imediata à injusta perda da posse. Cumpre ressaltar que ambos os instrumentos apenas são autorizados quando utilizados em sequência imediata à agressão e de forma moderada, sob pena de caracterizar abuso de direito. Fora isso, o possuidor deve recorrer à justiça para que possa fazer valer seus direitos. Veja-se o que disposto no artigo 1.210, § 1º do Código Civil.

Aprofundamento:

Enunciado nº 495 do Conselho da Justiça Federal: O desforço possessório interpreta-se restritivamente. A expressão 'contanto que o faça logo' deve ser entendida apenas como reação imediata ao esbulho ou turbação, cabendo ao possuidor recorre a via jurisdicional nas demais hipóteses".

55. O fâmulo da posse pode fazer uso dos meios de autodefesa da posse, ainda que ausente o possuidor? E o possuidor indireto?

O fâmulo ou servo da posse pode, na qualidade de *longa manus* do possuidor e por meios próprios, utilizar-se da legítima defesa e do desforço imediato para evitar a perda, em caso de turbação, ou reaver a posse, no caso de esbulho. Isso porque o artigo 1.210, § 1º, do Código Civil, no que menciona "por sua própria força", deve ser interpretado de forma a autorizar, tanto que o possuidor procure ajuda para conter ou afastar um número maior de pessoa, quanto para autorizar que o mero detentor, no caso o servo da posse, possa agir visando afastar o arrebatamento ilícito do poder de fato sobre a coisa. Logicamente, encontra-se a atuação do fâmulo submetida ao requisito alusivo à imediatidade e proporcionalidade.

No mesmo sentido, não há óbice para que o possuidor indireto faça uso dos meios autoexecutáveis de proteção da posse. Possuidor indireto é possuidor.

56. No que consiste o desdobramento da posse? Exemplifique.

Desdobramento da posse é fenômeno verificado quando o proprietário, mediante negócio jurídico efetivado com terceiro, transfere-lhe o poder de fato sobre a coisa, passando este último a ser o possuidor direto do bem. O proprietário, porém, não deixa de ser reputado possuidor, apesar de não manter a apreensão sobre a coisa, mas diz-se possuidor indireto.

Consoante dispõe do artigo 1.197 do Código Civil, posse direta ou imediata é aquela que adquire o não proprietário, correspondente à apreensão física da coisa. Tem como característica a temporariedade, decorrente de relação transitória de transferência de poderes dominiais.

Exemplo claro de desdobramento da posse identifica-se nos casos de locação, onde o locador e locatário gozam do bem ao mesmo tempo.

A diferenciação entre possuidor direto e indireto só ocorre quando existente a posse indireta, porquanto, no caso de não existir desdobramento, o proprietário que mantem a coisa consigo exercerá posse plena.

57. O possuidor direto pode usucapir a coisa?

O possuidor direto não pode usucapir a coisa, uma vez que sua posse decorre de negócio jurídico e, portanto, ausente o *animus domine*.

58. Propriedade e domínio representam institutos idênticos?

Apesar de serem institutos relacionados, não há identidade. O **direito de propriedade** é identificado como relação jurídica, fundada em um direito subjetivo oponível *erga omnes,* pelo qual o titular exercita poder de dominação sobre um objeto. O **domínio**, por sua vez, é relação material, de subordinação direta e imediata da coisa ao poder do titular, mediante o senhorio, pelo exercício das faculdades de uso, gozo e disposição. A junção, em único titular, da propriedade e das faculdades inerentes ao domínio implica a denominada **propriedade plena**. De outro lado, as funcionalidades do domínio podem ser fracionadas, permitindo que terceiros exercitem alguma ou algumas das faculdades do domínio, restringindo os poderes do proprietário sobre a coisa. Nesse caso, tem-se a propriedade limitada. Dessa forma, não se deve confundir os conceitos de propriedade e domínio.

REFERÊNCIAS BIBLIOGRÁFICAS

ANDREUCCI, Ricardo Antônio. *Legislação Penal Especial.* 11ª ed. atual. e ampl. São Paulo: Saraiva, 2016.

ARAGÃO, Alexandre Santos de. Agências Reguladoras e a evolução do direito administrativo econômico. 3ª Ed. Revista e atualizada. Rio de Janeiro: Forense. 2013.

_________. Curso de Direito Administrativo. Rio de Janeiro: Ed. Forense. 2012.

BADARÓ, Gustavo Henrique, BOTTINI, Pierpaolo Cruz. *Lavagem de dinheiro: aspectos penais e processuais penais: comentários à Lei 9.613/98, com as alterações da Lei 12.683/12.* 2ª edição. São Paulo: Editora Revista dos Tribunais, 2013.

BANDEIRA DE MELLO, Celso Antônio. Curso de Direito Administrativo. São Paulo: Ed. Malheiros. 2015.

BARATTA, Alessandro. Criminologia crítica e crítica do Direito Penal: introdução à sociologia do Direito Penal. Trad.: Juarez Cirino dos Santos. 3ª Ed. – Rio de Janeiro: Editora Revan: Instituto Carioca de Criminologia, 2002.

BATISTA, Nilo. Uma investigação sobre os problemas da autoria e da participação no direito penal brasileiro. 3ª ed. Rio de Janeiro: Editora Lumen Juris, 2005.

BIANCHINI, Alice. R. EMERJ, Rio de Janeiro, v.19, nº 72, p.203 – 219, jan. - mar. 2016.

BINENBOJM, Gustavo. Poder de Polícia, ordenação, regulação: transformações político-jurídicas, econômicas e institucionais do direito administrativo ordenador / Gustavo Binenbojm. 2ª Edição. Belo Horizonte: Ed. Fórum, 2017.

___________. Uma Teoria do Direito Administrativo: direitos fundamentais, democracia e constitucionalização / Gustavo Binenbojm. Rio de Janeiro: Renovar, 2006.

BRANCO, Paulo Gustavo Gonet; COELHO, Inocêncio Mártires; MENDES, Gilmar Ferreira. Curso de direito constitucional. São Paulo: Saraiva, 2009.

BUSATO, Paulo César; PÉREZ, Carlos Martínez-Buján. [et al.]. Dolo e direito penal: modernas tendências. 2ª ed. São Paulo: Atlas, 2014.

BUSATO. Paulo César. "Homicídio mercenário e causas especiais de diminuição de pena. Um paradoxo dogmático." Cadernos do Júri, nº 3, 2015, apud ZANELLA, Everton; FRIGGI, Márcio; ESCUDEIRO, Marcio; AMARAL, Vírgilio. "FEMINICÍDIO: considerações iniciais." Centro de Apoio Operacional Criminal do Ministério Público do Estado de São Paulo. São Paulo, 02 de junho de 2015. Disponível em: http://www.mpsp.mp.br/portal/page/portal/cao_criminal/Artigos. Acesso em 13.10.2015.

BUSATO. Paulo César. *Homicídio mercenário e causas especiais de diminuição de pena. Um paradoxo dogmático.* Cadernos do Júri, nº 3, 2015.

CERQUEIRA, Thales Tácito Pontes Luz de Pádua. Manual do Estatuto da Criança e do Adolescente: teoria e prática. 2ª ed. Niterói: Impetus, 2010.

COSTA JR., Paulo José. Comentários ao Código Penal, 6ª ed., São Paulo, Saraiva: 2000

CUNHA, Rogério Sanches. PINTO; Ronaldo Batista. Violência doméstica: Lei Maria da Penha comentada artigo por artigo. 6. ed. São Paulo: RT, 2015

CUNHA, Rogério Sanches e PINTO, Ronaldo Batista. *Violência Doméstica. Lei Maria da Penha Comentada artigo por artigo.* 4ª edição. São Paulo: Editora Revista dos Tribunais, 2012.

DELMANTO, Roberto, DELMANTO JUNIOR, Roberto e DELMANTO, Fábio M. de Almeida Delmanto, *Leis penais especiais comentadas.* 2ª ed. atual. São Paulo: Saraiva, 2014.

DELMANTO, Celso... [et al.] Código Penal Comentado. - 9ª ed. rev., atual. e ampl. São Paulo: Saraiva 2016.

DI PIETRO, Maria Sylvia Zanella. Direito Administrativo. 30ª edição, revista e atualizada. Rio de Janeiro: Forense, 2017.

FARIAS, Cristiano Chaves de; BRAGA NETTO, Felipe Peixoto; ROSENVALD, Nelson. Novo tratado de responsabilidade civil. São Paulo: Atlas, 2015.

FARIAS, Cristiano Chaves de. Manual de Direito Civil: volume único. Cristiano Chaves de Farias, Felipe Braga Netto, Nelson Rosenvald. 4ª ed., rev., atual. e ampl. Salvador: Juspodivm, 2019.

LENZA, Pedro – Direito Constitucional Esquematizado. 21ª edição. São Paulo: Editora Saraiva, 2017.

MACHADO, Rodrigo Barcellos de Oliveira. Eu matei foi a mim mesmo; a velha, quem matou foi o diabo: por um processo jurídico-penal duplamente referenciado de estabelecimento de culpabilidade à luz do art. 5º, LXVI, da Constituição Federal. Disponível em: <https://www.jota.info/opiniao-e-analise/colunas/pensando-direito/eu-matei-foi-a-mim-mesmo-a-velha-quem-matou-foi-o-diabo-21032019>. Acesso em 11/08/2019.

MACIEL, Kátia Regina Ferreira Lobo Andrade (coordenação). Curso de Direito da Criança e do Adolescente: aspectos teóricos e práticos. 11ª ed. rev. e atual. São Paulo: Saraiva, 2018.

MACIEL, Kátia Regina Ferreira Lobo Andrade. Curso de Direito da Criança e do Adolescente: aspectos teóricos e práticos. 8ª ed., ver., atual. São Paulo: Saraiva, 2019.

MONTEZ, Marcus Vinícius Lopes; MACHADO, Rodrigo Barcellos de Oliveira. Estatuto e regulamento da Polícia Civil do Estado do Rio de Janeiro: comentários ao Decreto-Lei Estadual 218/75 e ao Decreto Estadual 3.044/80. 2. ed. rev. atual. e ampl. Salvador: Editora JusPodivm, 2019.

NUCCI, Guilherme de Souza. Código Penal Comentado. 16ª ed. rev. atual. e ampl. Rio de Janeiro: Forense, 2016.

NUCCI, Guilherme de Souza. *Código Penal Comentado. 16ª ed. rev. atual. e ampl.* Rio de Janeiro: Forense, 2016.

PIERANGELI, José Henrique; ZAFFARONI, Eugenio Raúl. *Da tentativa.* 9ª ed. rev. São Paulo: Revista dos Tribunais, 2010.

SANTOS, Juarez Cirino dos. Direito Penal – Parte Geral. 5.ed. Florianópolis: Conceito Editorial, 2012.

TANGERINO, Davi de Paiva Costa. Culpabilidade. Rio de Janeiro: Elsevier, 2011.

TAVARES, Juarez. *Teoria do injusto penal.* 4ª ed. São Paulo: Tirant lo Blanch, 2019.

TAVARES, Juarez. Teoria do crime culposo. 5ª ed. rev. Florianópolis: Tirant lo Blanch, 2018.

VERONESE, Josiane Rosa Petry. Direito da Criança e do Adolescente: novo curso - novos temas. 1ª ed. Rio de Janeiro: Lumen Juris, 2019. ZAFFARONI, Eugenio Raúl. *et al.* Direito penal brasileiro: teoria geral do direito penal. Vol. 1, 4ª ed. Rio de Janeiro: Revan, 2003

ZAFFARONI, Eugenio Raul. *et al.* Direito penal brasileiro. Vol. 2, t. 2, 1ª ed. – Rio de Janeiro: Revan, 2017

TARTUCE, Flávio. Manual de Direito Civil: volume único. 9ª ed., rev., atual. e ampl. São Paulo: Método, 2019.

EDITORA JusPODIVM
www.editorajuspodivm.com.br

JUS3033